CHRISTOPHER CLARK

Wilhelm II.

CHRISTOPHER CLARK

Wilhelm II.

Die Herrschaft des letzten deutschen Kaisers

Aus dem Englischen von
Norbert Juraschitz

Büchergilde Gutenberg

Die Originalausgabe erschien 2000 unter dem Titel *Kaiser Wilhelm II.* bei Pearson Education Limited. Die deutschsprachige Ausgabe wurde von Christopher Clark ergänzt.

Lizenzausgabe für die Büchergilde Gutenberg,
Frankfurt am Main, Zürich, Wien
www.buechergilde.de
Mit freundlicher Genehmigung
der Deutschen Verlags-Anstalt, München

Satz und Layout: DVA/Brigitte Müller
Gesetzt aus der Minion
Druck und Bindung: GGP Media GmbH, Pößneck
Printed in Germany 2009
ISBN 978-3-7632-5987-8

Inhalt

Für meinen Vater, Peter Dennis Clark

Vorwort zur deutschen Ausgabe

In den neunziger Jahren, als ich an der englischen Ausgabe des vorliegenden Buches arbeitete, war die Geschichtswissenschaft, die sich mit Wilhelm II. auseinandersetzte, noch stark gespalten in der Frage, über wie viel Macht der letzte Kaiser denn nun eigentlich verfügt hatte. An dem einen Pol der Debatte stand John Röhl, der Autor zahlreicher Monographien und Artikel, die den Kaiser in den Mittelpunkt des politischen Lebens des späten deutschen Kaiserreiches stellen. Am anderen Pol stand Hans-Ulrich Wehler; bei seinem gesellschaftsgeschichtlich orientierten Ansatz wird der Monarch an den Rand des politischen Geschehens gedrängt.

Die scharfen Konturen zwischen den beiden Lagern haben sich im Laufe der letzten zehn Jahre ein wenig verwischt. In einer wichtigen, 2002 veröffentlichten Studie stellte Wolfgang J. Mommsen eine vermittelnde These auf: Er erkannte die zentrale Stellung Wilhelms II. innerhalb der politischen Struktur an, vertrat aber die Ansicht, dass der Kaiser – mit verhängnisvollen Konsequenzen – von den preußisch-deutschen Machteliten instrumentalisiert worden sei. Im Zuge des kulturhistorischen Ansatzes ist der Brennpunkt der Debatte noch stärker verlagert worden, indem die Aufmerksamkeit von der reinen Berechnung politischer Machtverhältnisse auf die allgemeineren diskursiven und kulturellen Stützen der kaiserlichen Autorität gerichtet wird. Eine ganze Reihe von Studien von Martin Kohlrausch, Jost Rebentisch und Lothar Reinermann konzentrierte sich auf die außerordentlich starke Resonanz des Kaisers in der turbulenten Medienlandschaft des deutschen Kaiserreichs. In diesen Werken erscheint der Kaiser weniger als der Entscheidungsträger und Herr im Hause, sondern als ein zusammengesetztes und überaus dynamisches Image, das von den kritischen Kräften einer vielfältigen, kulturellen Elite projiziert wurde. Wolfgang Königs »technische Biographie« des Kaisers wiederum erweitert den Rahmen der Diskussion, indem sich der Autor auf die Rolle konzentriert, die der Kaiser in der Technikgeschichte der Wilhelminischen Ära einnahm.

Dennoch scheiden sich an der Persönlichkeit Wilhelm II. noch heute die Geister. Für John Röhl ist er immer noch die »Nemesis der Weltgeschichte«, das »Bindeglied« zwischen dem Wilhelminischen Kaiserreich und Auschwitz, gar der »Vorbote Adolf Hitlers«. Für Nicolaus Sombart hingegen ist Wilhelm II. der wohlwollende und charismatische Praktiker einer universalen Monarchie; von der anthropologischen Theorie durchdrungen, feiert Sombart in seiner ein wenig sonderlichen, aber aufschlussreichen Ehrenrettung den Kaiser als »Herrn der Mitte«, den man lieben muss, wenn man ihn wirklich verstehen will. Nicht zuletzt dieses Spannungsfeld der Interpretationen – ein ebenso ausgeprägtes Kennzeichen der zeitgenössischen wie auch der historischen Debatte – lenkte meine Aufmerksamkeit auf den deutschen Kaiser als Forschungsgegenstand. Die komplexe Persönlichkeit dieses Monarchen, seine Fähigkeit, mal schwülstig, dann wieder nachdenklich, brutal, naiv, eloquent, berechnend oder auch taktlos aufzutreten, trug zweifellos dazu bei, dass seine Herrschaft Raum für die unterschiedlichsten Bewertungen lässt. Das faszinierendste Merkmal der Kontroverse um diesen Mann und sein Auftreten im Amt ist mit Sicherheit die Tendenz, den Kaiser als die Symbolfigur größerer, historischer Zwänge zu betrachten. Für zeitgenössische Anhänger personifizierte Wilhelm II. die Macht und die schillernde Energie des deutschen Kaiserreiches in einem Zeitalter der Großmachtpolitik. In dem ernüchterten Umfeld Nachkriegsdeutschlands wurde »Wilhelm II.« – genau wie »Preußen« – zu einem Synonym für die Irrungen Deutschlands auf dem Weg in die Moderne.

Das vorliegende Buch, das muss betont werden, macht es sich keineswegs zur Aufgabe, den letzten deutschen Kaiser zu rehabilitieren. Aber es möchte Verunglimpfung und Verständnis wieder in die richtige Balance bringen. Es fragt nach der sich allmählich herauskristallisierenden Auffassung des Kaisers von seiner eigenen Rolle, nach seinem Platz innerhalb des komplexen Verfassungsgerüsts des kaiserlichen Deutschlands, seiner Fähigkeit, die Innen- und Außenpolitik zu prägen, der Beziehung zu den Medien und der Auswirkung des Kriegsausbruchs auf die Ausübung seiner Prärogative als Souverän.

Die deutsche Ausgabe ist leicht überarbeitet worden, so dass die wichtigsten Veröffentlichungen seit dem Erscheinen der englischen Ausgabe im Jahr 2000 berücksichtigt werden. Ich möchte an dieser Stelle Frau Dr. Heike Specht von der Deutschen Verlags-Anstalt für ihre sorgfältige Betreuung der deutschen Ausgabe, Herrn Norbert Juraschitz für die Übertragung aus dem Englischen und dem St. Catharine's College in Cambridge für die Gesellschaft der liebenswürdigen Kollegen und einen friedlichen Ort zum Nachdenken und Arbeiten danken.

Christopher Clark
Cambridge 2008

Vorwort

Die Frage, wie viel Macht der letzte deutsche Kaiser wirklich ausübte, wird unter Historikern seit langem lebhaft diskutiert. Wurde das wilhelminische Reich in den letzten Jahrzehnten durch ein System des »persönlichen Regiments« regiert? War es eine Monarchie aus echtem Fleisch und Blut, in der die Persönlichkeit und die Vorlieben des Souveräns maßgeblich die politischen Ergebnisse prägten? Oder wurde die Macht auf »traditionelle Oligarchien« und »anonyme Kräfte« übertragen, die einen inkonsequenten »Schattenkaiser« an den Rand des politischen Geschehens abdrängten?[1]

Ein großer Teil der interessantesten Studien zu diesen Themen konzentrierte sich auf die Frage, ob der Begriff »persönliches Regiment« zu Recht auf die gesamte Herrschaft Wilhelms oder zumindest einen Teil angewandt werden kann. Die Diskussion um persönliche Herrschaft entflammte Anfang der fünfziger Jahre des 20. Jahrhunderts und flackerte bis in die achtziger Jahre hinein immer wieder auf, geschürt von analogen Debatten über das Wesen und die Verteilung der Macht innerhalb des nationalsozialistischen Regimes. Mittlerweile ist aus ihr eine eigene hochintellektuelle Metaliteratur hervorgegangen, in der entgegengesetzte Standpunkte zur Macht und zum politischen Einfluss Wilhelms II. klassifiziert, miteinander verglichen und bewertet werden.[2]

Dieses Buch möchte die Diskussion um das »persönliche Regiment« keineswegs wiedereröffnen. So hilfreich die Diskussion auch war, indem sie die historische Forschung über Formen der Herrschaft mit allgemeineren Fragen zum Staatswesen des Reichs verknüpfte, so litt sie doch unter einer inhärenten Unsicherheit in puncto Definitionen. Das Schlagwort »persönliches Regiment«, das aus der wilhelminischen, politischen Polemik stammte, hatte damals für die jeweiligen Redner einen ganz anderen Sinn und hat eigentlich nie eine allgemein anerkannte oder konkrete Bedeutung erhalten – eine Tatsache, die den gelehrten Streit um die Anwendbarkeit des Begriffs auf die Herrschaft Wilhelms II. erheblich getrübt hat. Während sich die meisten Historiker, die den Begriff verwendeten, einig waren, dass er auf manche Teile der Herrschaft besser zutraf als auf andere, wurde kein Konsens in der Frage erzielt, wann denn das »persönliche Regiment« begann und wann es endete.[3] Bemerkenswerterweise verzichtet selbst John Röhl, einst der wohl eifrigste Verfechter des »persönlichen Regiments«, inzwischen auf den Begriff zugunsten verschwommenerer Konzepte wie »Königsmechanismus« und »persönliche Monarchie«.[4]

Die vorliegende Studie konzentriert sich hingegen auf den Charakter und das Ausmaß der Macht des Kaisers, auf seine politischen Ziele und die Frage, was er wirklich erreichte, auf die Mechanismen, durch die er Autorität ausstrahlte und Macht ausübte, sowie auf die Schwankungen seiner Autorität im Verlauf der Herrschaft. Sie möchte die verschiedenen Formen von Macht, die Wilhelm auf mehreren Feldern ausüben konnte, ausloten, und zugleich die unzähligen Beschränkungen, auf die er dabei stieß. Das kaiserliche Amt war, wie wir sehen werden, kein Monolith, sondern eher eine lose Ansammlung von Funktionen (politische, diplomatische, religiöse, militärische, kulturelle, symbolische), deren wechselseitige Beziehung dynamisch und zu der Zeit, als Wilhelm II. den Thron bestieg, noch weitgehend ungeklärt war. Darüber hinaus sah sich der Kaiser gezwungen, sein Amt innerhalb eines überaus komplexen, politischen Systems auszuüben, in dem sich die Machtverhältnisse ständig veränderten. Das Amt des Kaisers war mit wichtigen Prärogativen der Exekutive ausgestattet, aber ob und auf welche Weise und mit welchem Erfolg er diese Vollmachten ausüben konnte, hing von Variablen ab, auf die er nur teilweise oder überhaupt keinen

Einfluss hatte. Zudem stand sein Einfluss als politischer Akteur in einer komplexen und häufig nachteiligen Wechselwirkung mit seiner Autorität als öffentliche Persönlichkeit. Wichtige aktuelle Studien der Herrschaft Wilhelms II. haben bezeichnenderweise die Aufmerksamkeit von der Sphäre der hohen Politik weg und hin zu Wilhelms Präsenz in der pulsierenden Kultur des späten Kaiserreichs gelenkt.[5] Das Buch erhebt nicht den Anspruch der Vollständigkeit einer Biografie; es ist eine Studie über die Macht des Kaisers. Das Buch bietet dem Leser eine Synthese und Interpretation. Vor allen Dingen geht es der Frage nach: Welchen Einfluss hatte es auf die Geschicke Deutschlands und der Welt, dass gerade Wilhelm II. in den turbulenten Jahren zwischen 1888 und 1918 auf dem deutschen Kaiserthron saß?

1
Kindheit und Jugend

Macht in der Familie

Als Wilhelm II. im Januar 1859 geboren wurde, hatte sein Großvater den preußischen Thron noch nicht bestiegen. Unmittelbar vor Wilhelms zweitem Geburtstag, im Januar 1861, war es dann soweit und fast drei Jahrzehnte sollten vergehen, ehe der Großvater im hohen Alter von 90 Jahren im März 1888 starb. Vom frühen Kindesalter an erlebte Wilhelm seinen Vater, Friedrich Wilhelm, den preußischen Kronprinz, nicht als die einzige Respektperson in seinem Umfeld. Über dem leiblichen Vater stand ein weiterer, größerer Vater, eine Gestalt von beinahe mystischem Ansehen mit der Würde und dem Rauschebart eines biblischen Patriarchen. Der Großvater war nicht nur Herr über ein Königreich und von 1871 an der Gründer eines Kaiserreichs, sondern auch das Oberhaupt seines Haushalts – ein Umstand mit weitreichenden Implikationen für das Familienleben seiner Nachkommen.[1] Im Oktober 1886 erklärte Wilhelm (im Alter von 27 Jahren) das Problem dem einstigen Freund und Vertrauten Herbert von Bismarck, dem Sohn des Kanzlers:

> Der Prinz sprach dann noch mit Milde von seinem Vater und sagte, der noch nie dagewesene Fall der drei erwachsenen Generationen der Regentenfamilie mache es seinem Vater schwer: überall sonst, bei regierenden und anderen Familien, habe der *Vater* die Autorität und der Sohn hinge pekuniär von ihm ab. Ihm [Prinz Wilhelm] aber habe der Kronprinz gar nichts zu sagen, er bekäme nicht einen Groschen von seinem Vater, sondern stände ihm, da alles vom *Familienoberhaupt* ressortiere, ebenso unabhängig gegenüber wie etwa Prinz Albrecht: das sei für S. Ks. H. [Seine Kaiserliche Hoheit, der Kronprinz] natürlich nicht angenehm.

Diese seltsame Aufteilung der Macht zwischen Eltern und Großeltern war das wohl prägendste Merkmal der frühen Kindheit Wilhelms. Die Ferien der Prinzen, ihre Kleidung, militärischen Pflichten und repräsentativen Aufgaben unterstanden der letzten Entscheidungsgewalt ihres Großvaters König Wilhelms I. Der Hauslehrer wurde vom König berufen und beschäftigt, und dessen Einmischung in den Haushalt minderte erheblich den Einfluss der Eltern.[2] Wie die Kronprinzessin im Sommer 1864 ihrer Mutter anvertraute, waren ihre Kinder so gesehen »öffentlicher Besitz«.[3] Nachdem der König dem jungen Wilhelm und seinen Geschwistern im August 1865 die Erlaubnis verweigert hatte, ihre Eltern bei einer Reise nach England zu begleiten, beklagte sich die Kronprinzessin erstmals über die verstärkte Einmischung des Königs und der Königin in das Leben der Kinder.[4]

Vermutlich ließ es sich nicht vermeiden, dass zwischen zwei Generationen, die sich gleichermaßen verantwortlich für die Erziehung einer dritten fühlten, Spannungen auftraten, doch das Konfliktpotenzial wurde durch die Auseinandersetzungen zwischen Fraktionen und politischen Richtungen noch erheblich geschürt, die den Hof der Hohenzollern damals polarisierten. Seit den revolutionären Unruhen von 1848/49 war der Hof Friedrich Wilhelms IV. von zwei entgegengesetzten, politischen Lagern dominiert worden: von der westlich orientierten, konservativ-liberalen Partei und von den prorussischen Erzkonservativen. Die beiden Interessengruppen hatten in den fünfziger Jahren eifrig gegeneinander intrigiert – insbesondere während des Krimkriegs, als sie diametral entgegengesetzte, außenpolitische Linien befürwortet hatten –, und der Streit schwelte immer noch, als Wilhelms Mutter England im Jahr 1858 verließ, um mit ihrem Ehemann in Berlin einen neuen Haushalt zu gründen. Die Kronprinzessin stand der »Russenfraktion« absolut feindlich gegenüber. In ihren Augen zeichneten sich deren Vertreter durch »Boshaftigkeit«, »Eifersucht«, »Antipathie« und nicht zuletzt durch eine »Abneigung gegen die Engländer und alles, was Englisch ist«, aus. »Das Wohlwollen der russischen, reaktionären, pietistischen Fraktion ist mir völlig gleichgültig, und ich verachte ihre Denkweise von ganzem Herzen und hoffe auf Gott, dass ihre Zeit vorüber ist.«[5]

Die »Russenfraktion« war in der Religion streng dogmatisch oder evangelisch, in der Innenpolitik reaktionär und in der Außenpolitik nach Osten orientiert – damit bildete sie den kulturellen und politischen Antipoden zum Kronprinzenpaar und seinem Umfeld. Friedrich Wilhelm und Victoria waren in theologischer Hinsicht liberal, politisch fortschrittlich gesinnt, in der Außenpolitik orientierten sie sich nach Großbritannien und hegten gegen Russland ein tiefes Misstrauen. Allein diese Konstellation sorgte natürlich für immense Spannungen. Hinzu kam, dass Victoria, die liberalere der beiden und die dominante Persönlichkeit in der Partnerschaft, eine intelligente, redegewandte, rechthaberische und emotionale Frau war, die sich der eigenen Überlegenheit über ihr Umfeld durchaus bewusst war. Dank ihrer scharfsinnigen Beobachtungsgabe, ihres Außenseiterstatus und ihres starken Interesses an politischer Macht zählt Victorias Briefwechsel mit ihrer Mutter Königin Victoria von England zu den besten Quellen über das Leben am preußischen Hof. Mit diesen Eigenschaften wiederum aber machte sie sich bei den Konservativen am Hof nicht gerade beliebt. Sie hielten ihr forsches Auftreten für unziemlich und warfen der Kronprinzessin später gar vor, sie hätte ihren Mann dem eigenen politischen Willen unterworfen.

Anfangs war die dominierende Stellung der »Russen« bei Hof und in der Berliner Gesellschaft nicht mehr als ein lästiges Reizthema für den Kronprinzen und seine Frau. Doch die Dinge nahmen 1862 eine dramatische Wendung, als ein längerer Konflikt zwischen der Krone und der liberalen Mehrheit im preußischen Landtag in der Ernennung des bekanntlich illiberalen Otto von Bismarck zum Ministerpräsidenten und der Schließung des Landtags ohne die Ausschreibung von Neuwahlen kulminierte. Die »reaktionäre Partei« kontrollierte von jetzt an allein die Regierungsorgane und schickte sich an, ihre »russische« Agenda in der Außenpolitik umzusetzen.[6] Viel schlimmer war aber, dass der Hof selbst nach rechts tendierte. Der König schwankte nicht länger zwischen den Fraktionen hin und her, wie Friedrich Wilhelm IV. es in den fünfziger Jahren des 19. Jahrhunderts noch getan hatte, sondern verbündete sich eindeutig mit den reaktionären Interessengruppen. »Die reaktionäre Partei wird von Tag zu Tag stärker«, schrieb Victoria im Juli 1862, »und hat den König jetzt ganz auf ihrer Seite und in ihrer Gewalt.« Im Sommer diesen Jahres lagen Kronprinz Friedrich Wilhelm und sein Vater auf politischer Ebene bereits so weit auseinander, dass eine rationale Unterhaltung so gut wie unmöglich war. Die leiseste Anspielung auf politische Angelegenheiten, berichtete Victoria, »bringen ihn [Friedrich Wilhelm] zur Raserei und regen die ganze Abwehrkraft in seiner Natur an, so dass es unmöglich ist, mit ihm zu diskutieren oder zu argumentieren«.[7] Dem Kronprinzen und seiner Frau machte der Umschwung der politischen Stimmung bei Hofe ihre Isolation und Machtlosigkeit schmerzlich bewusst. »Das Gefühl der Demütigung ist am schwersten zu ertragen«, schrieb Victoria im Januar 1863. »Es bleibt uns nichts anderes übrig, wie als passive Augenzeugen der beklagenswerten Fehler zu schweigen, die von jenen begangen werden, die wir lieben und verehren.«[8]

Natürlich gab es auch eine Alternative zum Schweigen, und der Kronprinz und seine Frau waren in Wirklichkeit nicht völlig allein. In ganz Preußen stellte eine einflussreiche, liberale Bewegung weiterhin die Legitimität einer Regierung in Frage, die inzwischen ohne Parlament und im Widerspruch zur Verfassung herrschte. Am 5. Juni 1863 stellte sich der Kronprinz nach der Veröffentlichung neuer Dekrete, welche die Pressefreiheit einschränkten, zum ersten Mal öffentlich gegen die neue Regierung. Bei einem Empfang, der ihm zu Ehren von der Stadt Danzig gegeben wurde, distanzierte er sich von der Regierung Bismarck und äußerte sein Bedauern über die jüngsten, provokativen Maßnahmen. Das Ereignis war allerdings längst nicht von so großer Tragweite, wie man in diesem Moment zunächst glaubte.

Friedrich Wilhelm hatte nicht den Mut, sich dauerhaft an die Spitze der fortschrittlichen Bewegung zu stellen. Er versicherte sogar seinem Vater, dass er künftig von derartigen Protesten Abstand nehmen werde.[9] Für das Privatleben des Kronprinzen und seiner Frau, und somit auch für ihren noch kleinen Sohn Wilhelm, hatten die Ereignisse vom Juni 1863 jedoch langfristige Folgen. Mit diesem Auftritt zog das junge Paar den Zorn des Kanzlers auf sich, der sie fortan aus tiefstem Herzen hasste und dabei einen außergewöhnlichen Einfallsreichtum an den Tag legte. Mehrfach sollte er, der in den kommenden 30 Jahren die dominierende Kraft in der preußischen und deutschen Politik blieb, von nun an gegen sie intrigieren. Kurzfristig verschärften Friedrich Wilhelms öffentlicher Widerstand und Victorias ausdrückliche, persönliche Unterstützung für die Ansichten ihres Gatten die politische und gesellschaftliche Isolation des Paares am Hof: »Du kannst Dir nicht vorstellen, wie schmerzlich es ist«, schrieb Victoria im Juli 1863, »fortwährend von Menschen umgeben zu sein, die schon die eigene Existenz als ein Missgeschick und die eigenen Gefühle als Beweis für die eigene Verrücktheit ansehen!«[10]

Nur vor diesem Hintergrund kann man die feindseligen Reaktionen nachvollziehen, die von scheinbar nichtigen Streitigkeiten über das Training, die Schulbildung und die repräsentativen Pflichten des jungen Wilhelm und seiner Brüder ausgelöst wurden. Die Erziehung eines absolutistischen oder neo-absolutistischen Monarchen ist, wie John Röhl richtig bemerkt hat, »*ipso facto* immer ein Politikum ersten Grades«, weil sie die künftige Ausübung souveräner Macht betrifft.[11] Im Fall des Hofs der Hohenzollern wurden diese Bedenken überlagert und noch erschwert durch die Parteienbündnisse, die den Kronprinzen und seine Umgebung vom herrschenden Monarchen und seinem Ministerpräsidenten entfremdeten. Die daraus folgende Polarisierung spiegelte sich in zwei entgegengesetzten pädagogischen Idealen wieder: ein anglophiles, liberal-bürgerliches, gestützt auf die Kultivierung staatsbürgerlicher Tugenden und sozialer Verantwortung, und ein altpreußisches, aristokratisches, gestützt auf die Kultivierung militärischer Fertigkeiten und Disziplin. Das wurde deutlich, als »zivile« und »militärische« Hauslehrer für Prinz Wilhelm gesucht werden mussten. Der erste von seinen Eltern zum zivilen Hauslehrer ausgewählte Kandidat musste wegen seiner progressiven, politischen Verbindungen fallen gelassen werden; am Ende fiel die Wahl auf Georg Ernst Hinzpeter, einen Mann mit engen, wenn auch indirekten Verbindungen zur »Partei des Kronprinzen«, der die ausschließliche Verantwortung für die Erziehung des Prinzen beanspruchte und auch bekam. Er blieb bis zu Wilhelms 18. Lebensjahr sein ziviler Hauslehrer. Hinzpeter legte die Ausrichtung der frühen Erziehung Wilhelms fest und verordnete ihm einen anspruchsvollen Stundenplan mit Unterricht in Latein, Geschichte, Religion, Mathematik und modernen Sprachen, der um sechs Uhr morgens begann und sechs Uhr abends endete (im Winter eine Stunde später). Ein wenig Abwechslung zur Routine boten allerdings erbauliche Besuche in Bergwerken, Werkstätten, Fabriken und Häusern der armen Arbeiter an Mittwoch- und Samstagnachmittagen.

Es kam auch zu Konflikten um die jeweiligen Befugnisse und Zuständigkeiten der beiden Hauslehrer. Der erste »Militär-Gouverneur« des Prinzen kündigte seine Anstellung, als er erkannte, dass Wilhelms Eltern Hinzpeter den Löwenanteil an der Verantwortung für die Erziehung des Kindes zugedacht hatten. Nach seinem Rücktritt im Jahr 1867 kam es zu einem Streit um seinen Nachfolger, in den sogar das Gefolge des Königs unmittelbar hineingezogen wurde. »Wir haben unsere Ansicht glücklich durchgesetzt […]«, schrieb Victoria an ihre Mutter, »aber ich halte diese Einmischung in unsere Angelegenheiten für zu ärgerlich. Du machst Dir keine Vorstellung davon, welche Mühe die herrschende Partei sich gibt, ihre Spione in unseren ganzen Hof zu schleusen, noch davon, wie sehr sie uns hassen.«[12]

Die repräsentativen Pflichten der Prinzen waren ein weiterer Anlass zur Sorge für die Kronprinzessin und ihren Mann.

Im August 1872 gestand sie ihr »Entsetzen«, als sie hörte, dass Wilhelm zu Ehren eines Besuchs des russischen Zaren eine russische Uniform werde tragen müssen. »Ich werde natürlich nicht gefragt, und alle diese Dinge werden arrangiert, ohne dass ich in der Angelegenheit etwas zu sagen hätte.«[13] Nicht zuletzt zu dem Zweck, die Jungen aus der zwanghaften Umgebung des Hofes zu entfernen, baten Victoria und Friedrich Wilhelm den Kaiser eindringlich um die Erlaubnis, sie auf eine allgemeine Schule zu schicken, damit sie mit gleichaltrigen Kindern aufwuchsen. Wie John Röhl treffend bemerkte, war die Entscheidung, Wilhelm auf das Lyceum Fredericianum in Kassel zu schicken, »ein Experiment ohne Vorgang«. Kein einziger Prinz der Hohenzollern war bislang auf diese »bürgerliche« Art erzogen worden. Es war ein Schritt, der die sich wandelnden Konzeptionen der fürstlichen Erziehung wiedergab, nicht nur in Deutschland, sondern auch darüber hinaus: Georg V. wurde ebenfalls zur Ausbildung in die Kompanie aus Gleichaltrigen am Naval College geschickt, und selbst der jugendliche Kaiser Hirohito besuchte eine weiterführende Schule in Tokio.[14] Wilhelm hätte natürlich auch auf ein Gymnasium in Berlin gehen können, aber seine Mutter sprach sich dagegen aus, mit der Begründung, die einzige geeignete Schule in der Hauptstadt sei politisch zu »reaktionär«.[15]

Wie nicht anders zu erwarten, stieß der Plan auf massiven Widerstand des Kaisers; erst nach einer längeren »Belagerung von allen Seiten mit mehreren Geschützen« konnte er zur Einwilligung überredet werden. Wie Victoria in einem Brief an ihre Mutter feststellte, konnte der Kaiser den jungen Wilhelm »jetzt nicht mehr zwingen, bei allen möglichen Gelegenheiten in Berlin aufzutreten und sich in der Welt zu zeigen – es war der einzige Weg, den Kaiser an diesem grotesken Vorhaben zu hindern«.[16] Der Umzug nach Kassel war ein Sieg für die pädagogischen Ideale des Kronprinzen und seiner Frau. Wilhelms Einschreibung in das Kasseler Gymnasium im Jahr 1874 war mit längeren Abwesenheiten aus Berlin und, noch wichtiger, mit einer Befreiung von militärischen Pflichten bis zu seinem 18. Lebensjahr verbunden. (Wilhelm war seit seinem zehnten Geburtstag dem 1. Garderegiment zu Fuß zugeteilt.) Die Unterordnung unter ein hartes und meritokratisches, pädagogisches Regime sollte ebenfalls dazu dienen, Wilhelm die Arroganz und die fürstlichen Allüren auszutreiben, die von der Speichelleckerei und Selbstdarstellung des Hoflebens gefördert wurden.

Die Kronprinzessin verfolgte stets misstrauisch die Rolle, die das Militär bei der Sozialisierung ihres ältesten Sohnes spielte, und reagierte überempfindlich auf alle Anzeichen, die auf eine Assimilierung Wilhelms an das militärisch-reaktionäre Ethos hindeuteten. Bereits im Februar 1871, als der Prinz zwölf Jahre alt war, behauptete sie, an Wilhelm »eine gewisse Empfänglichkeit für die platten, bornierten Auffassungen des Militärs« entdeckt zu haben.[17] Vor allem ihrem Einfluss war es zu verdanken, dass ihr Sohn in den Genuss einer – gemessen am Standard der Erziehung eines Hohenzollern-Prinzen – bemerkenswert unmilitärischen Erziehung kam. Bis zum Abschluss seiner Hochschulbildung an der Universität Bonn wurde Wilhelms militärisches Pflichtprogramm entschieden den Anforderungen seiner »zivilen« Bildung untergeordnet. Das erklärt auch die Tatsache, dass Wilhelm trotz seiner unbestrittenen Neigung zu Kultur und Ambiente des Soldatenlebens – er hegte eine besondere Vorliebe für Uniformen – offenbar nie die Haltung der Selbstunterordnung und Disziplin verinnerlichte, die eine voll ausgeprägte, militärische Erziehung in Preußen eigentlich erreichen sollte. Er tat sich mit Zurechtweisungen oder sogar Ratschlägen von vorgesetzten Offizieren schwer. Selbst sein militärischer Adjutant Hauptmann Adolf von Bülow, der immerhin fünf Jahre, von 1879 bis 1884, an der Seite Wilhelms zugebracht hatte, räumte ein, dass es ihm nicht gelungen sei, die Auswirkungen der Erziehung des Prinzen zu korrigieren; Wilhelm hatte zwar das äußere Brimborium übernommen, aber nicht die Wertvorstellungen und Geisteshaltung eines preußischen Offiziers.[18] Wilhelm war keineswegs das Geschöpf Potsdams und der Kasernenhöfe, das manche populäre Biografien von ihm gezeichnet haben, sondern ein militärischer Dilettant. Bei allen, oft geäußerten Bedenken muss der Plan seiner Mutter, den Zugriff des Militärs auf ihren Sohn zu untergraben, als Erfolg gewertet werden. Ob die seltsame Mischung aus Hinzpeter, Potsdam, Kassel und Bonn, die Wilhelms Erziehung schließlich ausmachte, nun wirklich eine Verbesserung gegenüber dem traditionellen Modell war, ist eine ganz andere Frage. Es spricht manches für die Vermutung, dass die merkwürdige Unschlüssigkeit der Erziehung Wilhelms, das Schwanken zwischen gegensätzlichen Lebenswelten sowie das Fehlen eines einheitlichen Themas die Herausbildung einer kohärenten Anschauung oder eines stabilen Verhaltenskodexes zumindest hemmte.

Wilhelm wird zum Rivalen

An den periodisch ausbrechenden Streitigkeiten hinsichtlich Wilhelms Erziehung lässt sich der Einfluss der Generationskonflikte, persönlichen Animositäten und Polarisierung der Fraktionen auf das frühe Leben des Prinzen ablesen. In diesen Reibereien spielte Wilhelm noch eine passive Rolle; er war ein Bauer auf dem politisch-strategisch Schachbrett anderer Personen. An einem bestimmten Punkt muss ihm jedoch bewusst geworden sein, dass er durch die langjährige Fehde zwischen seinen Eltern und der regierenden Partei einen gewissen Spielraum für sich gewinnen konnte. Ein eindeutiger Schritt in dieser Richtung war im Jahr 1883 zu beobachten, als der 24-jährige Wilhelm von seinem Vater gebeten wurde, ihn bei einem offiziellen Besuch in Spanien zu begleiten. Er hatte nicht die geringste Lust mitzufahren, aber statt sich dem Vater direkt zu widersetzen, bat er insgeheim seinen Großvater – dieser hatte schon zuvor aus seiner Skepsis gegenüber der kostspieligen Exkursion kein Hehl gemacht –, die Reise mit der Begründung zu verbieten, es sei nicht wünschenswert, wenn Wilhelm zum jetzigen Zeitpunkt sein Bataillon verlasse. Dieser erfolgreiche, taktische Schritt dürfte mit ziemlicher Sicherheit nicht der erste dieser Art gewesen sein. Als Friedrich Wilhelm nämlich herausfand, was im November 1883 wirklich geschehen war, warf er seinem Sohn in einer hitzigen Auseinandersetzung vor, »schon lange [...] direkt mit dem Kaiser mit Umgehung der Eltern zu verkehren«.[19]

In dieser Zusammenarbeit zwischen Kaiser Wilhelm I. und seinem Enkel spiegelte sich ein langer Prozess einer emotionalen Neuorientierung innerhalb der Familie wieder. Bereits seitdem er etwa 15 Jahre alt war, pflegte Wilhelm eine zunehmend innige und vertrauliche Beziehung zu seinem Großvater. Anfang der achtziger Jahre begann die Intimität zwischen den beiden mehreren Zeitgenossen aufzufallen.[20] Und um 1880 gab es auch Anzeichen für eine wachsende Distanzierung von seinen Eltern. Das war vor allem seit der Verlobung Wilhelms im April 1879 mit Auguste Viktoria von Schleswig-Holstein-Sonderburg-Augustenburg auch eine Folge des Wunsches nach größerer privater Autonomie. Wilhelms Eltern, insbesondere seine Mutter, waren maßgeblich an der Anbahnung dieser Ehe beteiligt, gegen die Proteste derjenigen, die den relativ niederen Stand der Braut ablehnten (einschließlich des Kaisers). Aber wenn Wilhelms Mutter geglaubt hatte, durch die Heirat würde sie ihrem Sohn näher kommen, so hatte sie sich getäuscht. Die anglophobe, engstirnige und durch und durch fromme »Dona«, wie Auguste Victoria von Freunden genannt wurde, entpuppte sich schon bald als »treue Stütze gerade jener Kräfte, die das Kronprinzenpaar bis aufs Messer bekämpften«.[21] Zu der wachsenden Entfremdung zwischen den beiden Haushalten kam Wilhelms immer ausgeprägtere Ablehnung der liberalen, politischen Anschauungen, die den Kronprinzen und seine Frau am Berliner Hof in die Defensive gezwungen hatten. Im Verlauf mehrerer unerfreulicher Auseinandersetzungen mit seinem Vater Anfang der achtziger Jahre machte Wilhelm deutlich, dass seine Sympathien dem herrschenden Regime galten. In diesem Vater-Sohn-Konflikt lag eine geradezu unheimliche Unvermeidlichkeit: Friedrich Wilhelm hatte seit 1862 die Politik seines Vaters abgelehnt, und Wilhelm I. hatte sich, weil sein Vater nicht mehr lebte, in den vierziger Jahren dem herrschenden Monarchen Friedrich Wilhelm IV. widersetzt. Im Ersten Weltkrieg wurde Wilhelm II. Opfer desselben Automatismus, als sein eigener Sohn, Kronprinz Friedrich Wilhelm, offen die Autorität seines Vaters in Frage stellte. Das Besondere an den achtziger Jahren war das gleichzeitige Nebeneinander dreier erwachsener Generationen, das es ermöglichte, dass die älteste und die jüngste gemeinsame Sache gegen die mittlere machten.

Der enge Kontakt Wilhelms zum Monarchen zahlte sich 1884 zum ersten Mal in politischer Hinsicht aus, als er zum Leiter einer wichtigen, zeremoniellen Mission nach Russland auserwählt wurde. Es gab gute Gründe dafür, Wilhelm an der Stelle seines Vaters zu schicken, insbesondere die »lächerlich antirussische Haltung« des Letzteren (Holstein),[22] aber Friedrich Wilhelm hatte zu Recht das Gefühl, dass er bewusst übergangen worden war. Immerhin wurde er erst informiert, als die Entscheidung bereits getroffen war. Wilhelm erwartete zurück in Berlin seitens der Eltern ein kühler Empfang. »Prinz Wilhelm wurde bei seiner Rückkehr hierher von allen Seiten auf das herzlichste empfangen außer von seinen Eltern. Sie hatten zuviel Gutes über ihn hören müssen […]«, beobachtete Graf Waldersee, der den Prinzen auf der Reise begleitet hatte. »Wer sich bei ihnen insinuieren will, muss vom Sohne schlecht sprechen […]«[23]

Wilhelms zwölftägige Russlandreise war ein Erfolg. Er verstand sich gut mit Zar Alexander III. und machte allem Anschein nach großen Eindruck bei seinen russischen Gesprächspartnern.[24] Überdies nahm er die seltsame Gewohnheit an, seinem Großvater direkt schriftlich Bericht zu erstatten, und provozierte damit einen Protest seitens des deutschen Botschafters in St. Petersburg, der den Eindruck hatte, die »Geheimdiplomatie« des Prinzen untergrabe seine Stellung. Noch bevor Wilhelm russisches Territorium verlassen hatte, begann er sogar, mit Bismarcks stillschweigendem Einverständnis, eine »Geheimkorrespondenz« mit dem Zaren, in der er sich selbst dem russischen Herrscher als standhafter Gegner der Russland-feindlichen Haltung seines

Vaters präsentierte. In einem charakteristischen Brief, den Wilhelm kurz nach der Rückkehr schrieb, drängte er den Zaren, die Ausbrüche seines Vaters nicht allzu ernst zu nehmen: »Du kennst ihn, er liebt die Opposition, steht unter dem Einfluss meiner Mutter, die, ihrerseits von der Königin von England dirigiert, ihn alles durch die englische Brille sehen lässt. Ich versichere Dir, dass der Kaiser, Fürst Bismarck und ich völlig miteinander übereinstimmen und dass ich nicht aufhören werde, die Festigung und die Aufrechterhaltung des Dreikaiserbundes als meine höchste Pflicht anzusehen.« Ein Brief vom Juni 1884 informierte den Zaren über die extreme Feindseligkeit von Wilhelms Vater gegenüber der Politik des russischen Monarchen und seiner Regierung: »Er (Papa) beschuldigte die Regierung der Lüge, des Verrats, usw., es gab schließlich kein hasserfülltes Adjektiv, dessen er sich nicht bediente, um Euch anzuschwärzen.«[25]

Im folgenden Jahr hielt Wilhelm mit Bismarcks Unterstützung weiterhin den »heißen Draht« zum Zaren aufrecht. An dieser verblüffenden Verletzung der familiären Privatsphäre gegenüber einem ausländischen Monarchen lässt sich ablesen, wie entschlossen Wilhelm an der Schärfung seines eigenen Profils arbeitete, indem er sich die Animositäten und politischen Spaltungen am Hof der Hohenzollern zunutze machte. Die Russlandreise von 1884 schuf ferner wichtige Präzedenzfälle für das spätere Verhalten Wilhelms als Monarch. Es war nicht das letzte Mal, dass Wilhelm kurzerhand eine diplomatische Rolle usurpierte, für die er weder geschult noch instruiert worden war. Während seiner ganzen Herrschaft neigte er, wie der berühmte »Willy-Nicky«-Briefwechsel schließen lässt, dazu, Diplomatie im eng dynastischen Sinn zu interpretieren und den Einfluss des persönlichen Verkehrs zwischen Monarchen auf die internationalen Beziehungen zu überschätzen.

Eine langwierige Auseinandersetzung wegen der geplanten Heirat von Wilhelms Schwester Viktoria, »Moretta« genannt, mit Prinz Alexander von Battenberg, Fürst von Bulgarien, vertiefte den Graben am Hof und bot Wilhelm weitere Gelegenheit zur

Selbsterhöhung. Das Projekt entwickelte sich zu einem komplexen und weitverzweigten politischen Konflikt, der hier nur in groben Zügen wiedergegeben werden soll.[26] Die Kronprinzessin hatte sich schon 1882 für eine Verbindung zwischen ihrer Tochter und »Sandro« Battenberg ausgesprochen, und nach einer Begegnung ein Jahr später betrachtete sich das Paar selbst offenbar als verlobt. Doch der Plan wurde von Kanzler Bismarck energisch abgelehnt, der in erster Linie wegen der Auswirkung der geplanten Heirat auf die deutschen Beziehungen zu Russland Einspruch erhob. Battenberg war ursprünglich von den Russen 1878 als Marionettenherrscher in Bulgarien eingesetzt worden, da er sich in der Folge jedoch mit der nationalen Bewegung für die Vereinigung und Unabhängigkeit Bulgariens identifiziert hatte, war er in direkten Gegensatz zur russischen Politik auf dem Balkan geraten. Mittlerweile war er in St. Petersburg eine *persona non grata.* Bismarck war der Ansicht, dass die Heirat einer Hohenzollern-Prinzessin in die Familie der Battenbergs die guten Beziehungen zu Russland untergraben würde, die der Dreh- und Angelpunkt seiner Außenpolitik waren. Für die Kronprinzessin hingegen war gerade die »antirussische« Tendenz der Heirat der Hauptanreiz. Mit der Unterstützung ihrer Mutter Königin Victoria hoffte sie durch ein stärkeres deutsches Engagement in Bulgarien, die Grundlage für eine Koalition zu schaffen, die den russischen Einfluss auf dem Balkan eindämmen sollte. Das Beste wäre es, schrieb sie im Juni 1883 an ihre Mutter, »wenn England, Österreich, Italien und Deutschland sich zusammentun könnten, zum Beispiel Bulgarien unterstützten, damit dieses Land eine wirkliche Barriere gegen russisches Vorgehen nach Konstantinopel bilde«.[27] Hier lebte der alte Streit zwischen »Westlern« und »Russen« erneut auf, der traditionell die außenpolitischen Debatten in Preußen erhitzte.

Im Sommer 1884 hatte sich eine mächtige, von Bismarck und dem Kaiser angeführte Koalition gebildet, welche die Heirat aus politischen wie auch aus dynastischen Gründen ablehnte.[28] Der Streit um Battenberg zog sich durch die ganzen achtziger Jahre hindurch und säte immer wieder von neuem Zwietracht. Selbst nachdem der Prinz abgedankt hatte und durch einen von Russland unterstützten Staatsstreich im August 1886 aus dem Land vertrieben worden war, fanden Victoria und – mit gelegentlichen Bedenken – der Kronprinz noch Gefallen an der Idee der Heirat und erwogen sogar, für den Prinzen einen hohen Posten in der deutschen Verwaltung zu suchen. Ende 1887 gewann die Angelegenheit noch an Brisanz, als das antirussische Auftreten des gewählten Nachfolgers Alexander von Battenbergs, Prinz Ferdinands von Sachsen-Coburg-Kohary, internationale Spannungen um Bulgarien förderte und Angst vor einem Balkankrieg auslöste. Wie zu erwarten, schloss sich Wilhelm der Anti-Battenberg-Fraktion an. Seinem Großvater überbrachte er Berichte über geheime Treffen zwischen seiner Schwester und dem Prinzen. In einer Diskussion mit Bismarcks Sohn Herbert – zweifellos für die Ohren des Kanzlers bestimmt – dachte Wilhelm sogar laut darüber nach, ob er Battenberg nicht »[zum Duell] provozieren und ihm meine Kugel vor den Kopf schießen« solle.[29]

Wilhelms vehementer Widerstand gegen die Battenberg-Heirat und sein offensichtliches Engagement für Bismarcks »russische« Außenpolitik wurden mit einem weiteren, herausragenden Auftrag belohnt: Im August 1886 wurde beschlossen, Wilhelm zu einem Treffen mit dem Zaren nach Russland zu schicken, diesmal allerdings nicht zur Repräsentation, sondern zu politischen Gesprächen auf höchster Ebene über die russischen Interessen auf dem Balkan. Man hoffte, dass die Mission von dem guten Eindruck profitierten werde, den Wilhelm bei seinem ersten Besuch im Jahr 1884 hinterlassen hatte. Einmal mehr hatte Kronprinz Friedrich Wilhelm, mit Recht, das Gefühl, dass man ihn übergangen hatte. In einer schriftlichen Beschwerde an Bismarck protestierte er gegen die Entscheidung und fügte gekränkt hinzu, dass er nicht persönlich über die Entscheidung informiert worden sei, sondern sie »durch Zeitungen wie durch Gerüchte« erfahren habe.[30] Als der Kanzler erwiderte, die Vorbereitungen für Wilhelms Reise seien bereits bekannt gegeben worden und könnten nicht mehr geändert werden, wies der Kronprinz auf die gesundheitliche Konstitution seines Sohnes hin (Wilhelm erholte sich gerade von einer Erkältung.) Er bot sogar an, selbst »die Reise nach Russland zu machen, da ich es überdies für nützlich halte, auch meinerseits zur Betonung des Wunsches nach Erhaltung korrekter Beziehungen zu Russland mit beizutragen«.[31] Die einflussreichsten Persönlichkeiten am Hof sprachen sich jedoch rasch einmütig gegen eine solche Änderung des Planes aus. »Die Courtoisie«, also Höflichkeit, werde zwar durch einen Besuch des Kronprinzen »formell noch größer«, teilte Bismarck am 17. August dem Kaiser mit, »andererseits aber sei die Gefahr vorhanden, dass Kaiser Alexander und der Kronprinz wegen des Battenbergers, den der eine hasst und der andere liebt, aneinander geraten würden«. Dieses Argument leuchtete dem Kaiser ein, der zustimmte, dass sein Sohn »kein geeigneter Verkehr für den Kaiser Alexander« sei.[32] Auf seine charakteristisch extravagante Weise verinnerlichte auch Wilhelm selbst das Argument. In einem Brief an Herbert von Bismarck vom 20. August warnte Wilhelm, falls sein Vater entsandt werde, so werde dieser »dem Kaiser v. Russland Vortrag über England und die Tapferkeit des Bulgaren halten! Es wäre für uns alle das Verderben, ginge er hin!«[33]

Wenn Wilhelm zu einer besonderen Beförderung in einem Bereich der Verwaltung ausersehen worden wäre, sei es mit oder ohne Rücksprache der Eltern, dann wäre der Kronprinz mit Sicherheit nicht so pikiert gewesen. Aber in den absolutistischen und neo-absolutistischen Regimes des 19. Jahrhunderts in Europa wurde die Diplomatie als die Domäne der eigentlichen Politik angesehen, als die höchste Sphäre der Ausübung souveräner Gewalt und die höchste Tätigkeit des Staates. »Mir sind die auswärtigen Dinge an sich Zweck«, hatte Bismarck 1866 erklärt, »und stehen mir höher als die übrigen.«[34] Dieses subjektive »Primat der Außenpolitik« als die herausragende Berufung der Monarchen und Staatsmänner erklärt nicht zuletzt, weshalb Wilhelms wachsende Beteiligung an der deutschen Politik einen neuralgischen Punkt beim Kronprinzen und seiner Frau berührte. Wilhelm erhob nunmehr Anspruch auf ein Feld, das für die Ambitionen Friedrich Wilhelms als künftigem Monarchen von zentraler Bedeutung war.

Dasselbe Thema sorgte im Herbst und Winter 1886 für weiteren Ärger, als sich abzeichnete, dass Wilhelm, auf Bismarcks Anregung hin, in die Funktionsweise des Auswärtigen Amtes eingeweiht werden sollte.[35] Der Kronprinz erhob schriftlich beim Kanzler Einspruch gegen diesen Schritt und begründete ihn mit der »mangelnden Reife sowie der Unerfahrenheit meines ältesten Sohnes, verbunden mit seinem Hang zur Überhebung wie zur Überschätzung«. Er warnte gar, dass es »geradezu *gefährlich*« wäre, »ihn jetzt schon mit auswärtigen Fragen in Berührung zu bringen«. Bismarck war anderer Meinung und wies darauf hin, dass Wilhelm inzwischen 27 Jahre alt sei, also älter als Friedrich Wilhelm I. und Friedrich Wilhelm III. bei ihrer Thronbesteigung. Im Folgenden erinnerte er den Kronprinzen daran, dass die Autorität des Vaters in der königlichen Familie in der des Monarchen eingeschlossen sei.[36] Die Neuigkeit von Wilhelms Berufung löste im Dezember 1886 eine Reihe von Diskussionen von bislang nicht gekannter Heftigkeit zwischen Vater und Sohn aus, und es lohnt sich, Wilhelms Version der Episode (in der Überlieferung Herbert von Bismarcks) ausführlich zu zitieren:

> Hart, verächtlich und grob sei sein Vater ja immer mit ihm gewesen, sagte der Prinz, so erbittert habe er ihn aber noch kaum je gesehen, er sei ganz graubleich geworden und habe [ihm] mit geballter Faust gedroht, indem er sagte: »das ist ein Streich, der mir gespielt ist und den ich nie vergessen werde: man hat sich an meinen Widerspruch, den ich so scharf ausgesprochen habe, gar nicht gekehrt; man tut, als ob der Kronprinz gar nicht mehr da wäre. Aber ich werde es den Herren im Ausw. [ärtigen] schon eintränken, ich gebe mein Ehrenwort, dass ich dies tun werde, sobald ich auf den Thron komme, und dass es ihnen nicht vergessen sein soll.«[37]

Wilhelm verdankte seinen frühen politischen Aufstieg somit zum großen Teil der Eingebung und Unterstützung Bismarcks. Seit dem Jahr 1884 hatte Herbert von Bismarck, angespornt von seinem Vater, die Freundschaft zu Wilhelm mit großer Beharrlichkeit und Servilität gepflegt. Es verwundert deshalb nicht, dass die Kronprinzessin, die dem Kanzler immer schon ablehnend gegenübergestanden hatte, die politische Opposition Wilhelms als »die natürliche Folge von Bismarcks Allmacht« betrachtete.[38] Aber Wilhelm war stets darauf bedacht, seine Unabhängigkeit zu wahren, und alles andere als dauerhaft oder ausschließlich den Bismarcks verpflichtet. Seit Anfang der achtziger Jahre trat eine weitere Persönlichkeit auf die Bühne, die den Bismarcks die politische Loyalität des Prinzen streitig machte.

Alfred Graf von Waldersee, Generalquartiermeister der preußischen Armee und stellvertretender Generalstabschef, hatte sich häufig mit dem Prinzen getroffen, um über militärische Fragen zu diskutieren und hatte ihn bei seiner ersten Russlandreise 1884 begleitet. Ihre Beziehung wurde von Januar 1885 an noch enger, als Wilhelm begann, dem General »delikate Familienverhältnisse« anzuvertrauen, und die verlockende Ankündigung machte, er »rechnete für später auf mich [Waldersee]«.[39] In der Folge wurde er Wilhelms engster Vertrauter und regelte geschickt eine Reihe peinlicher Situationen, die aus den wenigen vor- und außerehelichen Verhältnissen des Prinzen entstanden waren. Ferner unterstützte er ihn bei dem umstrittenen Kreuzzug gegen das Glücksspiel im »Unionsklub« in Berlin.[40]

Der antisemitische, strenggläubige und reaktionäre Generalquartiermeister war die Personifizierung all dessen, was Wilhelms Eltern am stärksten verachteten. Damit war er zugleich ein willkommener Komplize in dessen Bestreben, sich vom Haushalt des Kronprinzen zu distanzieren. Gleichzeitig war Waldersee aber auch eine Gefahr für den Einfluss der Bismarcks auf den Prinzen. Er war außerordentlich ehrgeizig und hatte Gerüchten zufolge sogar das Kanzleramt im Blick. Waldersee bemühte sich nach Kräften, dem Einfluss Herbert von Bismarcks auf das

Urteilsvermögen und die Einstellungen des Prinzen entgegenzuwirken, und registrierte aufmerksam die Schwankungen in der Beziehung zwischen Wilhelm und dem Kanzler.[41] Auch Waldersees außenpolitische Ansichten wichen von denen des Kanzlers ab. Anfangs hatte er zwar Bismarcks Außenpolitik mitgetragen, Ende der achtziger Jahre verlor er jedoch das Vertrauen in die Führungsqualitäten des Kanzlers und wurde ein entschiedener Fürsprecher eines Präventivkriegs gegen Russland.[42] Die beiden Männer gerieten in Streit, als Bismarck Waldersee rügte: Der Anlass war eine geringfügige Indiskretion, aber Waldersee nahm zweifellos zu Recht an, dass der eigentliche Streitpunkt das Ringen zwischen ihm und dem Sohn des Kanzlers um den Einfluss auf Wilhelm war.[43]

Zum Ende des Jahres 1887 hin war die Frage, wer Wilhelms Vertrauen genoss, bereits von äußerster Bedeutung. Im März des Jahres war im Kehlkopf des Kronprinzen ein Geschwür entdeckt worden. Die ärztlichen Meinungen zum weiteren Vorgehen waren gespalten: Einige deutsche Ärzte des Kronprinzen vertraten die Meinung, dass es ein Krebsgeschwür sei und so schnell wie möglich durch eine radikale und überaus gefährliche Operation entfernt werden müsse, durch die der Thronerbe mit Sicherheit für immer die Sprache verlieren würde – unter Umständen könnte er dabei sogar sterben. Der Hauptverfechter einer optimistischeren Diagnose war der britische Arzt Sir Morell Mackenzie, ein Vertrauter des Kronprinzen. Nach seiner Auffassung war das Geschwür nicht bösartig und würde von selbst heilen, sofern man Friedrich Wilhelm einen Klimawechsel und eine ausgiebige Ruhephase gewähre. Der Kronprinz entschied sich für die Prognose Mackenzies und verwarf den chirurgischen Eingriff; der Patient wurde zur Erholung in eine Villa in der norditalienischen Küstenstadt San Remo gebracht. Am Hof, unter Regierungsvertretern und in der öffentlichen Meinung fand jedoch die pessimistische Ansicht mehr Anhänger, sobald die Krankheit des Kronprinzen im Mai 1887 allgemein bekannt wurde. Der Kaiser war inzwischen 90 Jahre alt und wurde immer gebrechlicher. Die Aussicht auf Wilhelms Thronfolge, die bislang in weiter Ferne gelegen hatte und somit eher als theoretische Möglichkeit erschienen war, rückte nunmehr in greifbare Nähe. »Gottes Wege sind wunderbar«, schrieb Holstein in sein Tagebuch. »Der eiserne Weg der Weltgeschichte bekommt eine unerwartete Wendung. Prinz Wilhelm vielleicht mit 30 Jahren deutscher Kaiser. Was wird das werden?«[44]

Da alles darauf hindeutete, dass die Herrschaft Kronprinz Friedrich Wilhelms kurz sein würde, selbst wenn er den Tod seines Vaters überleben sollte, war Wilhelm jetzt der Mann der Zukunft und stand im Brennpunkt aller politischen Ambitionen. »Interessant ist es zu sehen«, schrieb Waldersee, »wie bei gewissen klugen Leuten sofort die Wertung des Prinzen Wilhelm sich ändert; schimpften sie gestern noch auf ihn, fanden ihn herzlos, unbedachtsam und ich weiß nicht was alles, so ist er heute ein fester Charakter und für die Zukunft vielversprechend.«[45] Alle noch verbliebenen Zweifel zum Gesundheitszustand Friedrich Wilhelms wurden von einer öffentlichen Bekanntmachung vom 12. November 1887 ausgeräumt, dass der Kronprinz unheilbar an Krebs erkrankt sei. Diese Neuigkeit hatte auf das Umfeld des Hofes eine geradezu elektrisierende Wirkung. Herbert von Bismarck erinnerte sich, dass sich »alle Streber und Kriecher«, die sich bislang gefragt hatten, ob sie mit dem Sohn oder dem Enkel mehr Glück hätten, nunmehr definitiv dem Letzteren zuwandten und »mit unverhehltem Behagen aus vollen Backen pustend, die Segel der hochgradigen, prinzlichen Eitelkeit« blähten.[46]

Die Rivalität um den Einfluss auf Wilhelm hatte mit einem Mal eine ganz neue Qualität. Bismarck konnte unter Umständen alles verlieren; die Zukunft seiner Außenpolitik und sein eigenes Amt standen auf dem Spiel. In dem Versuch, seinen Einfluss auf den Prinzen zu konsolidieren, wählte der Kanzler eine charakteristische Mischung aus Zuckerbrot und Peitsche. Er empfahl sich selbst weiterhin als der Mentor der politischen Karriere Wilhelms, indem er sich die Unterschrift des Kaisers unter ein Dokument verschaffte, das besagte, dass in dem Fall, dass das

Staatsoberhaupt geschäftsunfähig werden sollte, der Status und die Vollmachten eines Stellvertreters bis zum Tod des Kaisers auf Wilhelm übergehen sollten – eine Entwicklung, die in San Remo verständlicherweise für einige Unruhe sorgte. Gleichzeitig ergriff Bismarck Maßnahmen, um Wilhelm davon abzubringen, mit seinem sichtbarsten Gegenspieler General Waldersee gemeinsame Sache zu machen. Zu diesem Zweck torpedierte er ganz gezielt die Beziehung zwischen Wilhelm, Waldersee und dem geistlichen Politiker Adolf Stoecker.

Der Gründer der Christlich-Sozialen Arbeiterpartei (später Christlich-Sozialen Partei) Adolf Stoecker, seit 1874 Hof- und Domprediger in Berlin, zählte zu den schillerndsten und innovativsten Figuren im deutschen Konservatismus Ende des 19. Jahrhunderts. Wie sein Zeitgenosse Karl Lueger in Wien mobilisierte auch Stoecker mit einer effektiven Mischung aus populistischem Antikapitalismus, opportunistischem Antisemitismus und einer missionierenden Erweckungsrhetorik die Massen für seine konservative Agenda. Er hatte sich zum Ziel gesetzt, die säkularisierte und entfremdete Arbeiterklasse mit dem Christentum und der monarchischen Ordnung zu versöhnen. Bismarck nahm gegenüber Stoecker eine ambivalente Haltung ein: Er schätzte die konservative, monarchische Stoßrichtung der Politik des Predigers, war aber skeptisch, ob es ihm gelingen würde, der Sozialdemokratie die Arbeiter abspenstig zu machen, und seine demagogischen Taktiken lehnte er ab. Wichtiger noch: Ende des Jahres 1887 betrachtete er Stoecker bereits als eine politische Gefahr. Im November des Jahres wurde in den Räumlichkeiten General Waldersees ein Festabend zur Sammlung von Spenden zugunsten der Stadtmission Stoeckers veranstaltet, einer Einrichtung, die eigens zu dem Zweck gegründet worden war, die wohltätige Arbeit mit der Missionierung unter den städtischen Armen zu kombinieren. Prinz Wilhelm war ebenfalls anwesend und hielt eine kurze Ansprache, in der er die Arbeit des Hofpredigers lobte und feststellte, dass der »christlich-soziale Gedanke« mit seiner »Anerkennung der gesetzlichen Autorität und der Liebe zur Monarchie« sowie die Erweckung der Massen der einzige Weg sei, die revolutionären Tendenzen einer anarchistischen und gottlosen Partei (ein Seitenhieb auf die Sozialdemokraten) zu neutralisieren. Bismarck sah in der Veranstaltung die Anfänge einer neuen und gefährlichen Koalition politischer Kräfte. Stoecker war potenziell ein Kanal zwischen Prinz Wilhelm und jenen konservativen, protestantisch-klerikalen »Ultras«, welche die Integrität der liberal-konservativen Reichstagsmehrheit des Kanzlers gefährdeten.[47] Für Bismarck schien es klar, dass hier letztlich das Ziel verfolgt wurde, den Boden für eine Kanzlerschaft Waldersees nach Wilhelms Thronbesteigung zu bereiten.

Statt Wilhelm in der Angelegenheit direkt unter Druck zu setzen, machte sich Bismarck auf charakteristische Weise die überaus beachtlichen, publizistischen Ressourcen der Reichskanzlei zunutze. In der zweiten Dezemberwoche erschienen auf den Seiten der *Norddeutschen Allgemeinen Zeitung*, einer überregionalen Zeitung, die gemeinhin als halboffizielles Organ der Regierung galt, mehrere scharfe Angriffe auf Stoecker. Die nationalliberalen und gemäßigt konservativen Zeitungen, die mit Bismarcks Reichstagsmehrheit in Verbindung standen, schlossen sich rasch dem Treiben an und erhoben den Vorwurf, eine reaktionäre, geistliche Clique habe den empfänglichen Prinzen für ihre eigenen Interessen eingespannt. Zum ersten, aber nicht zum letzten Mal sah Wilhelm sich im Mittelpunkt einer landesweiten Pressekampagne.

Der unvermittelte Tritt ins Rampenlicht und in die öffentliche Kritik versetzte Wilhelm allem Anschein nach in Panik – erste Anzeichen einer Empfindlichkeit gegenüber der öffentlichen Meinung, die ihn während seiner ganzen Regierungszeit begleiten sollte. Noch vor Ende des Monats gab er eine öffentliche Erklärung ab, in der er sich von Stoeckers Antisemitismus distanzierte. In einem privaten Brief an Bismarck beteuerte Wilhelm, dass sein Engagement für die Mission nicht als eine parteiliche Verpflichtung gedacht gewesen sei. Er versicherte ihm, dass er sich lieber »stückweise ein Glied nach dem anderen für Sie abhauen« ließe, als dem Kanzler irgendwelche »Schwierigkeiten [zu] machen oder Unannehmlichkeiten [zu] bereiten«.[48] In einer Rede vor dem Provinziallandtag von Brandenburg am 8. Februar stellte Wilhelm sich demonstrativ hinter Bismarcks Außenpolitik (der Text wurde sofort an die Presse weitergeleitet).[49] Bismarck hatte diese Schlacht gewonnen, aber die Kraftprobe zwischen dem Kanzler und dem Prinzen schadete der Beziehung zwischen den beiden Männern erheblich. Wilhelm war empört über die Art und Weise, wie Bismarck ihn vor den Augen der Nation an den Pranger gestellt hatte. In seinen Äußerungen über die Zukunft schwang von nun an eine Drohung mit: »Er soll nicht vergessen, dass ich sein Herr sein werde«; »Im Anfang wird es ohne den Kanzler nicht gehen. Aber in Jahr und Tag wird hoffentlich das Deutsche Reich genügend konsolidiert sein, um seine [des Fürsten] Mitwirkung entbehrlich zu machen.«[50]

Am 9. März 1888 starb der alte Kaiser. Zu seinen letzten Worten zählte dem Vernehmen nach ein ausdrückliches Lob für seinen Enkel. Er sagte, er sei immer sehr zufrieden mit ihm gewesen, weil er immer alles richtig gemacht habe.[51] Die erste Kommunikation des neuen Kaisers mit seinem Sohn nach dem Tod Wilhelms I. war ein kühl formuliertes Telegramm, das ihn ermahnte, sich der Autorität des Vaters zu unterwerfen. Ungeachtet des schlimmen Gesundheitszustands des neuen Kaisers räumte eine Stellvertreterordre vom 23. März dem neuen Kronprinzen nur minimale Rechte und Zuständigkeitsbereiche ein. In Wirklichkeit blieb Wilhelm jedoch im Zentrum der Aufmerksamkeit und im Brennpunkt der politischen Spekulationen. Kein Einziger in den höchsten Regierungskreisen, nicht einmal die militärische Umgebung des neuen Kaisers war bereit, die Legitimität des neuen Regimes anzuerkennen; es wurde lediglich als vorübergehende Unannehmlichkeit verstanden. »Ich glaube, wir werden im Allgemeinen nur als vorüberhuschende Schatten angesehen, die bald in der Wirklichkeit durch Wilhelms Gestalt ersetzt werden sollen«, schrieb die Kaiserin im März an ihre Mutter.[52] Die Herrschaft Kaiser Friedrichs III., wie er sich nannte, war auf jeden Fall viel zu kurz (99 Tage), und der Herrscher selbst durch seine Krankheit viel zu geschwächt, um eine so massive Umbesetzung des Kabinetts und Neuorientierung der Politik zu ermöglichen, wie die Konservativen sie seit langem schon erwartet und gefürchtet hatten.

Es bestanden immer noch große Meinungsverschiedenheiten zwischen Wilhelm und dem Kanzler, vor allen Dingen in der Außenpolitik. Unter dem Eindruck der von Nervosität geprägten öffentlichen Meinung in Deutschland während der Phase anhaltender Angst vor einem Krieg gegen Russland im Frühjahr und Sommer 1888 schwankte Wilhelm zwischen der Treue zu Bismarck und einer Unterstützung der kriegerischen, antirussischen Ansichten des Grafen Waldersee.[53] Mit dem unvermittelten Wiederaufleben des Battenbergschen Heiratsprojekts im April stand jedoch ein Thema auf der Tagesordnung, in dem sich Wilhelm und der Kanzler einig waren. Bismarck drohte mit Rücktritt, und Wilhelm verlor keine Zeit, dem »Bulgaren« mitzuteilen, falls die Verlobung vollzogen werde, so werde es seine erste Handlung als Kaiser sein, das Paar aus dem Territorium des Reiches zu verbannen.

Die Feindseligkeit zwischen Wilhelm und seiner Mutter Victoria blieb unvermindert bestehen. In den Augen der Kaiserin war sein unablässiger Widerstand gegen die Battenberg-Heirat ein weiterer Beweis – wenn überhaupt noch einer nötig war – für seinen »Hass, Rachsucht und Stolz« und für seinen Wunsch sie »zu vernichten«, indem er aus einer »privaten Familienangelegenheit« eine *»cause célèbre«* (große Sache) machte.[54] Die Schwäche und die stoische Resignation, die sich nicht selten bei einer schweren Krankheit einstellt, hatten die Kampfeslust Friedrich Wilhelms gelindert. In dem Maße, wie seine Kraft und Neigung, sich mit seinem ältesten Sohn zu streiten, nachließen, wurde er selbst zum Streitgegenstand. Wilhelm hatte sich stets gegen seine Mutter und Sir Morell Mackenzie an die Seite der pessimistischen Mehrheit der behandelnden Ärzte gestellt, die unheilbaren Krebs diagnostiziert und eine Operation gefordert hatten. Da in den achtziger Jahren des 19. Jahrhunderts die Aussichten, dass ein Patient eine Kehlkopfoperation überlebte, sehr gering waren, sah Victoria in dieser Parteinahme eine skrupellose Verschwörung, um Wilhelms eigene Thronbesteigung zu beschleunigen oder ihren Mann für regierungsunfähig erklären zu lassen. Als Wilhelm im November 1887 von seinem Besuch in San Remo zurückgekehrt war, berichtete er, dass seine Mutter, abgesehen davon, dass sie ihn »wie einen Hund« behandelt habe, auch versucht habe, ihn von seinem Vater fernzuhalten. Das tat sie auch in Friedrich Wilhelms letzten Tagen. Aber die Zeit, die Krankheit und die dynastischen Automatismen arbeiteten für Wilhelm. Der Tod Friedrich Wilhelms am 15. Juni 1888 entfesselte in der Öffentlichkeit heftige Diskussionen über die angeblich falsche Behandlung durch diejenigen, die sich geweigert hatten, die Krebs-Diagnose zu akzeptieren, nicht zuletzt die Kaiserin selbst. Gegen den ausdrücklichen Wunsch seines Vaters und seiner verwitweten Mutter ordnete Wilhelm an, den Leichnam zu obduzieren. Die Existenz eines Krebsgeschwürs wurde bestätigt und öffentlich bekannt gegeben und stärkte damit die Position, die Wilhelm seit Frühjahr 1887 in der Diskussion eingenommen hatte.

Die Menschen am Hof waren – und sind womöglich generell – dazu geneigt, die Manipulierbarkeit anderer Personen zu überschätzen, nicht zuletzt deshalb, weil sie selbst so bereitwillig glaubten, dass man mit Verschwörungen und Intrigen tatsächlich etwas erreichen kann. Der Kronprinz und seine Frau betrachteten Wilhelm als ein »Instrument« und eine »Spielkarte«, dessen »Urteil dadurch [die Palastintrigen] verkehrt« und dessen »Geist vergiftet« werde. Wie Victoria im April 1887 schrieb: »Er ist nicht klug oder erfahren genug, um das System und die Menschen zu durchschauen. Infolgedessen tun sie mit ihm, was sie wollen.«[55] Waldersee machte sich wegen der Empfänglichkeit Wilhelms für die Schmeicheleien Herberts von Bismarcks ernstlich Sorgen. Der Kanzler wiederum fürchtete, dass Wilhelm ganz unter dem

Einfluss Waldersees stände. In Wirklichkeit war Wilhelm, wie die Ereignisse von 1887/88 zeigten, das Geschöpf keiner einzelnen Partei. Waldersee hatte Recht, als er im Januar 1887 beobachtete, dass der Prinz »völlig auf eigenen Füßen« stand und »auch mit voller Überlegung sich nie eine eigentliche Partei bilden [werde], weil er nicht in deren Hand kommen will«.[56] Um dieselbe Zeit äußerten sich gutinformierte Zeitgenossen (Holstein, H. Bismarck, Waldersee) anerkennend über die nüchterne Distanz und seine verblüffende Fähigkeit, sich zu verstellen – Charakterzüge, die er in den langen Jahren des Familienstreits entwickelt hatte. Seine gewandte politische Anpassungsfähigkeit – russophil in der Außenpolitik 1884–1886, im Dezember 1887 mit der »Kriegspartei« verbündet, im Februar 1888 auf Bismarcks Linie – lassen vermuten, dass er bereits damals dazu neigte, Männer und Parteien in wechselnden Kombinationen zu benutzen.

Folglich sagen die Posen, die er in diesen frühen Jahren einnahm, mehr über Wilhelms Hunger nach Macht und Anerkennung aus als über irgendwelche Verpflichtungen gegenüber bestimmten Männern beziehungsweise deren Politik. Wilhelm war in einer Atmosphäre aufgewachsen, die in regelmäßigen Abständen von Kämpfen um Macht und Einfluss aufgeheizt wurde. In deren Verlauf wurden persönliche Beziehungen infiltriert und manche Loyalitäten gefestigt, andere hingegen vergiftet. Wilhelms Eltern, insbesondere seine Mutter, wurden von diesen Kämpfen ebenso stark vereinnahmt wie ihr Gegenpart, Kanzler Bismarck. Von der bevorzugten Stellung Wilhelms aus, der von dem daraus folgenden Parteienstreit profitieren sollte, war ohne weiteres zu erkennen, wie die Themen und Diskussionen augenscheinlich dem Erwerb und Erhalt der Macht untergeordnet wurden, wie die Politik selbst nur nach einem personenbezogenen Freund- und Feindschema betrachtet wurde. Als Wilhelm den Thron bestieg, hatte er bereits ein ungewöhnlich zielstrebiges Interesse an der Macht und einen großen Appetit auf sie entwickelt. Das wurde schon an seiner Gewohnheit deutlich, Postkarten von sich selbst mit dem legendären *»I bide my* *time«* (Meine Stunde wird kommen) zu verschenken. Allerdings hatte er lediglich eine anfängliche Ahnung davon, was er mit der Macht anfangen würde, sobald er sie hatte. Das war das wohl verhängnisvollste Resultat der politischen Erziehung Wilhelms im zerstrittenen Haushalt der Hohenzollern.

Die Persönlichkeit des Kaisers

Schufen die Umstände der Geburt und Kindheit Wilhelms die Grundlagen für eine abnormale psychische Entwicklung? Seit der Novemberrevolution, durch die Wilhelm 1918 vom Thron vertrieben worden war, stellte die angebliche Instabilität oder gar Geisteskrankheit des letzten deutschen Kaisers ein zentrales Thema der historischen und populären Literatur über seine Herrschaft dar. Schon im ersten Jahr nach der Abdankung erschien eine ganze Reihe von Studien, die Wilhelms psychische Befähigung zu seiner Rolle als Souverän in Frage stellten: *Die Geisteskrankheit Wilhelms II.* (Franz Kleinschrod), *Wilhelm II. periodisch geisteskrank!* (Hermann Lutz), *Wilhelm II. als Krüppel und Psychopath* (H. Wilm). »Aber er war krank, krank wie sein Denken und Fühlen«, schrieb Paul Tesdorpf, der Autor der Studie *Die Krankheit Wilhelms II.* »Für einen erfahrenen Arzt und Psychiater besteht gar kein Zweifel, dass Wilhelm II. schon von Jugend auf ein Geisteskranker war.«[57] Einige frühe Studien waren sich darin einig, dass Wilhelm unter einer angeborenen degenerativen Störung litt, die von der jahrelangen dynastischen »Überzüchtung« verursacht worden sei. Diese polemischen Schriften hatten selbstverständlich keinerlei diagnostischen Wert. Das Hauptanliegen ihrer Autoren war es, die deutsche Kriegsschuld dem »Psychopathen« Wilhelm aufzubürden, der ihrer Meinung nach die Verantwortung für die katastrophale Wende des deutschen Schicksals seit 1914 trug. (»Die Schuld, die ihn an dem Kriege trifft, entspringt seiner Krankheit«, schrieb Paul Tesdorpf im Jahr 1919.) Und das Argument der dynastischen »Entartung«

beruhte weniger auf klinischen Studien als auf einer langjährigen, bürgerlich-liberalen Kritik an der Erbmonarchie.

Im Jahr 1926 verwarf Emil Ludwig in seiner Bestsellerbiografie die tendenziösen Verallgemeinerungen der ersten Nachkriegspamphlete und legte eine facettenreichere und etwas wohlwollendere Analyse der Charakterentwicklung des ehemaligen Kaisers vor. Ludwig konzentrierte sich stattdessen auf Wilhelms körperliche Behinderung. Beim Einsatz der Zange während einer langen und schwierigen Geburt waren Nervenbahnen in Wilhelms Schulter verletzt worden, so dass sein linker Arm dauerhaft gelähmt blieb. Der »lebenslange Kampf gegen die angeborene Schwäche«, so Ludwig, sei der entscheidende Faktor für die »gesamte Charakterbildung« gewesen. Langfristig folgten daraus eine Vorliebe für den Absolutismus und ein Hang, seine Unsicherheit durch die Einnahme streitlustiger, kriegerischer Posen zu verbergen.[58] Unter den Rezensenten von Ludwigs Buch fand sich kein Geringerer als Sigmund Freud persönlich, der den Biografen kritisierte, weil er das Thema des verkrüppelten Arms allzu sehr hochspiele. Weniger der Arm als solcher, so Freud in seiner »Neuen Folge der Vorlesungen zur Einführung in die Psychoanalyse« (1932), sondern die Ablehnung des Gebrechens durch die »stolze Mutter« und der damit verbundene Entzug der Mutterliebe seien schuld an den Unzulänglichkeiten Wilhelms als Erwachsener.[59]

Die Diskussion um Wilhelms geistige Verfassung wird noch heute mit unverminderter Energie geführt. Unter Berufung auf einen Strang der postfreudianischen, psychoanalytischen Theorie, die als »Selbstpsychologie« bezeichnet wird, hat unlängst der amerikanische Historiker Thomas Kohut gezielt die Mängel in der Beziehung Wilhelms zu seinen Eltern, insbesondere seiner Mutter unter die Lupe genommen. Kohut vertritt die These, dass Wilhelms Eltern ihrem ältesten Sohn nicht die nötige »einfühlsame Fürsorge«, den »bestätigenden und auf ihn zurückstrahlenden Stolz«, sowie die »optimale Enttäuschung« des kindlichen Exhibitionismus zuteil werden ließen, die für die Heranreifung eines »kohärenten und wohl integrierten Selbst« erforderlich sind. Deshalb habe Wilhelm in seinem ganzen Erwachsenenleben unter der »Disharmonie oder Schwäche des Selbst« gelitten, welche das Merkmal einer »narzisstischen Pathologie« sei. Die Überempfindlichkeit, die Sehnsucht nach Bestätigung und der Mangel an »psychischer Kohärenz«, die Zeitgenossen häufig an dem Erwachsenen Wilhelm beobachteten, werden somit durch Verweis auf seine frühen familiären Erlebnisse erklärt.[60]

Einen völlig anderen Erklärungsansatz für Wilhelms frühe psychische Entwicklung hat der englisch-deutsche Historiker John Röhl angewandt. Röhls Untersuchung der Jugend Wilhelms stützt sich auf eine beispiellose Fülle von Primärquellen und fand keinerlei Beleg für die Auffassung, dass Wilhelms frühe Entwicklung durch einen Mangel an Elternliebe gestört worden sei. Er gelangte vielmehr zu der Ansicht, dass der emotionale Ton im Haushalt Kronprinz Friedrich Wilhelms, gemessen am Standard der damaligen dynastischen Haushalte, außerordentlich herzlich und zärtlich gewesen sei (eine Schlussfolgerung, die von Lamar Cecil, dem amerikanischen Biografen Wilhelms, gestützt wird). Die Ursprünge der Abnormalität Wilhelms lägen, so Röhl, weiter zurück, bei den Umständen seiner Geburt. In dem wohl ausführlichsten Exkurs in das Feld der Geburtshilfe, der jemals in einem historischen Buch abgedruckt wurde, hat Röhl detailliert die Umstände der Entbindung rekonstruiert und plädiert für die Auffassung, dass Wilhelm während der Geburt für kurze Zeit keinen Sauerstoff bekam und infolgedessen mit einem »leichtgradigen Hirnschaden« zur Welt kam, einer Störung, die in aktuellen, medizinischen Forschungen mit Überempfindlichkeit, Reizbarkeit und einem Mangel an Konzentrationsfähigkeit und Objektivität bei Erwachsenen in Verbindung gebracht wird. Eben dieses »frühkindliche, exogene Psychosyndrom«, so Röhl, habe Wilhelm für eine »sekundäre Neurotisierung« geradezu prädestiniert, die durch die Unbilden seiner Kindheit herbeigeführt worden sei: die abenteuerlichen Therapien, die angewandt wurden, um seinen gelähmten Arm mit Leben zu erfüllen, die

»Kopfstreckmaschine«, mit deren Hilfe sein Hals gestreckt wurde, das harte Regime Hinzpeters, und dergleichen mehr.[61]

Bewirkten abnormale Charakterzüge, seien sie nun angeboren oder in der Kindheit erworben, tatsächlich, dass Wilhelm ungeeignet war, Macht auf vernünftige, rationale Weise auszuüben? Müssen wir diagnostische und symptomatische Kategorien der Psychoanalyse und Neurologie heranziehen, um das Verhalten des Kaisers zu erklären? Diese Fragen können naturgemäß erst im Licht der Analyse der politischen Karriere Wilhelms beantwortet werden, mit der sich die folgenden Kapitel des Buches befassen. An dieser Stelle sind jedoch einige behutsame Bemerkungen angebracht. Erstens: Um bestimmte Verhaltensweisen zu erklären, ist die Psychoanalyse toter Personen zwar eine faszinierende, aber doch überaus spekulative Methode. Zu der inhärenten Problematik der Anwendbarkeit diagnostischer Kategorien (wann ist die elterliche Empathie denn »ausreichend«?) kommt noch der ambivalente und in manchen Fällen sogar widersprüchliche Charakter der Quellen hinzu. Was die These von dem leichten Hirnschaden und der »sekundären Neurotisierung« betrifft, so stützt sie sich auf diagnostische Vermutungen, die – wie Professor Röhl wohl selbst einräumen würde – in ihrem Ursprung umstritten sind. Darüber hinaus erfordert dieser Ansatz, sich ausschließlich auf die Rahmenbedingungen der Geburt zu berufen, weil kein einziger Arzt Wilhelms im Säuglingsalter oder in der frühen Kindheit jemals Anzeichen geistiger Mängel feststellte.

Problematisch ist ferner die Tatsache, dass die »Geisteskrankheit« des Monarchen in manchen Fällen eher eine politische als eine streng medizinische Dimension hatte. Wie Janet Hartley beobachtet hat, neigten britische Botschafter und Politiker dazu, Zar Alexander I. von Russland für geistesgestört zu erklären, aber meist nur dann, wenn sie ihn im Verdacht hatten, den britischen Interessen zuwider zu handeln.[62] Im Fall Wilhelms wussten die Zeitgenossen ganz genau, dass Gerüchte, die über seinen Geisteszustand seit Anfang der neunziger Jahre kursierten, politisch motiviert waren, auch wenn sie nicht abstritten, dass das exzentrische Verhalten des Kaisers gelegentlich entsprechende Spekulationen nährte.[63] Das »erfolgreichste, politische Pamphlet im kaiserlichen Deutschland«, ein 1894 von dem linksliberalen Historiker Ludwig Quidde veröffentlichter satirischer Essay, bettete die geäußerte Kritik an der kaiserlichen Monarchie in eine »Diagnose« des Kaisers, die sich auf die gängigsten Schlagworte der Neurologie stützte.[64] Überdies kam es nicht selten vor, dass ausgerechnet diejenigen, die bis vor kurzem noch die energische Art und die Charakterstärke des Kaisers gepriesen hatten, unvermittelt Zweifel an seinem Geisteszustand äußerten, sobald sie in Ungnade fielen. Der Verdacht auf eine psychische Instabilität wurde und wird häufig in Folge einer Ablehnung einer bestimmten Verhaltensweise geäußert; die mehr oder weniger schlüssige Anwendung klinischer Kriterien wird nicht selten als rationale Rechtfertigung nachgeschoben. Das erklärt nicht zuletzt, weshalb die »Diagnose« Wilhelms II. historisch dazu neigte, den zeitgenössischen Strömungen in der Wissenschaft zu folgen: »Nervenschwäche« in den neunziger Jahren des 19. Jahrhunderts; dynastische Degeneration in der frühen Weimarer Republik; Freudsche Paradigmen in den zwanziger Jahren und immer wieder danach; »unterdrückte Homosexualität« seit den Siebzigern; Neurologie in den Achtzigern; und zuletzt in dem von der Gentechnik besessenen *fin de siècle* des 20. Jahrhunderts »die Gene Georges III.« (also Porphyrie).[65]

Die Erklärungsmuster, die von der Psychogeschichte und der retrospektiven Neurologie angeboten werden, haben noch einen dritten und wohl schwerwiegendsten Nachteil: Sie führen uns tendenziell davon weg, Verhalten rational und im historischen Kontext zu erklären. In einer inzwischen berühmten Studie der psychischen Verfassung Wilhelms zählt John Röhl beispielsweise Episoden auf, die scheinbar die Behauptung unterstützen, dass Wilhelm unter »Cäsarenwahnsinn« (verrückte Wahnvorstellungen hinsichtlich der eigenen Macht und Fähigkeiten) gelitten habe. Darunter findet sich folgende Anekdote: Einmal erklärte

Wilhelm einer Gruppe Admiräle: »Ihr wisst alle gar nichts. Nur ich weiß etwas, nur ich entscheide.«[66] Wenn man davon ausgeht, dass der Kaiser von Geburt an gestört war, dann liest man diese Bemerkungen wortwörtlich als Beweis für eine irregeleitete Weltanschauung. Aber man kann dieselben Bemerkungen auch aus der Situation heraus lesen. Der deutsche Kaiser war umgeben von Menschen (darunter Führungspersonen des Militär und der Marine), deren Fachwissen eine Gefahr war für seine persönliche Entscheidungsgewalt über die vielen Domänen, die ihm nominell unterstanden. Man könnte Wilhelms Ausbruch (für wie unüberlegt und unpassend man ihn auch halten mag) somit auch als eine Bekräftigung der politischen Gewalt der Exekutive angesichts der technokratischen oder institutionellen Befugnisse interpretieren. In den folgenden Kapiteln wird immer wieder auf die wichtigen, von Kohut und Röhl aufgeworfenen Fragen Bezug genommen. Aber nach Möglichkeit konzentriert sich die Interpretation des Verhaltens Wilhelms II. als Kaiser auf eine Analyse dessen, was im Licht des historischen Kontextes »rational« war.

2
Übernahme der Macht

Macht und Verfassung

Wie war die Macht im deutschen politischen System verteilt? Wie viel Macht lag im Deutschen Reich beim Kaiser ? Um diese Fragen zu beantworten, müssen wir zunächst die Verfassung vom 16. April 1871 näher betrachten, die die politischen Organe des Reiches und ihre Beziehung untereinander definiert. Die Reichsverfassung, die Wilhelm II. in seiner Thronrede vor dem Reichstag am 25. Juni 1888 »zu wahren und zu schirmen«[1] schwor, war das Produkt eines komplexen, historischen Kompromisses. Nach dem überwiegend von Preußen errungenen Sieg über Frankreich 1870/71 bestand die Aufgabe der neuen deutschen Reichsverfassung darin, die Macht unter einer Vielzahl von Interessen aufzuteilen. Bismarck selbst war natürlich in erster Linie daran interessiert, den Einfluss Preußens zu festigen und auszudehnen. Doch mit diesem Programm konnte man aus nahe liegenden Gründen die anderen deutschen Staaten, insbesondere die großen deutschen Länder Baden, Württemberg und Bayern, natürlich nicht locken. Folglich musste ein Kompromiss gefunden werden zwischen den Ambitionen der souveränen Einheiten, die zusammengekommen waren, um das deutsche Reich zu bilden, und der Notwendigkeit einer zentralen, koordinierenden Exekutive.

Wie zu erwarten, war die daraus resultierende Verfassung ihrem Wesen nach ausgesprochen dezentral. Tatsächlich handelte es sich weniger um eine Verfassung im traditionellen Sinn als um einen Vertrag zwischen souveränen Territorien, die sich darauf geeinigt hatten, das deutsche Kaiserreich zu bilden.[2] Im Einklang mit der Auffassung, dass das neue Reich eigentlich kaum mehr als eine Konföderation von Fürstentümern, also ein *Fürstenbund* war, tauschten die deutschen Länder auch weiterhin untereinander diplomatische Vertretungen aus – ein glücklicher Umstand, wie sich herausstellte, weil die von den Gesandten verfassten Berichte heute zu den besten Quellen zählen, die uns für die Erforschung des politischen Lebens im neuen Reich vorliegen. Nach derselben Logik entsandten ausländische Mächte nicht nur nach Berlin ihre Vertreter, sondern auch nach Dresden und München.

Der ausgeprägte Föderalismus der Verfassung von 1871 tritt noch deutlicher zutage, wenn man sie mit der gescheiterten Reichsverfassung vergleicht, welche die liberalen Juristen der Frankfurter Nationalversammlung 1848/49 entworfen hatten. Hatte die Frankfurter Verfassung einheitliche, politische Grundsätze für die Regierungen aller Einzelstaaten festgelegt, verzichtete das spätere Dokument darauf. Während die Frankfurter Verfassung die Schaffung einer »Reichsgewalt« vorsah, die sich von der Regierungsgewalt der Mitgliedstaaten unterschied, war nach der Verfassung von 1871 der Bundesrat das souveräne Organ, das sich aus »Vertretern der Mitglieder des Bundes« zusammensetzte.[3] Der Bundesrat entschied, welche Gesetzesinitiativen in den Reichstag eingebracht wurden, und ohne seine Zustimmung konnte kein Gesetz in Kraft treten; ferner hatte der Rat die Aufgabe, die Einhaltung der Reichsgesetze zu überwachen. Jedes Mitglied des Bundes hatte das Recht, Gesetzesvorlagen einzubringen und sie im Rat diskutieren zu lassen. Die Verfassung von 1871 kündigte in Artikel 8 sogar an, dass der Bundesrat aus den eigenen Mitgliedern eine Reihe »dauernder Ausschüsse« bilden werde, die unter anderem für die Ressorts Außenpolitik, Heer und Befestigungsanlagen sowie Marine zuständig waren.

Die dezidiert föderative Ausrichtung der Verfassung hatte unweigerlich wichtige Folgen für die Stellung des Kaisers. Die Autoren der Verfassung gaben sich eindeutig alle Mühe, die Vollmachten des kaiserlichen Amtes nicht auf eine Weise hervorzuheben, dass sie die föderalistischen Empfindlichkeiten beeinträchtigt hätten. Auch hier ist ein Vergleich mit der Frankfurter Verfassung aufschlussreich. Während das ältere Dokument einen Abschnitt mit der Überschrift »Reichsoberhaupt« enthält, hat die Verfassung von 1871 keine entsprechende Rubrik. Stattdessen werden die Vollmachten des Kaisers in Abschnitt IV festgelegt, der sich mit dem Präsidium des Bundes und des Bundesrates befasst. Während die Verfassung von 1849 ganz klar feststellt: »Der Kaiser erklärt Krieg und schließt Frieden«, fügt das spätere Dokument hinzu, dass der Kaiser die Zustimmung des Bundesrates benötigt, um Krieg zu erklären, mit Ausnahme von Fällen, in denen das Reichsgebiet angegriffen wird. Während die Frankfurter Verfassung dem Kaiser das Recht einräumt, beide Kammern des Parlaments aufzulösen (Artikel 79), legt die Reichsverfassung von 1871 in Artikel 24 fest, dass der Bundesrat die Vollmacht habe den Reichstag aufzulösen, aber die Zustimmung des Kaisers einholen müsse. In Artikel 14 wird vereinbart, dass sich der Bundesrat jederzeit selbst einberufen kann, sofern sich ein Drittel der Mitglieder dafür ausspricht. Kurzum, der Kaiser erschien 1871 als ein deutscher Fürst unter anderen, als *primus inter pares,* dessen Befugnisse sich aus seiner Sonderstellung in dem Bund ableiteten, statt aus einem Anspruch auf direkte Herrschaft über das Reichsgebiet. Daraus folgte auch, dass der offizielle Titel nicht »Kaiser von Deutschland« lautete, wie Kaiser Wilhelm I. es vorgezogen hätte, sondern »Deutscher Kaiser«. Einem nicht eingeweihten Leser der Verfassung von 1871 konnte man es durchaus nachsehen, wenn er zu dem Schluss gelangte, dass im deutschen Kaiserreich der Bundesrat der eigentliche Sitz nicht nur der Souveränität, sondern auch der politischen Macht war.

Doch Verfassungen haben häufig wenig mit der politischen Realität zu tun – man denke nur an die »Verfassungen« der Staaten des Ostblocks nach 1945 –, und die Reichsverfassung von 1871 bildete hier keine Ausnahme. Ungeachtet der vielen Zugeständnisse, die dem Prinzip des Föderalismus auf dem Papier gemacht wurden, hatten die meisten Entwicklungen der deutschen Politik im Laufe der folgenden Jahrzehnte in der Praxis die Tendenz, die föderale Autorität zu untergraben, die dem Bundesrat verliehen worden war. Auch wenn Reichskanzler Bismarck hartnäckig erklärte, dass Deutschland ein »Fürstenbund« sei und bleibe, übte der Rat nie die ihm laut Verfassung zustehenden Vollmachten aus. Dafür gab es verschiedene Gründe. Der wichtigste und naheliegendste Grund war schlichtweg die überwältigende Dominanz Preußens, in militärischer wie in territorialer Hinsicht. In dem Bund genoss der Staat Preußen mit 65 Prozent der Landesfläche und 62 Prozent der Bevölkerung de facto eine Vormachtstellung. Das preußische Heer stellte die süddeutschen Armeen in den Schatten. Der König von Preußen war gemäß Artikel 63 der Verfassung in seiner Funktion als deutscher Kaiser gleichzeitig der Oberbefehlshaber der Reichstruppen. Und laut Artikel 61 war »in dem ganzen Reiche die gesamte Preußische Militärgesetzgebung ungesäumt einzuführen«. Das führte sämtliche Ansprüche des Bundes ad absurdum, militärische Angelegenheiten über einen »dauernden Ausschuss« zu regeln. Mit Ausnahme der hanseatischen Stadtstaaten Hamburg, Lübeck und Bremen gehörten die kleineren Fürstentümer in Mittel- und Norddeutschland einer preußischen Klientel an, die bei Bedarf jederzeit unter Druck gesetzt werden konnte. Da Preußen selbst schon 17 der 58 Stimmen im Rat hatte, war es folglich so gut wie unmöglich, dass sich eine Koalition anderer Staaten herausbildete, die einen preußischen Antrag ablehnen konnte.

Auf jeden Fall war es äußerst unwahrscheinlich, dass der Bundesrat jemals die politische Bühne in Deutschland so sehr dominieren würde, wie die Föderalisten es sich erhofft hatten. Bismarck weigerte sich als Kanzler, dem Rat eine öffentliche Rolle einzuräumen, die sich mit der besonderen Zuständigkeit der preußischen Krone und seiner Person als ihrem ersten Diener überschnitt. Zum Beispiel sorgte er dafür, dass der »Ausschuss für die auswärtigen Angelegenheiten« ungeachtet der Bestimmungen in Artikel 8 der Verfassung nur auf dem Papier Bestand hatte. Überdies fehlte dem Bundesrat ein geeigneter Verwaltungsapparat, um Gesetze auszuarbeiten. Somit war er auf die preußische Bürokratie angewiesen, mit dem Ergebnis, dass der Bundesrat verstärkt die Funktion eines Gremiums zur Prüfung von Gesetzesvorlagen übernahm, welche zuvor das preußische Staatsministerium formuliert und diskutiert hatte. Eine vergleichbare Verwässerung der Autorität lässt sich beobachten, wenn man die Rolle, die der Rat bei den Auflösungen des Reichstags von 1878, 1887, 1893 und 1906 spielte, miteinander vergleicht. Der Rat ergriff bei all diesen Anlässen nicht etwa selbst die Initiative, sondern wurde zu einem immer willfährigeren Instrument der Reichspolitik.[4] Die untergeordnete Rolle spiegelte sich sogar in der politischen Architektur Berlins wieder: Da der Bundesrat kein eigenes Gebäude hatte, wurde er in der Reichskanzlei untergebracht.

Das Primat Preußens wurde durch die Schwäche der Verwaltungseinrichtungen auf Reichsebene noch untermauert. Eine Art Reichsverwaltung kristallisierte sich zwar in den siebziger Jahren heraus, als neue Departements eingerichtet wurden, um die wachsende Flut an Reichsangelegenheiten zu bewältigen, und ihre Bedeutung für die Vorbereitung von Gesetzesinitiativen nahm während der gesamten wilhelminischen Ära zu, doch sie blieb in die preußische Machtstruktur eingebunden und auf sie angewiesen. Die Leiter der Reichsämter (Auswärtige Angelegenheiten, Innenpolitik, Justiz, Postwesen, Eisenbahn, Schatzamt) waren keine Minister im eigentlichen Sinn, sondern Staatssekretäre von untergeordnetem Rang, die direkt dem Reichskanzler unterstellt waren. Die preußische Bürokratie war größer als die des Reichs, und daran änderte sich auch bis zum Ausbruch des Ersten Weltkriegs nichts; zudem stammten die meisten Beamten in der Reichsverwaltung zugleich aus Preußen.

Aus Sicht derjenigen, von denen erwartet wurde, dass sie das deutsche System mit Leben erfüllten, brachte dieser preußisch/kaiserliche Dualismus gravierende Probleme in der politischen Verwaltung mit sich. Trotz der Vorrangstellung des größten Mitgliedstaates war es für die preußische Regierung unmöglich, die Politik in Preußen selbst ohne den Blick auf die Situation im ganzen Reich zu formulieren. Der offensichtlichste Grund hierfür war der Umstand, dass der preußische Ministerpräsident während des Kaiserreichs zumeist gleichzeitig Reichskanzler war. Somit war er zwei Legislativen gegenüber verantwortlich: dem preußischen Landtag und dem Reichstag. Die beiden Organe waren nicht nur institutionell verschieden, sondern hoben sich auch politisch stark voneinander ab. Der Reichstag wurde auf der Basis eines allgemeinen Männerwahlrechts gewählt und beherbergte eine bunte Palette von Parteien, welche die erhebliche regionale, konfessionelle, ethnische und sozioökonomische Vielfalt des deutschen Volkes repräsentierte. Der preußische Landtag hingegen wurde nach einem Dreiklassenwahlrecht gewählt, das die Grundbesitzer massiv begünstigte und so die Vorherrschaft konservativer und rechtsliberaler Kräfte gewährleistete. Da Entwicklungen in Preußen die Haltung der Parteien im Reichstag beeinflussen konnten und umgekehrt, fiel dem Kanzler die schwierige Aufgabe zu, die Prioritäten der sehr verschiedenen Legislativen auszubalancieren.

Von 1871 bis 1890 hatte mit Otto von Bismarck-Schönhausen eine überragende Persönlichkeit den Vorsitz über dieses einzigartig komplexe, politische System. Die Wurzeln für Bismarcks dominante Stellung lagen nicht zuletzt in der wirksamen Kombination preußischer und reichsdeutscher Ämter unter seiner Kontrolle. Als Reichskanzler übte er direkte Autorität über die kaiserlichen Staatssekretäre aus; als preußischer Ministerpräsident leitete er die Debatten des preußischen Ministeriums; als preußischer Außenminister war er zuständig für die Vergabe der 17 Stimmen Preußens im Bundesrat.[5] Diese strategische Stellung entlang der Trennlinie zwischen dem Reich und seinem dominierenden Mitgliedsstaat gab den Ausschlag für seinen politischen Einfluss. Wenn man jemals seine preußischen Wurzeln ausreißen und aus ihm allein einen Reichsminister machen wolle, sagte Bismarck einmal vor dem Reichstag, dann sei er ebenso machtlos wie jeder andere.[6] An diesem Dreh- und Angelpunkt des »unvollendeten Föderalismus« Deutschlands hatte Bismarck so gut wie alle Aspekte der Regierungspolitik in Preußen und im Kaiserreich unter Kontrolle.[7]

Doch mit der Ämterhäufung allein lässt sich die auf einzigartige Weise dominierende Stellung Bismarcks im deutschen Reich nach 1871 nicht erklären. Ebenso wichtig war sein Status als Architekt der Kriege der nationalen Einigung, sein Ansehen als Außenminister mit einem beispiellosen Geschick und Urteilsvermögen, seine unerreichte Fähigkeit, innenpolitische Widersacher auszutricksen und einzuschüchtern, seine Gabe, die öffentliche Meinung zu instrumentalisieren und seine Gewandtheit im Umgang mit seinem königlichen Herrn. »Man muss dabei gewesen sein, um bezeugen zu können, welche Herrschaft dieser Mann [...] über die gesamte Mitwelt ausgeübt hat«, erinnerte sich der linksliberale Politiker Ludwig Bamberger. »Es gab eine Zeit, in der man in Deutschland nicht zu sagen wagte, wie weit sein Wille reiche.« Nicht nur habe »seine Macht so bombenfest« gestanden, »dass Alles vor ihm zitterte«. Vielmehr habe er sogar »die Bahnen bestimmt, in denen sich die Institutionen, die Gesetze und, was noch wichtiger ist, die Geister bewegen«. Zeitgenossen aller politischer Couleur sprachen wahlweise von Bismarcks »Alleinherrschaft«, seinem »Absolutismus« oder der »Diktatur«, die ein »allmächtiger«, pommerscher »Jupiter« ausübte. In der Tat hat selbst Hans-Ulrich Wehler, ein Historiker, der für gewöhnlich nicht zu »personalistischen« Erklärungsansätzen neigt, das Webersche Konzept der »charismatischen Herrschaft« heraufbeschworen, um der Fülle von Autorität gerecht zu werden, die nicht auf die Herkunft des Kanzlers, die Ämter und die Werte, für die er stand, reduziert werden kann.[8] Ob dieser Begriff zu Recht auf Bismarck angewandt werden kann, ist von den Kritikern Wehlers in Frage gestellt worden, aber die außergewöhnliche, politische Macht und öffentliche Prominenz Bismarcks stehen außer Zweifel.[9]

Was bedeutete dies alles nun für den deutschen Kaiser? Mit Blick auf seine Stellung nach der streng monarchischen Verfassung Preußens und der de facto unangefochtenen Dominanz der preußischen Exekutive innerhalb des Reichs, hatte die preußisch-deutsche Krone potenziell eine enorme Macht. Der Kaiser schlug eine Brücke zwischen der Reichsregierung und dem mächtigsten Bundesstaat, und zwar in einem strengeren und persönlicheren Sinn als der Kanzler, der jederzeit von seinem Amt zurücktreten konnte. Nach Artikel 18 der Verfassung war der Kaiser befugt, Reichsbeamte zu ernennen und zu entlassen; das galt nach der preußischen Verfassung auch für die einflussreiche, preußische Bürokratie. Er war Oberbefehlshaber des Heeres und der Marine im Krieg und im Frieden mit der Vollmacht, Personen zu ernennen und zu entlassen (Artikel 53 und 63). Seine Zustimmung war für die Verabschiedung preußischer und – über den Einfluss seiner Vertreter im Bundesrat – reichsdeutscher Gesetze erforderlich. Und er verfügte in der Form ziviler und militärischer Kabinette über Stabstrukturen, die ihm persönlich dienten und nicht dem Parlament Rechenschaft ablegen mussten, und damit über eine eigene institutionelle Machtbasis. Dominic Lieven hat diesen weitverzweigten Apparat, der immense Mengen an Schreibarbeit bewältigte, mit der völlig andersartigen Situation in Russland verglichen, wo der Zar, der weder ein persönliches Sekretariat noch einen Privatsekretär hatte, noch selbst die Umschläge abstempelte und mit Bediensteten und Ministern mittels handschriftlicher Notizen kommunizierte.[10]

Als Kriegsherr der Ära der nationalen Einigung hatte Wilhelm I. einzigartiges, persönliches Ansehen genossen. Solange das System jedoch so eigenständig vom Kanzler gelenkt wurde, bot sich zwangsläufig kaum eine Gelegenheit, das politische Potenzial der preußisch-kaiserlichen Krone auszuloten. Es wäre falsch zu behaupten, dass Wilhelm I. eine bedeutungslose Figur gewesen sei. Sein ostdeutscher Biograf Karl-Heinz Börner hat davor gewarnt, den ersten Kaiser als eine »Schattenfigur im System des deutschen Bonapartismus« zu betrachten.[11] Er behauptete sich gelegentlich gegen Bismarck, und er hielt sich stets über die Entwicklungen in allen Feldern der Politik auf dem Laufenden. Bis zum Ende seiner Herrschaft hielt Wilhelm I. daran fest, dass ihm die letzte Entscheidung zustehe. Ein königliches Dekret von 1882 an das preußische Staatsministerium betonte, dass der König das Recht habe, »die Regierung und die Politik Preußens nach eigenem Ermessen zu leiten«. Handlungen der Regierung waren letztlich Handlungen des (preußischen) Königs, »aus dessen Entschließung sie hervorgehen und der seine Willensmeinung durch sie verfassungsmäßig ausdrückt«.[12]

Dennoch liegt es auf der Hand, dass sich ein Mann mit Bismarcks beispiellosem Geschick bei der Manipulierung des schwer fassbaren kaiserlichen und preußischen Systems so gut wie unverzichtbar für den Kaiser machen konnte. In der Regel haben auch die Historiker, die sich mit der Beziehung zwischen den beiden Männern befassten, die Fähigkeit Bismarcks herausgestrichen, den Kaiser in den meisten wichtigen Fragen zur Zustimmung zu drängen, zu erpressen oder zu überreden. Wilhelm I. fand sich häufig mit politischen Schritten ab, die eigentlich seinem Instinkt widersprachen. Er hatte den Krieg gegen Österreich nicht gewollt, ihm missfiel die liberale Tendenz der deutschen Politik in dem Jahrzehnt nach 1871, und er missbilligte Bismarcks politischen Feldzug gegen die Katholiken. Wenn es zur direkten Konfrontation kam, spielte Bismarck das volle Charisma seiner Persönlichkeit aus und verlieh seinen Argumenten mit Tränen, Wutanfällen und Rücktrittsdrohungen Nachdruck. Eben diese Szenen waren dem Kaiser schier unerträglich und veranlassten ihn zu der berühmten Beobachtung: »Es ist schwer, unter Bismarck Kaiser zu sein.« Vermutlich war es keine falsche Bescheidenheit, wenn Wilhelm I. bei anderer Gelegenheit bemerkte, dass er »wichtiger als ich« sei.[13]

Das Kräfteverhältnis zwischen Kanzler und Kaiser/König darf nicht isoliert von den anderen, institutionellen Machtzentren betrachtet werden; es hing von einer Reihe äußerer Faktoren ab, von denen die Haltung der Mehrheit im Reichstag wohl der wichtigste war. Ein Kanzler mit einer starken parlamentarischen Unterstützung konnte mit dem Monarchen aus einer entsprechend starken Position heraus verhandeln. Ein feindlich gesinnter Reichstag hingegen minderte die Wirkung des Kanzlers als politischer Lenker und verstärkte seine Abhängigkeit vom Souverän, wie Bismarck in den Jahren 1881–1886 feststellen musste. Es ist kein Zufall, dass Bismarcks Absetzung unter Wilhelm II. genau zu dem Zeitpunkt erfolgte, als Bismarcks »Kartell« bei den Reichstagswahlen vom Februar 1890 die Mehrheit verloren hatte.

Der Reichstag war nach dem Bundesrat und der preußisch-deutschen Krone die dritte Säule der Reichsverfassung. Während der Bundesrat die weitreichende Autonomie der Mitgliedsstaaten symbolisierte, repräsentierte der Reichstag die männliche Wählerschaft des deutschen Nationalstaats. Da die Vertreter im Bundesrat von Fürsten oder Königen berufen wurden, repräsentierte der Rat das dynastische Prinzip; der Reichstag hingegen, der alle drei Jahre (nach 1885 alle fünf Jahre) nach dem allgemeinen, freien Männerwahlrecht neu gewählt wurde, zählte damals zu den demokratischsten Legislativen auf dem europäischen Kontinent. Die Zustimmung des Reichstags war für das Inkrafttreten von Gesetzesvorlagen erforderlich, und er hatte das Recht, selbst Gesetzesinitiativen einzubringen, auch wenn manche Lehrbücher das Gegenteil behaupten. Über das Recht, den Reichshaushalt zu prüfen und zu verabschieden, hatte er ein geeignetes Druckmittel für die Verhandlungen mit der Exekutive in der Hand und konnte ihre Ambitionen kritisch prüfen. Andererseits war die Macht des Reichstags, die politischen Ergebnisse zu bestimmen, stark durch die Tatsache eingeschränkt, dass der Kanzler für sein Amt nicht auf die Unterstützung der Mehrheit angewiesen war. Das deutsche Parlament hatte damals im Gegensatz zum britischen nicht die Macht, Regierungen über ein Misstrauensvotum abzusetzen. Der Unterschied wurde durch eine bezeichnende Abweichung beim Zeremoniell symbolisch ausgedrückt: Während der britische Souverän zur Eröffnung des neuen Parlaments ins Unterhaus kam (und noch heute kommt), wurden die Abgeordneten zum deutschen Reichstag für dieselbe Zeremonie in den Palast einberufen.

Der Reichstag enthielt eine vielschichtige Palette von Parteien. Die Verabschiedung von Gesetzesvorlagen durch das Parlament entwickelte sich zur wohl anspruchsvollsten und mühsamsten Aufgabe für den Reichskanzler (die noch dadurch erschwert wurde, dass er die Interessen des preußischen und des deutschen Parlaments ausbalancieren musste). Und selbst wenn die Macht des Reichstags, Einfluss auf die politische Agenda zu nehmen, eingeschränkt war, sind sich die Historiker doch weitgehend einig, dass die wilhelminische Ära eine »wachsende Legitimität der parlamentarischen Politik« erlebte, wie David Blackbourn ausführt.[14] Ein wichtiger Faktor bei dieser Entwicklung war die Bestimmung unter Artikel 22 der Reichsverfassung, dass die öffentlichen Sitzungen des Reichstags stets wahrheitsgemäß veröffentlicht werden mussten. Das gestattete es einigen Rednern im Parlament, als landesweit bekannte Persönlichkeiten hervorzutreten, und erlaubte es der politisch interessierten Öffentlichkeit, an den großen, aktuellen Debatten – zumindest als Zuschauer – teilzunehmen. Weitere Hinweise auf die wachsende Autorität des Parlaments liefert die anschwellende Flut von Angelegenheiten, die in den Ausschüssen des Reichstags erledigt wurden, und die wachsende Bedeutung der Parteiführer und Experten aus den Fraktionen für den Entscheidungsprozess.

Welche allgemeinen Schlussfolgerungen kann man aus diesem knappen Überblick über das deutsche Reichssystem ziehen? Es war, wie einige renommierte Analysten bemerkten, ein »System umgangener Entscheidungen«, eine »unvollendete« Verfassung oder ein »unvollendeter Föderalismus«. Wegen der lose und schlecht koordinierten Beziehung zwischen den verschiedenen Machtzentren und des evolutionären Charakters des Systems tun sich Historiker schwer, die genaue Verteilung der Macht zu beschreiben. Während ein Historiker etwa die These vertritt, die wilhelminische Ära habe die allmähliche »Parlamentarisierung« der preußisch-deutschen Verfassung erlebt, heben andere wiederum die »bonapartistische Diktatur« oder den »autoritären« Charakter des Regimes hervor.[15] Es ist zu betonen, dass es sich um ein System handelte, das ständig in Bewegung war und immer wieder neu verhandelt wurde, das von Unschlüssigkeit und Widersprüchlichkeit charakterisiert wurde sowie von wechselnden Machtverteilungen unter den wichtigsten Ämtern und Institutionen. Das hatte unweigerlich Folgen für die Rolle des Kaisers/Königs. Wie würde sich sein Amt nach dem Abtritt des Kanzlers entwickeln? Bismarck war es mit Mühe gelungen, dem schwerfälligen Apparat der deutschen Verfassung seinen Willen aufzuzwingen. Würde dem jungen Kaiser, der großspurig ankündigte, er werde sein eigener Kanzler sein, dies ebenfalls gelingen?

Kaiser gegen Kanzler

Noch vor Wilhelms Thronbesteigung lag es für scharfsinnige Beobachter, die beide Männer kannten, auf der Hand, dass das Miteinander zwischen dem jungen Kaiser und dem 73-jährigen Kanzler nicht einfach werden würde. Das sei eine Frage der Persönlichkeit, bemerkte Graf Waldersee im Gespräch mit Holstein im November 1887. Der betagte, herrschende Kaiser schere sich nicht um sein Image, und es störe ihn nicht, wenn er in der öffentlichen Meinung von Bismarck in den Schatten gestellt werde. »Prinz Wilhelm als Kaiser aber wird dastehen wollen wie der Mann, welcher selber regiert – darum glaube ich nicht, dass es lange geht mit ihm und dem Kanzler.«[16] Gewiss ließen schon die Konflikte im Herbst 1887 nichts Gutes ahnen. Auf die Affäre um Stoecker folgte ein nicht ganz so öffentlicher, aber schädlicher Streit zwischen Wilhelm und Bismarck um eine Erklärung, die der Prinz den Herrschern der Bundesstaaten nach der Thronbesteigung zukommen lassen wollte. Bismarck nahm sowohl an dem Zeitpunkt Anstoß als auch an dem Inhalt des Dokuments und konnte Wilhelm überreden, es zu verbrennen.[17] Und der Winter 1887/88 brachte, wie gezeigt, weitere Auseinandersetzungen über die Außenpolitik.

Trotz dieser unheilvollen Vorzeichen folgte auf die Thronbesteigung am 15. Juni 1888 eine Phase ruhiger Kooperation zwischen dem betagten Kanzler und dem neuen Monarchen. Es gelang ihnen, sich in einer Reihe wichtiger Personalentscheidungen zu einigen. Wilhelm und Bismarck waren gemeinsam bei parlamentarischen Abendessen für regierungsfreundliche Fraktionen im Reichstag zu sehen. Hofprediger Stoecker wurde in einem nüchternen Ultimatum des Kaisers aufgefordert, sich zwischen politischer Aktivität und dem geistlichen Amt zu entscheiden. (Bismarck hatte schon seit langem erklärt, dass die Kombination des Hofpredigeramtes mit politischer Agitation gefährlich und inakzeptabel sei.) Wilhelm brach sogar mit der Tradition, indem er sich im offiziellen Regierungsorgan, dem *Reichsanzeiger*, von der Bismarck-feindlichen Agitation der ultrakonservativen Presse distanzierte, die Schmähreden der *Kreuzzeitung* verurteilte und erklärte: »Seine Majestät gestatten keiner Partei, sich das Ansehen zu geben, als besäße sie das kaiserliche Ohr.«[18] Das Ganze war ein ermutigendes, öffentliches Signal für das Engagement des Kaisers für das liberal-konservative »Kartell« im Reichstag, das Bismarck bei den Wahlen von 1887 geschmiedet hatte. Das Liebäugeln mit klerikalen und ultrakonservativen Elementen, das den Kanzler während der Stoecker-Affäre so alarmiert hatte, gehörte der Vergangenheit an. Bismarck war ein besserer Höfling, als er selbst wagte zuzugeben, und schloss einen unerwarteten Waffenstillstand mit seinem ehemaligen Gegner, dem gewieften Grafen Waldersee, dessen Einfluss auf Wilhelm zu diesem Zeitpunkt den Höhepunkt erreicht hatte. Als man Wilhelm nahe legte, er solle sein Augenmerk darauf richten, eigene »kaiserliche Ideen« zu entwickeln, protestierte der neue Monarch entschieden: »Es ist doch zu dumm, wenn die Leute gar nicht begreifen wollen, dass die junge und die alte Generation vortrefflich zusammenwirken können. Getrennte Ideen des Kaisers und des Kanzlers existieren gar nicht.«[19]

Doch die Harmonie sollte nicht lange anhalten. Es stellte sich schon bald heraus, dass die beiden Männer sehr unterschiedliche

Ansichten auf Schlüsselfeldern der Innenpolitik hatten. Die wohl wichtigste Frage betraf die Rolle des Staates bei der Regelung der Arbeitsverhältnisse im deutschen Reich. Wilhelm saß kaum zehn Monate auf dem Thron, als die deutsche Volkswirtschaft von einer massiven Streikwelle erschüttert wurde. Die Streiks begannen Anfang Mai 1889 im nördlichen Ruhrgebiet, dem Kernland des deutschen Bergbaus und der Schwerindustrie, und breiteten sich über das ganze Ruhrgebiet bis nach Aachen, ins Saarland, nach Sachsen und Schlesien aus. Mitte Mai waren 86 Prozent der Industriearbeiter an der Ruhr in Streik getreten. Es kam zu blutigen Zusammenstößen zwischen Streikenden und Regierungstruppen. Im Anschluss daran schwelten die Unruhen fast ein Jahr lang weiter, immer wieder kam es zu Unterbrechungen der Produktion und Gewaltausbrüchen.

Die Haltung des Kanzlers in der Arbeiterfrage 1889/90 war das Endspiel seiner Karriere und versinnbildlicht die Vielschichtigkeit seiner Vorgehensweise als Politiker. Auf Sitzungen des Kabinetts und des Kronrats sowie in Privataudienzen beim Kaiser vertrat Bismarck die Ansicht, dass ein staatliches Eingreifen zugunsten der Arbeiter nur den Sozialdemokraten Auftrieb geben und die Konkurrenzfähigkeit der preußischen Industrie auf internationalen Märkten schwächen werde. Eine Regulierung der Frauen- und Kinderarbeit, gesetzliche Verankerung der Sonntagsruhe und Festlegung einer Obergrenze für die wöchentlichen Arbeitsstunden werde zudem, so argumentierte der Kanzler ein wenig hinterlistig, die Freiheit der Beschäftigten einschränken, so viel und wann immer er oder sie es wünschten zu arbeiten.[20] Bismarck liebäugelte allem Anschein nach heimlich bereits mit einer ganzen Palette von Optionen. Er vertrat schon seit langem die Auffassung, dass harte Repressionsmaßnahmen das einzige Mittel seien, mit dem der Staat der Herausforderung durch die sozialdemokratische Bewegung entgegentreten könne. Wenn man zuließ, dass die Streiks und Unruhen anhielten, ohne dass der Staat massiv eingriff, dann würde das den Widerstand des Reichstags gegen die neuen und schärferen antisozialistischen Gesetze schwächen, für die der Kanzler sich einsetzte (die alten Sozialistengesetze sollten im September 1889 auslaufen). Falls diese Taktik scheitern sollte, blieb noch die extreme Option eines Staatsstreichs mit dem Risiko, einen Bürgerkrieg auszulösen. Unter so schwierigen und unberechenbaren Rahmenbedingungen war absehbar, dass Bismarck möglicherweise als die einzige Persönlichkeit hervortreten würde, die imstande war, das Staatsschiff auf Kurs zu halten, genau wie er es während der preußischen Verfassungskrise 1862 getan hatte.[21]

Im Gegensatz zu Bismarck, der die Habgier der Arbeiter und die Sozialdemokratie für die aktuellen Unruhen verantwortlich machte, war Wilhelm der Meinung, dass das Kapital, nicht die Arbeiter die Hauptlast der Verantwortung trug und deshalb auch die Kosten für die Wiederherstellung des sozialen Friedens auf sich nehmen müsse. Wilhelm hatte nur rudimentäre, volkswirtschaftliche Kenntnisse, aber er wusste, dass der Auftragsboom, der von einem Konjunkturaufschwung seit 1887 eingeleitet worden war, die Gewinne der Bergwerkbesitzer und die Erwartungen ihrer Arbeiter gesteigert hatte. Am 11. Mai, nur vier Tage nachdem er erstmals über die Unruhen informiert worden war, befahl er dem Oberpräsidenten von Westfalen, die Geschäftsführer und Direktoren der Kohleunternehmen zu »zwingen«, die Löhne zu erhöhen; man sollte ihnen mit dem Abzug sämtlicher Regierungstruppen in der Region drohen, falls sie sich weigern sollten. »Wenn dann die Villen der reichen Besitzer und Directoren in Brand gesteckt, ihre Gärten zertreten würden, dann würden sie schon klein werden«, erklärte er am 12. Mai auf einer Kabinettsitzung, zu der er unangekündigt erschienen war, um seine Ansichten darzulegen.[22] Im November hörte der preußische Landwirtschaftsminister Robert Lucius von Ballhausen, wie Wilhelm sagte: »Da müsse noch ungeheuer viel geschehen, er [der Kaiser] müsse verhindern können, dass das Kapital die Arbeiter aussauge«, denn die meisten Industriellen »beuteten sie [die Arbeiter] rücksichtslos aus und ruinierten sie«.[23]

Wilhelm war der Meinung, letztlich sei es Aufgabe des Souveräns, bei solchen Streitigkeiten zu vermitteln, immerhin seien die deutschen Arbeiter »seine Untertanen« mit einem rechtmäßigen Anspruch auf seine Fürsorge. Mitte Mai 1889 empfing er Delegationen der Bergarbeiter und der Minenbesitzer und warnte beide Seiten, allzu hohe Forderungen an die Gegenseite zu stellen. Es war eine beispiellose Geste, die ihm überraschend Respekt von breiten Teilen der deutschen Öffentlichkeit einbrachte und dazu beitrug, den Weg für eine Verhandlungslösung zu ebnen.[24] Der Kaiser bestand während des ganzen Jahres 1889 darauf, die Regierung müsse dafür Sorge tragen, dass die Löhne erhöht und die Rechte der Arbeiter (Sonntagsruhe, Beschränkung der Wochenarbeitszeit und der Frauen- und Kinderarbeit) gesetzlich geschützt wurden. »Er [der Kaiser] betrachte es als seine Pflicht«, erklärte er nach der Rückkehr von einer Reise nach Konstantinopel im November, »sich hier einzumischen und dafür zu sorgen, dass keine Streiks und Bedrückung der Leute erfolge.«[25]

Historiker betrachteten Wilhelms Initiativen auf diesem Feld bislang überwiegend skeptisch, sah man doch in seinem Interesse an der sozialen Frage nur einen Deckmantel für andere weniger hochfliegende Pläne, etwa für das Streben des Monarchen nach Popularität oder seinen illusorischen Wunsch, nach dem Vorbild Friedrichs des Großen ein »König der Bettler« zu sein. Es lohnt sich, die betreffende Passage aus Lamar Cecils ausgezeichneter Biografie – die für die gesamte Literatur repräsentativ ist – ausführlich zu zitieren:

> Humanitäre Instinkte, die seinem Charakter völlig fehlten, bildeten keineswegs die Basis für seine Sorge um die armen Arbeiter. Gerade in der Jugend wies Wilhelms Charakter eine gewisse Kälte auf, die häufig von jenen beobachtet wurde, die ihn gut kannten, und sie zeigte sich mit besonderer Brutalität in der völligen Gefühllosigkeit, mit der er sich der Personen entledigte, die einst seine Freunde oder Diener gewesen waren. Es ist kaum denkbar, dass ein Mann, der bekanntermaßen so gefühllos gegenüber Personen war, die ihm nahe gestanden hatten, ein deutlich größeres Mitgefühl gegenüber seinen

Untertanen insgesamt empfand. Kaiserin Friedrich, deren wohltätige Arbeit für die Unterdrückten aufrichtig war, zweifelte daran, dass ihr Sohn sich jemals wirklich um die Armen und ihre Probleme scherte.[26]

Mehrere Aspekte dieses Auszugs können nicht kommentarlos stehen bleiben. Mit Blick auf die gestörte Beziehung zwischen Mutter und Sohn ist selbstverständlich bei jeder Darstellung der wahren Motive ihres Sohnes durch die Kaiserinwitwe große Skepsis angebracht. Außerdem ist es überaus problematisch zu implizieren, dass ein Eintreten für staatliche Interventionen im sozialen Bereich auf einer persönlichen »Wärme« basieren muss, damit es als aufrichtig gelten kann. Man muss hier unterscheiden zwischen der mitfühlenden Philanthropie von Wilhelms Mutter – in der sich die viktorianischen, liberalen Empfindlichkeiten um die Mitte des 19. Jahrhunderts spiegelten – und dem völlig andersartigen, staatlichen Paternalismus der protektionistischen Ära, der Wilhelms Weltanschauung prägte. Im letzten Jahrzehnt der Amtszeit Bismarcks als Kanzler war im deutschen Reich unter seiner Aufsicht das wohl fortschrittlichste System der sozialen Sicherung in ganz Europa eingeführt worden; und bei der Thronbesteigung hatte Wilhelm in seiner Antrittsrede vor dem Reichstag versprochen, das Programm der sozialen Gesetzgebung zu übernehmen, das Bismarck und sein Großvater 1881 eingeführt hatten.[27]

Wilhelm war somit ironischerweise Bismarcks (allzu) begeisterter Schüler, wenn er sich mit dem Kanzler um die Grenzen der staatlichen Vorsorge in der Sphäre der Arbeitsverhältnisse stritt. Georg Hinzpeter hatte als sein Hauslehrer konsequent die soziale Verantwortung des Monarchen betont (im Jahr 1889 wurde Hinzpeter zu einem der wichtigsten Berater des Kaisers in der Arbeiterfrage). Darüber hinaus wurde Wilhelm von Hans Hermann von Berlepsch beeinflusst, dem preußischen Handelsminister von 1890 bis 1896, dessen Ansichten zur Arbeitspolitik das reform-konservative Konzept einer gewissermaßen »sozialen Monarchie« verkörperten, die etwa durch die aktive Vermittlung des Souveräns in sozialen Fragen charakterisiert wurde.[28] Wilhelms Initiativen auf diesem Feld hatten folglich ihren Ursprung in seiner eigenen Biografie und in der politischen Ökonomie des deutschen Kaiserreichs am Ende des 19. Jahrhunderts. Jedenfalls darf man den Streit nicht dahingehend interpretieren, dass er allein durch die persönliche Initiative des Monarchen ausgelöst worden wäre. Die beispiellose Streikwelle von 1889/90 hatte die preußischen Behörden geschockt und verwirrt. Die Auseinandersetzungen um die Frage, wie man mit den Arbeiterunruhen umgehen solle, beschränkten sich keineswegs auf die politische Exekutive; sie zogen sich, wie Otto Pflanze zeigt, quer durch den gesamten Verwaltungsapparat. In der Provinz ebenso wie in Berlin fiel es den Beamten schwer, sich auf die Ursachen des Problems oder die geeigneten Maßnahmen zu einigen.[29] Zudem war es kein rein deutsches Problem. Ganz ähnliche Meinungsverschiedenheiten waren bei der Reaktion der russischen Verwaltung auf Arbeiterunruhen in den neunziger Jahren zu beobachten. Auch hier verlief die Trennlinie zwischen den einen, die wie Innenminister Sergej Subatow die Monarchie und den Staat drängten, durch die Verteidigung der Arbeiterrechte die Loyalität des Proletariats zu gewinnen, und denjenigen, die den kapitalistischen Sektor schützen wollten.[30]

Wilhelm widersetzte sich in der Arbeiterfrage auch deshalb Bismarck, weil er die Gefahren, welche die Politik des äußersten Risikos barg, die der Kanzler betrieb, erkannte und fürchtete. Bismarck war bereit, wenn er es für notwendig hielt, eine so große Ausweitung der Streiks in Kauf zu nehmen, bis Deutschland an den Rand eines Bürgerkriegs gedrängt würde. Eine Alternative sah er darin, ein inakzeptabel strenges Sozialistengesetz in den Reichstag einzubringen und sich anschließend, nach mehrfachen Auflösungen des Parlaments, an die Spitze eines Verfassungsbruchs (oder Staatsstreichs) nach dem Muster von 1862 zu stellen. Falls es so weit gekommen wäre, hätte kaum ein Zweifel daran bestanden, dass sich der erfahrene Staatsmann als der dominante Partner in der Beziehung zwischen Kanzler und

Kaiser entpuppt hätte. Wilhelm schreckte vor einer so gewagten Strategie zurück – wer wollte ihm dies verdenken? Bereits am 19. Mai 1889 vertraute er seinem Freund Philipp Eulenburg, dem preußischen Gesandten in Braunschweig, an, dass er »furchtbare Schwierigkeiten« mit Bismarck wegen der Angelegenheit einer »Verfassungsänderung« habe. Bei einem späteren Treffen mit Eulenburg am 13. Januar 1890 berichtete er, dass Bismarcks Unnachgiebigkeit in der Frage des Sozialistengesetzes einen politischen Konflikt von solchen Ausmaßen herbeizuführen drohe, dass einzig und allein ein Staatsstreich helfen könne:

> Er, der Kaiser, sei in einer ganz entsetzlichen Lage, denn seine Regierung mit einer Art von Revolution, Schießen und sonstigen Gewaltmaßregeln zu beginnen hielte er für bedenklich. [...] Ich habe [...] den Wunsch, dem Volke, und besonders den Arbeitern meinen guten Willen zu zeigen und ihnen zu helfen, nicht aber die Absicht, auf sie zu schießen![31]

Der Streit zwischen Kaiser und Kanzler war zugleich eine Auseinandersetzung um Regierungsmethoden sowie um die Machtverteilung innerhalb der Reichsexekutive. Bismarck war nicht nur über Wilhelms politische Maßnahmen entsetzt, sondern auch über die Art und Weise, wie der neue Kaiser angefangen hatte, sich in die Regierungsgeschäfte einzumischen. Am 6. und 7. Mai 1889, als dem Kaiser die ersten Meldungen von den Unruhen im Ruhrgebiet zu Ohren kamen, forderte er nachdrücklich Berichte von den Beamten vor Ort an, die direkt an ihn geschickt werden sollten. Seine Anweisungen an den Oberpräsidenten von Westfalen vom 11. Mai wurden ohne Bismarcks Wissen abgeschickt. Für derartige Initiativen hatte es in der praktischen Reichspolitik unter Wilhelm I. keinen Präzedenzfall gegeben, und Bismarck beantwortete sie recht brüsk. Er schickte eine eisige Nachricht an Oberpräsident Robert Eduard von Hagemeister von Westfalen und warnte ihn, dass die Regierung nicht die Verantwortung für Maßnahmen übernehmen könne, die von Verwaltungsbeamten ohne die Einwilligung der ihnen vorgesetzten Minister getroffen worden seien. Im Juni 1889 traf Bismarck über den Innenminister Ernst Herrfurth (einen von Wilhelm berufenen Minister) Vorkehrungen, um eine weitere unabhängige Initiative des Monarchen zu verhindern. Er riet Herrfurth, keine Berichte direkt an den Kaiser zu schicken, damit Seine Majestät sich nicht genötigt fühle, Entscheidungen ohne die zuständigen Berater und ohne fachkundigen Ratschlag zu treffen.[32]

Die Einmischung des Kaisers in den administrativen Ablauf während der Arbeiterunruhen kam einer direkten Herausforderung der Autorität Bismarcks als preußischer Ministerpräsident gleich. Innerhalb Preußens, dessen Verwaltung sich mit den Streiks und zugehörigen Unruhen konfrontiert sah, wurde das Recht des Ministerpräsidenten, die Politik zu koordinieren, durch eine Kabinettsorder definiert, die König Friedrich Wilhelm IV. im Jahr 1852 erlassen hatte und seither nicht aufgehoben worden war. Der Erlass sollte Ordnung und Einheitlichkeit in die Regierungsgeschäfte bringen; in diesem Sinne wurde bestimmt: »Über alle Verhaltensmaßregeln von Wichtigkeit [...] hat sich der betreffende Departementschef vorher, mündlich oder schriftlich, mit dem Ministerpräsidenten zu verständigen.« Sämtliche Berichte, die von Verwaltungsdirektoren an den Monarchen geschickt wurden, mussten zuerst dem Ministerpräsidenten zur Kommentierung vorgelegt werden, dem auch das Recht vorbehalten war, bei allen Treffen zwischen entsprechenden Beamten und dem Monarchen anwesend zu sein.[33] Ob die Kommunikation des Kaisers mit untergeordneten Beamten im Jahr 1889 tatsächlich ein Verfassungsbruch war, wie Bismarck später behaupten sollte, ist äußerst zweifelhaft; allerdings stellten sie mit Sicherheit einen Bruch mit der bisherigen, preußischen *Praxis* dar.

Abgesehen davon wurde Bismarcks Zugriff auf die Macht auch von dem Kreis inoffizieller Berater in Frage gestellt, der sich nunmehr um die Person des Kaisers herausbildete. Unter ihnen waren der ehemalige Hauslehrer Georg Hinzpeter, der Industrielle Graf Hugo Douglas, der Hofmaler und ehemalige Bergbaubeamte August von Heyden, der enge Freund des Kaisers

Philipp Fürst von Eulenburg und Hertefeld und der Ehrfurcht gebietende Friedrich von Holstein, ein Ressortleiter im Auswärtigen Amt, der privilegierten Zugang zu den internen Überlegungen der Bismarck-Fraktion hatte. Sie hielten den Monarchen über Entwicklungen auf dem Laufenden, bestärkten ihn in seiner Entschlossenheit, informierten ihn über neue Vorschläge zur Politik und koordinierten die politische Unterstützung für seine Initiativen in der Arbeiterfrage. Zum großen Teil war es diesen und anderen Anhängern zu verdanken, dass Wilhelm bei Kabinettsdebatten neben dem gefürchteten Kanzler bestehen konnte, sich kundig zu den aktuellen Ereignissen äußerte und die politischen Optionen mit beeindruckender Gewandtheit und Selbstsicherheit auslotete.

Bismarck ließ in seinen Memoiren kein gutes Haar an diesen Personen und bezeichnete zum Beispiel von Heyden als einen Mann, der unter Künstlern vielleicht als Bergbauexperte durchgehen werde und umgekehrt unter Bergbaubeamten als Künstler. Nach seinem Abschied aus dem Amt schürte Bismarck unablässig Pressegerüchte über die mysteriösen »Hintermänner«, die einen so unverhältnismäßig starken Einfluss auf die höchste Regierungsgewalt ausübten. In Wirklichkeit war der Einfluss »unverantwortlicher« Personen, die dem Monarchen nahe standen, jedoch institutionell in der preußischen Machtstruktur durch die Funktion der zivilen und militärischen Kabinette verankert. Jedenfalls war der Umstand, dass Außenstehende das Ohr des Königs hatten, schon seit langem ein charakteristisches Merkmal des Hoflebens in Preußen. In seinen Memoiren verglich Bismarck die neuen Berater des Kaisers mit der »Coterie von ehrgeizigen Strebern«, die zur Zeit der Thronbesteigung Wilhelms I. entstanden war und »bei demselben [dem Monarchen] das Missverhältnis zwischen edlen Intentionen und mangelhafter Kenntnis des praktischen Lebens ausgebeutet hatte«.[34] Tatsächlich ist häufig zu beobachten, dass höfische Systeme generell zur Herausbildung solcher Beratercliquen neigen, die eine Alternative zu offiziellen Kanälen präsentieren und damit dazu beitragen, dass der Monarch seine Autonomie erfolgreich wahrt.[35] In solchen Situationen gibt nicht der offizielle Rang oder Zuständigkeitsbereich den Ausschlag, sondern die Nähe zum Monarchen. Wie der politische Theoretiker Carl Schmitt ausführte, ist der daraus resultierende Wettstreit um Einfluss und Gunst ein zentrales Problem des Verfassungsrechts, denn wer immer den Machthaber instruiert oder informiert, hat bereits an der Macht teil, unabhängig davon ob er der zuständige, zeichnungsberechtigte Minister ist.[36] Wenn die Entstehung eines außerkonstitutionellen Beraterkreises um Wilhelm II. so viel Aufmerksamkeit unter den Zeitgenossen erregte, so lag das nicht zuletzt an dem außergewöhnlich starken Einfluss, den Bismarck bislang in der Exekutive ausgeübt hatte. Während der beiden vorhergehenden Herrschaften hatte er über sein de facto Machtmonopol in der zivilen Sphäre das »Vorzimmer der Macht« um die Person des Monarchen weitgehend unterdrückt.

Im Januar 1890 sah sich Wilhelm wegen der Eskalation des Streits mit Bismarck gezwungen, die Optionen, die ihm nach der deutschen Reichsverfassung offenstanden, genauer auszuloten. In Anbetracht der dominierenden Stellung Bismarcks innerhalb der Exekutive war es schwierig, wenn nicht gar unmöglich, eine Gesetzesvorlage ohne seine Kooperation einzubringen. Die preußische Regierung konnte gegen den Willen des Ministerpräsidenten und Handelsministers (beide Ämter hatte Bismarck inne) kein Gesetz zum Arbeiterschutz in den preußischen Landtag einbringen. Ebenso wenig konnte die preußische Delegation im Bundesrat gegen den Willen des preußischen Außenministers, der das Stimmverhalten dieser Delegation festlegte (wiederum Bismarck), ein solches Gesetz diesem Organ vorlegen. Ein Weg blieb jedoch bei der komplizierten preußisch-deutschen Verfassung: Wenn ein anderer Bundesfürst überredet werden konnte, einen Vorschlag nach den vom Kaiser vorgegebenen Linien in den Bundesrat einzubringen, dann konnte Bismarck nicht verhindern, dass der Vorschlag von den versammelten Vertretern auch diskutiert wurde.

Die Umstände der Thronbesteigung Wilhelms II. boten günstige Vorzeichen für eine solche Zusammenarbeit unter Monarchen. Fünf Tage vor der Antrittsrede hatte Wilhelms Onkel, Großherzog Friedrich von Baden, in einem Rundschreiben an die übrigen Staatsoberhäupter vorgeschlagen, dass sich die Monarchen persönlich um Wilhelm gruppierten, wenn er den Reichstag eröffnete, um zu bestätigen, dass »der Kaiser auch in ihrem Namen spricht, wenn er Friede verheißt und die Wohlfahrt des Reiches zu fördern gelobt«.[37] Mehrere Monarchen waren jedenfalls geneigt, Wilhelms Ansichten zur Arbeiterfrage zu unterstützen, entweder weil staatliche Interventionen im Einklang mit ihren eigenen Ansichten in der Sozialpolitik standen oder (wie im Falle Sachsens) weil sie den Wettbewerbsnachteil der Arbeitsgesetze ausgleichen wollten, die in ihren eigenen Territorien bereits galten. Großherzog Friedrich betrachtete seinerseits offenbar die fürstliche Zusammenarbeit im Bundesrat als ein Mittel für die Wiederbelebung der verfassungsmäßigen Rolle der deutschen Staatsoberhäupter sowie für die Garantie einer »wirksameren Teilnahme der durch die Reichsverfassung berechtigten Staaten an den Entscheidungen der großen politischen Fragen bezüglich der Weltstellung des Reiches und dessen Machtentfaltung«[38] – ein Anspruch, der letztlich nicht erfüllt werden sollte. Bis zum 15. Januar hatte sich – weitgehend auf Wilhelms Anregung hin, wenn man einem Bericht des österreichisch-ungarischen Botschafters Glauben schenken kann[39] – um den Großherzog Friedrich von Baden, König Albrecht von Sachsen und Großherzog Carl Alexander von Weimar eine Gruppe von Staatsoberhäuptern gebildet. Sie kamen überein, dass die sächsische Delegation einen Antrag in den Bundesrat einbringen sollte. Bismarck gelang es in letzter Minute, diesen Schachzug mit Hilfe von Rücktrittsdrohungen zu verhindern, die er den fürstlichen Gesandten in Berlin persönlich überbrachte.[40] Doch die Initiative verdeutlicht ansatzweise die Vielfalt und das Potenzial der konstitutionellen Instrumente, die einem Kaiser gemäß der deutschen Hybrid-Verfassung zur Verfügung standen, der entschlossen war, seinen politischen Einfluss auszudehnen.

Die gegenseitige Blockade hielt den ganzen Januar und Februar 1890 hindurch an. Eine von Wilhelm auf den 24. Januar einberufene Kronratsitzung wurde zum Schauplatz eines offenen Schlagabtausches zwischen dem Kaiser und seinem ersten Minister. Wilhelm hielt eine emotionsgeladene Rede und sprach von skrupellosen Kapitalisten, die ihre Arbeiter wie »Zitronen« ausgequetscht und auf dem »Kothaufen« liegen gelassen hätten. Anschließend zählte er seine Reformvorschläge auf, lehnte die Idee eines verschärften Sozialistengesetzes ab und verknüpfte seine eigenen Initiativen mit den sozialen Errungenschaften seiner Vorfahren. Bismarck gab keinen Fußbreit Boden preis, und die Minister, die von der drohenden Krise gelähmt waren, fügten sich entweder (bis auf wenige Ausnahmen) dem Kanzler oder blieben ganz bewusst neutral. Nach der Sitzung sagte Wilhelm dem Vernehmen nach zum Großherzog von Baden: »Die Minister sind ja nicht meine Minister, sie sind die Minister des Fürsten Bismarck.«[41]

Doch dem Kanzler gingen allmählich die Optionen aus. Am 25. Januar verwarf der Reichstag das Sozialistengesetz. Damit wurde die Handlungsfähigkeit des Bismarckschen »Kartells« in Frage gestellt. Am 4. Februar gab Wilhelm zwei öffentliche Erklärungen ab. Eine an den Kanzler gerichtete forderte diesen auf, eine europaweite Konferenz zur Arbeiterfrage in Berlin zu organisieren. Und die zweite an den preußischen Handelsminister (ebenfalls Bismarck) gab Anweisung, neue Gesetze zu Sozialversicherung, Arbeitsbedingungen und Arbeitervertretung auszuarbeiten. Bismarck redigierte die Erklärungen, um ihre öffentliche Wirkung abzuschwächen, und zeichnete sie nicht gegen, aber er konnte nicht verhindern, dass sie die öffentliche Meinung für die Seite des Kaisers einnahmen. In den folgenden Wochen versuchte er mit einer erstaunlich vielfältigen Palette von Maßnahmen, Wilhelm die Hände zu binden: Er stachelte die Schweizer an, auf einer parallelen Arbeiterkonferenz in

Bern zu beharren, die das Projekt des Kaisers in Berlin in den Hintergrund drängen würde, wollte die Sachsen von dem Plan abbringen, dem Bundesrat einen Gesetzesentwurf vorzulegen, erklärte wiederholt die Absicht, von mehreren Ämtern zurückzutreten, verlegte sich bei Ministertreffen auf eine Blockadetaktik und erneuerte seine Kampagne für strengere Sozialistengesetze, selbst auf Kosten mehrfacher Auflösungen des Reichstags. Das waren die grotesken, letzten Winkelzüge eines brillanten, siebzigjährigen »Machtmenschen«, dessen Machthunger, wie Bismarck selbst zugegeben hatte, alles andere in ihm verbrannt hatte.

Bismarck verfügte noch über einen letzten, wichtigen Trumpf, nämlich seine Fähigkeit, einen Reichstag zu lenken, in dem sein Kartell immer noch eine, wenn auch knappe, Mehrheit hatte. Da die gesetzgeberischen Pläne Wilhelms auch eine deutliche Steigerung der Militärausgaben vorsahen, zögerte der Kaiser immer noch, sich von dem Kanzler zu trennen, solange er meinte, dass er dessen Unterstützung für die Verabschiedung der umstrittenen Vorschläge durch das Parlament benötige. Über seine parlamentarische Basis hatte Bismarck das Druckmittel, das er brauchte, um den Kaiser zur Unterstützung des Sozialistengesetzes zu bewegen, das ihm wiederum eine späte Genugtuung bescheren würde. Doch auch dieser Vorteil ging verloren, als das Ergebnis der Reichstagswahlen vom 20. Februar 1890 bekannt wurde. Das Kartell, das Bismarck 1887 mitgeschmiedet hatte, war nunmehr zerschlagen; der Reichstag wurde von Sozialdemokraten, Linksliberalen und Katholiken dominiert – mit anderen Worten, von den Parteien der Opposition oder den »Reichsfeinden«, wie Bismarck sie so häufig gebrandmarkt hatte.

Das Ende wurde durch zwei Episoden beschleunigt, welche die Vorrechte des kaiserlichen Amtes und die Vollmacht des Kaisers berührten, die Formulierung der Politik zu beeinflussen (oder zu steuern). Im März 1890 trat Bismarck unvermutet an Ludwig Windthorst, den parlamentarischen Führer der katholischen Zentrumspartei, heran. Die beiden Männer erörterten die Bedingungen, unter denen das Zentrum künftig bereit wäre, ihre Stimmen im Reichstag der Regierung zur Verfügung zu stellen. Unter anderem forderte Windthorst die Aufhebung mehrerer antikatholischer Gesetze wie die Vertreibung des Jesuiten-Ordens, die noch aus der Zeit des »Kulturkampfs« Bismarcks gegen die Katholiken in den siebziger Jahren stammten.

Ein Schritt auf die Katholiken zu war bei der Sitzverteilung im Reichstag durchaus vernünftig; mit 106 Sitzen verfügte das Zentrum über das größte Einzelkontingent an Sitzen. Bismarck hatte mit Blick auf das bevorstehende Militärgesetz möglicherweise die Absicht, dem Kaiser zu demonstrieren, dass er ihm als politischer Lenker im Reichstag immer noch gute Dienste leisten konnte. Doch im historischen Kontext vom März 1890 war das Treffen mit Windthorst äußerst unklug. Der Kaiser lehnte vehement sämtliche Zugeständnisse an das katholische Lager ab – der Rückruf des aus dem Land vertriebenen Ordens der Redemptoristen war ihm bereits im September 1889 vorgelegt und kategorisch zurückgewiesen worden.[42] Er wurde von Personen in seinem Umfeld aufgestachelt, gegenüber den Katholiken hart zu bleiben. Während des ganzen Herbstes und Winters 1889 ermahnten Eulenburg, der Großherzog von Baden, Holstein und andere Wilhelm, sich vor allen Schritten Bismarcks zur Versöhnung der Katholiken zu hüten. Insbesondere Philipp Eulenburg warnte mehrmals, dass Zugeständnisse an die partikularistischen und ultramontanen Kräfte im deutschen Katholizismus die Integrität des Reiches gefährden würden.[43] Die weite Verbreitung solcher Ängste erinnert auf frappierende Weise daran, wie zerbrechlich das Nationalbewusstsein in Deutschland fast zwei Jahrzehnte nach der Reichsgründung immer noch war. Das Treffen mit Windthorst hatte darüber hinaus eine katastrophale Wirkung auf den Rest der mehrheitlich protestantischen und antiklerikalen Regierungsfraktion im Reichstag. Proteste kamen von den Nationalliberalen und sogar von den gemäßigten »Freikonservativen«, die zuvor eingefleischte Bismarck-Anhänger gewesen waren. Bismarck war jetzt stärker isoliert als zu irgendeinem Zeitpunkt seit 1866.

Da Wilhelm die Gunst der Stunde erkannte, suchte er geradezu die entscheidende Konfrontation. In einer zermürbenden Audienz am 15. März 1890 – morgens um 9.30 Uhr! – tadelte der Kaiser Bismarck, der noch nicht einmal gefrühstückt hatte, wegen des Treffens mit Windthorst. Er erklärte, der Kanzler habe nicht das Recht, ohne seine Erlaubnis mit Parteiführern zu verhandeln. Nur zwei Wochen zuvor, am 2. März, hatte Bismarck umgekehrt behauptet, Minister und andere Regierungsbeamte hätten kein Recht ohne ausdrückliche Erlaubnis des Kanzlers mit dem Kaiser zu kommunizieren, und hatte auf seine Vollmacht nach der bereits erwähnten Kabinettsorder von 1852 verwiesen. Doch der Kaiser verlangte nunmehr, dass ihm die Order nochmals vorgelegt werde, damit er sie aufheben konnte. Wenn man Wilhelms eigener Schilderung von dem Treffen Glauben schenken kann, so geriet Bismarck an diesem Punkt so sehr in Rage, dass der Kaiser instinktiv nach seinem Degen griff. Daraufhin wurde der alte Mann »weich und weinte«, während Wilhelm ihn – unbewegt durch die Krokodilstränen des Kanzlers – ansah.[44] Drei Tage danach reichte Bismarck sein Rücktrittsgesuch ein.

Als Wilhelm II. im Jahr 1888 den Thron bestieg, glich das Amt des Kaisers einem Haus, in dem die meisten Zimmer noch nie bewohnt gewesen waren. Bis zum März 1890 hatte sich so manches geändert, und dieser Trend sollte sich in den folgenden Jahrzehnten fortsetzen. Der Thron war nicht länger wie unter Wilhelm I. nur der Sitz der Autorität, auf die die Regierungsgewalt sich stützte, sondern eine eigenständige politische Kraft. In den komplexen und schwierigen Verhandlungen um die Arbeiterfrage hatte sich der Thron erstmals als einer der Brennpunkte des Entscheidungsprozesses erwiesen. Bei jedem Schritt fand der Kaiser bereitwillige Verbündete, die ihm bei seiner Aufgabe zur Seite standen, und zwar nicht nur aus dem Umfeld eifriger Freunde und Berater, sondern aus einer breiteren Anhängerschaft innerhalb der Regierung, die von Bismarcks Herrschaft die Nase voll hatten und den wagemutigen Initiativen des neuen Monarchen Beifall spendeten. Mit dieser Unterstützung hatte Wilhelm ein Gesetzesprogramm entwickelt und durchgehalten, das in der deutschen Öffentlichkeit breite Unterstützung genoss. Die Arbeitergesetze, die im Zuge dieser Initiativen in den Jahren 1890–1892 in Kraft traten, schafften die Klagen der Arbeiter gewiss nicht völlig aus der Welt. Aber sie brachten einige Fortschritte auf den Gebieten der Sicherheit des Arbeitsplatzes, der Arbeitsbedingungen, des Jugendschutzes und der Schlichtung. Darüber hinaus blieb der Grundsatz, für den sie standen, nämlich dass »die Unternehmergewalt die Grenzen der durch den Staat vertretenen Interessen eben aller Gruppen zu achten hatte«, in den folgenden Jahrzehnten ein dominierendes Thema in der Sozialpolitik in Preußen und im Reich.[45] Das Wichtigste war allerdings: Wilhelm hatte sich gegen einen politischen Koloss durchgesetzt und damit viele Haupthindernisse für die Machtausübung des Kaisers beseitigt. Auch als Mensch hatte Wilhelm viele zeitgenössische Beobachter mit seiner raschen Auffassungsgabe, seiner Selbstsicherheit und Beherrschtheit in der Diskussion beeindruckt. »Der Kaiser hat ausgezeichnet [der Staatsratssitzung betreffs der Arbeiterfrage] präsidiert«, bemerkte Friedrich von Holstein, »so dass alle Welt sich fragt, wo hat er das gelernt?«[46]

So weit so gut. Aber eine Reihe von Fragen blieb offen. Die Auseinandersetzung mit Bismarck hatte dem jungen Monarchen und seinen Helfershelfern, die sich auf die aktuellen Aufgaben konzentrierten, ein hohes Maß an Disziplin und Zielstrebigkeit abverlangt. Es war jedoch bereits klar, dass es den Kräften, die sich hinter dem Kaiser versammelt hatten, sowohl am nötigen Zusammenhalt als auch an administrativer Erfahrung und politischer Vision mangelte, um ihn langfristig zu stützen. Die Kabinettsorder von 1852 hatte den Zweck gehabt, eine einheitliche Linie und Disziplin in Regierungsangelegenheiten zu gewährleisten, indem dem Kanzler die Aufsichtsfunktion zugewiesen wurde. Falls diese Funktion nun langfristig abgeschafft werden sollte, wie Wilhelm allem Anschein nach in seiner letzten Auseinandersetzung mit Bismarck forderte, wer oder was würde dann an ihre Stelle treten? Schließlich könnte man hinzufügen, dass die Auseinandersetzungen von 1889/90 neben den positiven Errungenschaften auch einige unrühmliche Charaktereigenschaften des Kaisers hervortreten ließen: eine Tendenz, nicht den richtigen Ton zu treffen und über das Ziel hinauszuschießen, ein ungeduldiger Drang, alles auf einmal zu erledigen, eine Impulsivität, die ihm in den süddeutschen Bundesstaaten schon im Januar 1890 den Beinamen »Wilhelm der Plötzliche« eingetragen hatte. Und Zeitgenossen, die sich häufig in seinem Umfeld aufhielten, beobachteten eine gewisse persönliche Labilität an ihm. »Die Gesundheit des Kaisers ist vortrefflich«, vertraute Philipp von Eulenburg im Sommer 1889 Holstein an, »seine Unruhe unermesslich. Sein schwankendes Aussehen lässt leider auf eine gewisse nervöse Disposition schließen.«[47]

Banquos Geist: Bismarck im »Ruhestand«

Nach seinem erzwungenen Abschied im März 1890 traf man Bismarck nur selten in Berlin an, aber im Bewusstsein der deutschen Öffentlichkeit blieb er noch lange präsent. In erster Linie betrachteten viele den Abgang des alten Kanzlers als Vorboten eines heilsamen Wandels, als »Ende der inneren Erstarrung«.[48] Aber nur wenig später erlebte das Land einen dramatischen Stimmungsumschwung zugunsten des entlassenen Kanzlers. »Pilgerfahrten« zu seinem Landsitz bei Friedrichsruh kamen in Mode und es erreichte den alten Bismarck eine erstaunliche Menge an wohlwollenden Briefen. Am 1. April 1895 (seinem 80. Geburtstag) bekam er sage und schreibe 450 000 Briefe und Telegramme von Anhängern im ganzen deutschen Reich und darüber hinaus.[49] Diese außerordentlich starke Resonanz spiegelte die tiefe Zuneigung wider, die viele Deutsche für den Exkanzler und Reichsgründer empfanden, aber sie hatte, wie Werner Pöls gezeigt hat, auch einen eindeutig politischen Nachklang.[50]

Bis Mitte der neunziger Jahre etablierte Bismarck sich als der wohl lautstärkste und kompetenteste Kritiker der Regierung. Die Verbindungen und das Fachwissen, die er beim Aufbau seiner berüchtigten »geheimen Presseorganisation« erworben hatte, wurden sinnvoll genutzt. Von Friedrichsruh aus beeinflusste und zum Teil auch finanziell unterstützte Zeitungen setzten dem neuen Kaiser und seinen wichtigsten Beamten mit einem Hagel beißender, kritischer Kommentare arg zu. Bismarcks Alterssitz wurde zum Brennpunkt einer losen Koalition von Abtrünnigen. Zu diesen zählten eingefleischte Bismarck-Anhänger, aber auch weitere Personen mit den unterschiedlichsten politischen Zielrichtungen, etwa der verärgerte, ultrakonservative Graf von Waldersee und der linksliberale Journalist Maximilian Harden, der später Schlüsselfiguren in Wilhelms Entourage erheblich schaden sollte.[51] Bismarcks Agitation hatte den durchaus intendierten Effekt, dass der politische Dissens legitimiert wurde, den er selbst als Kanzler nie geduldet hatte. »Wir brauchen ein Gegengewicht«, erklärte er scheinheilig in einer Rede vom Sommer 1892, »und die freie Kritik halte ich für die monarchische Regierung für unentbehrlich.« Wie Philipp Eulenburg im Sommer 1895 beobachtete, war diese Pose Teil eines Plans, um Bismarck als »die Personifizierung des modernen Deutschland gegenüber Kaiser Wilhelm« auszugeben. »Er beschädigt ganz bewusst die Stellung des Kaisers, welche er selbst begründet hat.«[52]

Wilhelm und seine offiziellen wie auch inoffiziellen Berater waren über den »Donner aus Friedrichsruh« zutiefst beunruhigt. Sie hegten (weit hergeholte) Befürchtungen, dass Bismarck an der Spitze einer plebiszitären Bewegung nach Berlin »zurückkehren« würde. Da der Konflikt immer stärker als eine persönliche Auseinandersetzung zwischen dem Exkanzler und dem jungen Kaiser wahrgenommen wurde, hatte es den Anschein, als würde es Bismarck gelingen, die deutsche Öffentlichkeit gegen den Monarchen aufzubringen, insbesondere in den südlichen Fürstentümern, wo man der Meinung war, dass der Kanzler bei der nationalen Identitätsstiftung seit 1871 eine entscheidende Rolle gespielt hatte.[53] In hohen Regierungskreisen war man gemeinhin – und nicht ohne Grund – der Auffassung, dass Bismarck zu denjenigen zählte, die in Deutschland und im Ausland Gerüchte streuten, der Kaiser sei psychisch instabil. Möglicherweise hielt sich Bismarck gar für befugt, den Inhalt geheimer Staatsdokumente nach außen sickern zu lassen, was er im Oktober 1896 auch tatsächlich tat, als er den Text des abgelaufenen, aber hochsensiblen Rückversicherungsvertrags mit Russland in den *Hamburger Nachrichten* veröffentlichte.[54] Die Regierung reagierte auf diese Provokationen, indem sie über halboffizielle Organe die Behauptungen der Bismarckschen Presse dementierte; das Auswärtige Amt war so besorgt, dass es sogar versuchte, eine Zeitung aufzukaufen, an der ein Konsortium von Bismarck-Anhängern Interesse angemeldet hatte.

Welchen Effekt die Bismarck-Kampagne auf Wilhelm persönlich hatte, kann man sich ohne weiteres ausmalen. Einige der schädlichsten öffentlichen Äußerungen des jungen Kaisers Anfang der neunziger Jahre sind darauf zurückzuführen, dass er angesichts der Gefahr aus Friedrichsruh ein Gefühl der Verletzlichkeit empfand, dass sich ein gewisser Verfolgungswahn bemerkbar machte. »Einer nur ist Herr im Reiche, und der bin ich! Keinen anderen dulde ich«, sagte er 1891 vor einer Versammlung rheinischer Industrieller, die er im Verdacht hatte, Bismarck-freundliche und arbeiterfeindliche Sympathien zu hegen.[55] Derartige Patzer waren natürlich für die Bismarcksche und oppositionelle Presse ein gefundenes Fressen. Im privaten Kreis kam es zu Ausbrüchen, in denen sich Zorn und Panik vermischten. Nachdem Wilhelm zu Ohren gekommen war, dass Bismarck dem russischen Botschafter Pawel Schuwalow mitgeteilt hatte, er sei aus Protest gegen die antirussische Politik des Kaisers zurückgetreten, zog Wilhelm mehrfach juristische Schritte unter dem Vorwurf des Hochverrats in Erwägung. Das Reichsamt für Justiz leitete zu diesem Zweck sogar eine vorläufige Untersuchung ein.[56] Im Sommer 1892 bereitete Bismarck sich wegen einer Familienhochzeit auf eine Reise nach Wien vor. Wilhelm nahm dies zum Anlass, dem österreichischen Kaiser einen Brief zu schreiben, und drängte ihn, diesem »ungehorsamen Untertan« keine Audienz zu gewähren, solange er nicht reuevoll zu Wilhelm gekommen sei und *»peccavi«* (Ich habe gesündigt) gesagt habe – diese Boshaftigkeit verzieh die deutsche Öffentlichkeit, einem gut informierten Beobachter zufolge, dem Kaiser nie.[57] Im Urlaub im Herbst 1893 schäumte Wilhelm immer noch vor Wut und sprach »von einem großen einstmaligen Strafgericht [gegen Bismarck]«.[58] Eine weithin publik gemachte und äußerst theatralische Begegnung zwischen den beiden Männern in Berlin im Januar 1894 ergab eher einen Waffenstillstand als eine dauerhafte Versöhnung. Nachdem Bismarck im Jahr 1896 den Inhalt des Rückversicherungsvertrags veröffentlicht hatte, sprach Wilhelm erneut davon, den »alten bösen Mann« in der Festung von Spandau einzusperren.[59]

Wilhelm empfand für den alten Mann recht verwirrende und intensive Gefühle. »Wie habe ich den Fürsten Bismarck geliebt!«, teilte er Philipp Eulenburg im Sommer 1896 während einer der alljährlichen Segeltörns in Skandinavien mit. »Was habe ich ihm geopfert! Ich habe ihm mein Elternhaus zum Opfer gebracht! Um seinetwillen bin ich durch Jahre meines Lebens misshandelt worden, und ich habe es ertragen, weil ich ihn als den lebendigen Ausdruck des preußischen Vaterlandes empfand.«[60] Solche Ausbrüche künden nicht nur von Selbstmitleid und Selbstrechtfertigung; sie geben einen Hinweis darauf, was es bedeutete, im Zeitalter eines Titans der europäischen Geschichte aufzuwachsen. Wenn Bismarck weitgehend den Platz von Wilhelms Vater innerhalb der politischen Loyalitäten des Prinzen usurpiert hatte, so übte er einen entsprechend starken Einfluss auf die politische Vorstellungskraft des neuen Kaisers aus. Es ist in der Tat frappierend, wie häufig sich Wilhelm – insbesondere in den neunziger Jahren – für politische Linien und Haltungen aussprach, die ihrem Geist nach als »Bismarcksche« gelten konnten. Zum Beispiel hielt er das Kartell weiterhin für die solideste Basis einer Regierung, selbst nachdem die Parteien des Kartells die Fähigkeit verloren hatten, eine parlamentarische Mehrheit im Reichstag zu bilden.[61] Holstein war der Meinung, dass einige persönliche Einmischungen des Kaisers in die deutsche Diplomatie, die später diskutiert werden, in Wirklichkeit Versuche waren, die Außenpolitik des Neuen Kurses mit Bismarckschen Prioritäten in Einklang zu bringen.[62] Wenn Wilhelm danach trachtete, seine eigene politische Vorrangstellung zu festigen, so könnte man argumentieren, wollte er in Wirklichkeit nur »die Fiktion des monarchischen Regiments« buchstäblich umsetzen, welche die »Lebenslüge« des Bismarckschen Systems gewesen war.[63]

Selbst das bekannte Liebäugeln Wilhelms mit einem Staatsstreich nach mehrfachen Auflösungen des Reichstags lässt sich mit Recht auf Bismarck zurückführen. Bei zahlreichen Anlässen hatte der Kanzler laut über die Möglichkeit nachgedacht, das Parlament zu schließen oder seine Vorrechte durch einen Staatsstreich radikal zu beschneiden. Im folgenden Jahrzehnt drohte Kaiser Wilhelm II. in einem ähnlichen Ton, »vor äußersten Maßnahmen nicht zurückzuschrecken« und den Bundesrat wiederum als wahren Sitz der exekutiven Gewalt einzusetzen, im Einklang mit »Bismarcks Theorie« von der deutschen Verfassung.[64] Während eines kurzen Tauwetters in ihren Beziehungen im Februar 1890 schärfte Bismarck Wilhelm ein, vor einer Politik der Konfrontation nicht zurückzuschrecken, und nahm ihm das Versprechen ab, »notfalls zu schießen«, wenn es sich als unmöglich erweisen sollte, den Reichstag zur Räson zu bringen. Kurzfristig lehnte Wilhelm, wie gezeigt, diese Option demonstrativ ab, aber allem Anschein nach ließ er sich von der inneren Logik überzeugen, auch wenn er sie aus taktischen Gründen ablehnte.[65] Sein törichtes (unverschlüsseltes) Telegramm vom März 1890 an einen Gardeoffizier in Berlin, in dem er die Truppen aufforderte, bei Zusammenstößen mit streikenden Arbeitern vom Gewehre Gebrauch zu machen, zeigt exemplarisch

Wilhelms Entschlossenheit, die Grundsätze seines Lehrmeisters umzusetzen und sich als würdiger Nachfolger des Kanzlers zu erweisen.

In einer polemischen Analyse der »Erbschaft Bismarcks« beobachtete Max Weber, dass jene, die Bismarck bewunderten, tendenziell weniger »die Großartigkeit seines feinen und beherrschenden Geistes, sondern ausschließlich den Einschlag von Gewaltsamkeit und List in seiner staatsmännischen Methode, das scheinbar oder wirklich brutale daran« bewunderten.[66] Nicht nur durch seine Proteste, sondern durch sein ganzes Verhalten im Amt demonstrierte Wilhelm in den neunziger Jahren, dass er ein Bismarckianer dieser Art war. Seine Weigerung, Kritik seiner Entourage zu dulden (und die daraus folgende Unterwürfigkeit und der Byzantinismus seines Milieus), ließen einige gut unterrichtete Zeitgenossen Parallelen zu Bismarck ziehen. »Wir haben darüber geklagt, dass Bismarck die Charaktere unterdrückt«, schrieb Waldersee im Dezember 1890, »hier sehen wir aber dasselbe, nur in stärkerer und gefährlicherer Form.«[67] Im Sommer 1892 warf Wilhelm seinen Ministern vor, dass sie nicht so eilfertig seine Wünsche ausführen würden, wie sie es noch unter dem ersten Kanzler üblicherweise getan hatten. »Früher ging es in ernsten Fragen oft in der Weise her, dass Bismarck den Gedanken, den er später mit seiner Genialität zu vertreten beabsichtigte, anregte und sodann im Ministerium die Möglichkeit der praktischen Durchführung besprach. Da kam es denn, dass ein Minister erklärte: ›Ich mache es.‹«[68] Bei einem späteren Anlass behauptete er nach einem öffentlichen Aufschrei der Empörung über sein diktatorisches Benehmen, dass er endlich »die kolossale Perfidie des alten Bismarck« begreife, der ihn ermuntert habe, »den Absolutismus schärfer hervorzudrehen«.[69] Anders ausgedrückt, als Wilhelm die Absicht bekundet hatte, sein »eigener Kanzler« zu sein, da meinte er nicht allein, dass er die politischen Funktionen des Amtes übernehmen würde, sondern auch dass er sie nach dem Vorbild des Mannes ausüben würde, der für eine ganze Generation Deutscher die Bedeutung politischer

Macht definiert hatte. Der berühmte Konflikt zwischen Wilhelm und Bismarck darf nicht blind machen für die Tatsache, dass die Auffassung und Ausübung des Amtes durch den letzten deutschen Kaiser der – wenn auch plumpe und illusorische – Versuch war, die großen Errungenschaften des ersten deutschen Kanzlers zu wiederholen.

3
Im Alleingang

Das erste Jahrzehnt der Herrschaft Wilhelms II. nach dem Abschied von Bismarck fiel mit einer Phase massiver innenpolitischer Unruhen in Deutschland zusammen. Die neunziger Jahre des 19. Jahrhunderts waren eine »Ära der Reizbarkeit« und der »politischen Nervosität«, des »verschärften Konflikts zwischen Regierung und Reichstag«.[1] Sie waren außerdem das Jahrzehnt der kaiserlichen Herrschaft, in dem sich Wilhelm persönlich am stärksten in die Politik einschaltete. Vor allem in diesem Zeitraum lotete er das Machtpotenzial seines Amtes aus. Wilhelm begann die neunziger Jahre mit dem festen Entschluss, in seiner eigenen Person die volle Macht zu vereinen, die Bismarck besessen hatte. In der Tat war er sich seiner Fähigkeit, das deutsche politische System zu lenken, so sicher, dass er Caprivi direkt sagte, er solle seine Amtszeit als Übergangslösung betrachten; das Kanzleramt selbst werde schon bald überflüssig werden.[2] Die politischen Initiativen des Kaisers, die Ambitionen, die mit ihnen verbunden waren, die Reaktionen, mit denen sie aufgenommen wurden, die Reibungen, die sie verursachten sowie die Zwänge, denen sie unterworfen wurden, sind Gegenstand dieses Kapitels. Zunächst wenden wir uns jedoch kurz den Veränderungen zu, die sich in der deutschen Politik nach 1890 vollzogen.

Die nervösen Neunziger

»Wir leben in einem Übergangszustande!«, erklärte Wilhelm im Februar 1892 vor dem Brandenburgischen Landtag. »Wir gehen durch bewegte und anregende Tage hindurch [...]«[3] Im Rückblick fällt es leicht, dieses Urteil voll und ganz zu unterstützen. Der beispiellose Erfolg der Sozialdemokratischen Partei bei den Wahlen vom Februar 1890 gab das Signal zum Beginn einer neuen Ära in der deutschen Politik. Das alte Sozialistengesetz, das eine juristische Basis für die Unterdrückung sozialdemokratischer Vereinigungen und Publikationen sowie für die Ausweisung der wichtigsten »Agitatoren« bot, war theoretisch noch in Kraft, wurde aber in der Praxis kaum noch beachtet. Die Sozialdemokraten konnten mehr oder weniger frei um die Wähler werben.[4] Mit 19,7 Prozent der landesweiten Stimmen (das Doppelte des vorigen Ergebnisses) erfuhr die SPD nun eine stärkere Unterstützung in der Bevölkerung als alle anderen Parteien – allerdings erhielt sie wegen der Wahlkreisgrenzen, die städtische Arbeiterbezirke benachteiligten, nur 8,8 Prozent der Sitze im Reichstag. Das Ergebnis der SPD erschütterte das gesamte politische Spektrum. Es war qualitativ ebenso wie auch quantitativ geradezu revolutionär: Wie Jonathan Sperber nachgewiesen hat, warb die SPD zum ersten Mal eine beträchtliche Zahl von Wählern anderer, »bürgerlicher« Parteien ab.[5] Ein Ringen um die Vorherrschaft im Reichstag hatte begonnen, das mit den Wahlen von 1912 seinen Höhepunkt erreichen sollte, in denen über ein Drittel der Deutschen der SPD ihre Stimme gaben.

Ein beträchtlicher Block sozialdemokratischer Abgeordneter im Reichstag wiederum stärkte massiv die Position des Zentrums, der Partei der deutschen Katholiken, deren loyale Wählerschaft in den südlichen und westlichen Regionen des Reichs in den hitzigen Auseinandersetzungen des Kulturkampfs der siebziger Jahre geschmiedet worden war. Unter den neuen Voraussetzungen, die die Wahl von 1890 geschaffen hatte, war es schwieriger als je zuvor, Gesetze durch den Reichstag zu bringen, ohne sich zuvor die Unterstützung des Zentrums zu sichern. Doch die Stimmen des Zentrums waren häufig nur auf Kosten äußerst umstrittener Zugeständnisse bezüglich katholischer Institutionen oder hinsichtlich der allgemeinen Kultur in Deutschland zu bekommen. Die Frage, wie man die Unterstützung des Zentrums gewann, ohne sich die protestantischen, »nationalen« Parteien

(Konservative und Liberale) zum Feind zu machen, zählte zu den Hauptproblemen der verschiedenen Regierungen während Wilhelms Herrschaft.

Noch beunruhigender war eine Radikalisierung des Stils und der Methoden der politischen Rechten Anfang der neunziger Jahre. Mit ihrem ausgesprochenen, ritualisierten Monarchismus (es war Brauch, Parteiversammlungen mit einem ohrenbetäubenden »Heil!« auf den Kaiser zu schließen) wurden die Konservativen als eine Art königliche »Hauspartei« angesehen. Im Dezember 1892 tat sich jedoch ein Graben zwischen den Gemäßigten und den Rechten innerhalb der Führung der Konservativen Partei auf – inzwischen die größte »Regierungspartei«. Die rechten Aktivisten forderten, dass die Partei »demagogischer« werde und »die Stimme des Volkes« aufgreife, um die Unterstützung der großen ländlichen Wählerschaft zu gewinnen. In einer hitzigen Debatte setzten die Rechten sich durch und erreichten die Aufnahme antisemitischer und antikapitalistischer Klauseln in das Parteiprogramm. Das war ein alarmierendes Zeichen dafür, dass antisemitische Agitatoren in unterentwickelten ländlichen Regionen bereits großen Einfluss gewonnen hatten.[6] Mit Blick auf eine ländliche Wählerschaft, die von Missernten, niedrigen Preisen und steigender Verschuldung schwer gebeutelt war, schloss sich die Partei mit dem 1893 gegründeten Bund der Landwirte zusammen. Der Bund kanalisierte mit einem geradezu spektakulären Erfolg den Unmut auf dem Dorfe in politisches Handeln. Mit einer Mitgliedschaft von mehr als 300 000 Bauern im Jahr 1913 wurde er zum politischen Motor der Konservativen Partei, dominierte ihre Organisationen, finanzierte Pamphlete und Bücher, koordinierte Wahlkämpfe und setzte die Regierung unter Druck, eine bauernfreundliche Politik zu verfolgen. Das Resultat war ein neues Markenzeichen rechter Politik: konsequenter, radikaler, populistischer und eher zur Opposition neigend als seine Vorläufer.[7]

Mit anderen Worten, die neunziger Jahre brachten nicht nur eine Verkleinerung der parlamentarischen Unterstützung für die Regierung mit sich, sondern auch einen tieferen Wandel im Wesen und Stil der Politik. In einer klassischen Studie der wilhelminischen Parteien stellt Thomas Nipperdey die »Honoratiorenpolitik« der Bismarck-Ära der »Massenpolitik« gegenüber, die danach zur Norm wurde. Unter Bismarck wurden Parteien überwiegend von selbstrekrutierenden Mitgliedern lokaler Eliten, also Honoratioren, dominiert, die für die Kandidatur bei bestimmten Wahlen lose Vereinigungen bildeten. Die zentralen Institutionen der Partei und die Disziplin waren schwach, der Wahlkampf farblos und Massenagitation so gut wie unbekannt. Nach den Wahlen vom Februar 1890 sollte jedoch eine neuartige Parteienorganisation zunehmend die politische Bühne beherrschen. Gestützt auf eine große, Beitrag zahlende Mitgliederzahl oder verbündet mit starken Lobbygruppen waren die neuen Parteien Organisationen, die ein ständiges Personal beschäftigten und eine Palette neuer Techniken wie Kundgebungen, Demonstrationen und Agitation einsetzten, um die Wähler zu mobilisieren.[8] Diese Sichtweise ist gelegentlich auch angefochten worden, aber aktuelle Studien unterstützen und untermauern tendenziell Nipperdeys Interpretation. Sie bezeichnen die neunziger Jahre als »wichtigen Moment des ständigen Wechsels«, in dem das liberal dominierte, politische Spektrum der Bismarck-Ära »einer komplexeren und zersplitterteren Palette von Kräften« Platz machte.[9]

Diese Veränderungen auf organisatorischer Ebene wurden durch den allgemeinen Wandel in der politischen Kultur noch unterstrichen: Die Ausbreitung von Lobbygruppen und ihr zunehmender Einfluss auf Parteiorganisationen führten zu einer Fragmentierung und zu einem Wechselspiel des politischen Diskurses, so dass in manchen Fällen etwa die Wortwahl und die Argumente der radikalen Agrarvertreter und der Sozialdemokraten kaum voneinander zu unterscheiden waren.[10] Die neunziger Jahre erlebten außerdem eine Verschärfung im Ton der kritischen öffentlichen Sphäre. Das lässt sich natürlich nur schwer mit Zahlen belegen, aber Debatten im Reichstag, die Kritik in der Presse und politische Diskussionen waren insgesamt derber und fundamentaler in ihrer Opposition gegen die bestehende

Ordnung. Auch der Umgang mit der Person des Staatsoberhaupts verschärfte und veränderte sich in einer Weise, wie es unter Wilhelm I. undenkbar gewesen wäre. Dieser letzte Punkt ist für die Zwecke unserer Untersuchung am wichtigsten. Generell kann man sagen, dass der Regierung allmählich die Kontrolle über die öffentliche Sphäre entglitt. Das war zum Teil eine Folge von Bismarcks Abschied aus der Politik. Dem Ex-Kanzler war es durch eine verzweigte, geheime Organisation, die aus dem konfiszierten Staatsschatz der Hannoverschen Krone finanziert wurde, gelungen, einen Einfluss auf die Presseberichterstattung auszuüben, der bis weit ins Hinterland reichte. Kein einziger seiner Nachfolger erlangte hingegen jemals eine so starke Macht über die öffentliche Debatte wie Bismarck.[11]

Die neue Kräfteverteilung unter den Parteien sorgte in hohen politischen Kreisen für Unruhe, insbesondere in dem kleinen Kreis jener, die Wilhelm II. am nächsten standen. Zu den beständigsten Themen in John Röhls maßgeblicher Edition der politischen Korrespondenz des Intimus Wilhelms, Graf Philipp zu Eulenburg-Hertefeld, zählt die Sorge um den Einfluss, den die Zentrumspartei in der neuen, politischen Konstellation ausüben werde. Das Zentrum galt als Trojanisches Pferd eines drohenden ultramontanen Katholizismus mit einem rückwärts gewandten, partikularistischen Programm in kulturellen Fragen und einer engstirnig »römischen« Außenpolitik, welche die Einheit des Reiches von innen untergraben und seine internationalen Verpflichtungen kompromittieren werde.[12] Friedrich von Holstein – eine weitere Schlüsselfigur unter den Beratern des neuen Kaisers – warnte, dass Zugeständnisse an das Zentrum die partikularistischen Kräfte bis zu einem Punkt stärken würden, an dem sich das Reich unter dem Druck der inneren, konfessionellen Spannungen buchstäblich auflösen werde.[13] Diese Ängste wurden in regelmäßigen Abständen Wilhelm selbst vorgetragen. Letzten Endes lag es auf der Hand, dass sich der Kaiser und seine Minister in irgendeiner Form mit der einflussreichen Partei der deutschen Katholiken arrangieren mussten. Doch die Beziehung der Regierung zum Zentrum blieb ein ständiger Zankapfel zwischen einem Kaiser, der von Zugeständnissen nichts mehr wissen wollte, und einem Kanzler, der mit dem Landtag und dem Reichstag verhandeln musste.

Ein weiterer, und in mancher Hinsicht größerer Anlass zur Sorge für den Kreis um Wilhelm waren die grundlegenden Veränderungen innerhalb der konservativen Partei. Der wachsende Extremismus und die Kompromisslosigkeit der konservativen Forderungen hatten zur Folge, dass ihre Unterstützung nur zu einem Preis zu bekommen war, den die Regierung (geschweige denn andere Parteien und die Wähler) nicht bereit war zu zahlen. Außerdem wurden die Konservativen durch das Aufkommen eigenständiger und einflussreicher Splittergruppen innerhalb der Partei und der Wählerschaft zu einem unberechenbaren Bündnispartner. Wie Holstein im April 1897 notierte, waren die Konservativen unzuverlässige Partner für die Regierung, weil sie sich »in Agrarier, Bauernbündler, Christlich-Soziale, Antisemiten aufgelöst« hätten, mit dem Ergebnis, dass es »einen kompakten konservativen Wahlkörper nicht mehr« gebe.[14] Wilhelms Auseinandersetzungen mit den Konservativen sollten zu den erbittertsten seiner Herrschaft zählen.

Was machte Wilhelm nun aus dieser Ausgangslage? Wie sah sein politisches Programm aus? Die Beantwortung dieser Fragen ist schwieriger, als es auf den ersten Blick scheinen mag. Wilhelm sprach häufig über verschiedene Themen, aber mit kohärenten, programmatischen Aussagen tat er sich schwer. Es mangelte ihm an der intellektuellen Distanz und synoptischen Vision, die einen Politiker dazu befähigen, disparate Dinge miteinander in Einklang zu bringen, gemeinsame Themen zu erkennen, die Implikationen zu analysieren und vernünftige, allgemeine Schlussfolgerungen zu ziehen. Die Lust an der Machtausübung zählte zu den grundlegenden, treibenden Kräften hinter seinem politischen Verhalten. Aber wurde dieser Machthunger in den Dienst einer bestimmten »politischen Linie« gestellt oder erschöpfte er sich in demonstrativen, planlosen Akten der Selbstbehauptung?

Im Folgenden wird gezeigt, dass es in der Tat möglich ist, in den innenpolitischen Initiativen des Kaisers ein konsistentes – wenn auch wenig durchdachtes und schlecht artikuliertes – Ziel zu erkennen: nämlich die politisch »neutrale« Mitte in der deutschen Politik und Kultur zu integrieren und zu vergrößern, sowie seine Monarchie genau auf diese Basis zu stützen. Diese Mitte wurde durch die Merkmale definiert, die Wilhelm für die Kernpunkte des Konsenses unter der Mehrheit der anständigen und klar denkenden Deutschen hielt: Begeisterung für die deutsche »Nation« und ihre Sache, Misstrauen gegen partikularistische Elemente, Offenheit für technologische Neuerungen und Feindschaft gegen jede Form von Sozialismus. Wie Johannes Miquel, Finanzminister nach Bismarcks Abschied, im März 1890 notierte: Wilhelm betrachtete sich als »Vertreter einer Politik der Sammlung und Versöhnung, welche die Parteigegensätze vermindern und alle zur Mitarbeit bereiten Kreise vereinigen« wollte.[15] Der Kaiser schickte sich an, dieses Ziel auf drei Wegen zu erreichen: die Schlichtung von Interessenkonflikten, die Sammlung der gemäßigten und konservativen Kräfte gegen die angeblichen Feinde der Gesellschaftsordnung und die Übernahme symbolträchtiger Projekte von nationaler Bedeutung durch den Monarchen.

Diese Verpflichtungen gründeten sich auf die feste Überzeugung von der transzendenten Qualität seines Amtes. Wilhelm machte kein Hehl aus seiner erstaunlich sakralen Auffassung von der Kaiserkrone – hier klang die exaltierte, politische Theologie Friedrich Wilhelms IV. nach. Wilhelms Glaube, er sei der von Gott berufene Vermittler zwischen Gott und seinen Untertanen, war von absolut zentraler Bedeutung für seine Ansicht, es sei die ureigenste Aufgabe des Kaisers, in seiner Person die auseinander laufenden Interessen der Regionen, Klassen und Konfessionen zu konzentrieren und miteinander zu versöhnen. Genau wie Friedrich Wilhelm IV. assoziierte auch Wilhelm II. seine öffentliche Funktion mit einem ökumenischen Verständnis des Christentums, das sämtliche historischen Konfessionen umfasste.[16]

Diese Vision der kaiserlichen Transzendenz hatte auch eine technokratische Dimension. Als Kind hatte Wilhelm die Begeisterung seiner Zeitgenossen für wissenschaftliche Neuerungen und Entdeckungen in einer Ära geteilt, als technische Wissensformen für einen wachsenden Massenmarkt der Kulturkonsumenten popularisiert wurden.[17] Als Erwachsener interessierte er sich weiterhin stark für Wissenschaft und Technik. »Immer von Neuem muss man staunen«, schrieb 1904 ein hoher Regierungsbeamter, »welch ungewöhnliches Interesse der Kaiser für viele Anforderungen und Fortschritte hat. Heute sind es die Radiumstrahlen [...] dann wieder die freie und voraussetzungslose wissenschaftliche Forschung und schließlich auch ganz besonders die Entwicklung der Maschinentechnik [...]«[18] Tatsächlich konstituieren diese Interessen ein so zentrales und dauerhaftes Charakteristikum an Wilhelms Leben, dass man, mit Wolfgang König, von der »technischen Biographie« des Kaisers sprechen kann.[19] Wilhelm interessierte sich sehr für die neue Rundfunktechnologie und hatte persönlich Anteil daran, dass in die Schiffe der deutschen Kriegsmarine Rundfunksender nach dem AEG Slaby-Arco-System eingebaut wurden. Er hegte außerdem eine große Begeisterung für die Flutprävention und den Bau von Dämmen und Deichen sowie für den wissenschaftlichen Ballonflug (insbesondere für meteorologische Zwecke). Er war beeindruckt von dem erhabenen Spektakel der neuen Luftschiffe und pflegte eine Zeitlang enge, öffentliche Kontakte zu Ferdinand Graf von Zeppelin. Wilhelm war ein massiver und unbeirrbarer Fürsprecher der technischen und wissenschaftlichen Ausbildung. Ferner war er ein großzügiger Sponsor von Forschungsinstituten und schaltete sich häufig persönlich in die Entwicklung von Schlüsseltechnologien ein, indem er Firmendirektoren in seinen Briefen drängte, bestimmte Innovationen von angeblich nationalem Interesse voranzutreiben.[20] Die Technik übte nicht zuletzt deshalb eine starke Anziehungskraft auf Wilhelm aus, weil sie ihm ein Aktionsfeld bot, das über dem Parteienzwist der Politik stand.

Schulwesen

Kaum eine frühe politische Initiative Wilhelms sagt so viel über seine sich formierende Auffassung von der eigenen Rolle aus wie seine Interventionen in der Schulpolitik Anfang der neunziger Jahre. Angesichts der großen Leistungen der epochalen Wirtschaftsgesetze, die von der Regierung Caprivi in diesen Jahren verabschiedet wurden – Senkung der Getreidezölle, Abschluss einer Reihe internationaler Handelsverträge und Miquels Finanzreformen –, mag es unangemessen erscheinen, sich ausgerechnet auf weiterführende Schulen zu konzentrieren. Das hat jedoch seinen Grund: Es besteht zwar kein Zweifel daran, dass Wilhelm die moderat antiprotektionistische Haltung Caprivis massiv unterstützte und befürwortete und dass er den agrarischen Rückschlag gegen diese Politik bedauerte, aber er hatte wenig mit der Konzeption dieser ökonomischen Maßnahmen oder den Details ihrer Umsetzung zu tun. Hingegen war er bereits bei der Thronbesteigung entschlossen, das deutsche Schulwesen zu reformieren. Seine Interventionen auf diesem Feld sagen mehr über seine politische Vision und Haltung gegenüber Macht und Amt in den ersten Jahren seiner Herrschaft aus als sein marginaler Beitrag zu den großen wirtschaftlichen Diskussionen der Zeit.

Wilhelms Interesse an der Bildungsreform hatte vermutlich seinen Ursprung in den unerfreulichen Jahren am Gymnasium in Kassel, von denen ihm nicht zuletzt der »verknöcherte, altphilologische Lehrplan«[21] in Erinnerung geblieben war. Allerdings spiegelte sich darin auch der Einfluss der damals angesagten, zeitgenössischen Kritik am Sekundarschulwesen im deutschen Reich und in Europa allgemein wider. Im Frühjahr 1889 erließ Wilhelm nach Rücksprache mit Freunden und Beratern eine Kabinettsorder für das preußische Staatsministerium, in der er verlangte, dass der Geschichtsunterricht stärker auf aktuelle Fragen ausgerichtet werden solle. Der Endpunkt des Lehrplans sollte bis in die jüngste Vergangenheit vorverlegt werden und auch die Befreiungs- und Einigungskriege des 19. Jahrhunderts umfassen, und der Stoff solle auch die soziale und ökonomische Geschichte umfassen, mit dem Schwerpunkt auf den sozialen Errungenschaften des modernen Staates. Ein Jahr später wurde auf Wilhelms Anregung hin eine große Konferenz aus Lehrern und Bildungsbeauftragten einberufen, um über die »Schulfrage« zu sprechen. Wilhelm eröffnete die erste Sitzung persönlich mit einer Rede (einer der längsten seiner Laufbahn), die sich mit Schulhygiene, körperlicher Ertüchtigung, Reduzierung des Lernstoffs und der Notwendigkeit einer »nationalen Basis« für den Lehrplan befasste.[22] Die Lernziele waren klar: Das Militär musste mit kräftigen, jungen Männern versorgt werden (»Ich suche nach Soldaten«). Der öffentliche Dienst brauchte »eine kräftige Generation«, »die auch als geistige Führer und Beamte dem Vaterlande dienen« werde. Die Jugend musste durch eine ordentliche Grundlage in der Arbeitspolitik sowie die vermittelnde, soziale Mission des Staates gegen den Virus der Sozialdemokratie immun gemacht werden. Am wichtigsten war jedoch – auf diesen Punkt kam Wilhelm immer wieder zurück –, dass die Schulen »nationale junge Deutsche erziehen und nicht junge Griechen und Römer«. Nur mit diesen Mitteln konnten die »zentrifugalen Tendenzen«, die Wilhelm im politischen Gerüst des deutschen Reiches am Werk sah, gestoppt und rückgängig gemacht werden.[23]

Wilhelms Rede rief unter vielen anwesenden Erziehern Unmut hervor und sorgte für einige Beunruhigung.[24] Das war kein Wunder: Seine Äußerungen berücksichtigten nicht im geringsten die Vorbereitungen der Organisatoren, deren Tagesordnung Wilhelm einfach mit dem Kommentar, sie erscheine zu »schematisch«, beiseite schob. Und so mancher Schulrat dürfte bei folgendem Vorschlag hinter seiner Brille erbleicht sein: »Jeder Lehrer, der gesund ist, muss turnen können; und jeden Tag soll er turnen«.[25] Auch wenn Wilhelms Vorschläge für Zuhörer mit einem persönlichen Interesse am Erhalt der bestehenden Arrangements mit Sicherheit schockierend waren, so war ihr Inhalt jedoch keineswegs neu. Darüber hinaus gab es sogar einen Präzedenzfall für eine monarchische Intervention auf diesem Feld: In einem Erlass vom 12. März 1888, der in einem erheblich milderen Ton verfasst war, hatte Wilhelms Vater Friedrich III. nationale, soziale und pädagogische Fragen auf ähnliche Weise miteinander verknüpft und festgestellt, dass den Erziehern eine maßgebliche Rolle bei der Abwehr der destabilisierenden, ideologischen Effekte eines raschen Wirtschaftswachstums und einer sozialen Polarisierung zukam.[26]

Dennoch war eine so detaillierte und ambitionierte monarchische Reformkampagne wie diese in der Tat neu. Sie spiegelte nicht nur Wilhelms Bestreben, sich im Zentrum des Geschehens zu platzieren, wider, sondern auch sein Vertrauen in die einzigartige Fähigkeit und Verpflichtung des Throns, im allgemeinen Interesse liegende Verbesserungen durchzusetzen. In einer vielsagenden Passage der Bildungsrede stellte Wilhelm fest: »Ich kann das gewiss genau beurteilen, weil ich oben stehe und an mich alle solche Fragen herantreten.«[27] Wilhelm hatte natürlich eine einzigartige Stellung inne: Im Gegensatz zu den Ministern und Bürokraten musste er sich nicht an die offizielle Etikette halten und konnte jeden um Rat fragen, der ihm geeignet schien. Wie im Streit mit Bismarck um die Arbeitspolitik stützte Wilhelm sich, in der traditionellen Manier der Hohenzollern, auf den Rat schillernder Figuren wie Paul Güssfeldt, ein ehemaliger Bergsteiger und Forscher und zugleich Autor eines Werks, das mehr technische Anleitung und körperliche Ertüchtigung an deutschen Schulen forderte, oder Konrad Schottmüller, ein ehemaliger Geschichtslehrer und Direktor des deutschen Historischen Instituts in Rom, der Wilhelm zufällig bei einer Stadtführung durch Rom im Oktober 1888 begleitet hatte. Eben darin bestehe, so glaubte Wilhelm, die Überlegenheit seiner Perspektive über die vieler »Experten«, die eine besondere Autorität in Bildungs- und anderen Regierungsfragen für sich beanspruchten. Nur er konnte die Probleme von allen Seiten betrachten. Nur er verkörperte die Regierungsgewalt des Staates, gehörte aber nicht dem Staatsapparat an. Diese wahrgenommene Kluft zwischen dem universalisierenden Monarchen und den Hütern des Fachwissens belastete unweigerlich seine Beziehungen zu den Ministern, die zum großen Teil Karrierebeamte waren und vom Staat eigens zu dem Zweck angestellt wurden, die Regierungsgeschäfte zu leiten. Es blieb der Öffentlichkeit nicht verborgen, dass der Vorstoß des Kaisers in die Schulpolitik im Widerspruch zu der erklärten Agenda des langjährigen Bildungsministers Gustav von Gossler stand; damit geriet der Minister in eine peinliche Situation. Die *Preußischen Jahrbücher* führten dies ihren Lesern deutlich vor Augen, indem sie von Gosslers Aussagen den völlig anderen Ansichten des Kaisers in parallelen Kolumnen gegenüberstellten. Drei Monate nach der Konferenz trat Gustav von Gossler zurück.

Wilhelms Eingreifen brachte nicht die radikale Reform des preußischen und deutschen Bildungswesens, die er sich gewünscht hätte (er zeigte sich später enttäuscht über die mageren Ergebnisse der Konferenz und der zugehörigen Reformen). Aber der Deutschunterricht wurde auf Kosten von Griechisch und Latein erhöht, und es wurden mehr Stunden für die Leibeserziehung vorgesehen.[28] Langfristig trugen die Initiativen des Kaisers auch dazu bei, den Statusunterschied zwischen den geistes- und naturwissenschaftlichen Fächern innerhalb des Gymnasialsystems abzubauen und den Weg für die Schaffung von Eliteschulen frei zu machen, die einen hochqualifizierten Unterricht in einer Palette naturwissenschaftlicher Fächer anboten.[29] Die wohl wichtigste Überlegung Wilhelms zur damaligen Zeit galt der Frage, auf welche Resonanz die Konferenz in der Öffentlichkeit stieß. Der badische Gesandte in Berlin berichtete, dass die Initiative des Kaisers im Bildungsapparat »mehr Kritik und Kopfschütteln als Anerkennung« geerntet habe, »dafür aber Jubel und Begeisterung in breiten Massen des Volkes«.[30] Wilhelm spielte auf diese positive Reaktion an, wenn er in seiner Schlussrede der Konferenz davon sprach, dass seine Vorfahren bewiesen hätten, »dass sie, den Puls der Zeit fühlend, vorausspähten, was da kommen würde«: »Ich glaube erkannt zu haben, wohin der neue Geist, und wohin das zu Ende gehende Jahrhundert zielen, und ich bin entschlossen, sowie [sic!] ich es beim Anfassen der sozialen Reform gewesen bin, so auch hier in bezug auf die Heranbildung unseres jungen Geschlechts die neuen Bahnen zu beschreiten, die wir unbedingt beschreiten müssen […]«[31] Bei allem Pathos zeigte sich in diesen Worten die Zuversicht Wilhelms, dass es »da draußen« einen Konsens gab, der von einem modernen Monarchen mit einem offenen Ohr abgerufen werden konnte.

Die konfessionelle Kluft

So weit, so gut; es sollte jedoch nicht lange dauern, bis der Ausbruch einer öffentlichen Auseinandersetzung über die Schulpolitik offenbarte, welche Fallstricke einen Monarchen erwarteten, der entschlossen war, zu den großen Themen der Zeit Stellung zu beziehen. Die Frage, welche Rolle die Religion in der Bildung, und insbesondere die Kirche bei der Verwaltung von Schulen spielen sollte, war in allen Staatswesen im Europa des 19. Jahrhunderts außerordentlich umstritten. Besonders komplex und heikel wurde das Thema in Deutschland durch die Tatsache, dass quer durch das politische Spektrum (von den Sozialdemokraten über Links- und Rechtsliberale bis zu den Konservativen) die konfessionelle Trennlinie zwischen Protestanten und Katholiken verlief. Als Partei der katholischen Arbeiter, Bauern, Handwerker und Stadtbewohner war die Zentrumspartei in sozialer Hinsicht heterogen. Folglich waren die Parteimitglieder in sozialen und wirtschaftlichen Fragen häufig gespalten, rein konfessionelle Themen stärkten allerdings tendenziell die Geschlossenheit des Zentrums; deshalb spielten diese auch bei der politischen Linie der Parteiführung eine wichtige Rolle. Zu den umstrittensten Punkten der Religionspolitik zählte die Forderung des Zentrums nach einer verstärkten, klerikalen Beteiligung und Aufsicht im Schulwesen.

War für das Zentrum Platz in der »Mitte« der deutschen Politik? Für den Kreis aus Beratern und hohen Beamten um Wilhelm kamen Zugeständnisse an das Zentrum in kulturell-konfessionellen Fragen einem Verrat am »nationalen« Interesse gleich. Eine Politik der »Unparteilichkeit« bestehe darin, erklärte Philipp Eulenburg Wilhelm, dass sie die Unterstützung der (weitgehend protestantischen) Nationalliberalen und Konservativen habe.[32] Es sei entscheidend, an der Seite der »Mittelparteien « zu bleiben, teilte er Friedrich von Holstein mit; und wenn man schon Zugeständnisse machen müsse, so solle man sie eher den oppositionellen, aber protestantischen Linksliberalen als der »römischen« Seite machen.[33] Wilhelm neigte zur selben Ansicht; auch wenn er durch symbolische Gesten wie wiederholte Treffen mit dem Papst unbedingt die Sympathie der deutschen Katholiken gewinnen wollte, traute er dem Zentrum nicht über den Weg und blieb überzeugt, dass eine handlungsfähige Regierung »unabhängig« vom Einfluss des Zentrums bleiben müsse.[34] Allerdings konnte es sich keine Regierung, die den Auftrag hatte, Gesetzesvorlagen durch den Reichstag zu bringen, leisten, sich so dogmatisch zu verhalten. Wie Kanzler Caprivi Eulenburg erklärte:

> Ziehen wir die Parteienverhältnisse im Reichstag in Betracht, vergegenwärtigen wir uns, dass Deutschkonservative, Reichspartei und Nationalliberale zusammen für die notwendige Mehrheit von 199 Stimmen nur 132 Vertreter stellen können, so folgt, dass für wichtige Aufgaben, welche uns voraussichtlich im nächsten Jahr beschäftigen werden und für welche die weiter nach links stehenden Parteien kaum zu haben sein würden, die Mitwirkung des Zentrums mit seinen über 100 Stimmen nicht zu entbehren ist.[35]

Mit den »wichtigen Aufgaben« meinte Caprivi vor allem eine Gesetzesvorlage zur Anhebung der Friedensstärke des Heeres. Die Aussichten für eine Zusammenarbeit mit dem Zentrum schienen gut. In den ersten 18 Monaten der Amtszeit Caprivis hatte die Partei ihre wohlmeinenden Intentionen demonstriert, indem sie für so gut wie alle wichtigen Gesetzesinitiativen stimmte. Aber als im Frühjahr 1891 eine neue Heeresvorlage anstand, teilte die Führung des Zentrums dem Kanzler mit, dass sie im Gegenzug für ihre Unterstützung im Parlament Zugeständnisse auf dem Feld der Bildung erwarte. Caprivi kam der Bitte nach, indem er sich nachdrücklich für den Rücktritt des Bildungsministers einsetzte. Als Grund gab er an, dessen Schulpolitik sei den Katholiken nicht kirchlich genug. Der neue Minister, Robert Graf von Zedlitz-Trützschler (ein Kandidat Caprivis),[36] legte ein Schulgesetz vor, das der katholischen Haltung sehr stark entgegenkam.

Wilhelm unterzeichnete am 14. Januar 1892 den Gesetzentwurf von Zedlitz-Trützschler. Das war auf den ersten Blick eine seltsame Entscheidung, weil sie dem Kern der bekannten, politischen Neigungen des Kaisers und seiner Berater widersprach. Wenn der Entwurf verabschiedet worden wäre, dann hätte er den Zugriff des Staates auf das Schulsystem geschwächt und einer Segregation den Weg frei gemacht, in der klerikale Behörden neue Lehrer auf Herz und Nieren prüfen durften und fast alle Schüler in Schulen ihrer eigenen Konfession unterrichtet würden. Warum gab Wilhelm den Entwurf zur Diskussion im Parlament frei? Laut einem seiner Lieblingsadjutanten, dem Grafen Carl von Wedel, billigte Wilhelm den Entwurf vor allen Dingen deshalb, weil Caprivi andernfalls mit seinem Rücktritt gedroht hatte.[37] Möglicherweise war er auch davon ausgegangen, dass die Gesetzesvorlage in der Debatte und im Ausschuss noch abgeändert würde, während er es der Regierung gestattete, den Katholiken ihre versöhnliche Haltung vor Augen zu führen. Andererseits empfand er (wie seine Frau) vielleicht eine echte Sympathie für die dezidiert klerikale Note. Eins steht jedoch fest: Wilhelm unterschätzte völlig die Vehemenz der Empörung, die der Gesetzentwurf unter den Protestanten auslösen würde.

Die von Zedlitz-Trützschler vorgeschlagenen Zugeständnisse wurden in den oberen Kreisen der preußischen Regierung fast einmütig abgelehnt. Warnungen vor katholischen Intrigen zum

Sturz der Dynastie, ja vor dem unmittelbar bevorstehenden Zerfall des Reiches, oder vor dem Aufstieg einer von Österreich angeführten »katholischen Familienliga«, welche die süddeutschen Staaten gegen Preußen vereinen werde, und sogar vor einer triumphalen Bismarck-Kampagne machten die Runde, um die Vorlage abzuwehren.[38] Es gab auch einen ohrenbetäubenden Aufschrei der Empörung seitens der liberalen und konservativen Presse. Liberale Blätter verteidigten das Monopol der staatlichen Aufsicht; der gefeierte, nationalliberale Historiker Heinrich von Treitschke warnte, die Freiheit der Forschung und Lehre werde von katholischen Obskurantisten bedroht. Beim Bildungsministerium gingen unzählige Protestpetitionen ein. Der Konflikt um die Schulpolitik spiegelte eine der unzähligen, strukturellen Trennlinien im Reich wider: Ein »Kurs des gemäßigt-konservativen Ausgleichs«, wie Wolfgang Mommsen schreibt, »mit allen politisch relevanten Gruppierungen im Reich«, auch den Katholiken, machte in der nationalen Legislative durchaus Sinn, wo das Zentrum einen ausschlaggebenden Anteil der Sitze hatte. Aber dieser Kurs konnte in Preußen nicht durchgehalten werden, wo durch die Verzerrungen des Dreiklassenwahlrechts der Vorrang der (protestantischen) konservativen und liberalen Interessen garantiert wurde.[39] Nichts könnte besser demonstrieren, wie schwierig es war, die Ansprüche der beiden einflussreichsten Legislativen des deutschen Reiches auszubalancieren.

Nach der anfänglichen Unterstützung für den Gesetzentwurf geriet Wilhelm nun in Panik. Auf Eulenburgs Rat hin und auf Drängen des antikatholischen Finanzministers Johannes Miquel lud er sich am 23. Januar selbst zu einem Bier im Haus Zedlitz ein und erschien mit einigen Würdenträgern aus den Kartell-Parteien. An diesem Abend kündigte er an, dass er kein Schulgesetz akzeptieren werde, das nicht von den Konservativen und Nationalliberalen unterstützt werde. Nur wenige Wochen später hielt er jedoch vor dem Brandenburger Landtag eine Rede und forderte ein Ende des Nörgelns, was gemeinhin fälschlich als eine Verteidigung des Zedlitz-Entwurfes ausgelegt wurde.[40] Nach einer hitzigen Debatte im Kronrat am 17. März 1892, in der Wilhelm schroff auf einem Kompromissvorschlag bestanden hatte, der den Einwänden der Liberalen Rechnung trug, trat Zedlitz von seinem Amt zurück. Caprivi war der Meinung, seine Politik sei öffentlich desavouiert worden, und reichte ebenfalls sein Rücktrittsgesuch ein. In seiner Verzweiflung versuchte Wilhelm, Zedlitz-Trützschler zu halten, indem er anbot, die Schulvorlage am Ende doch zu billigen, aber vergeblich. Caprivis Rückzug war ein noch schwererer Schlag. Wilhelm weigerte sich anfangs, den Rücktritt zu akzeptieren: »Nein. Fällt mir nicht im Traum ein«, schrieb er als Antwort auf die Mitteilung des Kanzlers. »Erst die Karre in den Dreck fahren und dann den Kaiser sitzen lassen, ist nicht schön.«[41] Caprivi willigte am Ende ein, Reichskanzler zu bleiben, übergab aber den Posten des preußischen Ministerpräsidenten dem konservativen Botho von Eulenburg.

Wilhelms Wankelmütigkeit, sobald er unter Druck gesetzt wurde, entging keineswegs der Aufmerksamkeit der Zeitgenossen. In seinem Rücktrittsgesuch erklärte Caprivi, er scheide aus seinem Amt aus, weil er sich außerstande sehe, sich persönlich auf das unschätzbare Vertrauen des Kaisers zu verlassen.[42] Andere gaben während der Krise bissige Kommentare ab, wie schwierig es doch sei zu erraten, auf welche Seite sich der Kaiser schlagen werde.[43] Im fernen Altona grübelte der ultraklerikale und einstige Günstling des Kaisers General Waldersee, der seine Entlassung als Generalstabschef 1891 noch nicht verdaut hatte, über Wilhelms »Schwanken und Äußerungen in den entgegengesetzten Richtungen, so dass der Eindruck der Doppelzüngigkeit entstehen musste.«[44] Allem Anschein nach stöhnte Wilhelm selbst unter der Bürde seiner eigenen Stellung. Er laborierte damals an den Nachwirkungen einer Ohrentzündung, und die Anspannung, eine konsequente Haltung angesichts widersprüchlicher Verpflichtungen durchzuhalten, wirkte sich schon bald auf seine physische und emotionale Verfassung aus. In einem Telegramm vom 12. März 1892 schrieb er an Eulenburg: »Bin noch recht elend und muss mich jeder Arbeit fernhalten.

Zustand durch Überarbeitung und Überanstrengung gekommen. Fieber geschwunden. Aber noch viel Mattigkeit. Werde vielleicht, wenn wieder wohler, mal ausspannen und Ortswechsel vornehmen müssen. Daher alle Politik, innere wie äußere, mir fürs erste völlig gleichgültig, solange sie sich im gewohnten Kreise fortbewegt.«[45] Der Schock von Caprivis Rücktritt hatte offenbar einen Nervenzusammenbruch ausgelöst, der rund zwei Wochen lang anhielt.[46]

Freilich wäre es allzu einfach, Wilhelms Zickzackkurs allein seiner persönlichen Unentschlossenheit zuzuschreiben, deckte die Schulgesetzkrise doch auch die Gespaltenheit der deutschen politischen Kultur auf. Außerdem darf man Wilhelm nicht die Schuld daran geben, dass er sich auf das Minenfeld der Schulfrage wagte, denn immerhin hatte doch das Zentrum, und am Ende der Kanzler selbst, hartnäckig Zugeständnisse gefordert. Möglicherweise hätte Wilhelm, wenn er Zedlitz-Trützschler taktvoller behandelt hätte, den Rücktritt des Ministers verhindern und den Kompromissentwurf erreichen können, den er sich wünschte. Aber es war mit Sicherheit ein Fehler Wilhelms – noch dazu einer, den er in den neunziger Jahren mehrfach begehen sollte –, sich so deutlich mit bestimmten politischen Positionen zu identifizieren, insbesondere wenn diese, notgedrungen, von einer Woche zur nächsten wechselten. Wie die Krise um die Schulvorlage zeigte, ließ sich die integrative Rolle, die sich Wilhelm für das deutsche Staatswesen erträumte, nicht mit täglichen Vorstößen in die Politik vereinbaren. Ein Kaiser, der an der Spitze der Nation stand, musste ein Kaiser sein, der über und deshalb zugleich außerhalb der Politik stand. Aber genau hierin lag die Krux: Außerhalb der Politik stehen, würde bedeuten, dass Wilhelm auf sein begehrtes Ziel verzichtete: die Ausübung persönlicher Macht.

Die Militärvorlage (1893)

Nach der überstandenen Krise um das Schulgesetz wandten Wilhelm und Caprivi sich der Aufgabe zu, den Entwurf für das neue Militärgesetz auszuarbeiten und durch den Reichstag zu bringen. Im Zuge der Vorbereitungen für den Gesetzentwurf ließ Wilhelm erkennen, dass er die eine oder andere Lektion aus dem Fiasko gelernt hatte: Während des Sommerurlaubs im Juli an der Ostsee sprach er mit Eulenburg über die Notwendigkeit, die öffentliche Meinung durch eine Pressekampagne zugunsten der erhöhten Militärausgaben auf die Gesetzesvorlage einzustimmen.[47] Im selben Monat beauftragte Caprivi Major August Keim mit der Koordinierung der Propaganda für den Entwurf. Damit verabschiedete sich der Kanzler von seiner bislang so zurückhaltenden Öffentlichkeitsarbeit. Mit den Spendenaufrufen und Massenveranstaltungen, an denen sich Staatsdiener und national gesinnte Professoren beteiligten, nahm Keims Kampagne (zumindest dem Wesen, wenn auch nicht dem Ausmaß nach) die außerordentliche Agitation für eine Flotte Ende der neunziger Jahre vorweg.[48] Das Haupthindernis für den Erfolg war immer noch das Zentrum. Gemäßigte Zentrumsabgeordnete erklärten schon früh ihre Unterstützung für den Gesetzentwurf, aber der Agrarflügel der Partei weigerte sich, seinen Widerstand aufzugeben. Einmal mehr gab die Aussicht auf Zugeständnisse in der Religionspolitik den Ausschlag dafür, dass sich die Partei geschlossen hinter den Entwurf stellte. Über die Art der Zugeständnisse wurde auf einem Treffen zwischen dem Kaiser und dem Erzbischof von Breslau Georg Kardinal von Kopp diskutiert, einem Mitglied der Gruppe »einsichtsvoller Katholiken«, mit denen Wilhelm »sich aussprechen konnte«, wie er selbst sagte.[49]

Selbst als diese Vorkehrungen getroffen waren, zog Wilhelm jedoch ernstlich die Möglichkeit in Betracht, dass sie nicht ausreichen würden, um die Verabschiedung der Vorlage zu garantieren. Bereits im Juli 1892 ließ er durchblicken, dass er notfalls »die Verantwortung [für die Angelegenheit] dem Volk feierlich überlassen«, sprich: den Reichstag auflösen werde.[50] Im Januar 1893 versicherte Wilhelm den befehlshabenden Generälen der preußischen Armee sinngemäß: »Ich bringe die Vorlage durch, es koste, was es wolle, was weiß dieser Haufe [sic!] von Zivilisten von militärischen Dingen. Ich lasse auch nicht einen Mann und nicht eine Mark und jage den halbverrückten Reichstag zum Teufel, wenn er mir Opposition macht!«[51] An dieser Stelle darf nicht vergessen werden, dass der Konflikt um das Militär im Grunde in der Reichsverfassung vorprogrammiert war. Die Verfassung hatte nämlich die Frage offen gelassen, welches Organ denn die Militärausgaben kontrollierte. Das Heer war, in der Theorie, zugleich eine königliche und eine parlamentarische Einrichtung. Die Verfassung legt einerseits in Artikel 63 fest, dass der Kaiser »den Präsenzstand, die Gliederung und Einteilung der Kontingente des Reichsheeres« bestimmt, andererseits heißt es aber in Artikel 60, dass »die Friedens-Präsenzstärke des Heeres im Wege der Reichsgesetzgebung festgestellt« wird.[52] Nicht zuletzt wegen dieser »umgangenen Entscheidung« in dem gesetzlichen Rahmen des Reichs waren die Militärausgaben ein ständiger Konfliktpunkt zwischen der Exekutive und der Legislative. Von den vier Auflösungen des Reichstags, die im Kaiserreich verordnet wurden (1878, 1887, 1893, 1906), erfolgten drei aus Gründen, die mit den Militärausgaben zu tun hatten.[53]

Am Ende reichten weder die Unterstützung, die Keims Kampagne mobilisierte, noch die Machenschaften Wilhelms und Caprivis aus. Prompt wurde der Reichstag am 6. Mai 1893 aufgelöst. Die Auflösung hatte insofern Erfolg, als der neue Reichstag das Militärgesetz verabschiedete, der ganze Vorgang führte jedoch auch die Verwundbarkeit der Regierung vor Augen. Die Mehrheit des »Kartells« von vor 1890 wurde nicht wiederhergestellt, und das neue Parlament enthielt mehr sozialdemokratische Abgeordnete als das alte. Der Gesetzentwurf konnte nur in einer stark abgeänderten Version verabschiedet werden, die der Zentrumsabgeordnete Karl Freiherr von Huene vorgeschlagen hatte, und der Erfolg hing letztlich von den Stimmen einer disparaten Gruppe oppositioneller Splittergruppen ab: Polen, Elsässer, Hannoversche Welfen.

Die Auseinandersetzung um die Militärvorlage war ein wichtiger Meilenstein auf Wilhelms Weg zu einer kompromissloseren Haltung. Zwei Richtungen dominierten sein politisches Denken Mitte der neunziger Jahre: die Integration eines liberal-klerikal-konservativen Blocks durch eine Kampagne gegen den Feind auf der Linken (die Sozialdemokratie) und einen radikalen Bruch mit der Verfassung des deutschen Reichs, falls es der Regierung unmöglich werden sollte, unter den herrschenden Rahmenbedingungen zu arbeiten. Die beiden politischen Optionen werden im Folgenden näher betrachtet.

Das Scheitern der negativen Integration

Im Juli 1894 wies Wilhelm Caprivi an, Gesetze vorzubereiten, die dem Staat neue Mittel für die Unterdrückung der Sozialdemokratie verschaffen würden, etwa die Vollmacht, sozialdemokratische Agitatoren aufs Land zu verbannen. Diese Maßnahme ist in manchen Darstellungen als Abkehr von der arbeiterfreundlichen Sozialpolitik Anfang der neunziger Jahre und als Zeichen für die Unaufrichtigkeit des Engagements Wilhelms für sein eigenes Programm gewertet worden.[54] Dabei standen drastische Maßnahmen gegen die Sozialdemokraten völlig im Einklang mit den eigentlichen Intentionen des Arbeiterprogramms, dessen Ziel es immer schon gewesen war, »gesunde« Elemente der Arbeiterklasse gegen sozialistische Ideen zu immunisieren.[55] Die Wahlergebnisse von 1893 sowie neuerliche Streikwellen im Saarland und im Rheinland brachten Wilhelm zu der Überzeugung, dass die Politik der Versöhnung nicht funktionierte. Unter diesen Voraussetzungen hoffte er, dass sich die »staatstragenden« Kräfte der Mitte mit der Regierung gegen die Sozialdemokraten vereinen würden. Das Ergebnis war ein Rückgriff auf die repressiven Rezepte, die Bismarck schon anno 1889/90 vorgeschlagen hatte.

Wilhelms Wechsel zu einer harten Linie ist außerdem als Beispiel für einen neurotisch egoistischen Ansatz in der Politik angesehen worden, in dem zugelassen wurde, dass Gefühle der persönlichen Kränkung und des Verrats (in diesem Fall durch die deutschen Arbeiter) »rationalere« Überlegungen überwogen.[56] Dabei waren die politischen Maßnahmen, die europäische Regierungen gegen die wahrgenommene Gefahr von Links ergriffen, generell nicht von rein rationalen Überlegungen geprägt; übertriebene Ängste, religiöse Bedenken und eine panischen Angst vor anarchischen Zuständen spielten ebenfalls eine Rolle. In diesem Kontext waren Wilhelms Vorschläge nicht sonderlich ausgefallen. Nach einer Kette anarchistischer Bombenanschläge und Attentate auf dem ganzen Kontinent in den Jahren 1893/94 verabschiedeten auch andere Staaten, darunter die Schweiz und Frankreich, neue antisozialistische und antianarchistische Gesetze.

Es gab allen Grund zu der Annahme, dass sich solche Maßnahmen auch in Deutschland großer Beliebtheit erfreuen würden. Die liberale und konservative Presse (selbst die Bismarckschen *Hamburger Nachrichten)* brachten ihre Begeisterung über das harte Durchgreifen gegen die Linke zum Ausdruck und nährten damit Wilhelms Zuversicht, dass ein antisozialistisches Gesetz den dringend benötigten Konsens im Reichstag und darüber hinaus schaffen würde. In einer Rede am 6. September 1894 vor den Abgeordneten der Provinz Ostpreußen in Königsberg kritisierte er scharf das von Junkern dominierte Publikum, weil sie sich in der Agrarpolitik gegen die Regierung gestellt hatten. Er forderte sie auf, sich ihm in dem »Kampfe für Religion, für Sitte und Ordnung, gegen die Parteien des Umsturzes« anzuschließen.[57] Wie Wilhelm anschließend vor Caprivi prahlte, wurde die Rede in der konservativen und liberalen Presse positiv aufgenommen; indem der Kaiser unmittelbar an den politischen Instinkt seines Volkes appellierte, hatte er jene Elemente »gewonnen«, die Caprivi mit seiner Politik nicht hatte integrieren können.[58]

Letztlich gelang es Wilhelm mit der Kampagne für ein Sozialistengesetz nicht, die gemäßigten Parteien zu sammeln, vielmehr untergrub er ernsthaft den Zusammenhalt der Regierung. Das Problem lag nicht zuletzt in dem Umstand, dass der Kanzler Leo von Caprivi und der reaktionäre preußische Ministerpräsident (seit 1892) Botho von Eulenburg völlig unterschiedliche Meinungen vertraten, wie ein solches Gesetz eingebracht werden müsse. Caprivi wollte eine abgeschwächte Version des Gesetzes durch den preußischen Landtag bringen, in dem Konservative und Rechtsliberale in einer guten Position waren. Botho von Eulenburg hingegen drängte auf eine Politik der Konfrontation mit dem Reichstag: Falls der Reichstag es ablehne, die sogenannte »Umsturzvorlage« zu verabschieden, solle der Kaiser wiederholt das Mittel der Auflösung einsetzen und schließlich ganz verfassungswidrig ein neues, undemokratischeres Wahlrecht auf Reichsebene einführen. Caprivi protestierte energisch gegen dieses Szenario und verwies darauf, dass die anderen deutschen Königreiche (Bayern, Sachsen, Württemberg) einen solchen Schritt gewiss nicht unterstützen würden. Stattdessen würden sie das daraus resultierende Chaos dazu nutzen, ihre eigene partikularistische Politik zu verfolgen. Das Ergebnis sei eine Schwächung und am Ende womöglich sogar Auflösung des Reichs.[59] Er bestand darauf, dass die Regierung den Konflikt meiden und innerhalb des Rahmens der Verfassung handeln müsse.[60]

Die unüberbrückbare Kluft zwischen den beiden Männern führte vor Augen, wie schädlich es gewesen war, nach der Schulgesetzkrise von 1892 die Ämter des preußischen und reichsdeutschen Regierungschefs in verschiedene Hände zu legen. Das dualistische (föderativ/einheitlich) Problem wurde nunmehr von zwei verschiedenen Persönlichkeiten personifiziert: dem konservativen Botho von Eulenburg, der für eine von Junkern dominierte, rechte preußische Wählerschaft sprach, und dem konservativen Reformer Caprivi, der einer labileren, nationalen Konstellation der Reichstagsparteien rechenschaftspflichtig war. Wilhelm musste sich notgedrungen entscheiden. Anfangs unterstützte er Caprivis Ansicht, ließ sich in der Folge jedoch von Eulenburg überreden, die kompromisslosere Linie einzuschlagen. Er akzeptierte, dass das Gesetz in der Form womöglich vom Reichstag nicht verabschiedet wurde, war aber bereit, die Möglichkeit eines Verfassungsbruchs ins Auge zu fassen; er erörterte sogar gemeinsam mit dem König von Sachsen Pläne für einen Staatsstreich – ein vielsagender Hinweis, dass er Bismarcks »Theorie« verinnerlicht hatte, dass die Verfassung von den deutschen Fürsten gemacht worden sei und folglich von ihnen auch wieder aufgehoben werden könne. Anfang September ging Wilhelm sogar so weit, Botho von Eulenburg mitzuteilen, dass er sich als der nächste deutsche Kanzler betrachten solle. Wilhelms wachsende Begeisterung für eine Politik der Konfrontation wurde von seiner unausgegorenen Überzeugung genährt, dass ein Schlag gegen das Parlament in irgendeiner Form seine Beziehung zu den politisch gesunden Elementen des »Volkes« wiederherstellen würde, indem der lästige Parteienstreit abgeschafft werde. Wilhelm teilte Caprivi im Oktober 1894 unmissverständlich mit: »Und der Kaiser, nicht der Beamte [also Kanzler], kenne die deutsche Volksseele und trage vor Gott die Verantwortlichkeit.«[61]

Bestürzt über Wilhelms Ablehnung seiner Politik und Missachtung seiner Ratschläge reichte Caprivi einmal mehr seinen Rücktritt ein.[62] Es war ganz charakteristisch für Wilhelm, dass er nunmehr, nachdem er Caprivi an die Grenzen seiner Geduld getrieben und offenbar bereits Botho von Eulenburg als Nachfolger ausersehen hatte, wiederum einen Rückzieher machte. Er fuhr in einem Wagen mit weißen Pferden vor der Kanzlei vor, umarmte den erschöpften Kanzler und bat ihn bei einem gepflegten Glas Portwein und einer guten Zigarre eindringlich, im Amt zu bleiben. Wie dieses seltsame Verhalten deutlich zeigt, war Wilhelms Handlungsfreiheit eng begrenzt. Max Weber führt in einer klassischen Analyse des Parlaments und der Regierung in Deutschland aus, dass das empfindliche Gleichgewicht der Reichsverfassung völlig gestört würde, wenn »tatsächlich die konservative Parteiherrschaft mit der für innerpreußische Verhältnisse üblichen Rücksichtslosigkeit auch auf die Führung der Reichspolitik erstreckt würde«.[63] Wilhelm mochte von einem Staatsstreich mit Botho von Eulenburg am Ruder träumen, aber die Realität war, wie er nur allzu gut wusste, dass der Kaiser sich in einer unmöglichen Lage befinden würde, wenn Caprivi seinen Posten für Eulenburg räumen würde. »Denn er würde«, warnte ihn einer seiner engsten Berater, »vor Deutschland als Tyrann gebrandmarkt, der Caprivi, den Mann des Gesetzes, fallen lässt, um Tyrannei zu üben.«[64] Aber Botho von Eulenburg fallen zu lassen, während Caprivi im Amt blieb, wäre fast ebenso schädlich, denn Eulenburg war das Bindeglied der Regierung zur konservativen und weitgehend agrarischen Wählerschaft, die den preußischen Landtag dominierte. Da die beiden Männer im Amt überhaupt nicht miteinander auskamen, war Wilhelm letztlich gezwungen, am 26. Oktober die Rücktritte von beiden zu akzeptieren.

Die »Umsturzvorlage« wurde schließlich von Caprivis (und Eulenburgs) Nachfolger Fürst Chlodwig zu Hohenlohe-Schillingsfürst im Dezember 1894 in den Reichstag eingebracht. Der frühere Plan, ein eigenes Sondergesetz einzubringen, wurde aufgegeben; der Entwurf schlug lediglich mehrere Ergänzungen zu geltenden Gesetzen vor. Dennoch wurden die Vorschläge heftig im Reichstag und in der Presse angegriffen. Anschließend wurden sie von einem Ausschuss überarbeitet, der versuchte, die Bestimmungen dem Zentrum schmackhaft zu machen, indem er ihnen eine religiöse Dimension verlieh: Zusätzlich zu den antisozialistischen Bestimmungen wurden neue Klauseln eingeführt, die das Stören der Gottesanbetung sowie die Aufwiegelung zu Ehebruch und Blasphemie strafbar machten. Diese Abänderungen enthüllten, wie hoffnungslos der Versuch war, eine dauerhafte Koalition um den Kampf gegen sozialdemokratische Agitation zu sammeln; zu viele Deutsche hatten andere, höhere Prioritäten. Die neue, »klerikalisierte« Vorlage wurde im Mai 1895 in den Reichstag eingebracht und wurde ohne viel Federlesens verworfen. Wilhelm war enttäuscht. Ohne Sozialistengesetz blieben der Regierung, vertraute er Hohenlohe düster an, »somit noch Feuerspritzen für gewöhnlich, und Kartätschen für die letzte Instanz übrig«.[65] Wilhelms Hoffnung, dass ein integrierter Block staatstragender Parteien durch ein gemeinsames Vorgehen gegen die Linke geschaffen werden könne, hatte sich als Illusion entpuppt; die »negative Integration« war gescheitert.

In der ersten Hälfte der neunziger Jahre war durchweg eine Kluft zwischen Wilhelms sehnsüchtigen, absolutistischen Worten und der eingeschränkten Machtstellung wahrzunehmen, die er in Wirklichkeit bekleidete. Zu Beginn der Neunziger fing der Kaiser an, insbesondere auf dem Gebiet der Ernennungen seine Muskeln spielen zu lassen. 1890 berief er etwa ohne Rücksprache mit Caprivi einen neuen Bischof von Straßburg. Gelegentliche Einmischungen in die Besetzung diplomatischer Vertretungen im Jahr 1891 verärgerten das Auswärtige Amt. Im Jahr 1893 berief er Graf Arthur von Posadowsky-Wehner ins Schatzamt und überging Caprivis eigene Kandidatenliste für den Posten. Im Herbst 1894 unter Caprivis Nachfolger Chlodwig zu Hohenlohe verstärkte er die Intensität der Einmischungen, indem er eigene Kandidaten für das Landwirtschafts- und Justizministerium nominierte. Das Recht, Personen in die Regierung und auf Posten im Staatsdienst zu berufen (sowie die Entlassung anzuordnen), stand dem Monarchen gemäß der preußischen und der Reichsverfassung zu, und Historiker haben es zutreffend als das wohl wichtigste Instrument der monarchischen Macht innerhalb des deutschen Staatswesens bezeichnet.[66]

Jedoch war auch Wilhelms Freiheit, von diesem Recht Gebrauch zu machen, eingeschränkt. Wenn der Kanzler wirklich entschlossen auftrat und das Ministerium sich einig war, konnten seine Anweisungen widerrufen werden. So gelang es Caprivi 1890, die Ernennung des Generaldirektors der Firma Krupp Johann Friedrich Jencke zum einflussreichen Leiter des preußischen Finanzministeriums zu verhindern, weil er von den

Ministern als Marionette der Schwerindustrie angesehen wurde. (Wilhelm hatte charakteristischerweise Jencke aus genau diesem Grund ausgewählt, um Industrielle, welche die Arbeitspolitik der Regierung ablehnten, zu versöhnen und dadurch das neutrale Image der Regierung zu wahren.) Als Wilhelm im November 1894 – wiederum als Trostpflaster für die Agrarier – einen rechten Hitzkopf für das Landwirtschaftsministerium vorschlug, endete die anschließende Auseinandersetzung mit Kanzler Hohenlohe mit der Kapitulation des Kaisers und der Berufung eines Kompromisskandidaten.

Weitere Rückschläge musste Wilhelm hinnehmen, als er selbstherrlich versuchte, sich in die Sphäre der Zivilgesellschaft einzumischen. Im Juli 1890 weigerte Wilhelm sich rundweg, die Wahl des Linksliberalen Max Forckenbeck zum Bürgermeister von Berlin zu bestätigen, weil Forckenbeck im Reichstag gegen die Erhöhung der Militärausgaben gestimmt hatte. Die Minister bestanden jedoch einmütig auf einer Bestätigung Forckenbecks, und Wilhelm musste klein beigeben. Im Fall Forckenbeck ging es nicht etwa nur um die Ministerialgewalt oder Solidarität, die Autonomie der Berliner Stadtverwaltung stand auf dem Spiel. Auf ähnliche Schwierigkeiten stieß Wilhelm, als er versuchte, einen jungen Physik-Dozenten an der Universität Berlin zu entlassen, weil er Sozialdemokrat war. Die Folge war ein Proteststurm zur Verteidigung der akademischen Freiheit seitens liberaler und konservativer Professoren. So autoritär sie in ihrer institutionellen Politik und so stramm antisozialistisch sie auch waren, ihr Streben nach Autonomie ihrer Universität war doch größer, als ihre Angst vor einer Unterwanderung durch Revolutionäre.[67]

Es trifft zu, dass eine Spaltung innerhalb der Reihen des Ministeriums den Einfluss des Monarchen auf die Entscheidungsfindung verstärkte. John Röhl hat nachgewiesen, dass die zunehmende Disziplinlosigkeit und Grabenkämpfe nach 1892 dem Monarchen mehr Möglichkeiten für eine Intervention verschafften, indem er Minister ermunterte, sich bei Streitigkeiten mit ihren Kollegen direkt an den Souverän zu wenden.[68] Derartige Interventionen waren jedoch naturgemäß reaktiv, nicht kreativ; Zeitpunkt und Kontext wurden nicht vom Souverän diktiert, sondern von der hohen Politik der Rivalität unter Ministern. Und allem Anschein nach schob Wilhelm in der ersten Hälfte der neunziger Jahre noch nicht systematisch irgendwelche Pöstcheninhaber vor, um ein bestimmtes Programm durchzusetzen. Seine Vorlieben waren zu verschiedenartig und die Minister zu unabhängig, als dass eine konsequente Einflussnahme möglich gewesen wäre. Gewiss hatte Wilhelm die Macht (und auch die Neigung), in die Entscheidung bestimmter Fragen einzugreifen, indem er einem Minister gegen andere den Rücken stärkte, etwa als er den Kartell-Anteil im Ministerium gegen die konfessionelle Schulpolitik von Zedlitz-Trützschler unterstützte, oder als er Botho von Eulenburg bei der Umsturzvorlage gegen Caprivi beistand. Letzten Endes enthüllten derartige Abenteuer jedoch lediglich, dass jenseits des Ministeriums die noch beeindruckendere, weil öffentliche Barriere des Reichstags und seiner skeptischen Mehrheiten lag.

Die Freunde des Kaisers

Da Wilhelm sich mit einem so starken Widerstand seitens der »verantwortlichen« Minister konfrontiert und durch seine immer häufigeren Reisen und erratischen Arbeitsgewohnheiten vom Entscheidungsprozess abgeschnitten sah, holte er sich bei persönlichen Assistenten und Freunden Informationen, Rat und moralische Unterstützung. Im Jahr 1890 hatte vor allem eine Figur bereits maßgeblichen Einfluss auf Wilhelm: Graf Philipp zu Eulenburg-Hertefeld, damals der preußische Gesandte in dem kleinen deutschen Bundesstaat Oldenburg. Die neunziger Jahre hindurch war er der Fixpunkt im Zentrum einer losen Koalition aus Persönlichkeiten, zu denen Friedrich von Holstein (Anfang der Neunziger), der Großherzog Friedrich von Baden und (Ende der Neunziger) der Diplomat und spätere Kanzler Bernhard von

Bülow zählten. Es wurde häufig darauf hingewiesen, dass Höfe Orte sind, an denen Rang und Namen weniger wichtig sind als die Nähe zur Person des Monarchen.[69] Aber Eulenburgs Nähe zum Kaiser war eher emotional als räumlich: Er wehrte sich sogar gegen Bemühungen, ihn durch die Verleihung eines Amtes bei Hofe auch physisch an die Seite des Monarchen zu stellen, und traf Wilhelm in der Regel nur im Urlaub nach längeren Intervallen. Die beiden Männer hatten sich im Mai 1886 bei einem Jagdausflug auf dem Gut eines gemeinsamen Freundes kennen gelernt; Eulenburg war damals 39 Jahre alt, Wilhelm 27.[70] Von Anfang an zeichnete sich Eulenburg als ein »Freund« aus, dessen Kommunikation mit dem Monarchen sich auf höhere Dinge als die Politik konzentrierte (Musik, Literatur, das Okkulte) und durch keine Hintergedanken getrübt war. Einige Monate nach ihrer ersten Begegnung schrieb Wilhelm an Eulenburg:

> Mein Instinkt pflegt mich, wenn ich mit Menschen zusammenkomme, bald zu überzeugen, wes Geistes Kind der Betroffene ist, mit dem ich verkehre, und [der Instinkt] hat mich selten betrogen. Bei Ihnen habe ich nicht lange gebraucht um zu sehen, dass Sie ein sympathischer, warm fühlender Charakter sind, wie man deren wenig in der Welt trifft und deren besonders die Fürsten so sehr bedürfen. Leider ist unsereins so oft dazu verdammt, nichts als Schmeicheleien oder Intrigen zu hören [...] Übrigens habe ich mein Urteil seitens der Fürstin und *des Fürsten Bismarck vollkommen bestätigt gefunden,* was mich doppelt erfreute.[71]

Mit Blick auf den vertraulichen Ton ihrer (insbesondere jedoch Eulenburgs) Briefe und auf die bisexuelle Neigung Eulenburgs, die später mit katastrophalen Folgen in der Presse publik gemacht wurde, haben manche Historiker über die Möglichkeit einer sexuellen Beziehung zwischen dem Kaiser und seinem Freund spekuliert. Angesichts dessen, was wir sonst über Wilhelm wissen (seine Konventionalität in sexuellen Fragen; der sporadische Charakter des Kontaktes zu Eulenburg), erscheint dies jedoch äußerst unwahrscheinlich; und man braucht auch gar keine solche Beziehung zu unterstellen, um den Charakter der Verbindung oder ihre politische Bedeutung zu erklären. Eulenburg beherrschte ganz einfach meisterhaft die Kunst, Freundschaften zu knüpfen, und war ein überaus geschickter Höfling. Seine Briefe kombinierten findig das Frivole mit dem Politischen, Speichelleckerei und Liebesbekundungen mit zarter, aber ernster Kritik. Mit ihrer gekünstelten Informalität lenkten Eulenburgs Briefe fortwährend die Aufmerksamkeit auf die persönliche, unmittelbare Natur ihrer Beziehung: »Ich *leide wirklich* darunter, Ew. Majestät immer wieder mit diplomatischen Schnallenschuhen zu nahen, statt mit der Büchse im Arm oder mit einem Liederheft in der Hand.«[72]

Eulenburg erkannte instinktiv, wie er bis zu einem gewissen Grad gegen die Regeln verstoßen durfte, um die Intimität zwischen sich und dem Kaiser zu vertiefen. Ein charakteristischer Brief aus dem Februar 1894 enthielt Skizzen aus dem Leben am bayerischen Hof in der Faschingszeit: Ballgäste mit Bäuchen und schweißtriefenden Gesichtern, bei einer »Ehren-Française« »flogen die Busen« der älteren Damen, die Gräfin Oster-Sacken, deren »Unterlippe hing fast bis an die Broche [sic!] – die Ordenssterne klapperten, als trabten Kürassiere, und in langen Strähnen hingen die nassen Haare über die Stirne«.[73] Ein anderer Brief schildert detailliert eine Militärparade in München, deren Verlauf durch die vergeblichen Bemühungen zweier Bullen, sich direkt vor den Kronprinzessinnen gegenseitig zu besteigen, gestört wurde. Diese Briefe sind Meisterstücke des kontrollierten Regelverstoßes: so unanständig, dass sie amüsieren, ohne zu verletzen, und gepfeffert mit einer Portion Frauenfeindlichkeit. Den Schreiber ebenso wie den Leser versetzten sie in einen privilegierten, geradezu konspirativen Raum, der über dem lächerlichen Gekasper und eitlen Getue der Höfe stand. Da ist es kein Wunder, dass Eulenburg einen Posten am Hof mit der Begründung ablehnte, seine Beziehung zum Kaiser könne besser über Briefe als über den täglichen, persönlichen Kontakt gepflegt werden.

In Wirklichkeit war Eulenburgs Zuneigung zum Kaiser, so aufrichtig sie war, nie völlig unbefleckt von dem Ehrgeiz gewesen, Einfluss zu nehmen. Bereits im August 1886 berichtete Eulenburg Herbert von Bismarck, dass er fünf Tage mit Prinz Wilhelm in München verbracht habe: »Ich habe, fußend auf das Vertrauen, das er mir schenkt, die Zeit dazu genutzt, um gegen seine englischen Antipathien zu kämpfen.«[74] Eulenburg stand Wilhelm während des Machtkampfes gegen Bismarck mit Rat und Tat zur Seite; nach dem Sturz des Kanzlers entpuppte er sich, anfangs gemeinsam mit Holstein, später mit Bernhard von Bülow, als Drahtzieher hinter den Kulissen mit einem beispiellosen Einfluss, der dem Kaiser Informationen zukommen ließ, Kandidaten für hohe Ämter empfahl und den Monarchen durch politische Krisen steuerte. Eulenburg schlug seinen engen Freund Bernhard von Bülow zunächst für das Amt des Staatssekretärs der auswärtigen Angelegenheiten und später für das Kanzleramt vor. Wie wir noch sehen werden, war es außerdem Philipp Eulenburg, der Wilhelm in dem heftigen Streit mit seinen Ministern um die Reform der Militärjustiz 1895 leitete. Eulenburg war laut John Röhl kein Geringerer als der Architekt des »persönlichen Regiments im guten Sinn« durch den Kaiser nach 1897.[75]

Die Bedeutung dieser Ratschläge für den Souverän lässt sich nicht leugnen. Aber wir sollten uns vor Augen führen, dass die Beziehung zwischen Wilhelm und seinen Helfern hinter den Kulissen ein wichtiges Element der Abhängigkeit enthielt. Wie Carl Schmitt beobachtet hat, hat die Machtverteilung unter dem Souverän und seinem Berater stets zwei Seiten: Wer die Macht hat, braucht Ratschlag, und wer Rat erteilt, hat zugleich Teil an der Macht.[76] Die politische Arbeit Eulenburgs und seiner Mitarbeiter ist hierfür ein Musterbeispiel, weil sie die Initiativen des Kaisers ebenso häufig lenkten und zügelten, wie sie diese forcierten.[77] Im September 1890 beispielsweise überredete Eulenburg den vor Wut schäumenden Wilhelm, bei der Wahl Max Forckenbecks zum Bürgermeister von Berlin nachzugeben. Hier und da musste Eulenburg den Kaiser auch wegen seines taktlosen Auftretens in der Öffentlichkeit tadeln – eine Aufgabe, der er sich mit erstaunlicher Begeisterung und Offenheit widmete. Von Fall zu Fall konnte sich die Beziehung zu Eulenburg auch dahingehend auswirken, dass die Handlungsfreiheit des Monarchen eingeschränkt wurde, indem seine Optionen, ohne sein Wissen, fingiert wurden. Im Herbst 1892 unterstützten zum Beispiel Holstein auf der einen Seite und Wilhelm und Caprivi auf der anderen verschiedene Kandidaten für den Botschafterposten in St. Petersburg. Es wurde eine komplexe Intrige gesponnen, um dem Monarchen die Initiative aus der Hand zu nehmen: Holstein bat Eulenburg, den russischen Botschafter in München zu ersuchen, dass er doch den Zaren bitten möge, gegenüber Caprivi eine Vorliebe für General Bernhard von Werder, also Holsteins Kandidat, zu äußern. Gleichzeitig überzeugte Eulenburg Wilhelm, dass eine Ablehnung des Wunsches des Zaren einer Beleidigung gleichkäme. Dieses außergewöhnliche Manöver hatte Erfolg. Eine ähnlich weitverzweigte Intrige musste 1893 angezettelt werden, um Wilhelm davon abzubringen, den Botschafterposten in Rom einem seiner von ihm geschätztesten Militärattachés anzuvertrauen. Wilhelms Beziehung zu dem kleinen Freundeskreis hatte folglich einen typisch zweischneidigen Charakter: Ermächtigung und Unterstützung gingen einher mit Einschränkung und Lenkung des Souveräns.

Kaiser gegen Minister: die Köller-Krise

In Wilhelms Augen hatte das Grundproblem der Kanzlerschaft Caprivis in dem unbeugsamen Charakter des Kanzlers gelegen. In seinen vier Amtsjahren reichte Caprivi nicht weniger als fünf Mal seinen Rücktritt ein, »so oft der Kaiser etwas Entscheidendes gewollt« hatte.[78] Mit der Berufung des Fürsten Chlodwig zu Hohenlohe-Schillingsfürst auf dessen Platz war die Hoffnung verbunden, eine völlig andere Beziehung zwischen dem Souverän und dessen erstem Minister einzuleiten. Wie John Röhl ausgeführt hat, war es wegen Hohenlohes fortgeschrittenen Alters (75 Jahre), seiner versöhnlichen Art, der Abhängigkeit von diskreter finanzieller Unterstützung durch den Kaiser und wegen der engen Blutsbande zur königlichen Familie (Wilhelm sprach ihn mit »Onkel« an) unwahrscheinlich, dass dieser eine so distanzierte, die Konfrontation suchende Haltung wie Caprivi als Kanzler einnehmen würde.[79] In einem Brief an Philipp Eulenburg brachte Wilhelm seine Zufriedenheit zum Ausdruck: »Ich bin so glücklich mit dem alten Hohenlohe, alles geht so schön und bequem; sowie einer von uns was will, wird gleich ein kleiner Noten- oder Worteaustausch gemacht, so dass nichts hinter den Kulissen geschehen kann! Dass ich mich wie im Paradiese fühle.«[80]

Einmal mehr sollte die anfangs harmonische Stimmung jedoch nicht lange Bestand haben. Nur wenige Monate nach der Berufung geriet Wilhelm in einen heftigen Streit mit der neuen Regierung. Der Grund dafür lag diesmal weniger in der Persönlichkeit des Kanzlers als im wachsenden Unmut des Ministeriums. Die Minister hatten zwei Hauptbeschwerden: Erstens hatten sie das Gefühl, dass sie durch Kräfte umgangen würden, die dem Thron näher standen. Wilhelm machte beispielsweise kein Hehl daraus, dass er den Rat Wilhelm von Hahnkes, seines Chefs des Militärkabinetts, dem Rat des preußischen Kriegsministers Walter Bronsart von Schellendorf vorzog. Im Gegensatz zu seinem »unverantwortlichen« Kollegen musste Letzterer im Parlament für die Regierungspolitik Rede und Antwort stehen. Zweitens meinten die Minister, Wilhelms offen ablehnende Haltung gegenüber dem Zentrum beeinträchtige ihre Effektivität im Parlament. Mehrere Minister, allen voran der Staatssekretär im Auswärtigen Amt, Adolf Freiherr Marschall von Bieberstein, und Bronsart, vertraten die Ansicht, dass eine konstruktivere Beziehung zwischen Regierung und Parlament nur dann zustande komme, wenn durch die Erfüllung der legitimen Anliegen der katholischen Kirche ein »vollkommener Zustand von Friede und Eintracht« mit ihr erreicht werde.[81] Aber Wilhelm blieb – bestärkt von Elementen in seinem Gefolge – weiterhin bei seiner Meinung, dass alle Zugeständnisse an die Katholiken Unruhe unter den gebildeten Schichten der Nation schaffen würden. Er vereitelte außerdem eine Annäherung, indem er die Atmosphäre mit öffentlichen Äußerungen und Auftritten vergiftete, die darauf abzielten, die Führung des Zentrums abzuschrecken. »Die Stellung der Minister sei ganz unmöglich«, beklagte sich Bronsart im Februar 1895, »man mühe sich mit dem Parlament ab, tue was man könne, um etwas zustande zu bringen, und dann zerstören anonyme Ratgeber wieder alles; so könnten die Dinge nicht weitergehen.«[82]

Im Frühjahr und Sommer 1895 trug ein heftiger Streit um die vorgeschlagenen Reformen des preußischen Militärstrafgesetzes dazu bei, den Unmut der Minister gegen den Monarchen zu bündeln. Der umstrittenste Aspekt der vorgeschlagenen Reform betraf die Zulassung der Öffentlichkeit zu Kriegsgerichten. In Frankreich, Italien, Großbritannien und sogar in Russland waren nach den geltenden Bestimmungen zumindest in manchen Prozessen öffentliche Anhörungen vorgesehen. Dasselbe galt für Bayern seit 1869. Der Reichstag hatte 1889 und 1892 Anträge verabschiedet, die eine Reform auf diesem Feld forderten. Doch die preußische Militärjustiz hielt sich immer noch an den antiquierten Codex von 1845 und ließ unter keinen Umständen öffentliche Anhörungen zu. Die Prozesse wurden im Geheimen abgehalten, die Richter waren ausnahmslos Offiziere, und ein Verteidiger wurde dem Angeklagten häufig verwehrt. Die Einleitung und oft auch der Ausgang des Verfahrens hingen von der Laune des Standortkommandanten ab. Eine Reform war längst überfällig und wurde von Bronsart und Hohenlohe energisch befürwortet.[83]

Wilhelms unnachgiebige Weigerung, derartige Reformen zu billigen, löste die wohl ernsteste politische Krise der neunziger Jahre aus. Seine Unnachgiebigkeit war zum großen Teil auf den Einfluss der militärischen Entourage zurückzuführen, die sich im Laufe der Krise – in einzigartiger Weise – als eigener politischer Faktor entpuppte. Wie alle seine Vorgänger im 19. Jahrhundert war auch Wilhelm von unzähligen Militärs umgeben: Flügeladjutanten, Generaladjutanten, Generäle und Mitglieder des Militär- und des Marinekabinetts. Dieses uniformierte Gefolge war ein relativ loses und disparates Gremium. Wie Isabell Hull jedoch in ihrem Standardwerk über die Entourage Wilhelms nachweist, bewirkte die drohende Reform der Militärjustiz eine noch nie da gewesene politische Mobilisierung. Der Chef des Militärkabinetts Wilhelm von Hahnke organisierte eine eindrucksvolle Kampagne gegen die Vorschläge Bronsarts, in der das ganze Gefolge, bis hin zum unscheinbarsten Flügeladjutanten, geschlossen gegen das Ministerium auftrat. Tatsächlich taten sie dies mit einer Einmütigkeit und Zielstrebigkeit, von der sich Wilhelm allem Anschein nach beeinflussen ließ. Anfangs war er mit Sicherheit gegen den Gesetzentwurf, vor allem weil er Klauseln enthielt, die sein Recht, Gerichtsurteile zu bestätigen oder zu verwerfen, abschwächen sollten, aber es spricht manches dafür, dass er 1895 mehrmals versuchte, sich aus dem Engagement für geheime Gerichtsverfahren herauszuwinden. Allerdings wurde er durch den Druck der Lobbygruppe, die innerhalb des Gefolges agitierte, immer daran gehindert. Der Großherzog von Baden meinte dazu: »Ich darf dabei nicht unerwähnt lassen, dass der Reichskanzler einen sehr maßgebenden Einfluss in militärischen Dingen als von Generaladjutant von Hahnke ausgehend bezeichnet und dabei fürchtet, *daß der Kaiser bei Besprechung solcher Fragen vor seiner Umgebung sich in manchen entscheidenden Punkten gebunden fühlt.* In solcher Lage ist es doppelt schwierig, die gefassten Entschlüsse zu modifizieren.«[84] Auch hier begegnen wir der Dialektik der Ermächtigung und Einschränkung, die für Wilhelms Erfahrung mit dem souveränen Amt so charakteristisch war.

Im ganzen Frühjahr und Sommer 1895 sah sich Wilhelm mit einem Ministerium konfrontiert, das sich weigerte, die Reformvorschläge auf die lange Bank zu schieben. Dieses Patt leitete die »Köller-Krise« vom Herbst 1895 ein, die einige Historiker als Wendepunkt in Wilhelms Herrschaft bezeichnet haben. Im Grunde brach die Krise aus, als deutlich wurde, dass jemand Details vertraulicher Ministergespräche zur Militärstrafrechtsreform dem Kaiser und Mitgliedern seines militärischen Gefolges hinterbracht hatte. Der Verdacht fiel sofort auf den erzkonservativen Innenminister Ernst Matthias von Köller. Seit seiner Ernennung im Herbst 1894 war Köller als Mann des Kaisers im Ministerium angesehen worden und hatte eine Reihe der weltfremden, persönlichen Anliegen Wilhelms energisch verfochten, etwa einen Vorschlag, despektierliche Äußerungen über die Person Wilhelms I. unter Strafe zu stellen. Mit seiner begeisterten Unterstützung für derartige Initiativen hatte sich Köller unter den Ministern überaus unbeliebt gemacht. Entsprechend groß war die Empörung, als die Nachforschungen ergaben, dass Köller in seinem Eifer, die Reform zu vereiteln und die Autonomie des Throns zu erhalten, Informationen über seine Kollegen weitergegeben hatte. Nach kurzem Zögern wurde Kanzler Hohenlohe überredet, im Namen des ganzen Ministeriums förmlich das Gesuch zu überreichen, dass der Kaiser Köller entlasse. Wilhelm lehnte das schroff ab mit der Begründung, dieses Gesuch stelle einen Eingriff in die königlichen Prärogative dar. Er »erklärte bestimmt und in wenig verbindlicher Form, dass er Köller nicht entlassen werde«, notierte Hohenlohe am 28. November 1895 in sein Journal.[85]

Erstaunlicherweise blieben die Minister aber bei ihrer Forderung und drängten den Kaiser, nachdem sie Köller selbst zum Rücktritt hatten bewegen können, dessen Rücktritt auch zu akzeptieren. Zu allem Übel lehnten sie anschließend alle Kandidaten ab, die Wilhelm als mögliche Nachfolger favorisierte. Dieser Frontalangriff auf die Handlungsfreiheit des Monarchen auf einem Feld – nämlich dem der Ernennungen –, das für die Machtausübung so entscheidend war, erschütterte und empörte Wilhelm. Er schrieb seinem Kabinettssekretär Hermann von Lucanus:

Eine zweimalige Mitteilung meinerseits, dass mein Vertrauen zu K[öller] nicht erschüttert und somit für mich kein Grund lag, denselben zu entlassen, ist vom Staatsministerium einfach übergangen und durch einen Boykott des K[öller] mit Dilemma der Entlassung desselben oder aller für mich beantwortet worden. Der Fall ist in der preußischen Geschichte unerhört. Geht er ungerügt durch, ist damit ein sehr gefährliches Präzedenz geschaffen, indem jeder beliebige Minister, obgleich von mir angestellt, durch Staatsministerialintrigue [...] an die Luft gesetzt werden kann.[86]

Kurzfristig erschien die »Köller-Krise« als ein Sieg für das Prinzip der kollegialen Regierung über den launischen Interventionismus Wilhelms II. Doch der Sieg hatte nicht lange Bestand. Langfristig war das Ministerium viel zu uneinig, um solidarisch den Einmischungen des Monarchen entgegenzutreten. Sein Zusammenhalt wurde nicht nur von auseinandergehenden Meinungen zur Politik untergraben, sondern auch von den politischen Ambitionen einzelner Minister wie Miquel und Posadowsky, die auch nach 1895 wie schon zuvor die Gunst des Kaisers für ihre eigenen Projekte und Karrieren ausnutzten. Ein weiterer, struktureller Grund für die Fügsamkeit der Minister lag in ihrer besonderen Stellung zwischen Parlament und Exekutive. Auf wen konnten die Minister sich denn stützen, wenn nicht auf den Monarchen? »Ohne Autorität ist keine Regierung möglich«, stellte Hohenlohe später treffend fest. »[...] Ich kann nicht gleichzeitig gegen die öffentliche Meinung und gegen den Kaiser regieren. Gegen den Kaiser und die Öffentlichkeit regieren heißt in der Luft schweben. Das geht nicht.«[87] Gerade weil das politische Spektrum so zersplittert war und weil die Minister eben nicht, wie etwa im damaligen Großbritannien, durch die Parteimitgliedschaft eine parlamentarische Mehrheit hinter sich wussten, waren sie desto stärker auf die Exekutive angewiesen, sprich: auf die persönliche Gunst des Monarchen. Im Frühjahr 1896 war der Aufstand der Minister zusammengebrochen, und die Krise war vorüber.

Nach den Rückschlägen in der Affäre um Köller arbeiteten Wilhelm und Philipp Eulenburg an einer geheimen Strategie zur Wiederherstellung der Autorität der Monarchie. In einer außerordentlichen Denkschrift vom August 1896 erörterte Eulenburg eine ganze Palette von Optionen, zu denen selbst ein Staatsstreich zählte, wählte seine Argumente aber sorgfältig so, dass er den Kaiser zu einem verfassungsmäßigen Kurs drängte.[88] Sein Ziel war es, die Stellung des Monarchen zu stärken, indem er offene Konfrontationen mied und eine harmonischere und hierarchisch gegliederte Beziehung innerhalb des Ministeriums schuf. Der Schlüssel zu dieser Strategie sollte die Ablösung des eigenwilligen Außensekretärs Marschall – zu einem geeigneten Zeitpunkt – durch Eulenburgs engen Freund Bernhard von Bülow sein, damals deutscher Botschafter in Rom. Nach einer angemessenen Wartezeit wäre es anschließend möglich, den betagten Hohenlohe in den Ruhestand zu entlassen und Bülow zum Kanzler zu ernennen.

Dieser Plan wurde schon bald in die Tat umgesetzt. Im Jahr 1896/97 leitete Wilhelm eine umfassende Säuberung des Ministeriums ein. Der Handelsminister Hans Hermann Freiherr von Berlepsch, der einst Wilhelms Arbeiterreformen unterstützt hatte, aber in jüngster Zeit in Ungnade gefallen war, wurde 1896 ebenso entlassen wie der Kriegsminister Bronsart. Die Ernennung Bülows zum Staatssekretär für auswärtige Angelegenheiten folgte im Oktober 1897. Ferner gab es – von Wilhelm selbst vorgeschlagene – Neubesetzungen des Reichsamtes des Inneren und des Reichspostamtes. Eine weitere Ernennung, deren epochale Bedeutung erst später deutlich werden sollte, war die Berufung des Admirals Alfred von Tirpitz zum Staatssekretär des Reichsmarineamtes. Hohenlohe blieb bis 1900 Kanzler, aber er war ausgebrannt. Bülow drängte sich nach und nach zwischen Kaiser und ersten Minister und usurpierte Hohenlohes Zuständigkeitsbereiche.[89]

1897–1900: Wilhelm am Steuer?

Nachdem Hohenlohe als politische Kraft mehr oder weniger ausgeschaltet war, die Minister untereinander zerstritten waren und die »Männer des Kaisers« viele Schlüsselbehörden kontrollierten, schienen die Haupthindernisse für Wilhelms Dominanz innerhalb der Exekutive aus dem Weg geräumt. Eine Veränderung im Kräftegleichgewicht zwischen dem Monarchen und dem Ministerium war bereits deutlich zu spüren: Der Kronrat (Sitzungen des preußischen Ministeriums in Anwesenheit des Monarchen) tagte immer häufiger. Die Minister wurden nicht im eigentlichen Sinn »zu Rate gezogen«, sondern hörten zu, während sich Wilhelm über Themen ausließ, die für ihn von Interesse waren, und Befehle und Vorschläge von sich gab, welche sich die Minister pflichtgetreu notierten.[90]

Ein weiteres Indiz dafür, dass Wilhelm seine eigene Rolle immer weiter ausdehnte, war die verstärkte Bereitschaft, sich und die Regierung öffentlich auf einen bestimmten Kurs festzulegen. Am 6. September 1898 kündigte Wilhelm während der Manöver in Westfalen, vermutlich unter dem Einfluss der Hardliner in seinem militärischen Umfeld, einen Gesetzentwurf »zum Schutz der Arbeitswilligen« an. Das Gesetz sollte Männer und Frauen rechtlich schützen, die während eines Streiks weiter zur Arbeit gingen. In seinem charakteristischen Überschwang erklärte Wilhelm, dass jeder, »der einen deutschen Arbeiter, der willig ist, seine Arbeit zu vollführen, daran zu hindern sucht, oder gar zu einem Streik anreizt, mit Zuchthaus bestraft werden soll«. Diese unglückliche Formulierung wurde prompt von der Presse übernommen, und der Gesetzentwurf zum »Schutz des gewerblichen Arbeitsverhältnisses«, dessen erste Fassungen Wilhelm eigenhändig redigiert hatte, wurde unter der Bezeichnung »Zuchthausvorlage« bekannt. Zu den persönlichen Initiativen Wilhelms zählte auch eine Gesetzesvorlage, die den Bau eines Kanals anregte. Die industriellen Provinzen Preußens im Westen sollten durch den Kanal mit dem agrarischen Osten verbunden und so die Verschiffung von Waren von der Oder bis zum Rhein ermöglicht werden. Die »Kanalvorlage« beherrschte die preußische Politik im Sommer 1899 und wurde von Wilhelm leidenschaftlich verteidigt, weil sie in mehrfacher Hinsicht mit seiner eigenen Auffassung von der Mission des Monarchen als dem herausragendsten Vermittler zwischen den wirtschaftlichen, kulturellen und provinziellen Interessen (in diesem Fall des katholischen, industriellen Westens und des protestantischen, agrarischen Ostens) im Einklang stand, welche die Einheit und den Zusammenhalt des deutschen Staates bedrohten.[91] Auf diese Weise wurde das »persönliche Regiment« – hier im Sinne eines Regierungsprogramms, nicht einer vollendeten Tatsache – zum »Bestandteil einer sich ändernden Verfassungswirklichkeit«, wie Volker Ullrich schreibt.[92]

John Röhl wies in einer Untersuchung aus dem Jahr 1967 darauf hin, dass die Neubesetzung von Ministerposten 1896/97 eine neue Phase in der Herrschaft Wilhelms einleitete, die von dem »persönlichen Regiment« des Monarchen gekennzeichnet sei: »Nicht 1890, sondern erst 1897 war das entscheidende Jahr für Wilhelms II. Regierung. Jetzt hatte er sein Ziel erreicht, er bestimmte die deutsche Politik, ohne sich in die Pläne der Ressortchefs einschalten zu müssen.« In neueren Untersuchungen beschrieb Röhl den »Durchbruch« des Kaisers im Sommer 1897 »zur vollen Entscheidungsgewalt«. Danach habe Wilhelm II., so Röhl, über eine »uneingeschränkte Entscheidungsgewalt« verfügt.[93] Es trifft zwar sicherlich zu, dass Wilhelm sich nach 1897 häufiger und mit mehr Zuversicht in die Politik einmischte und dass es dem Ministerium schwerer fiel, sich seinen Initiativen zu widersetzen, als noch Anfang und Mitte der neunziger Jahre, aber es wäre ein Fehler, das Jahr 1897 als einen grundlegenden Bruch in der Regierungsform des deutschen Systems anzusehen. Die Minister beschwerten sich zwar, dass sie von einem Monarchen übergangen würden, der den Rat seiner Kabinettchefs und unverantwortlichen Berater vorzog, aber darüber hatten sie sich schon Anfang der neunziger Jahre beschwert.

In Wirklichkeit hatte sich kaum etwas geändert.[94] Gesetzesvorlagen mussten immer noch in Verhandlungen mit den Ministern ausdiskutiert werden; sie konnten wie die »Zuchthausvorlage« ohne vorherige Rücksprache *angekündigt* werden, aber sie konnten ohne umfassende Einbindung der Minister nicht ins Parlament eingebracht werden. Immerhin war es ihre Aufgabe, die neuen Vorlagen vor der Legislative zu verteidigen. Überdies wäre es ein Irrtum, die von Wilhelm Ende der neunziger Jahre befürworteten Gesetzesvorlagen in einem krassen Gegensatz zu den Prioritäten der Minister zu sehen. Die Kanalvorlage von 1899 wurde – laut Bülow[95] – im preußischen Ministerium erörtert, bevor sie vom Kaiser aufgegriffen wurde. Der provokativen »Zuchthausvorlage« von 1898 wurden in den langwierigen Verhandlungen mit den Ministern die spitzesten Zähne gezogen. Darüber hinaus gelang es den Ministern, Wilhelms radikalere Versuche, das Ministerium seiner persönlichen Kontrolle zu unterstellen, zu vereiteln. Dazu zählte etwa der durchsichtige Vorschlag, ein Mitglied seines Zivilkabinetts zum Chef des Ministerialbüros zu ernennen – ein Sekretärsposten, von dem aus es möglich gewesen wäre, den Monarchen über den Verlauf der Diskussionen zu informieren.[96]

Jedenfalls bedeutete ein Sieg des Kaisers über widerspenstige Minister – und das ist vielleicht das Entscheidende – nicht unbedingt einen Sieg für die Positionen, die er persönlich vertreten hatte. Das zeigt sich etwa an der Lösung der Diskussion um das Militärstrafrecht. Auch nach der personellen Umbesetzung bekundete Wilhelm ein volles Jahr lang lautstark seinen erbitterten Widerstand gegen die Reformvorlage; dennoch enthielt das Gesetz, das im Dezember 1898 verabschiedet und unterzeichnet wurde, wichtige Zugeständnisse zum liberalen Standpunkt bezüglich der Öffentlichkeit der Kriegsgerichte.[97] Tatsächlich sah sich Wilhelm mit einem System konzentrischer Beschränkungen konfrontiert. Selbst wenn er einen betagten Kanzler lähmen und demoralisieren konnte (was ihm bei Hohenlohe bis Ende 1898 weitgehend gelungen war), hatte er es noch mit den Ministern zu tun. Und selbst wenn er die Minister dazu bringen konnte, wider besseres Wissen seine Initiativen zu unterstützen (was ihm zwischen 1897 und 1900 in manchen Fällen, aber gewiss nicht immer gelang), so kam danach noch die lästige Legislative, ganz zu schweigen von der öffentlichen Meinung, deren Bedeutung für ihn kaum hoch genug veranschlagt werden kann. Die »Zuchthausvorlage« nahm im November 1899 in den Reichstagsdebatten ein böses Ende. Mit besonderer Häme wurden die drakonischen Strafen überschüttet, die gemäß Paragraf 8 der Vorlage vorgesehen waren; der voller Eifer von Wilhelm verfasste und gegen den energischen Protest der Minister auf sein Beharren hin beibehaltene Paragraf 8 wurde vom Reichstag in dem ersten und einzigen, einstimmigen Votum seiner Geschichte abgelehnt.[98]

Ein ebenso erniedrigendes, wenn auch in die Länge gezogenes Schicksal erwartete die »Kanalvorlage«. Der Agrarflügel der konservativen Partei und seine Schwesterorganisation, der außergewöhnlich erfolgreiche Bund der Landwirte, sahen in dem geplanten Kanalsystem eine Innovation, welche den gebeutelten Agrarsektor der Konkurrenz billigen Getreides aus dem Ausland aussetzen und zudem Arbeitskräfte aus den ostelbischen Gütern in die Industriezentren der westlichen Provinzen abziehen würde. Am 16. August 1899 wurde die Vorlage in der zweiten Lesung von einer deutlichen Mehrheit des preußischen Landtags abgelehnt (275:134 Stimmen).[99] Dieses Scheitern war nicht allein auf die tatkräftige Kampagne der Konservativen zurückzuführen, sondern auch auf die Weigerung der Minister, den umstrittenen Zugeständnissen zuzustimmen, die notwendig gewesen wären, um die Konservativen mit dem Kanalprojekt zu versöhnen[100] – ein Beweis dafür, dass die größere Unabhängigkeit der Minister, die auf die Entmachtung Hohenlohes zurückzuführen war, einer erfolgreichen Umsetzung der kaiserlichen Initiativen auch im Wege stehen konnte. Wilhelm hatte sich mehrfach öffentlich für das Projekt ausgesprochen und verfolgte aufmerksam die täglichen Presseberichte über die parlamentarische Debatte.

Das war ein Thema, das seinem Anspruch an eine technokratische Herrschaftsform gerecht wurde, die eigentlich imstande sein müsste, den Parteienstreit der Politik zu überwinden. Das Scheitern erschütterte ihn so sehr, dass seine Frau sich veranlasst sah, Bülow um seinen Beistand zu bitten:

In meiner Angst komme ich zu Ihnen. Gestern Abend musste ich den Kaiser in großer Aufregung und Betrübnis leider abreisen lassen, nach Metz und Saint-Privat. Diese unglückselige Kanalvorlage! Wenn Sonnabend [dem Tag der dritten und letzten Lesung] auch eine ungünstige Entscheidung fällt, weiß ich nicht, was passiert. Ach, könnten Sie dem Kaiser nicht einen etwas beruhigenden Brief schreiben? Es ist wirklich nötig! [...] Ach, es ist ein schlimmer Sommer gewesen! Gott helfe weiter.[101]

Wilhelm hätte theoretisch, nachdem die Vorlage auch bei der dritten Lesung durchfiel, den Landtag auflösen können. Aber selbst diese letzte Waffe im Arsenal des deutschen Monarchen hätte ihm nicht zum Erfolg verholfen, weil die einzige Folge ein mit Sicherheit deutlich liberalerer Landtag gewesen wäre.[102] Also wandte sich Wilhelm stattdessen gegen jene konservativen Verwaltungsbeamten (die »Kanalrebellen«), die sich in ihrer Funktion als Abgeordnete geweigert hatten, die Regierung bei dem Gesetzentwurf zu unterstützen. Mit seinen weitreichenden disziplinarischen Befugnissen, welche ihm nach der preußischen Verfassung zustanden, stellte er eine Reihe kompromittierter Beamter »zur Disposition« (d. h. sie waren ihres Amtes enthoben, ohne sie aus dem Staatsdienst zu entlassen). Eine derartige kollektive Strafmaßnahme gegenüber Verwaltungsbeamten hatte es in der preußischen Geschichte noch nie gegeben.[103] Der Widerstand der Konservativen gegen den Kanal wurde dadurch nicht gebrochen, und die Maßnahmen stießen auf allgemeine, empörte Ablehnung. So gut wie alle Parteien waren sich einig, dass der Monarch zwar befugt war, Staatsdiener ohne Angabe eines Grundes zu entlassen (Art. 87, Absatz 2), dass die Strafentlassung insbesondere dieser Staatsdiener jedoch verfassungswidrig sei, weil sie die parlamentarische Immunität verletze, die von der preußischen Verfassung garantiert sei (Art. 84, Absatz 1). Die Kanalvorlage scheiterte auch im Mai 1901 in einer abgeänderten Fassung; und die »Kanalvorlage«, die im Jahr 1904 schließlich in Kraft trat, war lediglich ein Abklatsch des ursprünglichen Projekts, weil sich der geplante Kanal nur vom Rhein über Dortmund bis nach Hannover erstreckte. Die vom Souverän so leidenschaftlich verfochtene, große Idee eines Wasserwegs, der die geographischen und kulturellen Pole des Reiches miteinander verband, musste ein für alle Mal aufgegeben werden.[104]

Schlussfolgerung: Macht und Zwänge

Wilhelms Auseinandersetzungen mit den Ministerien unter Caprivi und Hohenlohe sowie seine gescheiterten Initiativen Ende der neunziger Jahre warfen ein Schlaglicht auf einige externe Zwänge, durch die der Monarch gebunden war. Die Errichtung eines »populären Absolutismus«, wie er Wilhelm vorschwebte, ließ sich schlichtweg nicht mit den komplexen und dynamischen Strukturen des deutschen Staatswesens vereinbaren. In diesem Sinne blieb das »persönliche Regiment« zwar ein lästiges Ärgernis für die Minister und ein Faktor bei Entscheidungsprozessen, aber dennoch, in Hans-Ulrich Wehlers Worten, ein »systemwidriges Experiment«.[105] Die Vorstöße Anfang und Mitte der neunziger Jahre deckten zugleich die Grenzen der eigenen Fähigkeit Wilhelms auf, seine Macht wirksam einzusetzen. Wilhelm war geradezu peinlich indiskret – ein verhängnisvoller Fehler in einem politischen System, in dem der Erfolg von Gesetzesinitiativen häufig von der sorgfältig dosierten Preisgabe von Informationen abhing. Seine extreme Abwehrhaltung und Grobheit, wenn er das Gefühl hatte, seine Autorität sei bedroht, standen einer kooperativen Beziehung mit allen Staatsdienern mit Ausnahme der geschicktesten Untergebenen im Wege. Es mangelte ihm an Objektivität, wie Bernhard von Bülow, gewiss nicht der schärfste Kritiker Wilhelms, in einem Brief an Eulenburg treffend bemerkte: »Es ist ein Unglück, dass der geliebte, hochbegabte Kaiser so leicht übertreibt, Seinem Temperament und bisweilen seiner Phantasie zu sehr die Zügel schießen lässt.«[106]

Wilhelm erfasste rasch den Inhalt der Berichte, insbesondere wenn sie knapp und geistreich vorgetragen wurden, aber er war nie wirklich ein »zupackender« Monarch, der sich diszipliniert und systematisch mit den Staatsangelegenheiten auseinandersetzte. Die alltäglichen Routinegeschäfte wurden von den ständigen Reisen gestört: Wilhelm verbrachte weniger als die Hälfte seiner Herrschaft in Berlin und Potsdam.[107] Bereits im Jahr 1889 vermerkte General Waldersee: »die vielen Reisen, die rastlose Tätigkeit, die zahlreichen und verschiedenartigen Interessen haben zur natürlichen Folge einen Mangel an Gründlichkeit«; es gab weder eine feste Ordnung in der Erledigung der Angelegenheiten noch einen Zeitplan, in dem bestimmte Stunden des Tages besonderen Aufgaben vorbehalten waren.[108] Wilhelms Abneigung – oder Unfähigkeit –, sich allgemein über die Entwicklung der Politik zu informieren, hatten zur Folge, dass seine Interventionen häufig nichts mit dem allgemeinen Trend der Politik zu tun hatten. Deshalb erschienen die Initiativen auch bizarr und selbst dann fehl am Platze, wenn ihr Inhalt eher unscheinbar war. Im Sommer 1893 wies Friedrich von Holstein darauf hin, dass die öffentliche Meinung dem Kaiser eine beunruhigende Kombination aus»Reisewut, Arbeitsscheu, Frivolität« vorwarf. Er mahnte, allgemein werde ein starker Kanzler gewünscht, der »die Launen« des Kaisers zu bändigen vermag.[109]

Diese Mängel waren zum Teil darauf zurückzuführen, dass es Wilhelm völlig an Beständigkeit und Selbstdisziplin fehlte, zum Teil aber auch auf die Notwendigkeit, die Fassung wiederzugewinnen, indem er sich von Zeit zu Zeit von der Bühne zurückzog – ein Bedürfnis, das durch die Neigung, unter Druck in Panik zu geraten, desto deutlicher zutage trat. In einem vielsagenden Brief an Eulenburg, den er mitten in einer Auseinandersetzung mit dem Ministerium im Februar 1895 schrieb, entschuldigte sich

Wilhelm dafür, dass er auf dem Höhepunkt der Krise in seiner Jagdhütte in Hubertusstock weilte. Er fügte aber hinzu, dass man, wenn die Lage sich zuspitze, »auf Momente heraus [muss], um sich kalt Blut und klares Urteil zu bewahren. Denn absolut gerecht will ich alle Vorfälle beurteilen können.«[110] Das Resultat dieser seltsamen Mischung aus Abwesenheit und periodischen Einmischungen, aus Lethargie und unvermittelten Eruptionen von Tatendrang war ein monarchischer Regierungsstil, der zunehmend dem seines russischen Vetters Nikolaus II. ähnelte. Über den Zaren schrieb der Staatsrat A. A. Polowzow im Juli 1901, dass es »auf keinem Feld der Politik einen prinzipiellen, gut durchdachten und sicher geleiteten Handlungsverlauf gebe. Alles wird in Ausbrüchen erledigt, zufällig, unter dem Einfluss des Augenblicks […]«[111] Genau dasselbe könnte man über Wilhelm sagen – womöglich ein Beweis dafür, dass sein Scheitern als Herrscher eine generelle Unvereinbarkeit zwischen den unglaublichen Anforderungen des monarchischen Amtes in einem hochentwickelten Staatswesen und den bescheidenen Fähigkeiten derjenigen widerspiegelt, die durch dynastische Vorsehung auf den Thron gelangt waren.

Indem Wilhelm in den Jahren 1896/97 die Hindernisse für eine Ausdehnung seiner Autorität aus dem Weg räumte, ersetzte er lediglich einen Satz von Zwängen gegen einen anderen. Je stärker er versuchte, seine Minister zu umgehen, desto stärker geriet er mit den Parlamenten im Land und im Reich in Konflikt. Und je enger er seine Person mit Gesetzesvorlagen verknüpfte, die in den Parlamenten attackiert wurden, desto stärker litt er unter den Fallstricken und Angriffen der empörten Öffentlichkeit. Von Zeit zu Zeit sprach er, wie gesagt, davon, alle Ketten, die ihn fesselten, durch einen Staatsstreich zu sprengen, und manche Historiker haben darin eine echte Alternative für den belagerten Monarchen gesehen. Aber wir sollten uns vor Augen führen, wie leicht es denjenigen, die Wilhelm am besten kannten, fiel, ihn von einem solchen Kurs abzubringen, indem sie ihn daran erinnerten, wie sehr die deutsche Öffentlichkeit ihn in diesem Fall schmähen würde. Auch wenn in Teilen des deutschen Bürgertums gewiss eine theoretische Begeisterung für außerhalb der Verfassung stehende Maßnahmen gegen die Sozialdemokratie vorhanden war, so war doch stets klar, dass sich für ein solches Vorgehen keine breite politische Basis finden würde.[112] Das Gerede von einem Staatsstreich war somit kaum mehr als konstitutioneller Eskapismus; wie Bülow sich erinnerte: »Solche nach Pulver und Blei riechenden Äußerungen des Kaisers waren übrigens nicht immer ganz ernst gemeint. Sie sollten mehr dem Zuhörer imponieren [...] Ein fester, und namentlich konsequenter Wille stand nicht dahinter. «[113] Nachdem Wilhelm das Amt des Kanzlers ausgehöhlt und das Ministerium in seine Bestandteile zerlegt hatte, war er selbst außerstande, dem politischen Entscheidungsprozess eine einigende Stoßrichtung zu verleihen. Mehr als je zuvor wurde eine koordinierende und in die Grenzen weisende Hand gebraucht. Sie sollte in der Person des Nachfolgers von Hohenlohe, Bernhard von Bülow, auf die politische Bühne treten.

4
Innenpolitik von Bülow bis Bethmann

»Persönliches Regiment – im guten Sinne«?

Bernhard von Bülow, Staatssekretär für auswärtige Angelegenheiten von 1897 an und Kanzler von 1900 bis 1909, verdankte seinen Aufstieg dem Einfluss des engen Freundes Wilhelms, Philipp Eulenburg. In der Tat könnte man seine Ernennung gar als Höhepunkt der »Kamarillapolitik« während Wilhelms Herrschaft ansehen. Es wäre aber unfair zu behaupten, Bülow habe die Beziehung zu Eulenburg allein zu dem Zweck gepflegt, einen politischen Vorteil zu erlangen. Immerhin lernten sich die beiden Männer Mitte der achtziger Jahre zu einem Zeitpunkt kennen, als niemand den Nutzen des anderen vorhersehen konnte. Als Eulenburg jedoch Einfluss auf Wilhelm bekam, forcierte Bülow, ein hohes Amt im Blick, seine Bemühungen, sich Eulenburg zu empfehlen.

In seinem Briefwechsel mit Eulenburg präsentierte Bülow sich selbst als glühenden Verfechter des monarchischen Prinzips, der bei der Wiederherstellung einer kaiserlichen Monarchie mitwirken wollte, die durch den Konflikt mit Bismarck und die ständigen Ministerkrisen der neunziger Jahre Schaden genommen hatte. »Wir können nicht dankbar genug sein, dass wir einen solchen Herrn haben«, schrieb er im August 1890 Eulenburg. »der mich immer an die heldenhaften Salier und Hohenstaufen-Kaiser unseres Mittelalters gemahnt. Er ist [...] von dem Holze gemacht, aus dem unser Herrgott die großen, die sehr großen Herrscher zu schnitzen liebt.«[1] Ein Jahr später schrieb er: »Seine Ideen und Pläne sind fast alle richtig, oft genial; sie steigen aus dem Born einer einzigartigen und großartigen Individualität empor, die mit merkwürdigem Verständnis für die Bedürfnisse der Zeit seltene Energie und Klugheit verbindet [...]. Eine andere Frage ist [fügte er spitz hinzu], ob die allerhöchsten Intentionen immer geschickt ausgeführt wurden.«[2]

Bereits im Jahr 1894 hatte Bülow Holsteins Platz als wichtigster politischer Kollaborateur Eulenburgs eingenommen. Eulenburg baute Bülow für ein Amt auf und empfahl ihn geflissentlich Wilhelm als tüchtigen Nachfolger, zunächst für Marschall als Staatssekretär für auswärtige Angelegenheiten und dann für Hohenlohe selbst.[3] Bülow empfahl sich seinerseits ebenfalls für die Kanzlerschaft: »Ich wäre ein anderer Reichskanzler wie die bisherigen. Bismarck war eine Macht für sich, [ein] Pipin, Richelieu. Caprivi und Hohenlohe fühlten und fühlen sich doch als Vertreter des ›Gouvernements‹ und bis zu einem gewissen Grade des Parlaments Sr. Majestät gegenüber. Ich würde mich als ausführendes Werkzeug Sr. Majestät betrachten, gewissermaßen als sein politischer Chef des Stabes. Mit mir würde im guten Sinne, aber tatsächlich ein persönliches Regime beginnen.«[4]

Es spricht gewiss vieles für die Annahme, dass die Ernennung einer Person, die für ihren kriecherischen und versöhnlichen Charakter berühmt war,[5] zum höchsten Amt im Land den Weg frei machte für eine eindrucksvolle Festigung und Ausweitung der Rolle des Kaisers in der Politik. Diese Ansicht vertritt John Röhl, der die These aufstellte, dass mit Bülows Amtszeit der Übergang von einer spontanen Einmischung des Monarchen in den Regierungsprozess (wie in den neunziger Jahren) zu einem »institutionalisierten, persönlichen Regiment« vollzogen worden sei. Eine »Einmischung in die Geschäfte der amtlichen Instanzen« durch den Kaiser war nunmehr kaum erforderlich, weil die »Schlüsselämter« der Regierung mit »Männern (Bülow, Tirpitz, Podbielski) besetzt [waren], die vom Kaiser ernannt worden waren, *um* seine Intentionen durchzusetzen«.[6]

Dass Bülow letztlich von der Bereitschaft des Kaisers, ihn ihm Amt zu halten, abhängig war und dass sein Verhalten unterwürfig und versöhnlich war, steht außer Zweifel. Doch die These, Bülows Kanzlerschaft komme einer »institutionalisierten, persönlichen Herrschaft« gleich, erfordert eine Einschränkung. Noch vor seiner Ernennung zum Staatssekretär für auswärtige Angelegenheiten gab es unverkennbare Anzeichen, dass Bülow, sobald er an der Macht war, dem Monarchen nicht nur um den Bart gehen, sondern ihn auch lenken und sogar manipulieren würde. In einem Kommentar zum Konflikt um das Militärstrafrecht 1895 stellte Bülow fest, dass die Regierungsangelegenheiten nicht reibungslos ablaufen konnten, wenn der Kaiser »Grund zur Annahme« hatte, dass das Ministerium ihn in eine Zwangslage hineinmanövrieren will. »Das Ministerium soll auch nicht Allüren eines parlamentarischen Kabinetts affichieren, es muss überhaupt nicht zuviel von Ministerium und Gouvernement im Gegensatz zum Kaiser die Rede sein. Seine Majestät muss das Gefühl bekommen, dass Hohenlohe sein Vertreter im Ministerium und nötigenfalls selbst gegen die Ministermehrheit ist.«[7] Das eigentlich Erstaunliche an diesen Bemerkungen ist die – womöglich unbewusste – Hervorhebung von Eindrücken und äußerem Schein. Vor allen Dingen ging es darum, dem Monarchen *einzureden,* dass er weiterhin persönlich die Regierungsgeschäfte leitete. In einem Brief an Eulenburg um dieselbe Zeit hob Bülow hervor, dass es wegen der Reizbarkeit und Willensstärke Wilhelms erforderlich sei, ihn an direkten Eingriffen in die Außenpolitik zu hindern: »Mein durch und durch monarchisch gerichteter Sinn wie meine persönliche Liebe und Dankbarkeit für unseren Allergnädigsten Herrn machen mich nicht blind gegen die Gefahren, welche grade das Ursprüngliche und Mächtige Seiner Individualität in sich bergen.«[8]

Bis zum Zeitpunkt seiner Ernennung zum Außensekretär hatte sich Bülows kritische Haltung gegenüber dem Souverän verfestigt. In privaten Notizen vom April 1897 beobachtete er, dass Wilhelms Mangel an Mäßigung und die Unfähigkeit, die Grenzen seines eigenen Wissens und Könnens zu erkennen, ihn zu einer politischen »Gefahr« machten, mit dem Ergebnis, dass die Bevölkerung in den Ministern die einzige Abwehr gegen »Eskapaden von oben« sah.[9] In einem Brief an Eulenburg vom 22. August 1897 wies Bülow darauf hin, dass Wilhelm »als Mensch« zwar »reizend, rührend, hinreißend, zum Anbeten« sei, »als Regent [aber] durch Temperament, Mangel an Nuancierung und zuweilen auch an Augenmaß, Überwiegen des ›Willens‹ [...] über die ruhig-nüchterne Überlegung [...] von schwersten Gefahren bedroht [sei], wenn Er nicht von klugen und namentlich von *ganz treuen und sicheren* Dienern umgeben ist«.[10] Es war eine für Bülow charakteristische Diagnose, in der das Bestreben, den Monarchen zu binden und sich selbst in den Mittelpunkt des Geschehens zu stellen, nur schlecht durch eine diensteifrige und ehrerbietige Sprache verhüllt wurde. In seinen Äußerungen gegenüber gleichgesinnten Gesprächspartnern wie dem Diplomaten Anton von Monts drückte sich Bülow längst nicht so zweideutig aus. Er sagte zu ihm, »er sehe seine Aufgabe darin, Deutschland über das Regime Wilhelms II. hinwegzuhelfen«. Einstweilen sei es zu diesem Zweck erforderlich, »die großen, aus der Individualität dieses Herrschers erwachsenden Gefahren möglichst zu paralysieren«.[11]

Folglich ist es auch nicht verwunderlich, dass der 51-jährige Bülow, als er an die Macht gelangte, weitgehend seine eigene Agenda durchsetzen konnte. Noch vor seiner Ernennung zum Kanzler streckte er bereits ohne ausdrückliche Autorisierung seine Fühler zu den Führern des Zentrums aus und ließ sie wissen, dass er für eine Aufhebung des Jesuitengesetzes plädiere – ein Schritt, den Wilhelm (obwohl er Anfang der neunziger Jahre selbst mit dem Gedanken gespielt hatte) immer noch ablehnte. Nach dem Amtsantritt setzte Bülow die Ernennung seines früheren Stellvertreters und Faktotums Baron Oswald von Richthofen zum Staatssekretär für auswärtige Angelegenheiten durch; Wilhelm war zwar nicht gerade begeistert, fügte sich aber. Freilich behielt Bülow auch charakteristische Eigenarten eines Höflings bei: Er erkannte, wie wichtig es war, das persönliche Vertrauen Wilhelms zu haben, und pflegte eifrigen Umgang mit dem Kaiser. Er suchte demonstrativ seinen Rat, lobte seine Gedanken in den Himmel und diente als Sprachrohr für die Pläne des Monarchen.

Ein Zeitgenosse erinnerte sich, dass er die beiden Männer einmal bei einem zweistündigen Spaziergang im Park des Königspalastes beobachtete: den Kaiser mit wilden Gesten, den Kanzler mit respektvoll zur Seite gelegtem Kopf, als sei er in Gedanken versunken.[12]

Gleichzeitig festigte Bülow seine eigene Autorität über das preußische Ministerium. Unmittelbar nach der Ernennung zum Kanzler rief er die preußischen Staatsminister zu sich und teilte ihnen mit, dass der Kaiser nachdrücklich die Einheit der Regierung wünsche. Der Kanzler/Ministerpräsident müsse die ausschließliche Kontrolle über die Veröffentlichung von Informationen bezüglich der Überlegungen der Minister haben.[13] Bülow führte ferner eine stärker integrierte Pressearbeit ein, welche die chaotische Informationspolitik ersetzte, die unter Caprivi und Hohenlohe die Norm gewesen waren. Unter der kompetenten Aufsicht Otto Hammanns unterstützten die von der Regierung lancierten Presseberichte nicht nur die Maßnahmen Bülows und schmückten die politischen Errungenschaften noch aus, sondern sie verbreiteten auch ausgewählte Einzelheiten über seinen Charakter, seine Anschauungen und Privatleben. So entstand ein bescheidener Personenkult um den Kanzler. Ein Hauptthema in der Pressepropaganda war die enge Übereinstimmung und absolute, persönliche Harmonie zwischen dem Kaiser und »seinem« Kanzler.[14]

In Wirklichkeit lag jedoch auf der Hand, dass Bülows und Wilhelms Ansichten in vielen wichtigen Fragen auseinandergingen und dass im Allgemeinen Bülow seine Meinung durchsetzen konnte. Das wurde zum Beispiel bei den wiederaufgenommenen Verhandlungen um Getreidezölle in den Jahren 1900/01 deutlich. Bülow wollte unbedingt die Konservativen und das Zentrum für eine dauerhafte Regierungsmehrheit gewinnen und plädierte aus diesem Grund für eine Kompromisslösung, die den Forderungen der Agrarier nach höheren Zöllen zum Teil nachkam. Wilhelm hatte jedoch den Widerstand der Konservativen gegen seine Kanalpläne noch nicht vergessen und holte sich diesmal Rat von dem einflussreichen Industriellen Alfred Ballin; deshalb lehnte er tendenziell Zugeständnisse an die Agrarlobby ab. Es gelang Bülow, Wilhelm auszumanövrieren, indem er die Bundesstaaten in der Zollfrage um Unterstützung bat (eine Taktik, die schon Bismarck und Wilhelm gegeneinander eingesetzt hatten). Am Ende kam das Zollgesetz vom Dezember 1902 heraus, ein Kompromiss, der höhere Zölle für importiertes Getreide einführte und fast geschlossen vom Zentrum, den agrarischen Konservativen und den Nationalliberalen verabschiedet wurde. Diese wichtige Maßnahme, die den Preis von Grundnahrungsmitteln in Deutschland merklich in die Höhe trieb, war Bülows Werk, nicht Wilhelms.[15]

Es gab viele andere Initiativen, die ganz eindeutig nicht im Einklang mit Wilhelms bekannten politischen Vorlieben standen. Im Herbst 1900 beantragte der Kanzler im Reichstag im Nachhinein die Genehmigung der im Haushalt nicht vorgesehenen Mittel, mit deren Hilfe die Kosten der gemeinsamen Strafexpedition nach China zur Niederschlagung des Boxeraufstands gedeckt werden sollten. Wilhelm hatte zuvor Hohenlohe einen solchen Schritt ausdrücklich mit der Begründung untersagt, man werde darin eine schädliche Kapitulation der Regierung vor der Autorität des Reichstags in einer sensiblen Angelegenheit sehen, die der kaiserlichen Prärogative vorbehalten sei. Indem Bülow jedoch Straffreiheit beantragte, erwarb er sich breite Unterstützung im Parlament, wo der Schritt als Signal gewertet wurde, dass sich der neue Kanzler stärker als seine Vorgänger auf das Parlament stützen werde.[16] Eine ähnliche Uneinigkeit bestand zwischen Bülow und Wilhelm in der Frage, ob Reichstagsabgeordnete eine Entschädigung, sogenannte »Diäten« für die Zeit erhalten sollten, die sie in Parlamentssitzungen verbrachten. »Was, den Kerls auch noch Diäten geben?«, lautete die ungläubige Antwort Wilhelms auf diesen Vorschlag. Der Widerstand des Kaisers gegen diesen Schritt war allgemein bekannt; die Vorlage wäre nie in Kraft getreten, wenn Bülow sie 1906 nicht durch ein zögerliches, preußisches Ministerium »durchgeboxt« hätte.[17]

Die Zugeständnisse Bülows an die katholischen Interessen sorgten für weitere Spannungen mit dem Monarchen. Wilhelms Vorliebe für eine Regierungsmehrheit aus einer protestantischen Mittelschicht und unparteiischen, national gesinnten, »einsichtsvollen« Katholiken war seit dem Fiasko um die Schulpolitik im Jahr 1892 deutlich geworden, und es war allgemein bekannt, dass Wilhelm sich über die »Herrschaft des Zentrums« maßlos ärgerte, deren Führer er für »völlig intransigent und wirklich päpstlicher als der Papst« hielt.[18] Aber im Winter 1900 sprach sich Bülow für eine Gesetzesvorlage des Zentrums aus, welche einige Beschränkungen der katholischen Religionsausübungen in den Bundesstaaten wieder aufhob. Die Vorlage wurde vom Bundesrat verworfen, aber Bülow griff zu der ungewöhnlichen Maßnahme, dass er zu der Lesung der amtlichen Ablehnung durch den Bundesrat eine eigene öffentliche Stellungnahme hinzufügte, in der er erklärte, dass er persönlich mit der Intention der Vorlage sympathisiere.[19] Die Geste wurde von der Reichstagsfraktion des Zentrums sehr begrüßt.

Ein weit umstritteneres Zugeständnis an die Interessen des Zentrums folgte im Februar 1903, als Bülow einseitig ankündigte, dass er seinen Einfluss auf die preußische Delegation im Bundesrat geltend machen würde, um die Aufhebung von Paragraf 2 des Jesuitengesetzes zu erreichen – das wohl wichtigste Überbleibsel aus der Kulturkampf-Ära. Dieser Vorschlag, für den mehr als ein Jahr Überzeugungsarbeit nötig war, bis er von dem widerspenstigen Bundesrat angenommen wurde, löste Proteste seitens der liberalen Presse aus, festigte aber, zumindest kurzfristig, die Beziehung des Kanzlers zur Zentrums-Fraktion. Alle diese Schritte spiegelten Bülows Entschlossenheit wider, eine Koalition aus Regierungskräften zu schmieden, welche die schädliche konfessionelle Spaltung in der deutschen Politik überwand. Darüber hinaus zeigte sich darin eine parlamentarische Orientierung, die Bülow eindeutig von seinen beiden Vorläufern unterschied und ihn letztlich in Konflikt mit dem Kaiser bringen musste. Gut informierte Beobachter bemerkten ebenfalls eine signifikante Neuheit am politischen Stil des Kanzlers. Im Gegensatz zu seinen Vorgängern bemühte Bülow sich gar nicht erst, die Tatsache zu verbergen, dass der Monarch zum Teil die Maßnahmen ablehnte, für die der Kanzler sich stark machte. Der badische Gesandte in Berlin Eugen von Jagemann schloss daraus, dass gerade die Art, wie die Haltung des Souverän erörtert wurde, den stärksten Beweis dafür liefere, dass die Stellung des Kanzlers außerordentlich stark sein müsse. Dieses Vorgehen verstoße nämlich gegen das Prinzip, nach dem die Entscheidungen der Krone nach innen und nach außen von der Regierung übernommen und verteidigt werden.[20]

Wegen Bülows konsequenter Aufsicht über das preußische Ministerium war es Wilhelm so gut wie unmöglich, den Einfluss des Kanzlers und Ministerpräsidenten wie in den Jahren unter Caprivi und Hohenlohe zu untergraben, indem er mit Hilfe eines bestimmten Ministers intrigierte. Der einflussreiche und weitgehend unabhängige Finanzminister Miquel, der sich konsequent gegen Bülows Zugeständnisse an das Zentrum gewehrt hatte, wäre womöglich für diese Rolle in Frage gekommen, aber er wurde zusammen mit dem Handelsminister Ludwig Brefeld und dem Landwirtschaftsminister Ernst Freiherr von Hammerstein-Loxten im Mai 1901 auf Bülows Anregung hin entlassen.[21] Im Nachspiel dieser Entlassungen war man gemeinhin der Ansicht, dass es Bülow besser als seinen beiden Vorgängern gelungen war, ein Ministerium nach seinen eigenen Vorstellungen zusammenzustellen.[22] Nur Admiral Tirpitz unterhielt weiterhin eine relativ eigenständige Beziehung zum Kaiser.[23]

Gewiss war Wilhelm, wie Katharine Lerman gezeigt hat, an der Auswahl der Kandidaten für die wichtigsten Ämter häufig maßgeblich beteiligt, und Bülow musste gelegentlich einen Rückzieher machen. Doch der Kaiser konnte ebenfalls ausgespielt oder überredet werden, seine Meinung zu ändern; und selbst wenn es ihm gelang, den eigenen Lieblingskandidaten auf einen Ministerposten zu befördern, so gab es keine Anzeichen für eine systematische »Pöstchenschieberei«. Die von Wilhelm favorisierten Kandidaten entsprachen der eklektischen Zusammensetzung seines persönlichen Bekanntenkreises, weniger einer konsequenten Vorliebe für Personen mit einer bestimmten politischen Anschauung. Als 1901 etwa die Suche nach einem neuen Finanzminister anstand, war der liberale Industrielle Georg von Siemens der erste Kandidat Wilhelms für den Posten, der aber selbst ablehnte; sein zweiter war der reaktionäre Guido Henckel von Donnersmarck, der ebenfalls ablehnte. Den Posten bekam am Ende der konservative ehemalige Innenminister Georg von Rheinbaben. Jedenfalls bestand keine Garantie, dass ein Günstling des Kaisers, sobald er das Amt angetreten hatte, seine Politik auch auf die Wünsche des Kaisers zuschneiden würde. Karl von Einem beispielsweise, der preußische Kriegsminister, der auf Wilhelms Drängen hin 1903 ernannt wurde, mochte Einmischungen von oben überhaupt nicht und entpuppte sich schon bald als Gegner der Befestigungspolitik Wilhelms im Rheinland.[24]

Bülow gab sich alle Mühe, die Verschiebung des Kräftegleichgewichts zwischen Kanzler und Kaiser, die seit dem Rücktritt Hohenlohes eingetreten war, vor Wilhelm zu verheimlichen. Bei jeder sich bietenden Gelegenheit trachtete er danach, dem Kaiser einzureden, dass ihm, Wilhelm, das Verdienst für die Erfolge der Regierung im Parlament und im Ausland gebühre, und dass Bülows Pläne allesamt der Versuch seien, die ehrenwerte Vision des Kaisers von einer nationalen Politik in die Realität umzusetzen. Die Briefe, die er seinem »Herrn« schrieb, waren ähnlich wie die Eulenburgs im Plauderton gehalten, sprudelten nur so vor gewagten Scherzen und spielten mit der Frauenfeindlichkeit und den Vorurteilen des Adressaten.[25] Wie gesagt, war Wilhelm anfangs hocherfreut über den neuen Kanzler; vor allem schätzte er die politische Ruhe, die seit Bülows Amtsantritt eingekehrt war. »[...] Bernhard lasse ich ruhig schalten«, teilte er Eulenburg im Juli 1901 mit. »Seit ich ihn habe, kann ich ruhig schlafen. Ich lasse ihn gewähren und weiß, dass alles gut geht!«[26]

Bereits im Jahr 1902 sprach jedoch vieles dafür, dass Wilhelm über seinen Ausschluss aus dem politischen Prozess zunehmend beunruhigt war, dass er der politischen Linie immer kritischer gegenüberstand. Er fasste den Entschluss, dem Kanzler in Kernthemen Paroli zu bieten. Zum Beispiel drängte er Bülow mit Erfolg, Gesetze zur Unterdrückung der nationalistischen, polnischen Agitation in den preußischen Landtag einzubringen – und das zu einer Zeit, als die Gefahr bestand, mit diesem Schritt die Vertreter des Zentrums zu kränken, deren Unterstützung für Bülows geplantes Zollgesetz im Reichstag dringend benötigt wurde. Ein ernster Konflikt brach im September 1902 über die Frage aus, ob Wilhelm drei Generälen der Buren, die gerade durch Deutschland reisten, eine Audienz gewähren sollte. Bülow setzte sich nachdrücklich für eine Audienz ein, aber Wilhelm lehnte das kategorisch ab, weil er fürchtete, dass diese Geste die Beziehungen zu Großbritannien belasten würde. (Holstein fand schließlich eine Möglichkeit, das Thema zu umgehen, ohne dass es zu einer Audienz kam.) Auch wenn die Missstimmung zwischen den beiden Männern bis Weihnachten verflogen war, hat es den Anschein, dass Wilhelm nunmehr klarer erkannte, wie sehr man ihm eigentlich die Hände gebunden hatte. In diesem Sinne markierten die Ereignisse des Herbstes 1902 das Ende der harmonischen Eintracht mit Bülow.

Da ihm allmählich bewusst wurde, welche Kluft zwischen den politischen Realitäten und seiner Vision für die eigene Rolle klaffte, da die anhaltenden Erfolge der Sozialdemokratie Anlass zu den schlimmsten Befürchtungen gab und Wilhelm zu allem Überfluss wegen seiner öffentlichen Äußerungen in der deutschen Presse scharf kritisiert wurde, verschlechterte sich seine Laune während des Sommerurlaubs 1903 dramatisch. Auf der alljährlichen Kreuzfahrt, an der Eulenburg teilnahm, äußerte Wilhelm zum ersten Mal ganz offen Kritik am Kanzler und stellte in einer Unterhaltung fest, dass Bülow die Wirkung der Einführung von Wahlkabinen falsch beurteile und die Gefahr, die von der Sozialdemokratie ausgehe, unterschätze.[27] Er wurde immer schreckhafter und reizbarer: Bei einer abendlichen Diskussion, mit der in der Regel ein Tag auf der königlichen Jacht ausklang, ließ er Anzeichen einer Verwirrung und nervlichen Anspannung erkennen. An einem Abend hörte die Gesellschaft auf dem Schiff Wilhelm Onckens klassische Darstellung der Revolutionen von 1848. Wenig später bekam Wilhelm einen Wutanfall, erklärte, er »habe Rache zu nehmen für 48«, und behauptete: »*Jeder* Mensch ist ein Schweinehund! Nur durch ganz bestimmte *Befehle* wird er gehalten und dirigiert!«[28] Auch wenn sich Wilhelm wegen der in Onckens Werk geschilderten Ereignisse zu dieser Äußerung hinreißen ließ, liegt die Vermutung nahe, dass sich in ihnen das Gefühl Wilhelms widerspiegelt, dass ihm die Kontrolle über den politischen Prozess entglitten war.

Vertrauenskrise (1905/06)

Trotz dieser Spannungen blieb die Beziehung zwischen Kaiser und Kanzler nach außen hin ruhig, bis eine Auseinandersetzung wegen der deutschen Russlandpolitik um ein Haar Bülows Amtszeit beendet hätte. Im Juli 1905 traf Wilhelm seinen Vetter Zar Nikolaus II. in der Nähe des finnischen Dorfes Björkö. Man einigte sich auf einen gegenseitigen Beistandspakt. Einen Vertragsentwurf hatte Bülow zuvor bereits geprüft und genehmigt, aber im Laufe der Verhandlungen mit Nikolaus nahm Wilhelm eine wesentliche Abänderung am Wortlaut vor. Bülow weigerte sich, den »Vertrag von Björkö« in der geänderten Form anzunehmen, behauptete, der Vertrag diene nicht länger den deutschen außenpolitischen Interessen, und reichte sein Rücktrittsgesuch ein. An dieser Stelle soll es uns weniger um die betreffende Abänderung oder den internationalen Kontext des Streits gehen, sondern um die Konsequenzen für die Beziehung zwischen dem Kaiser und seinem mächtigsten Staatsdiener.

Wilhelm war hocherfreut darüber, dass er die Unterschrift des Zaren unter den Vertrag erhalten hatte, und zugleich schockiert über die Nachricht, dass Bülow die Absicht habe, wegen der Änderung des Textes zurückzutreten. In einem gequälten Antwortschreiben erklärte er: »Ihre Person ist für mich und unser Vaterland 100 000 Mal mehr wert als alle Verträge der Welt.« Wilhelm flehte Bülow an, von dem Rücktritt Abstand zu nehmen: »Ich appeliere an Ihre Freundschaft für mich, und lassen Sie nicht wieder etwas von Ihrer Abgangsabsicht hören. Telegraphieren Sie mir nach diesem Briefe: ›Allright!‹, dann weiß ich, daß Sie bleiben! Denn der Morgen nach dem Eintreffen Ihres Abschiedgesuches würde den Kaiser *nicht mehr am Leben treffen*! Denken Sie an meine arme Frau und Kinder.«[29] Bülow war zufrieden und willigte ein, im Amt zu bleiben; unterschiedliche Anschauungen zur Außenpolitik spielten hier gewiss auch eine Rolle, aber vor allen Dingen wollte Bülow mit der Rücktrittsdrohung eine Stärkung seiner Stellung erreichen, indem er Wilhelm vor Augen führte, wie sehr er auf die Fähigkeiten und das Ansehen seines Kanzlers angewiesen war.

Bülows Machtpoker funktionierte auf kurze Sicht insofern, als Wilhelm nachgab, aber die Episode hatte auch für Bülow negative Konsequenzen. Wilhelm war nach der Krise über den Kanzler verärgert und entschlossen, seine politische Autorität zu stärken. In den Wintermonaten 1905/06 folgten kurz nacheinander drei hohe Ernennungen, bei denen Wilhelm seine persönlichen Kandidaten durchsetzen konnte. Clemens von Delbrück, der ehemalige Oberpräsident von Westpreußen, der Möller im Handelsministerium ablöste, war ein persönlicher Günstling des Kaisers. Während Bülow mögliche Kandidaten für das Amt des Leiters der Kolonialabteilung des Auswärtigen Amtes befragte, bot Wilhelm eigenständig den Posten seinem Verwandten Erbprinz Ernst zu Hohenlohe-Langenburg an, einem Mann, der über so gut wie keine Erfahrungen in Kolonialpolitik oder Verwaltung verfügte. Als Oswald von Richthofen, Bülows treuer Staatssekretär im Auswärtigen Amt, im Dezember 1905 an Überarbeitung starb, ignorierte Wilhelm Bülows Rat und ernannte Heinrich von Tschirschky, einen persönlichen Freund und Urlaubskameraden, zum Nachfolger Richthofens – ein Schritt, den manche

Zeitgenossen als Versuch werteten, die Kontrolle des Kaisers über die Außenpolitik zu festigen. Wilhelm hatte es so eilig, die Außenpolitik wieder unter seine Kontrolle zu bringen, dass er für Februar 1906 eine Sitzung des Kronrats einberief – die dritte unter Bülows Kanzlerschaft, aber die erste, die sich mit gewöhnlichen Regierungsgeschäften befassen sollte (die vorigen beiden Sitzungen waren wegen besonderer nationaler Notlagen einberufen worden).

Der Kanzler wurde von Wilhelm verstärkt unter Druck gesetzt, die generelle Orientierung seiner Politik zu ändern. Erschwerend kam hinzu: Es gab Anzeichen, dass Wilhelm nicht bereit war, sich mit Blick auf das Zentrum noch länger zurückzuhalten. Mit der Entscheidung des Kaisers, den stramm protestantischen Hohenlohe-Langenburg zum Leiter der Kolonialabteilung zu ernennen, machte er sich das Zentrum zum Feind, dessen Führung es unter anderem gerne gesehen hätte, wenn katholische Kandidaten auf Verwaltungsämter berufen worden wären und wenn die Kolonialbehörden katholische Missionen in den deutschen Kolonien gerechter behandelt hätten. Es war charakteristisch für die neue Stimmung, dass Kriegsminister von Einem im Januar 1906 unnötigerweise die Zentrumsabgeordneten mit einer Rechtfertigung des Duellierens unter Offizieren aufbrachte. Die Weigerung des Kaisers, die Einbindung des Zentrums im Parlament zu tolerieren, kam für Bülow zu einem außerordentlich ungünstigen Zeitpunkt. Seit den Wahlen von 1903 hatte das Zentrum unter einer neuen Generation jüngerer und populistischerer Führer begonnen, selbstbewusster von dem Einfluss Gebrauch zu machen, den es als führende, nichtsozialdemokratische Partei im Reichstag genoss.[30] Als Bülow im Jahr 1905 das Thema der dringend erforderlichen Steuerreformen anschnitt, schloss sich das Zentrum den linken Parteien an und blockierte mit ihnen die Vorschläge des Kanzlers. Im Jahr 1906 führte das Zentrum auch die kritischen Stimmen an der Kolonialpolitik der Regierung und den damit verbundenen Ausgaben an, mit der Folge, dass mehrere Vorschläge für die Schaffung einer größeren und unabhängigeren Kolonialverwaltung vom Reichstag abgelehnt wurden.

Bei dem verschärften Tempo der kaiserlichen Einmischungen und dem Schaden, den Bülows Rückhalt im Parlament erlitten hatte, drohte die allgemeine Lähmung der letzten Jahre unter Hohenlohe zurückzukehren, als der vom Parlament missachtete und vom Kaiser nicht unterstützte Kanzler in einer Art Schwebezustand zwischen den beiden hing. Unter dieser Belastung brach Bülow am 5. April 1906 im Reichstag zusammen und zog sich zur Erholung den ganzen Sommer über in sein Ferienhaus auf der Insel Norderney zurück; dort blieb er bis Oktober. Aber Wilhelm ließ nicht locker, kritisierte weiterhin das Zentrum scharf, forderte strengere Maßnahmen gegen die SPD und bestand darauf, dass der ungeliebte Hohenlohe-Langenburg im Amt blieb. Im September 1906 hielt er Bülow offenbar bereits für verzichtbar und diskutierte ganz offen mit dem neuen Staatssekretär für auswärtige Angelegenheiten Tschirschky über einen möglichen Nachfolger.[31] Schon im August 1906 hatte er sogar Graf Monts, den deutschen Botschafter in Rom gefragt, ob er bereit sei, Bülow abzulösen (Monts lehnte ab, und Bülow kehrte schließlich nach Berlin zurück).[32] Diese Ereignisse veranschaulichen, wie leicht es dem Kaiser immer noch fiel, die Politik mit spontanen Interventionen zu erschüttern. Sie demonstrieren, wie irreführend es wäre, in Wilhelm einen »Schattenkaiser« zu sehen, der zwar förmliche und zeremonielle Autorität hatte, aber nicht über die nötigen Mittel verfügte, politische Macht auszuüben. In den Jahren 1905/06 war die Kontrolle der Krone über die Ernennung hoher Staatsdiener weiterhin ein wichtiger, wenn auch unberechenbarer und nur von Zeit zu Zeit akuter Faktor im deutschen Staatswesen.

Andererseits ist es erstaunlich, wie wenig der Kaiser mit seinen Einmischungen letztlich offenbar bewirkte, selbst innerhalb der Sphäre der höheren Exekutive. Wilhelm hatte immer noch kein einheitliches, innenpolitisches Programm, einmal abgesehen von dem Wunsch, die Regierung von dem Einfluss des

Zentrums zu befreien und ihre Verbindungen zur nationalen »Mitte« wiederherzustellen, was er ohne Erfolg seit Beginn seiner Herrschaft anstrebte. Die Einberufung eines Kronrats hatte weitgehend Symbolcharakter; es folgten keine weiteren Schritte, und somit leitete die Sitzung keine Ära einer konsequenten Einmischung des Monarchen in die Regierungsgeschäfte ein. Vor allen Dingen war es eine Abwehrtaktik, ein Schuss vor den Bug für Bülow. Weil Wilhelm hartnäckig eine kompromisslos antisozialistische Linie forderte, verschärfte Bülow (zumindest in der Öffentlichkeit) den Ton, aber es wurde keine konzertierte Aktion gegen die Sozialdemokraten eingeleitet. Was den umstrittenen Hohenlohe-Langenburg betraf, so gelang es Bülow mit Lucanus' Hilfe, ihn im August 1906 aus der Kolonialbehörde zu verabschieden. Wie sich herausstellte, war es kein Problem, den Monarchen zu überreden, als Hohenlohes Nachfolger Bernhard Dernburg zu akzeptieren, einen Bankdirektor jüdischer Abstammung mit linksliberalen Ansichten, der im Reichstag breiten Rückhalt hatte.[33]

Auch aus einer Auseinandersetzung um den preußischen Landwirtschaftsminister General Viktor von Podbielski ging Bülow als Sieger hervor. Im Sommer 1906 geriet Podbielski wegen seiner indirekten Beteiligung an einem Korruptionsskandal ins Visier der Pressekritik. Entschlossen, den Schaden für das Ansehen der Regierung in Grenzen zu halten, forderte Bülow nachdrücklich Podbielski auf zurückzutreten. Aber Podbielski weigerte sich und wurde darin von Wilhelm unterstützt, der den sachlich richtigen Standpunkt vertrat, dass Podbielski keinen gravierenden Fehler begangen habe. (Ein Ausschuss sprach den Minister später von dem Vorwurf des unschicklichen Verhaltens frei.) Bülow gelang es nicht, den Monarchen zu überzeugen, dass ein Rücktritt der angemessene Schritt sei. Die Krise eskalierte allmählich zu einem Kräftemessen zwischen dem Monarchen auf der einen Seite und dem Kanzler und seinen Ministern auf der anderen. Wie in der »Köller-Krise« Mitte der neunziger Jahre betrachtete Wilhelm die Widerspenstigkeit der Minister als gravierenden Angriff auf sein verfassungsmäßiges Recht, nach eigenem Gutdünken Minister zu ernennen und zu entlassen. Dennoch musste er am Ende nachgeben. Am 11. November 1906 wurde Podbielskis Entlassung bekannt gegeben.[34]

Kaum war der Streit um Podbielskis Rücktritt beigelegt, da trat die Auseinandersetzung der Regierung mit dem Reichstag – insbesondere mit dem Zentrum – um die Ausgaben für die Kolonialpolitik in eine entscheidende Phase. Im Zuge der Unterdrückung eines Aufstands in Deutsch-Südwestafrika – mit schrecklichen Folgen für die dortige Bevölkerung – war die Regierung gezwungen gewesen, mehr Geld auszugeben, als sie ursprünglich dafür bereitgestellt hatte.[35] Folglich musste sich die Regierung Ende November 1906 vom Reichstag rückwirkend die den Haushalt überschreitenden Kosten bewilligen lassen. Die darauffolgende Debatte bot eine geeignete Arena für einen breiten Angriff durch das Zentrum. Das Ganze gipfelte in einer Resolution, die ein stärkeres Mitspracherecht des Parlaments bei der Kolonialpolitik forderte. Der Streit eskalierte und die Legislative erhob in nie da gewesener Weise – wenn auch letztlich erfolglos – Anspruch auf die Vorrechte der Exekutive.[36]

In den Debatten vom Winter 1906 ging es auch um die verfassungsmäßige Rolle des Kaisers, denn 1904 war es Wilhelm gewesen, der Bülow, den Generalstabschef, den Kriegsminister und sogar den Direktor der Kolonialbehörde überstimmt hatte, als er Generalleutnant Lothar von Trotha nach Südwestafrika schickte, um den bisherigen Kommandeur der Schutztruppe Theodor Leutwein abzulösen. Mit diesem Schritt hatte er erheblich dazu beigetragen, den Konflikt in der Kolonie auszuweiten und zu verschärfen.[37] Während das Zentrum die sofortige Reduzierung des Expeditionskorps in Südwestafrika forderte und auf der Einhaltung einer soliden Haushaltspolitik bestand, wiesen die Fürsprecher der monarchischen Prärogative diesen Anspruch mit der Begründung zurück, dass allein der Kaiser das Recht habe, in Fragen der Verteidigung des Reichsgebietes zu entscheiden. Wilhelm hatte widerwillig Bülows Entscheidung hingenommen, vom Parlament eine Amnestie wegen der Ausgaben für die Strafexpedition nach China anno 1900 zu beantragen, aber nunmehr war er absolut dagegen, in der sensiblen Frage des außerparlamentarischen Oberbefehls der Krone irgendwelche Zugeständnisse zu machen. Jedenfalls war klar, dass der damalige Reichstag mit seiner streitlustigen, oppositionellen Mehrheit dem Haushalt, der nunmehr von der Regierung vorgelegt werden sollte, die Zustimmung verweigern würde. Bülow sah darin eine günstige Gelegenheit und verschaffte sich vorsorglich noch vor der zweiten Lesung von Wilhelm die Order, den Reichstag aufzulösen. Nachdem der Kanzler vom Zentrum eingebrachte Kürzungsanträge im Verteidigungsbudget mit der Begründung zurückgewiesen hatte, es sei »eine Prärogative des Kaisers, über militärische Erfordernisse zu entscheiden«,[38] wurde der Haushalt zur Abstimmung freigegeben und abgelehnt. Anschließend verlas Bülow planmäßig die Order des Kaisers, den Reichstag aufzulösen.

Im darauffolgenden Wahlkampf schlug die Regierung Bülow »nationale« Töne zu den Themen an, die von dem Dilemma in der Kolonialpolitik aufgeworfen worden waren. Dadurch stieg die Wahlbeteiligung im ganzen Reich dramatisch an, aber der Versuch, dem Zentrum Wähler abzunehmen, scheiterte – in Wahrheit gewann die Partei fünf Reichtagsmandate hinzu (nunmehr insgesamt 105 Sitze). Der Einfluss des Zentrums wurde dennoch erheblich verringert, indem die Zahl der sozialdemokratischen Abgeordneten von 79 auf 43 fiel. Innerhalb der damaligen Parteienlandschaft genügte diese geringfügige Stimmenumverteilung, um eine neue Regierungsmehrheit zustande zu bringen, die sich in erster Linie aus Nationalliberalen, Konservativen, Freikonservativen und Linksliberalen zusammensetzte. Gemeinsam mit protestantischen und antisozialdemokratischen Splitterparteien verfügte der »Bülow-Block«, wie man ihn nannte, über 216 der 395 Sitze im Reichstag.[39] Wilhelm begrüßte das Zustandekommen einer »nationalen« Koalition mit einer Mehrheit und freute sich über die Verluste der Sozialdemokraten, die seiner Meinung nach den Anbruch einer vollkommen neuen, prosperierenden Ära signalisierten.[40] Die Tatsache, dass der Wahlkampf einen Anstieg der Zentrumsmandate nicht hatte verhindern können – ein Problem, das später die Bemühungen des Kanzlers, über den »Block« zu regieren, hartnäckig verfolgte –, war ihm offenbar entgangen.

Kanzler Bülow am Ende

Wie wirkten sich diese Entwicklungen auf das Kräfteverhältnis zwischen Kaiser und Kanzler aus? Die Historiker sind sich nicht einig, welche politischen Ziele Bülow während und nach der Krise vom Dezember 1906 wirklich verfolgte. In einer Reihe von Aufsätzen, die in den 1970er und 1980er Jahren erschienen, vertritt Terence Cole die Ansicht, die Auflösung von 1906 markiere »den Anfang von Bülows Kampagne, um die Regierung von Deutschland auf eine neue Basis zu stellen« und damit die politische Autorität des Kaisers zu relativieren.[41] In ihrer einflussreichen Studie der hohen Politik unter der Kanzlerschaft Bülows argumentiert Katharine Lerman hingegen, dass Bülow keinerlei langfristige, politische Ziele verfolgte und von seiner Veranlagung her außerstande war, die Autorität des Kaisers grundsätzlich in Frage zu stellen.[42]

Doch Bülows wahre Ziele in diesem Streit interessieren uns hier nicht weiter; unsere Aufmerksamkeit gilt der tatsächlichen Verteilung des politischen Einflusses zwischen dem Kaiser und seinem unergründlichen Kanzler im Nachspiel der Krise von 1905–1907. Ob Bülow nun eine dauerhafte, *konstitutionelle* Veränderung des deutschen politischen Systems im Sinn hatte oder nicht – und es spricht kaum etwas für die Annahme, dass er dies wollte – eines ist jedenfalls sicher: Er war weiterhin entschlossen, die eigene Stellung mit allen ihm zur Verfügung stehenden Mitteln zu stärken. Während der neue Reichstag sich allmählich konstituierte, schickte der Kanzler sich an, das Ministerium von unzuverlässigen Kandidaten (Studt, Posadowsky) zu säubern – genau wie schon 1901.[43] Zudem ließ sich Bülow auf einen Machtkampf mit dem Staatssekretär für auswärtige Angelegenheiten Tschirschky ein, der bekanntlich die Außenpolitik des Kanzlers kritisierte.[44] Bülow betrachtete den Außensekretär als Günstling des Kaisers, der vor allem die Kontrolle des Kanzlers über die Außenpolitik untergraben sollte. In Wirklichkeit war Tschirschky zwar ein Mann des Kaisers, aber er gehorchte dem Kaiser keineswegs aufs Wort. Es zeigte sich schon bald, dass der Staatssekretär eine politische Unabhängigkeit anstrebte und nicht die Absicht hatte, die Rolle eines »willenlosen Werkzeugs« zu spielen.[45] Im Januar 1907 löste er einen Aufruhr aus, indem er Wilhelm und Bülow erst dann über einen neuen Vertrag mit Dänemark informierte, als er bereits reif zur Unterschrift war. Sechs Monate gab er den Franzosen in einer delikaten Angelegenheit der diplomatischen Vertretung Zusagen, ohne sich zuvor mit dem Kaiser oder dem Kanzler abzusprechen – dieser Alleingang sollte seiner Stellung beim Kaiser nachhaltig schaden.[46] Wie so oft in der Vergangenheit zog die kaiserliche Günstlingswirtschaft einmal mehr keine echte Machtverschiebung zugunsten des Kaisers nach sich. Bülow hatte keine Schwierigkeiten, Tschirschky aus dem Amt zu verdrängen und ihn im Herbst 1907 an die deutsche Botschaft in Wien zu versetzen.

Allerdings kann man nicht behaupten, dass es Bülow gelang, die relativ unabhängige Stellung innerhalb der Exekutive wiederherzustellen, die er in den ersten Jahren seiner Amtszeit gehabt hatte. Nach den schädlichen Auseinandersetzungen von 1905/06 war seine Entschlossenheit, einen direkten Konflikt mit dem Kaiser zu vermeiden, größer als je zuvor und seine Handlungsfreiheit entsprechend eingeschränkt. Überdies hatte Bülows Fähigkeit abgenommen, Wilhelm indirekt zu beeinflussen – ein entscheidender Faktor bei seinen früheren Erfolgen. Der Kaiser traute dem Kanzler nicht mehr wie früher und war deshalb weniger geneigt, seine Anregungen unkritisch zu akzeptieren. Das wurde im September 1907 bei den Gesprächen über den Nachfolger Tschirschkys deutlich, in denen es Bülow nicht gelang, Wilhelm von seinem eigenen, bevorzugten Kandidaten Wilhelm von Schön abzubringen – »ein Hof- und Parkettmann der schlimmsten Sorte«.[47]

Bei dem Versuch, seine angeschlagene Machtposition wiederherzustellen, griff Bülow zu zwei Mitteln. Das erste war eine Pressekampagne mit dem Ziel, den Einfluss von »unverantwortlichen« Elementen in der kaiserlichen Entourage zu neutralisieren, allen voran den seines einstigen Freundes Philipp Eulenburg, den er nunmehr für einen gefährlichen Intriganten und Rivalen hielt. Bülow versuchte schon seit langem, einen Keil zwischen den Kaiser und seinen geliebten Ratgeber zu treiben, und der Beginn der Amtszeit Bülows fiel mit einer dramatischen, wenn auch vorübergehenden Abnahme des Einflusses Eulenburgs und einem Rückgang seiner Treffen mit dem Kaiser zusammen. Als die Beziehung zwischen Wilhelm und Bülow aber immer gespannter wurde, trat Eulenburg wiederum auf den Plan, begleitete den Kaiser auf seinen Kreuzfahrten und wurde zum bevorzugten Gesprächspartner Wilhelms bei dessen Klagen über den Kanzler. Im Rückblick steht fest, dass Eulenburg keineswegs gegen Bülow intrigierte und dass er dem Kanzler persönlich loyal blieb, aber damals kursierten entsprechende Gerüchte. Zudem dürfte es Bülow kaum entgangen sein, dass sich Eulenburgs Nähe zum Thron umgekehrt proportional zu seiner eigenen verhielt.

Während der ersten großen Krise der Amtszeit Bülows im Herbst 1906 startete Maximilian Harden, der Herausgeber der kritischen Zeitschrift *Die Zukunft,* einen vernichtenden Angriff auf die heimliche »Kamarilla«, die den Kaiser hinter den Kulissen beriet und beeinflusste. Mit Informationen, die ihm Holstein, in früheren Jahren Bismarck und womöglich sogar Bülow zukommen ließen, machte sich Hardens Pressekampagne geschickt die homosexuelle Neigung Eulenburgs und anderer Mitglieder des Kreises um Wilhelm zunutze. Die darauffolgende Kette von Rufmordklagen enthüllte den Augen einer staunenden, bürgerlichen

Öffentlichkeit eine exotische Welt der hochfahrenden, aristokratischen, höfischen Verspieltheit, in der hohe Offiziere mit femininen Kosenamen bedacht und der Kaiser als »das Liebchen« bezeichnet wurde. Eulenburg sagte unter Eid aus, dass er sich in seinem Leben »nie strafbare Handlungen in Bezug auf den § 175 habe zu schulden kommen lassen«, aber das Kind war bereits in den Brunnen gefallen.[48] Der Eulenburg-Skandal weitete sich über eine wirksame Kombination aus Antiabsolutismus und Homophobie der Mittelschicht immer weiter aus. Harden teilte selbst keineswegs die Feindseligkeit vieler Leser gegen Homosexuelle, tatsächlich verteidigte er sogar eine Reihe prominenter Homosexueller, deren Privatleben publik gemacht worden war. Aber er machte sich das starke, emotionale Spannungsfeld zunutze, mit dem dieses Thema in den meisten Milieus der Mittelschicht behaftet war, um die Vorstellung eines »persönlichen Regiments« mit instinktiv negativen Assoziationen zu diffamieren. Aus dem Skandal erwuchs das Bild eines Kaisers, der von einem finsteren Kreis aus »Adoranten, die Pflicht, Ehre und Überzeugung hintanstellten, um weiter die Sonne allerhöchster Gnaden genießen zu können«, umgeben war und politisch manipuliert wurde.[49] Der Skandal schadete dem Ansehen des Monarchen und entzog ihm dauerhaft die Gesellschaft und den Rat seines alten Freundes. (Eulenberg zog sich auf sein Gut Liebenberg zurück und traf sich nie wieder mit dem Kaiser.)

Bülow mag wirklich den Berichten geglaubt haben, dass Eulenburg gegen ihn intrigiere,[50] aber er hat mit Sicherheit auch erkannt, dass eine öffentliche Kampagne gegen »unverantwortliche Elemente« und das »persönliche Regiment«, das mit ihnen verbunden wurde, letztlich seine eigene Stellung untermauern und seine Druckmittel gegen den Kaiser stärken würde, ohne dass es zu einer direkten Konfrontation kam – Bülow weigerte sich, Wilhelm persönlich über den Skandal auf dem Laufenden zu halten. Die Neuigkeiten mussten dem Kaiser spät am Tag vom Kronprinzen überbracht werden. Der Mann, der das Kanzleramt mit einer fast schon kriecherischen Dienstbarkeit dem Kaiser gegenüber angetreten hatte, endete, indem er eine Kampagne von fast verräterischen Ausmaßen gegen ihn startete.[51]

Die Pressekampagne und die Kette von Verleumdungsklagen, die sie auslöste, hatten die öffentliche Vernichtung Eulenburgs und einer Reihe anderer Persönlichkeiten zur Folge, die mit seinem Kreis assoziiert wurden, selbst eines Lieblingsadjutanten des Kaisers. Langfristig schadete sie sogar Bülow selbst: Wilhelm war empört und peinlich berührt von den Enthüllungen. Dass der Kanzler ihn in einer so delikaten Angelegenheiten nicht auf dem Laufenden hielt, bestürzte ihn; schon bald hegte er den Verdacht, dass Bülow selbst seine Finger im Spiel hatte. Überdies geriet auch der Kanzler ins Visier der Presse, als sich die Stoßrichtung des Skandals ausweitete. Und Bülows Beteiligung an der Verschwörung gegen Eulenburg erwies sich auch in einer anderen Hinsicht als kontraproduktiv, weil damit die einzige einflussreiche Figur im Umfeld des Kaisers zerstört wurde, die Bülow konsequent in Schutz genommen hatte.[52]

Abgesehen von dem Einsatz der Presse gegen die kaiserliche Entourage und dem Anheizen der öffentlichen Kritik an der monarchischen Einmischung in Regierungsgeschäfte trachtete Bülow danach, seine Stellung zu festigen, indem er eine neuartige Beziehung zu der Reichstagsmehrheit knüpfte, die seit den Wahlen von 1907 nach ihm der »Bülow-Block« genannt wurde. Er hegte die Hoffnung, dass sich der Block mit seiner Kombination aus konservativen, liberalen, agrarischen und industriellen Interessen zu einer dauerhaften Kraft in der politischen Landschaft entwickeln würde. Dieser Gedanke gefiel auch Wilhelm, denn der Block weckte naheliegende Parallelen zu dem Kartell, das bei den letzten Wahlen unter Kanzler Bismarck entstanden war. Genau wie das Kartell entpuppte sich jedoch auch der Block als zerbrechlich – schon im Herbst 1907 waren die betreffenden Parteien über die Deregulierung der Börse und die Aufhebung der Reichsbeschränkungen für politische Vereinigungen in Streit geraten. Ernster war die tiefe Kluft wegen der Steuerpolitik. Die

Konservativen lehnten weiterhin jede Form von Besteuerung ab, die den Interessen der Grundbesitzer schaden würde, und favorisierten indirekte gegenüber direkten Steuern; die Liberalen hingegen lehnten indirekte Steuern mit der Begründung ab, dass man durch sie den größten Teil der Steuerlast der Masse der Bevölkerung aufbürden würde.[53]

Anfang Dezember 1907 hatte es den Anschein, als würde der Block unter dem Druck der inneren Gegensätze jeden Moment auseinanderbrechen. Auf einem Treffen mit den Parteivorsitzenden forderte Bülow nachdrücklich, die Meinungsverschiedenheiten untereinander zu begraben und eine einheitliche Front zu bilden. Andernfalls werde er zurücktreten, drohte er. Das hatte es noch nie gegeben. Dieser Schritt– noch dazu in aller Öffentlichkeit – implizierte, dass das Verbleiben des Kanzlers im Amt nicht nur vom Kaiser, sondern auch von den Parteien im Reichstag abhängig sei. Wie Katharine Lerman treffend beobachtet, brachte dieser Schritt wichtige, konstitutionelle Implikationen mit sich, denn er verlagerte das politische Gravitationszentrum von der Beziehung zwischen Monarch und Kanzler zu der Beziehung zwischen Kanzler und Parlament: »Der Kanzler hatte damit bestätigt, dass das Vertrauen des Kaisers allein nicht genügte, um seinen Verbleib im Amt zu rechtfertigen.«[54]

So interessant diese Entwicklung aus der Perspektive der Verfassungstheorie auch sein mochte, sie allein reichte nicht aus, um Bülows Stellung langfristig abzusichern. Bis zum Ende des Jahres 1908 hatte der Kaiser den letzten Rest von Vertrauen zu seinem Kanzler wegen der, in Wilhelms Augen, verräterischen Weigerung Bülows verloren, ihm in der *»Daily Telegraph*-Affäre« beizustehen – dem größten und schädlichsten Medienskandal unter Wilhelms Herrschaft. Die Affäre, die noch ausführlicher erörtert wird, wurde durch die Veröffentlichung eines Interviews mit Wilhelm im *Daily Telegraph* ausgelöst, in dem der Kaiser eine Reihe unüberlegter Äußerungen zur Außenpolitik und zu den englisch-deutschen Beziehungen abgegeben hatte. Während des anschließenden Sturms der Entrüstung in Deutschland stellte sich Bülow nicht etwa schützend vor den Monarchen, sondern beschloss stattdessen, die herrschende negative Stimmung gegenüber dem Kaiser zu seinem eigenen Vorteil zu nutzen. Seit November 1908 war Bülows Verbleib im Amt folglich weitgehend von der wackligen Koalition der im Block vertretenen, parlamentarischen Kräfte abhängig, weil der Kanzler nicht länger das Vertrauen des Monarchen hatte. Aber ungeachtet einiger Mut machender Gesetzesvorlagen (zur Deregulierung und zu politischen Vereinigungen) waren die Parteien weiterhin in der Steuerfrage gespalten.

Bülows Manöver in der Endphase seiner Amtszeit hatten den Kaiser in eine peinliche Lage gebracht. Wilhelms einstige Hochachtung und Zuneigung für den Kanzler waren Misstrauen, ja regelrechter Feindseligkeit gewichen. Aber er wollte unbedingt die Finanzreform verabschieden lassen und weigerte sich, Bülow gehen zu lassen, bevor diese Aufgabe erledigt war. Falls die Vorlage jedoch an der Starrköpfigkeit der Konservativen scheitern sollte, wäre ein unmittelbar darauf folgender Abschied des Kanzlers inakzeptabel, weil er als öffentliches Eingeständnis des Monarchen gewertet würde, dass ein Minister auch von dem Willen des Parlaments abhängig sei, und als stillschweigende Anerkennung, dass der Kanzler eine »andere [also parlamentarische] Regierungsform« durchgesetzt hatte.

Später behauptete Bülow, dass er das Unbehagen Wilhelms über die missliche Lage, in der er, also Wilhelm, sich befand, sehr wohl bemerkt hatte: »Ich kannte den hohen Herrn zu genau, um nicht zu merken, daß zwei Gefühle in ihm stritten. Er wünschte meinen Rücktritt, er wollte mich loswerden. Aber er wollte den Augenblick meines Ausscheidens, die Form und die Modalität meines Fortgehens selbst bestimmen.«[55] Am Ende wurde ein Kompromiss gefunden. Das Steuerreformgesetz scheiterte in der zweiten Lesung am 24. Juni am massiven Widerstand der Konservativen und des Zentrums. Zwei Tage danach war Bülow in Kiel und reichte beim Kaiser seinen Rücktritt ein. Wilhelm gewährte die Bitte, aber unter der Bedingung, dass Bülow formal im Amt blieb, bis die Reform vom Reichstag verabschiedet worden war. Dies gelang am 10. Juli 1909 unter der Aufsicht des voraussichtlichen Nachfolgers Theobald von Bethmann Hollweg, und Bülow schied vier Tage danach offiziell aus dem Amt aus.

Innenpolitik bis 1914

Bethmann Hollweg war nicht Wilhelms Kandidat für das Kanzleramt. Wilhelm hatte eine Reihe anderer Kandidaten in Betracht gezogen und den Posten persönlich dem Diplomaten Anton von Monts angeboten – Bülow hatte Bethmann vorgeschlagen.[56] In diesem Fall gab es keine anfängliche Harmonie wie in den ersten Tagen der Partnerschaft mit Bismarck, Caprivi, Hohenlohe und Bülow. Bethmanns steife, offizielle Art stand einer entspannten Vertraulichkeit im Wege, wie sie in Bülows Blütezeit zwischen Kanzler und Kaiser geherrscht hatte. Wilhelm hielt Bethmanns Vorliebe für die Einhaltung korrekter Verfahren für pedantisch und frustrierend, und die Weigerung des Letzteren, in Angelegenheiten, die der Kaiser für dringend hielt, den üblichen Verfahrensweg abzukürzen, sorgte mehrfach für Spannungen zwischen den beiden. Im März 1913 ging Wilhelm sogar so weit, dass er Bethmann einen aus dem *Daily Graphic* ausgeschnittenen Artikel schickte, in dem behauptet wurde: »Deutschland ist ein patriotisches Land, das von furchtsamen, akribischen Bürokraten regiert wird, die jede Art von Arbeit verabscheuen und nur mit Mühe von den Experten zur Tätigkeit angetrieben werden können.« Wilhelm hatte die beleidigende Passage mit »stimmt« kommentiert. Zu der Zeit führte Bethmann gerade schwierige Verhandlungen über ein neues Militärgesetz und war tief gekränkt. Um ein Haar hätte er seinen Rücktritt eingereicht.[57]

Ungeachtet solcher Schwierigkeiten gelang es den beiden Männern aber, ein gutes Arbeitsverhältnis zu etablieren, vielleicht die stabilste Partnerschaft der Herrschaft Wilhelms. Das war aus mehreren Gründen möglich. Zum Ersten kannten die beiden Männer sich gut, auch wenn ihre Beziehung nicht übermäßig innig war. In seiner Jugend war Wilhelm mit Bethmann auf dessen Familiensitz bei Hohenfinow auf die Jagd gegangen; hier hatte er seinen ersten Hirsch geschossen, wobei er sein Gewehr auf die Schulter von Theobalds Vater Felix aufgelegt hatte.[58] Somit bestand eine gewisse Vertrautheit, wenn auch nicht echte Herzlichkeit zwischen den beiden. Zum Zweiten genoss Bethmann insofern einen »Bülow-Bonus«, als er von der massiven Verschlechterung der Beziehung zwischen Bülow und dem Kaiser in den letzten Jahren profitiert hatte. Nach Bülows Ränkespielen und Doppelzüngigkeit war Wilhelm geneigt, Bethmanns korrekte Art und konsequente Gewissenhaftigkeit zu schätzen. Bethmann warf nicht so freigiebig mit Schmeicheleien um sich, war aber auch nicht so eitel und selbstherrlich wie Bülow. Drittens trug Bethmanns Unbeliebtheit in einem zunehmend polarisierten Reichstag auf zweierlei Art zu einer Festigung der Beziehung bei. Zum einen machte sie Bethmann stärker vom Monarchen abhängig (und ihm diese Abhängigkeit stärker bewusst). Adolf Wermuth, der Staatssekretär des Schatzamtes von 1909 bis 1912, erinnert sich in seinen Memoiren, dass Bethmann größten Wert auf die Solidität seiner Beziehung zum Monarchen legte: »Es [die Beziehung] bildete die Wurzel seiner Kraft.«[59] Zum anderen betrachtete Wilhelm Bethmann gerade wegen seiner Unbeliebtheit (irrtümlich) als Vorkämpfer der monarchischen Exekutive gegen die Ansprüche der Legislative. Je stärker der Sturm der Kritik ausfiel, der Bethmann im Reichstag entgegenschlug, desto nachdrücklicher stärkte der Monarch seinem bedrängten Kanzler den Rücken.[60] Und schließlich war Bethmann ein überzeugter Monarchist – in mancher Hinsicht noch überzeugter als Bülow – und ein Mann, der viele Vorurteile Wilhelms teilte, nicht zuletzt sein Misstrauen gegenüber den nationalen Bestrebungen der Polen.

Kein einziger dieser Faktoren implizierte jedoch eine Rückkehr des »persönlichen Regiments«. Die Fähigkeit des Kaisers, die politische Agenda zu bestimmen, sowie sein persönlicher

Einfluss auf politische Angelegenheiten blieben arg begrenzt. Es gab keine gemeinsamen Machenschaften mit einzelnen Ministern, welche die Amtszeit Hohenlohes so destabilisiert hatten. Bethmann Hollweg verschaffte sich rasch eine mindestens ebenso strenge Kontrolle über die Exekutive wie Bülow. Nach dem Vorbild seines Vorgängers unterstrich er die Vorrangstellung des Vorsitzenden im preußischen Staatsministerium, indem er die Ernennung eines Stellvertreters verzögerte. Potenzielle Rivalen und Minister, die in Kernfragen anderer Meinung waren wie der Ministerpräsident (etwa Rheinbaben, Arnim und Moltke) wurden 1909/10 aus dem Amt entlassen. Darüber hinaus wählte in erster Linie Bethmann, nicht der Kaiser, die neuen Kandidaten aus (Hans von Dallwitz, Klemens Freiherr von Schorlemer-Lieser, August Lentze), mit dem Resultat, dass die Stimmung innerhalb des Ministeriums so harmonisch war wie noch nie. Es ist erstaunlich, wie geringfügig sich die Zusammensetzung des preußischen Ministeriums (nach Bethmanns Neubesetzung) bis 1917 änderte.

Der Kanzler war somit imstande, das wichtigste, konstitutionelle Machtinstrument des Monarchen zu neutralisieren – oder in Schach zu halten. Außerdem gelang es Bethmann Hollweg, den Zugang der Minister zum Kaiser zu kontrollieren, insbesondere in den finanziellen Fragen, die seine Amtszeit in den Vorkriegsjahren so sehr in Anspruch nahmen. Ferner hatte er (genau wie Bülow) ein ausgezeichnetes Verhältnis zu Rudolf von Valentini, dem Chef des Zivilkabinetts, der persönlich den Zugang nichtmilitärischer Personen und den Informationsfluss zum Souverän überwachte. Auch wenn Valentinis Unabhängigkeit und Einfluss auf den Kaiser nie mit dem Eulenburgs zu vergleichen war, konnte man bei Bedarf doch mit seiner Hilfe unwillkommene Initiativen abblocken.[61]

Schließlich war Bethmann Hollweg selbst bereit, wenn nötig kaiserliche Initiativen abzublocken oder zu unterminieren, und konnte im Allgemeinen den Kaiser auch überzeugen.[62] Als Wilhelm etwa im April 1910 gegenüber Bethmann seine

Empörung über die Tatsache zum Ausdruck brachte, dass in Berlin mit polizeilicher Genehmigung sozialdemokratische Wahlkampfveranstaltungen stattfanden, erwiderte Bethmann, die Genehmigung sei gemäß den Bedingungen erteilt worden, die das neue Vereinsgesetz festgelegt habe: »Die Regierung darf nie ungesetzlichen Boden betreten. Je peinlicher sie das Gesetz beachtet, um so fester ist ihre Berechtigung begründet, wenn es die Not erfordert, den Übertretern des Gesetzes mit Gewalt entgegenzutreten.«[63] Im März 1912 legte Bethmann dem Kaiser prompt ein Rücktrittsgesuch vor, als Wilhelm versuchte, sich direkt in die Verhandlungen mit der britischen Regierung über die Flotte einzuschalten, und damit den Kanzler überging. Das Gesuch endete mit den Worten: »Kraft des mir von Eurer Majestät übertragenen Amtes trage ich vor Gott, vor dem Lande, vor der Geschichte und vor meinem Gewissen die Verantwortung für die von Eurer Majestät befohlene Politik. Auch Eure Majestät können mir diese Verantwortung nicht abnehmen.«[64] In seiner Erwiderung gab Wilhelm, wie schon so oft, schleunigst klein bei. Er widerrief seine Intervention, weil sie angeblich auf Missverständnissen beruhe, und flehte den Kanzler an, es ihm nicht übel zu nehmen. »Ich appelliere […] an Sie als meinen obersten Beamten, persönlichen Freund und als märkischen Edelmann, Ihrem Kaiser, Könige und Markgrafen […] die Treue ferner zu wahren […] und bitte Sie, die schwere und gewiss auch dornenvolle Bürde [des Amtes] mutig zu tragen.«[65]

Da Wilhelm nach der *Daily Telegraph*-Krise von 1908 von direkten Einmischungen in die Innenpolitik absah und die Regierung mit dem polarisierten Reichstag in einer Sackgasse steckte, schwand jedenfalls das Potenzial für ernste Meinungsverschiedenheiten zwischen Kaiser und Kanzler wegen innenpolitischer Themen. Einerseits hatte Wilhelms Interesse an innenpolitischen Fragen dramatisch abgenommen und er hatte mittlerweile kaum noch Kontakt zu den Ministern, welche die innere Verwaltung leiteten.[66] Andererseits verengte sich ohnehin der Spielraum für Initiativen seitens der Krone, weil die Fähigkeit der Regierung abnahm, selbst für dringend benötigte Reformen einen politischen Konsens zu schaffen.[67] Folglich ist es kein Zufall, dass die politischen Konflikte, die von kaiserlichen Interventionen ausgelöst wurden, nach 1909 verstärkt in Feldern auftraten, welche die Beziehung zwischen ziviler und militärischer Gewalt betrafen. Wenn Wilhelm als Faktor in der Innenpolitik und bei politischen Entscheidungen weitgehend neutralisiert worden war, so blieb er dennoch ein wichtiger Akteur kraft seines einzigartigen Status als einziges Verfassungsorgan, in dem die zivilen und militärischen Befehlsketten zusammenliefen.

Nie trat dies deutlicher zutage als in den Krisen, die aufgrund der Beziehungen zwischen den zivilen und militärischen Behörden im Elsass und in Lothringen im letzten Jahrzehnt vor 1914 ausbrachen. Elsass-Lothringen war nach dem deutsch-französischen Krieg 1870/71 von Deutschland annektiert worden und hatte einen einzigartigen konstitutionellen Status im deutschen Reich. Die Region war kein Bundesstaat, sondern ein »Reichsland«; sie wurde von einem Statthalter verwaltet, der vom Kaiser ernannt und entlassen wurde. Der Statthalter operierte außerhalb der Zuständigkeit und Aufsicht des Kanzlers – seine Ernennung und Entlassung mussten vom Kanzler gegengezeichnet werden, aber sein Verhalten im Amt war eine Angelegenheit, die nur den Statthalter und den Kaiser etwas anging. Dasselbe galt für die militärischen Kommandeure, die in der Provinz stationiert waren. Wie ihre Widerparts im ganzen Reich und auf hoher See genossen sie über das Militärkabinett direkten Zugang zum Kaiser. Folglich waren sie nicht verpflichtet, den Statthalter oder einen anderen Repräsentanten der zivilen Behörden bei ihren Gesprächen mit dem Souverän über die Militärpolitik in der Provinz hinzuzuziehen. Falls es zu einem Konflikt zwischen dem zivilen und militärischen Arm der Regierung in Elsass-Lothringen kommen sollte, war somit der Kaiser persönlich der erste und einzige Schlichter.

Es bestand ein erhebliches Konfliktpotenzial bezüglich der Politik in diesem Territorium, vor allen Dingen deshalb, weil die zivilen und militärischen Behörden die Provinz völlig unterschiedlich betrachteten. Für den Statthalter Carl Graf von Wedel und seine zivile Verwaltung (und für die Berliner Regierung) lautete das langfristige Ziel, die »innere Integration« der Provinz durch eine Mischung aus konstitutionellen Zugeständnissen und guter Regierung zu fördern. Bethmann Hollwegs Ziel war es letztlich, aus Elsass-Lothringen einen eigenen Bundesstaat mit eigener Dynastie zu schaffen, mit anderen Worten, die profranzösische Stimmung mit Zugeständnissen an den regionalen Partikularismus zu neutralisieren. Die Militärbehörden hingegen betrachteten die Provinz als militarisierte Grenzregion mit einer überaus wichtigen Sicherheitsfunktion für die deutsche Verteidigungspolitik. Für die Militärs schadeten jegliche Zugeständnisse an die separatistische Stimmung in den Herzogtümern lediglich den deutschen Sicherheitsinteressen. In ihren Augen waren eine strenge Disziplin und die Bereitschaft, Gewalt gegen jedes Fehlverhalten seitens der Einheimischen einzusetzen, die Schlüssel für eine erfolgreiche Verwaltung der Region. Die Beziehungen zwischen Wedel und den Korpskommandeuren in Elsass-Lothringen waren entsprechend gespannt.

Die Stimmung wurde ab 1909/10 durch eine ganze Reihe von Zusammenstößen zwischen Einheimischen und den deutschen Behörden vor Ort zusätzlich angeheizt. Häufig ging es nur um banale Vorkommnisse wie die Verspottung von Soldaten durch provozierende Jugendliche, aber sie fanden eine unverhältnismäßig starke Resonanz in der deutschen, chauvinistischen Presse, angeführt von der alldeutschen *Rheinisch-westphälischen Zeitung*. Über diesen Artikel kamen sie auch Wilhelm zu Ohren, der aufmerksam die *Fürstenkorrespondenz Wedekind* las, eine zweitägige Zusammenstellung von Artikeln in deutschen überregionalen Zeitungen. Anschließend forderte er Berichte von den militärischen Kommandeuren in der Provinz an, die routinemäßig die Gelegenheit nutzten, um strengere Maßnahmen gegen die Bevölkerung zu fordern und über die Laschheit und Unentschlossenheit der zivilen Verwaltung herzuziehen.

Wilhelm nahm Berichte aus diesem Milieu ohnehin tendenziell mit Wohlwollen auf, umso mehr als die Kommandogewalt – die außerparlamentarische Befehlsgewalt über seine militärischen Untertanen – durch die allmähliche Verdrängung aus der Innenpolitik zu dem weitgehend unangetasteten Überrest seiner operativen Souveränität geworden war. Es sollte auch nicht vergessen werden, dass der wichtigste, nichtmilitärische Berater Wilhelms, der überzeugte Zivilist Philipp Eulenburg, von Bülow, Harden und Konsorten aus dem Umfeld des Kaisers vertrieben worden war – eine schicksalhafte Entwicklung, die die ungewollte Konsequenz hatte, Wilhelm dem Militär in die Arme zu treiben.

Im Januar 1911 trat die Gefährlichkeit dieser Arrangements zutage, als schon eine schwache Abkühlung in den Beziehungen zwischen den zivilen und militärischen Behörden in Elsass-Lothringen eine schwere, politische Krise auslöste. Die Umstände des Streits, bei dem es um eine Auseinandersetzung zwischen einem deutschen Verwaltungsbeamten in der Stadt Mühlhausen und seinem militärischen Widerpart ging, waren mehr als trivial, aber Wilhelm kam der Streit (über Presseberichte) rasch zu Ohren, stellte sich sofort auf die Seite des Militärs und verlangte eine Untersuchung. Statthalter Wedel verfasste für Wilhelm einen Bericht, der dem Verwaltungsbeamten massiv den Rücken stärkte; Korpskommandeur General Freiherr von Huene hingegen stellte sich hinter seinen Offizier und vertrat wie üblich die Ansicht, die Autorität und das Ansehen der preußischen Armee ständen auf dem Spiel.

Wilhelm schlug sich auf die Seite der Militärs und telegrafierte seinen persönlichen Beistand an Huene und den betroffenen Offizier. Wedel gab daraufhin Bethmann Hollweg zu verstehen, dass er kurz davor sei zurückzutreten. Er schickte dem Kanzler sogar bereits eine Kopie des geplanten Rücktrittsgesuchs, in dem er darauf hinwies, dass das eigentliche Prinzip der zivilen Regierung in der Provinz und im Weiteren auch im gesamten Reich auf dem Spiel stehe. Wie Bethmann nur allzu gut wusste, wäre Wedels Rücktritt unter diesen Umständen als ein Sieg für das Militär gedeutet worden und hätte möglicherweise eine nationale, politische Krise ausgelöst. Dem Kanzler stand eine Herkules-Aufgabe bevor: Er musste irgendwie Wilhelm zu einer entgegenkommenderen Haltung bewegen, ohne den Anschein zu erwecken, das heilige Prinzip der Kommandogewalt zu verletzen oder sich in Bereiche einzumischen, die außerhalb seines verfassungsmäßigen Zuständigkeitsbereichs lagen. Seine Aufgabe wurde noch durch den Umstand erschwert, dass Wilhelm sich im Sommer 1911, als die Krise auf ihren Höhepunkt zutrieb, im Ausland auf seiner alljährlichen Kreuzfahrt in der Ostsee aufhielt – fast ausschließlich in der Gesellschaft von Militärs.

Nach beharrlichen Bemühungen Bethmanns erklärte Wilhelm sich bereit, den betreffenden Offizier zu versetzen, aber erst nachdem der Verwaltungsbeamte ebenfalls von seinem Posten abberufen worden war. Als die Meldung von der bevorstehenden Versetzung des Offiziers in der liberalen Presse gefeiert wurde, widerrief Wilhelm jedoch diese Vereinbarung mit der Begründung: »Es dürfe nicht der Anschein erweckt werden, als ob eine derartige Allerhöchste Entschließung auf Drängen der öffentlichen Meinung erfolge.« Der geduldige Wedel zog nunmehr ernsthaft einen Rücktritt in Betracht, und weitere Anstrengungen waren erforderlich, um Wilhelm zu überzeugen, dass eine Versetzung ratsam sei, Wedel hingegen dazu zu bewegen, dass er im Amt blieb. Wilhelm gab nach, signalisierte jedoch seinen Unmut über die ganze Episode, indem er demselben Offizier auf seinem neuen Posten einen hohen Orden verlieh – eine symbolische Geste, die der liberalen Presse keineswegs entging.[68]

Weit schädlicher für das Ansehen der deutschen Verwaltung in Elsass-Lothringen und für die politische Stellung der Regierung Bethmann Hollweg war jedoch die berühmte »Zabern-Affäre«, zu der es im Herbst 1913 kam. Die beleidigenden Äußerungen eines deutschen Offiziers lösten damals eine Kette kleinerer Zusammenstöße mit der einheimischen Bevölkerung aus, die mit der gesetzwidrigen Verhaftung von rund 20 Bürgern am 28. November einen Höhepunkt erreichten. Wiederum drehte sich der Konflikt um völlig unterschiedliche Auffassungen von dem geeigneten Umgang der Verwaltung mit den Einheimischen. Die militärische Führung in der Provinz stellte sich auf den Standpunkt, dass aufsässiges Verhalten eine direkte Gefahr für das Ansehen und die Effektivität des Militärs sei, und unterstützte die Maßnahme des Offiziers, der die Verhaftungen befohlen hatte. Die zivile Verwaltung hingegen warf dem Militär vor, das politische Klima in der Region durch sein provokatives und taktloses Auftreten zu vergiften. Einmal mehr schlug sich Wilhelm auf die Seite des Militärs: Während er ausdrücklich dem kommandierenden General Berthold von Deimling den Rücken stärkte, schickte er Wedel ein Telegramm, in dem er der Zivilverwaltung die Schuld an der Verschlechterung der Lage in der Provinz gab. Und wie in der Mühlhausen-Affäre zwei Jahre zuvor war es schwer für Zivilisten, zum Kaiser zu gelangen, weil er sich in Donaueschingen auf dem Landgut seines Freundes Fürst Max Fürstenberg in der Gesellschaft seiner militärischen Entourage aufhielt.

Das Hauptproblem bestand darin, dass Wilhelm Wert darauf legte, solche Dinge als intern militärische Angelegenheit zu behandeln, eine »Kommandosache«, die nur ihn selbst als obersten Kriegsherr und seine militärischen Untergebenen betraf. Das war eine extrem formalistische und kurzsichtige Ansicht, weil es auf der Hand lag, dass die liberale Meinung in der Nation insgesamt über das Vorgehen der Armee in der Provinz bestürzt war, und weil sie die Zabern-Affäre als einen Prüfstein für die Herrschaft des Rechts und der zivilen Gewalt auffasste. Angesichts der Uneinsichtigkeit Wilhelms sah sich Bethmann Hollweg (trotz ernster Bedenken) genötigt, die Aktionen in Elsass-Lothringen vor dem Reichstag zu verteidigen. Die Abgeordneten antworteten mit einem Missbilligungsantrag gegen den Kanzler, der mit einer überwältigenden Mehrheit (293:54 Stimmen) angenommen wurde. Hinter den Kulissen gelang es Bethmann, Wilhelm dazu zu bewegen, die ursprünglichen Vorfälle zu untersuchen und Disziplinarmaßnahmen gegen die militärischen Haupttäter einzuleiten, aber er konnte aus diesen Schritten im Reichstag kein Kapital schlagen, weil Wilhelm sich auf die kaiserliche »Kommandogewalt« berief und der Fall infolgedessen vertraulich als eine innere, militärische Angelegenheit geregelt werden musste.[69]

Die Zabern-Affäre deckte auf, welche gewaltigen Hindernisse einer friedlichen Integration in den ehemals französischen Gebieten im Wege standen, und zeigte ganz klar die Grenzen der Macht des Reichstags auf. Sie schadete dem Ansehen des Kanzlers Bethmann Hollweg (womöglich erklärt nicht zuletzt diese Affäre den raschen Verlust jeglichen Rückhalts für ihn nach 1914). Laut mindestens einer Quelle schürte sie auch Unmut in der Bevölkerung gegen den Kaiser: »Die Erbitterung darüber gehe tiefer als in den Novembertagen [von 1908].«[70] Gleichzeitig stärkte sie aber das Band zwischen Kaiser und Kanzler. Der Unterschied zwischen Bülows Verhalten in der *Daily Telegraph*-Krise und Bethmanns Verhalten in der Zabern-Affäre, die in der Presse allgemein mit der früheren Krise verglichen wurde, blieb Wilhelm nicht verborgen. Er entlohnte es dem Kanzler mit standhafter Treue in den schwierigen, ersten Kriegsjahren. Die Vorfälle von Mühlhausen und Zabern warfen auch ein Schlaglicht auf die Sonderstellung des Militärs im deutschen, politischen System. Die Armee war, mit ihrer kaiserlichen Befehlsstruktur, ein außerparlamentarisches, institutionelles Überbleibsel des Absolutismus in einem sonst konstitutionellen Rechtsstaat. Sie war in dem neuen Reich der vorderste Träger der partikularistischen Tradition der Hohenzollern und Preußen und als solche eine Kompromisslösung, die man 1871 eingegangen war. Deshalb wäre es falsch, allein Wilhelm die Verantwortung für die Konflikte zuzuschieben, die in der unruhigen Provinz Elsass-Lothringen ausbrachen. »[…] das sind Fehler der staatsrechtlichen Construktion [sic!] und unserer militärischen Anschauungen«, wie Valentini sagte.[71]

Wilhelm erwies sich als unfähig, dieses Manko in der deutschen Verfassung zu korrigieren. Ein klügerer und selbstsicherer

Monarch hätte möglicherweise konstruktiv zwischen den beiden Parteien vermittelt und so die Kooperation der militärischen und zivilen Behörden in gegenseitigem Respekt erreicht, die Bethmann gefordert hatte.[72] Stattdessen stellte sich Wilhelm nach außen demonstrativ an die Seite des Militärs, während er hinter den Kulissen den Forderungen der Politiker nachkam. Allein die Tatsache, dass er dies tat, ist ein Zeichen, wie gravierend seine Macht in der Sphäre der zivilen Gewalt seit 1890 abgenommen hatte. Es scheint so, als habe er sich nicht länger für die Regierungspolitik oder auch nur für die Verteidigung der zivilen Ordnung verantwortlich gefühlt – das konnte man Bethmann überlassen! – und sei entschlossen gewesen, zu »seiner« Armee zu halten, zu der einzigen Institution, in der seine Autorität noch nicht in Frage gestellt wurde. Zu keinem Zeitpunkt bedeutete dies jedoch, dass Wilhelm wiederum mit dem Gedanken an einen *coup d'état* spielte. Sein Sohn Kronprinz Wilhelm, der sich der ultrakonservativen Opposition angeschlossen hatte, dachte im letzten Jahr vor dem Krieg mit Sicherheit in diese Richtung und bombardierte den Kaiser mit Briefen, in denen er ihn drängte, »kurzen Prozess mit dem verfluchten Pöbel« zu machen und »sowohl im Innern wie im Äußern feste [durchzugreifen], auch wenn dadurch andere auf die Füße getreten werden«.[73] Aber Wilhelm zeigte sich wenig beeindruckt. »Staatsstreiche mögen«, teilte er dem Kronprinzen im November 1913 mit, »bei süd- und mittelamerikanischen Republiken zu den Mitteln der Regierungskunst gehören, in Deutschland sind sie gottlob noch nicht üblich gewesen und dürfen es nicht werden, weder von oben noch von unten. Das sind gefährliche Leute, die so etwas anzuraten wagen, gefährlicher für die Monarchie und ihren Bestand wie der wildeste Sozialdemokrat.«[74]

Schlussfolgerung

In den neunziger Jahren des 19. Jahrhunderts war der Kaiser als wichtiger Faktor in der hohen Politik hervorgetreten, indem er ehrgeizige (wenn auch oft zum Scheitern verurteilte) Gesetzesinitiativen einbrachte, mit einzelnen Ministern intrigierte und schrittweise die Autorität des Kanzlers untergrub. Eine atomisierte, unentschlossene Regierung stand einem stürmischen und unberechenbaren Reichstag gegenüber, und es war sogar von einem Staatsstreich die Rede, der die Wahlrechtsreform von 1871 rückgängig machen und die monarchische Regierungsgewalt wiederherstellen würde. Der Amtsantritt Bülows fiel mit einer relativen Stabilisierung des Systems zusammen. Die Beziehung zwischen dem Kanzler und den Parteien im Reichstag entwickelte sich mehr und mehr zur Routine, als die Parteien stärker in die Ausarbeitung und Ergänzung der Gesetze eingebunden wurden. Nicht ohne ein Gefühl der Erleichterung trat Wilhelm in den Hintergrund und gab einen großen Teil der politischen Initiative in innenpolitischen Angelegenheiten an Bülow ab. Gelegentlich befürwortete der Kaiser ausdrücklich eine bestimmte Maßnahme der Regierung, wie die Reform der höheren Bildung Anfang des 20. Jahrhunderts oder das preußische Bergbaugesetz von 1905, aber er spielte nur die Rolle des Unterstützers. Die früheren Debakel im Zusammenhang mit der Umsturzvorlage und Kanalbauprojekten wiederholten sich nicht, als der Kaiser eigenhändig (und erfolglos) versucht hatte, neue Gesetze in Dampfwalzenmanier durch den Reichstag zu bringen.

Es wurde die These aufgestellt, dass Wilhelm, selbst wenn er sich nicht persönlich in die Politik einmischte, dennoch die Ergebnisse kraft der Tatsache mitprägte, dass erstens seine Vorurteile an sich schon eine informelle »Barriere« bildeten, die kein Minister zu überschreiten wagte, und dass zweitens die Minister sich gerne einschmeicheln wollten, indem sie die Wünsche des Kaisers vorwegnahmen und auf sie hinarbeiteten. John Röhl hat in einem Aufsatz den Begriff »Königsmechanismus« (aus

Norbert Elias' Studie des Hofs von Ludwig XVI. entlehnt) verwendet, um diese indirekte Form kaiserlicher Befehlsgewalt zu umschreiben.[75] Doch angesichts der Entwicklungen innerhalb der Exekutive unter Bülow und Bethmann Hollweg als Kanzler liegt die Schlussfolgerung nahe, dass diese Analogie allzu hoch gegriffen ist. Freilich war Bülow insofern ein »Höfling«, als er – wenn auch in unterschiedlichem Ausmaß – von dem persönlichen Vertrauen des Monarchen abhängig war und auch bereit war, Zeit und Energie darauf zu verwenden, das Vertrauen zurückzugewinnen. Aber die Strategien im Parlament, die Bülow und seine Minister in den Jahren 1900–1906 verfolgten, widersprachen weitgehend dem Kern der bekannten Vorlieben Wilhelms.

Wilhelm behielt wie gezeigt die Kontrolle über wichtige Ernennungen und war imstande, bei Bedarf diese Macht so einzusetzen, dass er die Pläne des Kanzlers vereitelte. Aber man konnte ihn auch nötigenfalls zurückweisen, und auf jeden Fall war er künftig außerstande, dieses wichtige, verfassungsmäßige Werkzeug in einer Weise zu gebrauchen, die es ihm ermöglichen würde, den Aktionen der Regierung seinen eigenen Stempel aufzudrücken, geschweige denn den großen politischen Entscheidungen der Zeit. Die Ernennung von Günstlingen bewirkte, wenn es dazu kam, im Allgemeinen keinen Machtzuwachs für den Monarchen. Die Rolle des Kaisers bei wichtigen Personalentscheidungen nahm unter Bethmann Hollweg als Kanzler noch weiter ab. Von dem Recht des preußischen Königs, seine Minister in den Kronrat zu rufen und so den Entscheidungsprozess zu beeinflussen (wie in der Auseinandersetzung mit Bismarck), machte er ebenfalls kaum Gebrauch; in den neun Jahren der Amtszeit Bülows trat der Kronrat nur viermal zusammen.

Schließlich wird schon bei einem flüchtigen Blick auf den Zeitraum von 1900–1914 deutlich, in welchem Ausmaß der Exekutive insgesamt die politische Initiative inzwischen entglitten war. Es waren der Konfrontationskurs des Zentrums und die Verfassungsfragen, die durch die Kolonialkrise von 1904 bis 1907 aufgeworfen worden waren, die Bülow zwangen, eine neue »nationale« Koalition aus parlamentarischen Kräften zu schmieden, nicht die Ermunterungen und bissigen Kommentare Wilhelms von der Seitenlinie. Es geht zu weit zu behaupten, dass Bülow eine umfassende »Parlamentarisierung« des Systems plante, oder auch nur anzudeuten, dass die Bedingungen für eine so radikale Kurskorrektur im Jahr 1909 günstig gewesen wären.[76] Dennoch: Die »Blockpolitik« leitete eine neue Form der Zusammenarbeit zwischen Kanzler und Parlament ein, die den Einfluss des Kaisers auf die Innenpolitik wiederum noch drastischer einschränkte. Bethmann Hollweg verfolgte zwar keinen so provokativen Kurs wie Bülow in den letzten verzweifelten Monaten seiner Kanzlerschaft, aber bei der herrschenden politischen Stimmung im Land sah sich die Regierung außerstande, die politische Agenda zu diktieren. Die innenpolitische Rolle des Kaisers wurde folglich nach und nach auf Interventionen auf jenen Feldern reduziert, in denen sein Amt als Staatsoberhaupt das einzige Bindeglied war, welches das System zusammenhielt, gewissermaßen die Schnittstelle zwischen ziviler und militärischer Befehlsgewalt.

5
Wilhelm II. und die Außenpolitik 1888–1911

»Der alleinige Herr der deutschen Politik«

Welchen Anteil hatte Wilhelm II. an der deutschen Außenpolitik? Wenn man seinen eigenen Behauptungen Glauben schenkt, dann könnte man meinen, er habe absolut entscheidenden Einfluss gehabt. »Das Auswärtige Amt?«, rief er einmal aus. »Wieso? *Ich* bin das Auswärtige Amt!«[1] Wie er in einem Brief an den Prince of Wales (den späteren König Edward VII.) schrieb: »Ich bin der alleinige Herr der deutschen Politik und mein Land muss mir folgen, wo immer ich hingehe.«[2] Der glühende Ehrgeiz Wilhelms, in dieser einzigartig prestigeträchtigen Ära der hohen Politik eine Schlüsselrolle zu spielen, ist unbestritten. Bismarck hatte diesen Ehrgeiz Mitte der achtziger Jahre genährt und geschickt genutzt, als er Wilhelm, zur Empörung des damaligen Kronprinzen, eine prominente Rolle bei der Gestaltung der diplomatischen Beziehungen zu Russland angeboten und die Einweisung des jungen Mannes in das Auswärtige Amt forciert hatte. Wie gesagt, schluckte Wilhelm den Köder und suchte mit dem kühnen und unbesonnenen Vorstoß, eine private Hotline zum Zaren einzurichten, den eigenen Vorteil. Gerade in der Sphäre der Außenpolitik bekam Wilhelm einen ersten verführerischen Vorgeschmack auf Einfluss und Anerkennung über den Hof hinaus.

Wilhelms Ehrgeiz, »Herr« der Außenpolitik seines Landes zu sein, war nach der Thronbesteigung ungebrochen. Er interessierte sich persönlich für die Ernennung von Botschaftern und unterstützte gelegentlich eigene Favoriten gegen den Rat des Kanzlers und des Auswärtigen Amtes.[3] Die militärischen

Bevollmächtigten, die ausländischen Höfen zugeteilt waren, betrachtete er als seine privaten Gesandten und schätzte sie als unverzichtbare Instrumente für die Verfolgung einer persönlichen, dynastischen Diplomatie.[4] Wilhelm hielt auch Treffen und Korrespondenz mit anderen Dynastien, die Teil des regelmäßigen Verkehrs zwischen Monarchien waren, für eine einzigartige, diplomatische Ressource, die es für die Interessen des eigenen Landes zu nutzen galt.[5] Schließlich hatte Wilhelm als Oberbefehlshaber der Streitkräfte, mit persönlicher Verantwortung für das stehende Heer und die kaiserliche Marine in Friedenszeiten, eine wichtige Rolle. Initiativen zu Stärke und Aufbau dieser Streitkräfte waren zwar strenggenommen eher Themen der Verteidigungs- und Sicherheitspolitik, nicht der Außenpolitik, aber sie hatten unmittelbaren Einfluss auf die internationale Lage und boten dem Kaiser folglich eine weitere Möglichkeit, die dem Auswärtigen Amt zur Verfügung stehenden Optionen zu begrenzen beziehungsweise auszuweiten.

Somit fehlte es Wilhelm weder an den Mitteln noch am Ehrgeiz, um auf den Entscheidungsprozess Einfluss zu nehmen. Kann man also sagen, dass er der deutschen Politik eine bestimmte Stoßrichtung gab? Gelang es ihm, sich selbst an das Ruder des Staatsschiffes zu stellen, wie er es sich seit seiner Thronbesteigung gewünscht hatte? Auf diese Frage gibt es keine eindeutige Antwort. Wilhelm reiste unermüdlich in den ersten Jahren seiner Herrschaft: etwa nach St. Petersburg, Stockholm und Kopenhagen, Wien und Rom im Jahr 1888 und nach England, Monza, Athen und Konstantinopel im folgenden Jahr. Diese Missionen hatten gewiss ihre Berechtigung – insbesondere die Reise nach Konstantinopel dürfte den Grundstein für eine spätere Intensivierung der Beziehung zwischen dem Osmanischen und dem Deutschen Reich gelegt haben[6] –, aber sie waren nicht von einer neuen oder eigenständigen Agenda durchdrungen. Ihre Hauptfunktion war es, Wilhelm eine Gelegenheit zu geben, sich in seiner neuen Würde zu präsentieren und seinen Appetit auf Fernreisen mit der Bahn und dem Dampfschiff zu stillen.[7]

Nichts illustriert besser, wie weit der Kaiser von den eigentlichen Zentren der Politik entfernt war, als die Entscheidung im März 1890, den Rückversicherungsvertrag mit Russland nicht zu verlängern. Der von Bismarck mit Russland 1887 geschlossene Vertrag legte fest, dass Deutschland und Russland einander beistehen würden in dem Fall, dass Russland von Österreich-Ungarn oder Deutschland von Frankreich angegriffen würde. Der Hauptvorteil des Vertrags war, dass er Frankreich isolierte, das mit Deutschland unversöhnlich verfeindet war, und auf diese Weise einen Zweifrontenkrieg verhinderte – oder zumindest seine Wahrscheinlichkeit verringerte. Der Hauptnachteil war allerdings, dass er Deutschland Verpflichtungen auferlegte, die im Widerspruch zu den Bedingungen des Bündnisses mit Österreich-Ungarn standen. Mitte Februar 1890 hatten das russische Außenministerium und Bismarck unverbindlich vereinbart, dass der Vertrag erneuert werden solle, eventuell in abgeänderter Form.[8] Schon wenige Wochen nach Bismarcks Ausscheiden aus dem Amt wurde jedoch zugelassen, dass der Vertrag einfach auslief. Diese politische Kehrtwende wird zu Recht als einer der wichtigsten Marksteine der Vorkriegsära angesehen. Sie machte den Weg frei für die Allianz und Militärkonvention zwischen Frankreich und Russland, die in den folgenden Jahrzehnten so starken Druck auf die deutsche Diplomatie ausüben sollte. Und allgemeiner formuliert signalisierte der Schritt, wie Rainer Lahme treffend feststellt, den Übergang »von dem multipolaren, beweglichen Gleichgewicht der traditionellen Pentarchie« zu dem »in erster Linie nur noch militärstrategisch verstandenen, starren und unflexiblen, bipolaren Gleichgewicht von antagonistischen Bündnissen auf dem Kontinent«.[9]

In Anbetracht der strategischen Bedeutung der Nichterneuerung ist es umso erstaunlicher, dass Wilhelm nicht an der Genese dieser Politik beteiligt wurde. In erster Linie drängte eine Fraktion innerhalb des Auswärtigen Amtes, den Vertrag nicht zu erneuern. Jahrelang hatten sie insgeheim Bismarcks Linie abgelehnt und übernahmen nach seinem Sturz nun das Ruder. Unter

Holsteins Führung hatte die Fraktion kaum Schwierigkeiten, den neuen Kanzler Leo von Caprivi und den neuen Staatsekretär im Auswärtigen Amt Adolf Marschall von Bieberstein auf ihre Seite zu ziehen. Beiden fehlte es auf dem Feld der Außenpolitik an Selbstvertrauen und Erfahrung. Zwei Tage nachdem Wilhelm dem russischen Botschafter Graf Pawel Schuwalow am 21. März in gutem Glauben versichert hatte, er habe auf jeden Fall die Absicht, den Vertrag zu erneuern, trafen sich die Bismarck-Gegner heimlich, um ihre Aktionen zu koordinieren. Am 27. März hatten sie den langjährigen, deutschen Botschafter in St. Petersburg, Hans Lothar von Schweinitz, überzeugt, einen renommierten Experten für deutsch-russische Beziehungen, der seinerseits wiederum Caprivi überredete, dass eine Nichterneuerung deshalb vorzuziehen sei, weil die derzeitigen vertraglichen Verpflichtungen Deutschlands gegenüber Österreich und Russland widersprüchlich und somit unehrenhaft seien und langfristig nicht beibehalten werden könnten. Als Caprivi Wilhelm die Lage auseinandersetzte, entgegnete der Kaiser: »Wenn Schweinitz auch dagegen ist, dann geht es nicht. Es tut mir sehr Leid, aber vor allen Dingen will ich eine ehrliche Politik machen.«[10]

Den Kaiser lenken

Es war einfach, den Kaiser zu einem solchen Kurswechsel zu bewegen, weil seine Anschauungen zur deutschen Politik nach vielen Seiten offen waren. Wilhelm ging nur selten absolut bindende Verpflichtungen ein. Er konnte sich für jede einzelne Option der Politik oder für alle bestehenden begeistern, selbst für Optionen, die das Auswärtige Amt bereits ausgeschlossen hatte. Im Juli 1890 war er etwa eng an der Ausarbeitung (wenn auch nicht am ursprünglichen Entwurf) des Helgoland-Sansibar-Vertrags mit Großbritannien beteiligt, nach dem die Deutschen das ostafrikanische Sansibar im Gegenzug für die kleine britische Besitzung Helgoland unmittelbar vor der deutschen Nordseeküste abtraten. Wilhelm forderte nachdrücklich, dass der Vertrag als Teil einer umfassenderen Annäherung an Großbritannien angesehen werden müsse, und schlug in den Gesprächen mit britischen Diplomaten einen auffallend freundlichen Ton an.[11]

Um dieselbe Zeit legte er jedoch Interesse an einer Verbesserung der Beziehungen mit dem britischen Erzrivalen Frankreich an den Tag. Bei einem Treffen mit dem französischen Botschafter Jules Gabriel Herbette im Dezember 1890 betonte der Kaiser, in einer verblüffenden Vorwegnahme des späteren Interviews für den *Daily Telegraph*, »keinen Haß gegen das Land zu haben, das man gemeinhin als den Erbfeind seines [d. h. des Kaisers] Reiches bezeichne«.[12] »Der Kaiser nutzt jede Gelegenheit, seinen guten Willen gegenüber Frankreich zu beweisen«, berichtete Herbette im folgenden Februar.[13] Eine Reihe versöhnlicher Gesten gipfelte in Wilhelms Entschluss, ohne vorherige Rücksprache mit dem Auswärtigen Amt, seiner Mutter den Wunsch eines inoffiziellen Besuchs in Paris zu erfüllen. Der Besuch, von dem Wilhelm gehofft hatte, dass er gewissermaßen Tauwetter in den Beziehungen einleiten würde, hatte den gegenteiligen Effekt.[14] Als die chauvinistische französische *Ligue des Patriotes* entdeckte, dass Wilhelms Mutter in Versailles untergebracht worden war und St. Cloud einen Besuch abgestattet hatte, einem Ort, der 1870 von den Deutschen zerstört worden war, ertönte ein Aufschrei der Empörung. Sie musste unter Militäreskorte nach Calais und von dort nach England gebracht werden. Die Episode führte eindrücklich vor Augen, wie begrenzt die Effektivität einer dynastischen Diplomatie in einem Kontext war, in dem die allgemeinen Rahmenbedingungen für gute Beziehungen nicht gegeben waren. Sie war darüber hinaus eine Warnung an Minister und Beamte, dass sie sich auf unerwartete und möglicherweise unerwünschte, diplomatische Initiativen seitens des Monarchen gefasst machen mussten.

Im Herbst 1891 deuteten sich weitere eigenständige Initiativen an, als Wilhelm den Entschluss fasste, seine persönliche Beziehung zum Zaren zu intensivieren, um den Schaden wiedergutzumachen, den die deutsch-russischen Beziehungen durch die Nichterneuerung des Rückversicherungsvertrages genommen hatten. Alexander III. hatte die Absicht, ohne den üblichen Besuch in der Hauptstadt durch deutsches Gebiet aus Dänemark auf die Krim zurückzukehren, und wollte so unmissverständlich seinen Unmut zeigen. Wilhelm schmiedete bereits Pläne, den Zaren in Danzig persönlich zu begrüßen. Der Zar und seine Familie mussten die Hafenstadt für die Überlandreise mit dem Zug anlaufen. Holstein konnte Eulenburg dazu bewegen, den Kaiser mit der Begründung von diesem Vorhaben abzubringen, dass die deutsche Öffentlichkeit und ausländische Regierungen ein so übertriebenes Entgegenkommen der Angst des Kaisers vor den Russen zuschreiben würden.[15]

Im Januar 1893 beschloss Wilhelm, wiederum ohne Rücksprache mit dem Auswärtigen Amt, sich mit dem Zarewitsch (dem künftigen Nikolaus II.), der sich damals in Berlin aufhielt, zu einem Gespräch über außenpolitische Themen zu treffen. Im Laufe der Unterhaltung versicherte Wilhelm Nikolaus der friedfertigen Absichten Deutschlands gegenüber Russland, brachte sein starkes, persönliches Interesse an einem Handelsvertrag zwischen den beiden Ländern zum Ausdruck und überreichte dem Thronfolger ein Dokument, in dem er seine eigenen Gedanken zu den »Zielen des Dreibunds« darlegte. Die Versöhnungsbemühungen hatten nur begrenzten Erfolg. Sie trugen zu einer Verbesserung der deutsch-russischen Handelsbeziehungen bei, konnten aber weder verhindern, dass sich die beiden Staaten immer weiter voneinander entfernten, noch dass sich die militärischen Kontakte zwischen Russland und Frankreich unheilvoll vertieften. Die beiderseitige Annäherung war im Oktober 1893 durch den weithin publik gemachten Besuch des Zaren Alexander III. an Bord eines französischen Kriegsschiffes, das in Kopenhagen vor Anker lag, symbolträchtig dokumentiert worden.

Das eigentlich Beunruhigende an diesen monarchischen Einmischungen war nicht allein der Umstand, das sie nicht im Vorfeld mit den zuständigen Ministern und Beamten abgestimmt wurden, sondern auch das völlige Fehlen eines klaren, politischen Konzepts. Wilhelm schien zu Schwankungen und plötzlichen Kurswechseln zu neigen. Im Herbst 1896 etwa sprach sich Wilhelm zu einer Zeit, als sich die Beziehungen zwischen Großbritannien und Deutschland wegen Streitigkeiten um deutsche Interessen in Südafrika dramatisch abgekühlt hatten, kurzfristig dafür aus, eine kontinentale Allianz mit Frankreich und Russland zu bilden, um gemeinsam die kolonialen Besitztümer gegen die Briten zu verteidigen. Um dieselbe Zeit spielte er aber mit dem Gedanken, potenzielle Konfliktherde mit Großbritannien zu beseitigen, indem Deutschland auf alle Kolonien außer Ostafrika verzichtete. Dieser Plan kam dem Staatssekretär für auswärtige Angelegenheiten Marschall so weltfremd vor, dass er ihn für einen Bluff und eine verschleierte Bitte um Gelder für die Finanzierung der Flotte hielt. Aber Wilhelm meinte es ernst. Er ging so weit, seine Ansichten dem britischen Botschafter in Berlin Sir Frank Lascelles auseinanderzusetzen, der sie an Premierminister Lord Robert Arthur Salisbury weiterleitete. Schon im Frühjahr 1897 ließ Wilhelm jedoch die Idee wieder fallen und regte an, dass Deutschland enge Beziehungen zu Frankreich knüpfen solle.[16]

Dieser augenscheinlich willkürliche Wechsel der Optionen löste unter den Verantwortlichen für die Planung und Lenkung der deutschen Außenpolitik Bestürzung aus. In einem von Panik erfüllten Brief an Eulenburg stellte Holstein fest, dass dies nunmehr das dritte »auswärtig-politische Programm in sechs Monaten« sei. Eulenburg, der Wilhelm besser kannte, machte sich weniger Sorgen. Es bestehe »ein erheblicher Unterschied«, erwiderte er, »zwischen solchen Bemerkungen und einer ernsten Aktion«. Wilhelms Projekte seien keine »Programme«, versicherte er Holstein, sondern launenhafte »Randbemerkungen« von begrenzter Bedeutung für die Politik. Auch Hohenlohe blieb ganz ruhig: »Es scheint, dass S. M. wieder ein neues Programm empfiehlt [...] Ich nehme das aber nicht tragisch, nachdem ich schon so verschiedene Programme habe entstehen und vergehen sehen.«[17]

Dennoch lag es auf der Hand, dass ein derart launenhaftes und unberechenbares Verhalten eine behutsame Aufsicht und eine lenkende Hand für den Monarchen erforderlich machte. Wie gesagt, war dies eine Aufgabe des Kreises aus Freunden und Beratern, der sich nach der Thronbesteigung um Wilhelm gebildet hatte. Insbesondere die Gruppe um Holstein und Eulenburg übernahm mit bemerkenswertem Erfolg die Kontrolle über diplomatische Ernennungen und sorgte dafür, dass ihre Kandidaten als Botschafter nach Konstantinopel, St. Petersburg, Wien und Rom geschickt wurden. Es gelang ihnen sogar den prominentesten Rivalen zu neutralisieren, nämlich den Generalstabschef von Waldersee, der die Außenpolitik der Regierung Caprivi ablehnte und versuchte, die in fremden Botschaften akkreditierten Militärattachés als ein paralleles Netz der diplomatischen Vertretung unter seiner Kontrolle zu nutzen.[18] Im Jahr 1891 konnten Holstein und Eulenburg verhindern, dass Wilhelm nach Danzig reiste, um den Zaren zu empfangen; ein Jahr später überredete das Auswärtige Amt ihn, mit Eulenburgs Hilfe, seinen verletzten Stolz zu überwinden und die Einladung des Zaren zu einem Treffen in Kiel zu akzeptieren. Außerdem wurden Maßnahmen getroffen, um die Wirkungen der bereits in die Wege geleiteten Initiativen des Monarchen zu neutralisieren: Während Wilhelm etwa 1890/91 den Franzosen den Hof machte, schreckte Holstein sie wiederum mit Warnungen ab, dass eine Aufhebung der lästigen deutschen Passkontrollen in Elsass-Lothringen nicht in Sicht sei.[19] Als Wilhelm im Jahr 1895 den Österreichern eine deutsche Unterstützung ihrer Politik bezüglich der Meeresstraßen zusagte, die weit über die Linie des Auswärtigen Amtes zu deutschen Bündnisverpflichtungen hinausging, schaltete sich Marschall schleunigst ein, damit die Österreicher keinen falschen Eindruck von der deutschen Haltung bekamen.[20]

Auf diese Weise wurde der Kaiser während der ganzen neunziger Jahre »gelenkt«. Im Frühjahr 1897 musste er von Hohenlohe eindringlich davon abgebracht werden, die Buren im Transvaal mit einer allmählichen Stationierung deutscher Truppen zu verstärken. In manchen Fällen wurde es für notwendig erachtet, ihm bestimmte Informationen zu verheimlichen. Beispielsweise wurde Wilhelm nie über die Einzelheiten einer Begegnung im März 1897 zwischen dem Abteilungsleiter des britischen Foreign Office, Sir Francis Bertie, und dem deutschen Diplomaten Baron Hermann von Eckardstein informiert. Im Verlauf der Diskussion deutscher Interessen in Südafrika warnte Bertie seinen Gesprächspartner – einen bekannten Anglophilen –, dass die englische Regierung vor keiner Maßnahme, auch nicht vor der letzten, zurückschrecken werde, um eine deutsche Intervention abzuwehren. Er fügte hinzu: »Falls es zum Kriege mit Deutschland kommen sollte, [habe die Regierung] die gesamte englische Nation hinter sich, und eine Blockade von Hamburg und Bremen sowie die Vernichtung des deutschen Handels auf hoher See sei für die englische Flotte eine Kleinigkeit.«[21] Diese ungewöhnlich strenge Nachricht wurde nie an Wilhelm weitergeleitet, vermutlich weil man befürchtete, dass sie einen peinlichen Wutausbruch auslösen könnte.

Unter den vielen Ministern und Regierungsvertretern, die sich der Aufgabe widmeten, die Einmischungen des Kaisers in die Außenpolitik zu lenken, war Bernhard von Bülow der Findigste. In einer maßgeblichen Studie der Außenpolitik Bülows hat Peter Winzen aufgezeigt, wie geschickt er den Souverän manipulierte. Bülow sorgte dafür, dass er der einzige Kanal wichtiger Informationen zu den diplomatischen Beziehungen war, wog seine Schilderung der Optionen so ab, dass die »Entscheidung« des Kaisers so gut wie sicher war, und wahrte während der ganzen Zeit die Illusion, dass sämtliche Initiativen gemäß der von Wilhelm vorgegebenen Richtlinien erfolgten.[22] Mit Hilfe solcher, im Wesentlichen höfischer Techniken gelang es Bülow, mit Holsteins Unterstützung, den Entscheidungsprozess bis zu einem gewissen Grad vor den destabilisierenden Wirkungen monarchischer Initiativen abzuschirmen.[23] Im Kontext der britischen »Bündnisangebote« von 1898–1901 hatte diese Form der Lenkung den Effekt, dass Wilhelm nicht vorschnell eine Verpflichtung einging, die letztlich eher den britischen als den deutschen Interessen gedient hätte. Bülows Politik der »freien Hand« blieb das Leitprinzip der deutschen Diplomatie. So wollte die Reichsführung aus den Spannungen unter den anderen Großmächten Kapital schlagen, um ihre eigene Unabhängigkeit und den Handlungsspielraum zu vergrößern. Immer wieder wurden wichtige Richtungsentscheidungen ohne Wilhelms unmittelbare Beteiligung getroffen – man könnte hier etwa auf den »Angola-Vertrag« von 1898 verweisen, der die deutsch-britischen Spannungen entschärfte und Deutschland aus der unruhigen Republik Transvaal herauswand, oder auf die Ablehnung des russischen Angebots vom April 1900, gemeinsam im Burenkrieg zu schlichten, oder auf die Übereinkunft mit Großbritannien im Jahr 1901 mit Blick auf das Tal des Jangtsekiang.[24]

Wilhelm II. und der Flottengedanke

Auf einem Feld übte Wilhelm jedoch allem Anschein nach in der Tat maßgeblichen Einfluss aus: die Modernisierung und der Ausbau der Kriegsmarine sowie die Entscheidung, sich auf ein Wettrüsten zur See mit Großbritannien einzulassen.[25] Wilhelm war seit seiner Kindheit ein passionierter Hobbynautiker gewesen, eine Leidenschaft, die von seiner britischen und antimilitaristischen Mutter gefördert wurde. Als junger Erwachsener verschlang er begeistert Seefahrergeschichten und technische Zeitschriften und erwarb ein Wissen auf dem Feld des modernen Schiffbaus, das viele Zeitgenossen beeindruckte. Auf den nautischen Skizzen, die der junge Mann anfertigte, sind futuristisch anmutende, schwimmende Festungen zu sehen, die vor liebevoll gezeichneten Kanonen starrten. Noch vor der Thronbesteigung hatte Wilhelm mit dem Bauplan für die Luxusjacht *Hohenzollern* begonnen, der ersten königlichen Jacht, die von einem Angehörigen seiner Dynastie in Auftrag gegeben wurde. Während seiner gesamten Herrschaft – bis zum Kriegsausbruch 1914 – verbrachte er den Sommerurlaub an Bord dieses Schiffes und kreuzte in der Gesellschaft von Freunden und Kumpanen auf der Ostsee.

Nur sechs Monate nach der Thronbesteigung ordnete Wilhelm wesentliche Reformen der Verwaltungsstruktur der Marine an, vereinheitlichte dadurch die Befehlskette und untermauerte die persönliche Autorität des Kaisers in Fragen der Strategie und des Personals. Er machte kein Hehl aus seiner Vorliebe für die Marine. Er brach mit der Tradition der Hohenzollern, einen Offizier der preußischen Armee zu seinem persönlichen Adjutanten zu ernennen, und berief als erster deutscher Kaiser einen Offizier der Marine. Häufig hatte es den Anschein, als würde er bei öffentlichen Anlässen hohen Marineoffizieren den Vorzug vor den Generälen des Heeres geben.[26] Dennoch deutete in den ersten Jahren seiner Herrschaft kaum etwas darauf hin, dass Wilhelms Interesse für die Marine mit einem klaren strategischen oder politischen Programm verknüpft war. Der Schiffbau geriet ins Stocken, mit der Folge, dass die deutsche Flotte bis 1895, laut eines Berichts der Admiralität, sowohl in absoluten Zahlen als auch in Relation zu anderen Flotten abnahm.[27] Gelegentlich flackerte eine Begeisterung für eine ehrgeizigere Flottenstrategie auf (vor allem im Jahr 1894 während des chinesisch-japanischen Krieges), aber größtenteils wurden Wilhelms Anschauungen zur Verteidigung von der Aussicht auf einen Territorialkrieg dominiert, in dem die Flotte allenfalls eine zweitrangige Rolle spielen würde.

Ab Mitte der neunziger Jahre nahmen Schiffbau und Seestrategie jedoch einen zentralen Platz in Wilhelms sicherheits- und außenpolitischem Denken ein. An dieser grundlegenden (und historisch gesehen neuartigen) Umorientierung lässt sich ablesen, wie feinfühlig der Kaiser auf die neuesten Trends in der öffentlichen Meinung reagierte. Es trifft zwar gewiss zu, wie Paul Kennedy gezeigt hat,[28] dass die ehrgeizigen Flottenprojekte (und die erheblichen Mittel, die sie verschlingen sollten) im Parlament weiterhin schwache Unterstützung fanden, doch in der bildungs- und wirtschaftsbürgerlichen Mittelschicht herrschte eine wachsende und verstärkt propagierte Begeisterung für eine Flottenpolitik, die Deutschlands Anspruch auf gleichberechtigte Beteiligung bei territorialen Regelungen an der Peripherie des Reiches untermauern und dem Reich einen unangefochtenen Platz unter den Großmächten sichern sollte. Wilhelm verfolgte und kommentierte hier und da Marineartikel in den Zeitungen und las, wie viele seiner gebildeten Untertanen, die Werke Alfred Thayer Mahans. Der damals einflussreiche, amerikanische Seekriegstratege sagte einen Kampf um die Weltmacht voraus, der mit riesigen Flotten aus schweren Schlachtschiffen und Schlachtkreuzern entschieden würde. Mit seiner Forcierung des Flottenausbaus glaubte Wilhelm, im Einklang mit der vernünftigen, »nationalen« Meinung zu handeln. Die Flotte eignete sich besonders gut für die Realisierung der Vision Wilhelms von einem erfolgreichen Monarchen: Im Vergleich zum Heer, das als borniert preußisch, aristokratisch und engstirnig in seinen Anschauungen galt, war die Flotte die Waffe des Reiches und der deutschen Nation, insbesondere der industriellen, wirtschaftsbürgerlichen und akademischen Mittelschicht. Ein Monarch, der eng mit dem Ausbau der Flotte assoziiert wurde, konnte sich Hoffnungen machen, selbst die nationale »Mitte« in der deutschen Politik und öffentlichen Meinung zu besetzen, die sich Anfang und Mitte der neunziger Jahre als so unzuverlässig entpuppt hatte.

So wichtig diese innenpolitischen Überlegungen auch waren, hatte das Thema darüber hinaus eine internationale Dimension. Das machtpolitische Potenzial einer starken Flotte wurde Wilhelm durch eine Reihe von Konflikten in den Kolonien schmerzlich bewusst. Zum Beispiel kam es zu einem Streit mit London um den Englisch-Kongolesischen Vertrag vom Mai 1894, der, wie Berlin zu Recht beklagte, den deutschen Interessen in Ostafrika schadete und den Bruch eines früheren deutsch-englischen Abkommens beinhaltete. Im Jahr darauf drängte sich die deutsche Regierung in die Reihen der Großmächte, indem sie nach dem Sieg Japans im chinesisch-japanischen Krieg bei den

Gebietsverhandlungen als Schlichter auftrat. Diese Intervention war von einer (in diesem Fall unbegründeten) Angst motiviert, die Briten seien im Begriff, Shanghai einzunehmen.[29]

Der bei weitem schwerste Konflikt an der Peripherie war die Transvaal-Krise von 1895 bis 1897. Zwischen der Kapkolonie unter britischer Herrschaft und der benachbarten Südafrikanischen Republik, auch Transvaal genannt, war es jahrelang immer wieder zu lokalen Auseinandersetzungen gekommen. Die Briten hatten schließlich die Burenrepublik förmlich als unabhängige, souveräne Einheit anerkannt, aber Cecil Rhodes, die dominierende Persönlichkeit in der Kapkolonie, forderte nachdrücklich die Annektierung des nördlichen Nachbarn, weil er der Versuchung der dortigen Goldvorkommen nicht widerstehen konnte. Da deutsche Siedler eine wichtige Rolle in der Wirtschaft Transvaals spielten und ein Fünftel des gesamten ausländischen Kapitals, das hier investiert worden war, in deutschen Händen lag, hatte die Regierung in Berlin ein legitimes Interesse daran, die Unabhängigkeit der Republik zu erhalten. Im Jahr 1894 kam es wegen des Baus einer mit deutschen Geldern finanzierten Bahnlinie, die den Binnenstaat Transvaal mit der Delagoa Bay im portugiesischen Mozambique verband, zu Spannungen zwischen Berlin und London. Während die Briten in Erwägung zogen, durch eine Annektierung der Delagoa Bay die Eisenbahn unter ihre Kontrolle zu bringen, und jede Einigung ablehnten, die ihre politische und wirtschaftliche Vormachtstellung in der Region geschwächt hätte, bestanden die Deutschen darauf, die politische und wirtschaftliche Unabhängigkeit des Transvaal beizubehalten.[30] Im Herbst 1895 spitzte sich die Lage zu, als der britische Botschafter in Berlin, Sir Edward Malet, den Transvaal einen Unruheherd in den deutsch-englischen Beziehungen nannte und dunkel von der Möglichkeit eines Krieges zwischen den beiden Ländern orakelte, falls Deutschland sich weigere nachzugeben. Obwohl Premierminister Salisbury sich eilig von den Äußerungen des Botschafters distanzierte, hatten sie auf Wilhelm eine elektrisierende Wirkung. Er fiel über seinen

Freund Oberst Leopold Swaine, den britischen Militärattaché in Berlin, her und schimpfte über die Impertinenz Malets, *ihm*, dem Enkel Königin Victorias, wegen »ein paar Quadratmeilen voll Neger und Palmbäume« zu drohen.[31]

Wilhelm und die Regierung waren somit ohnehin bereits aufgebracht, als ein gescheiterter britischer Angriff auf den Transvaal im Dezember 1895 eine internationale Krise auslöste. Der Überfall von Leander Starr Jameson auf die Republik war zuvor nicht offiziell von der britischen Regierung gebilligt worden, jedoch liegt es aus heutiger Sicht auf der Hand, dass zumindest ein britischer Minister (Joseph Chamberlain) im Voraus davon gewusst hatte. Salisbury beeilte sich auch, die erforderlichen offiziellen Verurteilungen und Dementis abzugeben, doch die Regierung in Berlin war ihrerseits weiterhin überzeugt, dass London hinter dem Überfall steckte. Sie war fest entschlossen, ihrer Empörung Luft zu machen. Am 3. Januar 1896, einen Tag nachdem die Nachricht von Jamesons Niederlage und Gefangennahme Berlin erreicht hatte, traf Wilhelm sich mit Marschall, Hohenlohe und mehreren Vertretern der Kriegsmarine, um darüber zu sprechen, welche Optionen die deutsche Regierung hatte. Nachdem sie mehrere Varianten erörtert und verworfen hatten, kamen sie auf die Idee, Paul Kruger, dem Präsidenten der Transvaal-Republik, ein persönliches Telegramm des Kaisers zu schicken. Die sogenannte »Krüger-Depesche« wünschte dem Präsidenten ein frohes, neues Jahr und gratulierte ihm dafür, dass es ihm gelungen war, »ohne an die Hülfe [sic!] befreundeter Mächte zu appellieren […] die Unabhängigkeit des Landes gegen Angriffe von außen zu wahren«.[32]

Historische Darstellungen der Ereignisse zeigen die »Krüger-Depesche« und Wilhelms Rolle bei der Versendung tendenziell in einem möglichst schlechten Licht. Zum Beispiel stellte ein Historiker die These auf, das Telegramm sei nur deshalb von den Regierungsvertretern auf der Sitzung vom 3. Januar gebilligt worden, weil sie Wilhelm von einem fantastischen Plan abbringen wollten, Deutschland mit Großbritannien in einen Landkrieg in Afrika zu verwickeln. Das Telegramm selbst wird von Historikern als »grundlos« und »überflüssig« kritisiert.[33] Doch diese Einschätzungen geben Wilhelms Rolle im Umfeld der Depesche nicht korrekt wieder. Wilhelm zog keineswegs als Einziger die Entsendung deutscher Truppen in die Region in Betracht: Auch Marschall hatte mit dem Gedanken gespielt. Unter dem Einfluss Holsteins hatte sich der Außenminister bereits für eine harte Linie in der Frage der Unabhängigkeit Transvaals entschieden; er hatte den deutschen Botschafter in Lissabon angewiesen, sich zu erkundigen, ob die portugiesischen Behörden den Durchmarsch deutscher Soldaten nach Transvaal über Lourenço Marques (das heutige Maputo) gestatten würden. Somit war Wilhelm bei dem Treffen am 3. Januar nicht isoliert, wie manche Darstellungen behaupten; alle Teilnehmer vertraten dieselbe »Grundposition« in der Transvaal-Frage.[34] Anders ausgedrückt: Die Depesche ging nicht auf einen Versuch zurück, einen empörten Kaiser in die Schranken zu weisen, der jeden Bezug zur Realität verloren hatte.

Es trifft gewiss zu, dass die Depesche von Königin Victoria, der britischen Regierung und der britischen Presse als unbegründet und beleidigend empfunden wurde, aber das heißt noch lange nicht, dass unsere eigene Einschätzung ebenfalls an dieser Reaktion gemessen werden muss.[35] In der Literatur über diese Periode – und im allgemeinen, heutigen Bewusstsein – ist die verblüffende Tendenz zu beobachten, die Angelegenheit aus englischer Sicht zu betrachten, implizit die Vorstellung zu akzeptieren, dass die britische, koloniale Ausdehnung und die britischen Auffassungen vom Recht der Briten eine »natürliche Ordnung« bildeten, in deren Licht die deutschen Proteste offensichtlich mutwillige Provokationen waren. Insofern als die im Übrigen zurückhaltend formulierte Krüger-Depesche – vor den Augen der internationalen Gemeinschaft – gegen das arrogante Auftreten Großbritanniens in der Transvaal-Frage und die geringschätzige Behandlung Deutschlands protestierte, ist sie alles andere als unbegründet. Wenn es Wilhelms Absicht war, die Solidarität der deutschen Öffentlichkeit aufzurütteln, dann muss das

Telegramm überdies, zumindest kurzfristig, als enormer Erfolg gewertet werden, denn es wurde mit einer Woge der Begeisterung begrüßt, die das gesamte Parteienspektrum erfasste.[36]

Am Ende wich Deutschland einer Konfrontation mit Großbritannien wegen Südafrika aus. Als sich abzeichnete, dass dem Deutschen Reich die Mittel fehlten, um seinen Willen durchzusetzen oder auch nur um sich den Respekt zu verschaffen, der einem gleichberechtigten Gegner bei solchen Konflikten gebührte, drängten die Minister Wilhelm zu einer versöhnlichen Einigung, die das Reich im Gegenzug für wertlose britische Zugeständnisse von einer weiteren Beteiligung an der politischen Zukunft Südafrikas ausschloss. Wilhelms sentimentales Mitgefühl für die Buren und das »afrikanische Deutschtum« schwand rasch und in seiner unbekümmerten Art wurde er sogar ein glühender Verehrer von Cecil Rhodes. »Was für ein Mann das ist«, schwärmte er nach einer Begegnung mit Rhodes zum Frühstück im März 1899. »Warum ist er nicht *mein* Minister? Mit ihm könnte ich alles vollbringen.«[37]

Die Flotte wird zur Chefsache

Die Transvaal-Krise und die Krüger-Depesche markierten eine wichtige Zäsur. Sie regten sofort Wilhelms Appetit auf einen ehrgeizigeren Kurs an und machten ihm schmerzlich bewusst, wie sehr die deutsche Politik durch das Fehlen einer Flotte eingeschränkt war. In einer vielbeachteten Rede erklärte Wilhelm am 18. Januar 1896, nur zwei Wochen nach der Depesche: »Aus dem Deutschen Reiche ist ein Weltreich geworden.« Er fügte die eindringliche Bitte hinzu: »An Sie, meine Herren, tritt die ernste Pflicht heran, Mir zu helfen, dieses größere Deutsche Reich auch fest an unser heimisches zu gliedern.«[38] Er war geradezu besessen von dem Bedarf an Schiffen, das ging so weit, dass er allmählich in fast jeder internationalen Krise eine Lektion in der Vorrangstellung der Seemacht erkannte. Als ein Jahr darauf ein

Aufstand auf der Insel Kreta einen Konflikt zwischen Griechenland und dem Osmanischen Reich auslöste, verfolgte Wilhelm voller Neid und Wut, wie Großbritannien die Krise durch eine diplomatische Initiative entschärfte und die eigene Dominanz im Mittelmeer untermauerte:

> Man sieht hieraus wieder [notierte er auf einen Bericht des deutschen Botschafters in Athen], wie schwer Deutschland den Mangel einer *starken* Flotte empfindet. […] Hätten wir statt eines Schiffes, eine starke Kreuzerdivision mit Panzerkreuzern bei Creta gehabt, so hätte Deutschland ungesäumt auf eigene Faust im Februar *allein* gleich Athen blockieren können, und dadurch die anderen Mächte nolens volens zum Mitthun fortgerissen und gezwungen. So ist schließlich nichts geschehen und derjenige, der alle Pläne durchkreuzt, alle Thatkraft lähmt und auf den schließlich Rücksicht genommen wird, ist England! *Weil es die stärkste Flotte hat!* Uns helfen unsere 1 000 000 Grenadiere dabei *nichts!*[39]

Kaum ein Jahr später unterstrichen Entwicklungen in Fernost jedoch, welche Möglichkeiten eine glaubwürdige Flottenpräsenz für das Deutsche Reich barg. Nach dem Mord an zwei deutschen, katholischen Missionaren in der Nähe des chinesischen Hafens von Kiaotschou beschloss Wilhelm, den Zwischenfall als Vorwand für eine Besetzung des Hafens zu nehmen und entsandte am 14. November 1897 einen Flottenverband. Die Besetzung wurde später durch einen 99-jährigen Pachtvertrag förmlich bestätigt, der stark dem Vertrag glich, den die Briten kurz zuvor für Hongkong abgeschlossen hatten. Der Vorstoß nach Kiaotschou war von einem Geschwaderkommandanten vorgeschlagen worden, der im Chinesischen Meer stationiert war, und wurde ohne Rücksprache mit dem deutschen Kanzler und Außenminister in die Wege geleitet – allerdings hatte Wilhelm vorsichtshalber seinen Vetter Nikolaus II. gewarnt, um sicher zu gehen, dass die Russen nicht protestieren würden. Die Episode bestärkte Wilhelm in dem Entschluss, dem Deutschen Reich die Dienste einer starken Flotte zu verschaffen.[40]

Wilhelms eingehende Beschäftigung mit dem Ausbau der Flotte fiel mit dem Aufkommen eines zunehmend erbitterten Grabenstreits innerhalb der höchsten Reihen der Marineverwaltung zusammen. Einerseits forderten Wilhelms Chef des Marinekabinetts, Admiral Gustav Freiherr von Senden-Bibran, und sein ehrgeiziger Schützling Alfred von Tirpitz nachdrücklich den Bau schlagkräftiger Schlachtschiffe im großen Stile, ganz nach der Doktrin des Seehistorikers Mahan. Demgegenüber befürwortete der zurückhaltende Admiral Friedrich Hollmann, Staatssekretär für die Kriegsmarine und der Mann, der für die Ausarbeitung von Flottenvorlagen für den Reichstag zuständig war, weiterhin den Bau einer Kreuzerflotte. Während Senden und Tirpitz einen späteren Kampf mit Großbritannien um Gleichberechtigung in dessen Hoheitsgewässern ins Auge fassten, schwebte Hollmann hingegen eine flexiblere Waffe vor, die man einsetzen konnte, um deutschen Forderungen Nachdruck zu verleihen oder deutsche Interessen an der Peripherie zu schützen. Während Tirpitz einen Propagandafeldzug zur Mobilisierung der öffentlichen Meinung für eine Anhebung der Flottenausgaben forderte, war Hollmann weiterhin überzeugt, dass sich der Reichstag niemals zu grandiosen, langfristigen Bauplänen verpflichten würde, und bestand darauf, dass der Ausbau der Flotte in kleinen Schritten erfolgen müsse. Von 1893 bis 1896 führten Hollmanns Gegner einen Kleinkrieg gegen den Marinesekretär, stellten unverhohlen seine Kompetenz in Frage und bombardierten Wilhelm mit Denkschriften, in denen sie ihre eigenen strategischen Pläne skizzierten. Wilhelm war begeistert über die atemberaubende Reichweite der Vorschläge, zögerte jedoch, Hollmann fallen zu lassen, teils weil er selbst an dem Kreuzerkonzept Gefallen fand, das die damals aktuelle, französische *jeune école* favorisierte, und teils weil Hollmann weiterhin die Unterstützung der »Kamarilla« um Philipp Eulenburg genoss. Stattdessen schwankte er in charakteristischer Manier zwischen den beiden Fronten und konterte die Argumente einer jeden Partei mit den Einwänden der anderen. Gleichzeitig fasste er stillschweigend Tirpitz bereits als Hollmanns potenziellen Nachfolger ins Auge.[41] Hollmanns Stellung wurde schließlich im März 1897 unhaltbar, als seine Kostenvoranschläge von dem Haushaltsausschuss des Reichstags verrissen wurden. Hollmann wurde ein »Urlaub« gewährt, und Admiral Tirpitz wurde an seiner Stelle ernannt.

Die Folge war ein Sieg der auf Schlachtschiffe ausgerichteten, antibritischen Flottenstrategie, die Senden, Tirpitz und ihre Verbündeten schon seit Anfang der neunziger Jahre gefordert hatten. Am 26. März 1898 verabschiedete der Reichstag nach einem Propagandafeldzug ohnegleichen ein neues Flottengesetz. Anstelle der bruchstückhaften und unkonkreten Vorschläge Anfang und Mitte der neunziger Jahre setzte das Reichsmarineamt nun einen langfristigen Bauplan durch. Das Deutsche Reich sollte letztlich in die Lage versetzt werden, die britische Flotte als ebenbürtiger Gegner herauszufordern; der Tirpitz-Plan hatte das Ziel, wie Jonathan Steinberg schreibt, »Großbritannien die ausschließliche Hegemonie über die Weltmeere aus der Hand zu nehmen«.[42]

Kann die Ernennung von Tirpitz und die Ära der einseitigen Flottenaufrüstung, die mit den Flottengesetzen von 1898, 1900, 1906, 1908 und 1912 darauf folgte, als ungetrübter Sieg für Wilhelm und für das Prinzip der persönlichen Herrschaft gewertet werden? In einer Beziehung besteht daran allem Anschein nach gar kein Zweifel. Immerhin war es Wilhelm, der den Mann ernannte, der die Schiffe baute, und der ihn über die Köpfe von 13 höheren Offizieren hinweg beförderte. Wilhelm stärkte dem Admiral (wenig später Großadmiral) gegen einen wachsenden Chor der Kritiker den Rücken und bestand darauf, dass die übrigen Minister Tirpitz bei den neuen Flottengesetzen unterstützten. »Euer Durchlaucht wissen«, teilte Wilhelm dem Kanzler Hohenlohe im November 1899 mit, »[…] dass ich fest entschlossen bin, den Reichstag aufzulösen, wenn derselbe im Hinblick auf unsere Sicherheit und Zukunft unbedingt notwendige Verstärkung unserer Seestreitkräfte ablehnen sollte. Gegenüber dieser Frage, welche für das Reich eine Frage von Sein oder Nichtsein ist, müssen alle anderen Rücksichten und Erwägungen in den Hintergrund treten.«[43]

Dennoch sind einige Einschränkungen angebracht. Es ist erstaunlich, dass Wilhelm diesen grundlegenden Wechsel in der Verteidigungspolitik nur dadurch bewerkstelligen konnte, dass er in einer Auseinandersetzung innerhalb der Marineverwaltung zwischen Hollmann im Reichsmarineamt und seinen Gegnern im Marinekabinett und in der Seekriegsleitung vermittelte. Auch hier spielte er, wie in vielen anderen Konflikten, eher eine reaktive Rolle als eine kreative. Und das Projekt mit dem treffenden Namen »Tirpitz-Plan« entsprach auch nicht dem, was sich Wilhelm seit vielen Jahren unter einer deutschen Flotte vorgestellt hatte. Wilhelm hatte sich schnelle, moderne Kreuzer gewünscht; Tirpitz wollte schwere Schlachtschiffe mit einer maximalen Feuerkraft. So gesehen, bedeutete der Wechsel zu großen Schiffen eine Kursänderung des Kaisers. Wohl einer der größten Erfolge von Tirpitz war, dass es ihm gelang, spätere Versuche Wilhelms abzuwehren, an dem in die Wege geleiteten Bauprogramm noch Änderungen vorzunehmen. Wie Volker Berghahn angemerkt hat, musste die neue Flottenpolitik nicht nur gegen parlamentarische Interventionen, sondern auch gegen Interventionen von oben geschützt werden.[44]

Wilhelm war sich von Anfang an im Klaren über die antibritische Stoßrichtung des neuen Plans. Der anglophobe Geist der Dokumente zur Linie des Admirals dürfte ihm nicht entgangen sein: Die Denkschrift, die dem Kaiser im Juni 1897 die Reformvorschläge präsentierte, begann beispielsweise mit der lapidaren Feststellung: »Für Deutschland ist zur Zeit der gefährlichste Gegner zur See England«, und dieselbe Behauptung tauchte in abgewandelter Form in allen folgenden Gesetzesentwürfen und Denkschriften auf.[45] Kurzfristig entsprachen so große Töne zweifellos Wilhelms Bedauern über die Ereignisse Mitte der neunziger Jahre. Aber man muss unterscheiden zwischen Wilhelms sprunghafter und ambivalenter Haltung gegenüber dem Land seiner britischen Anverwandten und der unnachgiebigen Feindschaft Tirpitz', die, wie Peter Winzen nachweist, mit der sozialdarwinistischen Anschauung des Admirals verknüpft war, dass die demographische und ökonomische Expansion Deutschlands unweigerlich zu einem Konflikt mit der größten imperialistischen Macht führen würde.[46] Selbst innerhalb der höchsten Reihen der deutschen Kriegsmarine war Tirpitz wegen der Beharrlichkeit und Engstirnigkeit seiner Anschauungen ein Außenseiter. Er war ein Determinist von der pessimistischsten und dogmatischsten Sorte: Für ihn lautete die Frage nicht, ob es überhaupt zu einer Konfrontation kommen würde, sondern lediglich wann, und wie rasch die deutsche Kriegsmarine darauf vorbereitet werden konnte.

Im Gegensatz dazu bewahrte sich Wilhelm, wie stets, die Hoffnung, dass der Ausgang der zeitgenössischen Entwicklungen noch offen war. Er glaubte und hoffte, dass sich England, in respektvoller Anerkennung der wachsenden Seemacht Deutschlands, am Ende dazu entschließen würde, dem Dreibund beizutreten. »Ich weiß mit Sicherheit«, schrieb seine Mutter im Sommer 1898 an Königin Victoria, »dass Wilhelm sehr viel an einer *Annäherung* an England *liegt* und dass er von ganzem Herzen *hofft*, dass England in irgendeiner Form entgegen kommen und ihn auf halbem Weg treffen würde.«[47] In einer vielzitierten Rede vom Februar 1901, die Wilhelm im Marlborough House anlässlich seiner Abreise aus England nach der Beerdigung Königin Victorias hielt, erklärte er ganz offen, dass Großbritannien und Deutschland ein Bündnis eingehen sollten: »Mit einem solchen Bündnis könnte sich in Europa nicht einmal eine Maus mehr ohne unsere Einwilligung regen.«[48] Man könnte natürlich einwenden, dass derartige Äußerungen kaum mehr als große Worte in der Erregung des Augenblicks waren, doch dieser Einwand wird durch die Konsequenz widerlegt, mit der Wilhelm in der ganzen Vorkriegszeit immer wieder auf diesen Punkt zu sprechen kam. Andererseits könnte man argumentieren, das öffentlich geäußerte Interesse an einer Allianz sei lediglich ein zynischer Versuch gewesen, die deutschen Pläne während des Baus der Flotte zu »tarnen«, indem man die britische Öffentlichkeit über die wahren Absichten im Dunkeln ließ. Aber das würde nicht die vielen gleichlautenden Äußerungen in einem Kontext erklären, wo es mit Sicherheit nicht um eine Irreführung der öffentlichen Meinung ging, zum Beispiel in Randbemerkungen an die diplomatische Korrespondenz oder in privaten Unterhaltungen: »Ein *Feind* Englands werde Ich nie sein«, sagte er dem österreichischen Botschafter Ladislaus Graf von Szögyény-Marich im Januar 1902, »trotz aller Sottisen, denen Ich von seiner Seite fortwährend ausgesetzt bin.«[49] Noch im März 1913 äußerte er gegenüber dem württembergischen Gesandten in Berlin seine Zuversicht, dass die britischen Befürchtungen wegen der deutschen Seemacht schon bald einer friedlichen Beziehung weichen würden, die auf gegenseitigem Respekt gründe.[50]

Mit anderen Worten, der grundlegende Kurswechsel von 1897 leitete offenbar eine unheilvolle Meinungsverschiedenheit zwischen der unscharfen und unentschlossenen Linie des Monarchen und dem allzu zielstrebigen Vorgehen seines einflussreichen Untertanen ein. Wie Volker Berghahn ausführt, bestand Wilhelms Eingreifen in die Politik nicht darin, dass er »der Mann der klaren Vorstellungen war, der die harte Denk- und Vorbereitungsarbeit leistete und andere danach zur Durchführung seiner selbstentwickelten Pläne antrieb«.[51] Es verwundert deshalb nicht, dass ihm zunehmend die Grenzen seiner Kontrolle über die Flottenpolitik bewusst wurden, die er selbst eingeleitet hatte. »Es ist ihm [Seiner Majestät] unangenehm, dass er noch nicht allein die Sache macht und vor allem in den wissenden Kreisen der Marine allein als der Machende dasteht.« Diese Worte schrieb Tirpitz im Jahr 1903, er wertete das Unbehagen des Monarchen als weiteren Beweis für dessen Oberflächlichkeit: »Das ist das Traurige und Betrübende bei dem befähigten Monarchen, dass er den Schein höher stellt als das Wesen.«[52] Doch in Wahrheit war es mit Sicherheit so, dass Tirpitz selbst die Kontrolle über die wesentlichen Punkte des Flottenprogramms an sich gerissen und Wilhelm nur dem Schein nach die Kontrolle gelassen hatte.

Auswege (1904–1906)

Im Sommer 1904 war die diplomatische Lage des Deutschen Reiches bereits erheblich schlechter als bei Bismarcks Abschied aus dem Amt. Das zehn Jahre zuvor zwischen Russland und Frankreich geschlossene Bündnis hatte eine Ära enger militärischer und industrieller Zusammenarbeit zwischen den deutschen Nachbarn im Osten und Westen eingeleitet und prägte die europäische Bühne allem Anschein nach dauerhaft. Die Gefahr, die von dieser Konstellation für die Sicherheit des Reiches ausging, wurde im Jahr 1899 noch gesteigert, als der Wortlaut des Vertrages geändert wurde und damit einen deutlich antideutschen Charakter bekam. Da sich die Beziehungen zu England abkühlten, war Deutschland immer stärker auf die Unterstützung angewiesen, die es durch den Dreibund mit Österreich-Ungarn und Italien erhielt. Aber selbst hier bestand Anlass zur Sorge: Es war immer schon schwierig gewesen, italienische und österreichische Interessen bei den gemeinsamen Sicherheitsbestimmungen des Dreibundes miteinander in Einklang zu bringen, und das italienisch-französische Abkommen von 1902 über Tripolis und Marokko weckte ernstliche Zweifel an der Verlässlichkeit der italienischen Bündniszusage.

Die deutsche politische Führung verfolgte diese unheilvollen Entwicklungen mit einer Sorglosigkeit, die aus heutiger Sicht erstaunlich wirkt. Bülow hatte nie das Gefühl, dass das russisch-französische Bündnis zum Ausgleich eine entsprechende Initiative in Richtung Großbritannien erfordere, weil er davon ausging, dass Deutschland wegen der Spannungen zwischen Großbritannien und den beiden Kontinentalmächten über genügend Handlungsspielraum verfügen würde und dass die Tür für eine deutsch-britische Annäherung – wenn nötig – ständig offen bliebe. Die italienisch-französische Einigung in Nordafrika registrierte er ähnlich gelassen: »In einer glücklichen Ehe«, teilte er dem Reichstag am 8. Januar 1902 mit, müsse »der Gatte auch nicht gleich einen roten Kopf kriegen, wenn seine Frau einmal mit einem anderen eine unschuldige Extratour tanzt.«[53] Folglich lehnte Bülow auch ohne zu zögern ein Bündnisangebot des russischen Außenministers Wladimir Graf Lamsdorff im Jahr 1902 ab – ein Schritt, den er später bedauern sollte. Die englisch-französische Entente von 1904 war jedoch ein weit schwererer Schlag. In einem Brief an Bülow vom April 1904 vertraute Wilhelm ihm an: »Das jüngste englisch-französische Abkommen gibt mir doch nach mancher Richtung hin zu denken.« Die Tatsache, dass England und Frankreich nun keine Angst mehr voreinander haben müssen, bedeute nämlich, dass »England jede Rücksichtnahme auf uns mehr und mehr in den Hintergrund treten lassen wird«.[54]

Wie konnte sich das Deutsche Reich aus dieser misslichen Lage befreien? Zwei Optionen drängten sich auf. Die erste war ein Bündnis mit Russland, das den französisch-russischen Zweibund schwächen oder neutralisieren würde. Die zweite bestand darin, Mittel und Wege zu finden, um die neue Entente zwischen Großbritannien und Frankreich zu schwächen. Dank einer internationalen Krise in den Jahren 1904/05, die das europäische Bündnissystem erheblich belastete, bot sich die Gelegenheit, beide Optionen zu testen.

Im Februar 1904 brach zwischen Russland und Japan ein Krieg um die Mandschurei aus. Wilhelm hatte bereits seit einiger Zeit – erfolglos – eine diplomatische Initiative in Richtung Russland gefordert und erkannte rasch, welche Vorteile Russlands Zwangslage ihnen verschafft hatte. In einem Brief an den Zaren vom Februar 1904 wies Wilhelm darauf hin, dass die Franzosen die Japaner mit Rohstoffen belieferten und sich somit kaum wie verlässliche Bündnispartner verhielten.[55] Im Juni teilte er Nikolaus mit, dass die britisch-französische Entente seiner Ansicht nach dem Zweck diene, »die Franzosen daran zu hindern, Dir zu Hilfe zu kommen«. In weiteren Briefen äußerte er voller Pathos sein Mitgefühl für das Missgeschick der russischen Armee und zeigte sich zuversichtlich, was künftige Erfolge anging.[56] Wilhelm bewilligte auch praktischere Hilfsmaßnahmen, nämlich dass die russischen Schlachtschiffe auf ihrem Weg nach Osten an deutschen Stützpunkten Kohle bunkerten. Am 30. Oktober legte er dem Zaren einen von Bülow ausgearbeiteten Vertragsentwurf für ein Bündnis vor. Beide Mächte sollten sich verpflichten, im Falle eines Angriffs in Europa oder anderswo einander beizustehen. Nikolaus zog die Angelegenheit ernsthaft in Erwägung, war jedoch nicht bereit, ein förmliches Abkommen zu schließen, ohne sich mit dem französischen Bündnispartner zu beraten. Da undenkbar war, dass die Franzosen zustimmen würden, kam das einer Ablehnung des Angebots gleich.

Im Sommer 1905 hatte sich jedoch die russische Lage drastisch verschlechtert: Port Arthur war im Januar gefallen, die russische Mandschurei-Armee hatte im März gegen die japanischen Streitkräfte bei Mukden eine schwere Niederlage erlitten, und die Ostseeflotte war im Mai im Japanischen Meer vernichtend geschlagen worden. Die politischen und wirtschaftlichen Unruhen, die seit Kriegsausbruch im ganzen Land geschwelt hatten, führten im Januar zu einer Revolution und flackerten mit Unterbrechungen das ganze Jahr hindurch immer wieder auf. Wilhelm erneuerte sein Angebot an Nikolaus, der in seiner Verzweiflung nun geneigt war, die Vorschläge seines Vetters ernsthafter zu prüfen. Im Sommer 1905 lief die königliche Jacht *Hohenzollern* das kleine Fischerdorf Björkö im Finnischen Meerbusen an und begegnete dort der *Polarstern* des Zaren. Wie Roderick McLean gezeigt hat, wurde der Zweck dieser Reise geheim gehalten, selbst vor der Entourage des Kaisers. Allerdings erinnerte sich einer seiner Gefolgsleute, dass Wilhelm unablässig von Bündnissen und politischen Kombinationen gesprochen habe, insbesondere von einer Allianz zwischen Deutschland, Frankreich und Russland.[57] Die beiden Schiffe wurden am 23. Juli längsseits miteinander vertäut, und der Zar kam zum Abendessen an Bord. Es folgten vertrauliche Gespräche, in deren Verlauf Wilhelm – mit einigem Erfolg – auf die Befürchtungen des Zaren wegen der britischen Pläne gegen Russland und wegen der Unzuverlässigkeit der Franzosen anspielte, die sich nun auf Gedeih und Verderb mit den Briten verbündet hatten. Am nächsten Morgen wurde von beiden Monarchen ein Vertrag unterzeichnet. Darin hieß es, dass »in dem Fall, dass eines der beiden Reiche von einer europäischen Macht angegriffen würde, sein Verbündeter ihm in Europa [im Original: *en Europe*] mit allen seinen Kräften auf Land und zur See zu Hilfe eilen würde«. Laut der abschließenden Klausel sollten die Russen sich darum bemühen, Frankreich als Mitunterzeichner zu gewinnen.[58] Der Zar befand sich während der Verhandlungen offenbar in einem labilen, emotionalen Zustand; Wilhelm erinnerte sich gegenüber Eulenburg, dass Nikolaus nach der Unterzeichnung »mir gleich in die Arme [fiel] und weinte, dass ihm die Tränen nur so hinunterliefen. ›Du bist wirklich mein einziger treuer Freund‹, sagte er.«[59]

Wilhelm war über das neue Abkommen hocherfreut. Die Rolle, die er selbst bei dem Zustandekommen gespielt hatte, versetzte ihn in Hochstimmung. Er betrachtete es als einen Triumph für die dynastische Diplomatie und einen »Wendepunkt« in der europäischen Politik, der ein neues Blatt in der Weltgeschichte aufschlagen werde. In dieser Hinsicht sollte er enttäuscht werden. In Anbetracht der massiven Unterstützung für einen früheren Vertragsentwurf von 1904 ist es verwunderlich, dass sich Bülow nunmehr seltsamerweise weigerte, die Verpflichtung, die Wilhelm bei Björkö eingegangen war, zu akzeptieren und gegenzuzeichnen. Der Kanzler protestierte gegen eine Änderung, die Wilhelm – gegen den Rat des Auswärtigen Amtes[60] – am Entwurf vorgenommen hatte und die den Gültigkeitsbereich des Vertrages auf Europa beschränkte. (Im ursprünglichen Entwurf hatte es geheißen, das Bündnis werde bei einem Angriff in Europa *oder anderswo auf der Welt* aktiviert werden.) Nach einer Denkpause von einigen Tagen reichte Bülow seinen Rücktritt ein. Indem Wilhelm den Gültigkeitsbereich auf Europa begrenzt habe, so Bülow in seinem Rücktrittsgesuch, habe er ihn wertlos gemacht, weil Deutschland auf dem Kontinent viel eher Russland zu Hilfe eilen könne als Russland Deutschland. Ob Bülows Einwand wirklich stichhaltig war, ist unter Historikern umstritten. Lamar

Cecil neigt dazu, die Argumente im Brief des Kanzlers unkritisch zu übernehmen und seine negative Einschätzung der Diplomatie Wilhelms zu teilen. Katharine Lerman hingegen vertritt die These, Wilhelms Eingriff habe vernünftige Beweggründe gehabt (nämlich das Bestreben, eine Verwicklung Deutschlands in einen imperialistischen Konflikt zwischen Russland und Großbritannien zu vermeiden) und der Vertrag hätte durchaus, wenn er ratifiziert worden wäre, einen wertvollen Nutzen haben können. Beide sind sich jedoch einig, dass Bülows Protest und Rücktritt zum großen Teil auf den Wunsch zurückzuführen waren, die eigene Stellung zu stärken und seine Unabhängigkeit vom Kaiser zu bekräftigen.[61]

Wie sich dieser Showdown wegen des Björkö-Vertrags auf die Beziehung zwischen Kaiser und Kanzler auswirkte, ist bereits erörtert worden. Was den Wert der geänderten Fassung für die deutsche Diplomatie anging, so wurde diese Frage rasch bedeutungslos, weil sich herausstellte, dass die Franzosen ein solches Abkommen niemals mit unterzeichnet hätten.[62] In einer Denkschrift für den Zaren wies der russische Außenminister Graf Lamsdorff darauf hin, dass es »unzulässig« sei, »zwei Regierungen, deren Interessen völlig entgegengesetzt waren, zur gleichen Zeit die gleichen Versprechungen zu machen«. Nikolaus' reuevolle Antwort enthüllt, wie wacklig das Fundament war, auf das dieses Abkommen aufgebaut worden war: »Ich habe den Vertrag von Björkö nicht so wie Sie aufgefasst«, teilte er Lamsdorff mit. »Als ich ihn unterschrieb, dachte ich nicht einen Augenblick lang, dass sich mein Abkommen mit Kaiser Wilhelm gegen Frankreich richten könnte; ganz im Gegenteil; ich hatte stets beabsichtigt, dass Frankreich in es eingebunden werden müsste.«[63] Nikolaus liebäugelte immer noch mit einer Einigung mit Deutschland – womöglich eine überarbeitete Version von Björkö, die von den Franzosen bereits geprüft worden war? –, ließ aber unter dem Druck seiner politischen und wirtschaftlichen Berater den Gedanken fallen.[64] Der »östliche Weg« aus der Isolation war somit versperrt, zumindest auf absehbare Zeit.

Die andere diplomatische Option, die in diesen Jahren angestrebt wurde, konzentrierte sich auf die Entente, die unlängst Großbritannien und Frankreich geschlossen hatten. Auch hier spielte Wilhelm eine sehr exponierte Rolle, obwohl er nicht so eng an der Formulierung der Politik beteiligt war. Tatsächlich war er überhaupt nicht begeistert über die Rolle, die ihm von den Politikern in Berlin zugedacht wurde. Die Ereignisse der ersten Marokko-Krise sind häufig geschildert worden und sollen hier nur kurz skizziert werden. Im Rahmen der umfassenden Regelung anstehender Kolonialstreitigkeiten, die 1904 über die Entente Cordiale ausgehandelt worden waren, hatten die Briten eingewilligt, Marokko der französischen Einflusssphäre zuzuordnen, im Gegenzug für die Anerkennung der britischen Vorrangstellung in Ägypten durch Frankreich. Die französische Regierung war entschlossen, aus dieser Einigung Kapital zu schlagen, solange die Zusage der Briten noch frisch war, und entsandte im Januar 1905 eine diplomatische Mission nach Fez mit dem Auftrag, über die Konsolidierung der französischen Kontrolle in Marokko zu verhandeln. Das deutsche Auswärtige Amt verfolgte schon seit langem argwöhnisch die Schritte der Franzosen in Marokko und wollte auf keinen Fall zulassen, dass die französische Regierung unilateral auf eine Weise vorging, die den deutschen Interessen in der Region schadete.

Der deutsche Standpunkt hatte nach dem Völkerrecht eine gewisse Berechtigung: Ein internationales Abkommen von 1881 hatte Marokko förmlich als ein Gebiet anerkannt, dessen Zugehörigkeit nur durch einen internationalen Vertrag geregelt werden konnte. Letztlich verfolgte die deutsche Politik jedoch schlichtweg das Ziel, die Stärke der Entente auf die Probe zu stellen. Meldungen aus London gaben Anlass zu der Annahme, dass sich die Briten nicht verpflichtet fühlen würden, bei einem Streit zwischen Frankreich und einer dritten Macht um Marokko zu intervenieren.[65] Das würde wiederum Frankreich daran erinnern – wie Wilhelm salopp formulierte –, dass »eine Flotte keine Räder« hat. Diese Einsicht sollte Frankreich dazu bringen, seinen

Widerstand gegen eine Einigung mit Deutschland abzuschwächen.[66] So gesehen, kann man den Vorstoß in der Marokko-Frage als »westliche« Variante der Annäherungsversuche an Russland in den Jahren 1904/05 werten.

Wilhelm hatte nie ein ernstes, politisches Interesse an Marokko.[67] Deshalb reagierte er nicht gerade begeistert, als Holstein und Bülow auf die Idee kamen, dass der Kaiser eine für März 1905 geplante Kreuzfahrt im Mittelmeer zu einem offiziellen Besuch bei den marokkanischen Behörden in Tanger nutzen sollte. Damit würde er demonstrativ die Entschlossenheit der deutschen Regierung unter Beweis stellen, die Souveränität des Landes zu wahren und die deutschen kommerziellen Interessen dort zu verteidigen. Seine Hauptsorge könnte durchaus die Befürchtung gewesen sein, dass das Risiko eines Krieges mit Frankreich einfach zu hoch sei. Unmittelbar bevor Wilhelm am 22. März 1905 mit Kurs auf Tanger (über Portugal) in See stach, hielt er in Bremen eine vielbeachtete Rede, die eindeutig versöhnliche Signale an Frankreich aussandte (und damit der offiziellen Linie der deutschen Politik die Spitze nahm):

> Ich habe Mir gelobt, auf Grund meiner Erfahrungen aus der Geschichte, niemals nach einer öden Weltherrschaft zu streben. [...] Das Weltreich, das ich mir geträumt habe, soll darin bestehen, dass vor allem das neuerschaffene Deutsche Reich von allen Seiten das absoluteste Vertrauen als eines ruhigen, friedlichen Nachbarn genießen soll, und dass, wenn man dereinst vielleicht von einem deutschen Weltreich oder einer Hohenzollern-Weltherrschaft in der Geschichte reden sollte, sie nicht auf Politik begründet sein soll durch das Schwert, sondern durch gegenseitiges Vertrauen der nach gleichen Zielen strebenden Nationen.[68]

Selbst nach dem Zwischenhalt in Lissabon, als sein Schiff bereits in Richtung Nordafrika dampfte, schwankte Wilhelm noch, ob er tatsächlich in Tanger an Land gehen solle. Einmal mehr gelang es Bülow durch seine geschickte Lenkung des Kaisers, das Problem zu klären. In mehreren Telegrammen, die er Wilhelm aufs Schiff sandte, malte der Kanzler die Folgen eines offiziellen Besuchs in den schönsten Farben. Dennoch beschloss Wilhelm erst in dem Moment, als das Schiff tatsächlich im Hafen vor Anker gegangen war, dem Sultan von Marokko einen offiziellen Besuch abzustatten.[69]

Kurzfristig war der Besuch augenscheinlich ein großer Erfolg. Er löste in London und Paris empörte Aufschreie aus, aber die Briten zeigten kein Interesse zu intervenieren und die französische Regierung bemühte sich um eine friedliche Lösung. Der französische Außenminister Théophile Delcassé wurde entlassen; sein Ressort wurde von dem neuen und unerfahrenen, französischen Regierungschef Maurice Rouvier übernommen, der bilaterale Verhandlungen über die Zukunft Marokkos in den Raum stellte. Aber Bülow gab sich damit nicht zufrieden, lehnte Rouviers Vorschlag ab und bestand stattdessen darauf, dass der Streit gemäß den Bestimmungen des Vertrags von 1881 auf einer internationalen Konferenz beigelegt werde. Dieser Forderung wurde am Ende nachgegeben. Für das deutsche Auswärtige Amt war das, in den Augen des amerikanischen Präsidenten Theodore Roosevelt, »ein diplomatischer Triumph erster Klasse«.[70] Zugleich stand Bülow nun, wie gezeigt, auf dem Zenit seiner politischen Karriere. Doch der Triumph erwies sich als kurzlebig: Auf der Konferenz, die im Januar 1906 in der spanischen Hafenstadt Algeciras zusammenkam, wurde der quasi-unabhängige Status von Marokko zwar bestätigt, aber den Deutschen gelang es nicht, Unterstützung für ihre weiteren Vorschläge zu gewinnen (abgesehen von Österreich-Ungarn). Am 5. April 1906 wurde Bülow im Reichstag ganz bleich und brach plötzlich zusammen, unmittelbar nachdem er eine kurze Rede zu dem Ergebnis von Algeciras gehalten hatte. Er musste sich bis zum Oktober von den Folgen des Zusammenbruchs erholen.[71]

Die Bemühungen der Regierung Bülow, östliche und westliche »Optionen« auszuloten, um die Isolation des Reichs zu überwinden, waren gescheitert. Der deutsche Vorstoß wegen Marokko hatte die Entente eher gestärkt als geschwächt. Außerdem wurde die militärische Dimension der Entente stärker ins Blickfeld gerückt. Eine unerwünschte Konsequenz des deutschen Drucks auf Frankreich im Jahr 1905 war, wie Paul Kennedy nachweist, eine Verfestigung der britischen, militärischen Verpflichtungen gegenüber Frankreich: Britische Strategen fassten für den Fall eines deutschen Angriffs nunmehr die Verschiffung britischer Soldaten nach Frankreich ins Auge. Die britisch-französisch-belgischen Generalstabsgespräche von 1905 waren ein weiteres Anzeichen dafür, dass die Front im Westen sich verhärtet hatte.[72] Was die östliche Option betraf, so wurde ihre Plausibilität im Sommer 1907 massiv untergraben, als Großbritannien und Russland ein Abkommen unterzeichneten, mit dem sie ihre Streitigkeiten wegen Persien, Afghanistan und Tibet beilegten. Eine entscheidende Voraussetzung für die Handlungsfreiheit Deutschlands auf dem Kontinent war somit aufgehoben.

Isolation (1911)

Im Frühjahr 1911 wurde Marokko erneut zum Brennpunkt einer internationalen Krise. Im April des Jahres besetzten die Franzosen die Hauptstadt Fez unter einem fadenscheinigen Vorwand und erneuerten ihre Anstrengungen, aus Marokko ein französisches Protektorat zu machen. Der neue Staatssekretär für auswärtige Beziehungen Alfred von Kiderlen-Wächter wollte dieses Manöver auf keinen Fall hinnehmen und plante eine aggressive deutsche Machtdemonstration. Deutsche Kanonenboote sollten mit dem erklärten Ziel, deutsche Geschäftsinteressen zu schützen, in die Hafenstadt Agadir im Westen Marokkos entsandt werden. Das Manöver sollte Frankreich unter Druck setzen, entweder die Einigung von 1906 zu respektieren und dauerhaft auf alle Ambitionen in Marokko zu verzichten oder vorzugsweise Gebiete in Zentralafrika im Gegenzug für die Errichtung eines französischen Protektorats in dem Sultanat an Deutschland abzutreten. Gleichzeitig hegte die Regierung – 1911 ebenso wie 1905 – die Hoffnung, dass sich die Briten eine direkte Intervention zur Unterstützung Frankreichs zweimal überlegen und damit die Glaubwürdigkeit der Entente untergraben würden. Die Historiker sind sich nicht einig, ob Kiderlen-Wächters Marokko-Politik zu einem bestimmten Zeitpunkt auch die Möglichkeit eines Kriegs gegen Frankreich einschloss und ob er Bethmann Hollwegs Unterstützung hatte, als er dieses Risiko einging.[73] Kiderlen-Wächter zog zwar eindeutig die territoriale Lösung einer militärischen vor, doch es besteht kaum ein Zweifel daran, dass er den Abschreckungseffekt des (wahrgenommenen) Kriegsrisikos als Voraussetzung für einen deutschen Erfolg einkalkulierte. Jedenfalls endete die Politik in einem Fiasko: Statt einen Rückzieher zu machen, machte die britische Regierung unmissverständlich deutlich, dass sie ihrem Entente-Partner beistehen werde. Die Krise wurde mit einem Vertrag beigelegt, der die französische Herrschaft in Marokko bestätigte. Im Gegenzug mussten die Deutschen sich mit großen, aber wirtschaftlich wertlosen Streifen von Französisch-Kongo zufrieden geben.

An den Entscheidungen, die die Krise auslösten, war Wilhelm nicht stärker beteiligt als im Jahr 1905. Tatsächlich hatte er zu Beginn die französische Intervention in Fez sogar begrüßt, weil er glaubte, sie werde zur Stabilisierung des Sultanats beitragen. In den Wochen nach der Besetzung war der begeisterte Hobby-Archäologe Wilhelm mit Ausgrabungen auf der Insel Korfu beschäftigt: Das wichtigste Ereignis im April 1911 war für ihn die Entdeckung eines antiken Gorgonenhauptes. Er hatte nicht das geringste Interesse daran, eine Antwort der Regierung auf die Ereignisse in Marokko zu formulieren.[74] Indem Bethmann Hollweg und Kiderlen-Wächter ihm ihre Pläne geschickt schmackhaft machten, gelang es den beiden, ihn zu überzeugen, dass man Frankreich stärker unter Druck setzen müsse. Ende Juni, nachdem die Verhandlungen zwischen Kiderlen-Wächter und dem französischen Botschafter in Berlin keine konkreten Ergebnisse gebracht hatten, ermächtigte Wilhelm den Kanzler, ein deutsches Kanonenboot nach Agadir zu entsenden. Die *Pan-*

ther, ein wenig beeindruckendes Boot, das schon seit zwei Jahren schrottreif war, ging am 1. Juli 1911 vor der südmarokkanischen Küste vor Anker.

War Wilhelm jemals bereit, wegen Marokko einen Krieg zu riskieren? Alle Hinweise lassen das Gegenteil vermuten: Im Mai teilte er König Georg V. bei einem Besuch in London mit, dass Deutschland nicht die Absicht habe, in den Krieg zu ziehen. Die Entsendung des Kriegsschiffes sollte den Eindruck einer stillen, aber starken, deutschen Präsenz in dem Sultanat erwecken, wie er später selbst sagte.[75] Die Auffassung, dass die Demonstration vor Agadir als politisches Signal gedacht war, statt als aggressiver Akt, wird allem Anschein nach durch den Umstand untermauert, dass Wilhelm beschloss, weder Admiral Tirpitz noch andere Marinekommandanten zu Rate zu ziehen. Als der Chef des Marinekabinetts Protest einlegte, erwiderte Wilhelm knapp: »Armee und Marine werden in der Politik nicht gefragt. Das wäre noch besser.«[76] Als die Krise nach Eintreffen der *Panther* allmählich eskalierte und aus Großbritannien Drohungen und Warnungen zu hören waren, bekam Wilhelm rasch kalte Füße. Nur mit einer Rücktrittsdrohung konnte Kiderlen-Wächter die Erlaubnis erlangen, weiterhin von Frankreich Zugeständnisse zu fordern. Wilhelm lenkte ein, ermahnte ihn aber, dass die deutschen Forderungen so maßvoll sein müssten, dass ein Konflikt vermieden werde. Von Zeit zu Zeit schäumte Wilhelm in Gesprächen vor Wut über die Unnachgiebigkeit der Franzosen, aber er war an den Verhandlungen um eine Kompensation, die sich bis in den Herbst 1911 hinzogen, so gut wie unbeteiligt. Auf die Meldung, dass eine Einigung erzielt worden sei, reagierte er, trotz der angebotenen bescheidenen territorialen Entschädigung, mit unverhohlener Erleichterung.

Die Zweite Marokkokrise machte deutlich, dass Wilhelms Macht, die Agenda in der Außenpolitik zu gestalten, weiterhin eng begrenzt war. Er musste erst von seinen höchsten Beratern »instruiert« werden, ehe er die französische Besetzung von Fez in einem Licht wahrnahm, das den Zielen der deutschen Politik diente. Wie schon so oft sah Wilhelm sich in den Händen eines einflussreichen und unabhängigen Untergebenen: Kiderlen-Wächter war ursprünglich von Bethmann Hollweg für das Amt des Außensekretärs nominiert worden, gegen den Willen des Kaisers.[77] Er entpuppte sich als autokratischer, willensstarker Politiker, der sich nur selten dem Kanzler beugte und sich die schwache Zentralregierung im Reich zunutze machte, um eine Art »schwäbischer Bismarck« zu werden. Der wohl erstaunlichste Aspekt an Kiderlen-Wächters Krisenmanagement im Sommer 1911 war seine Bereitschaft, die öffentliche Meinung für sein Programm zu mobilisieren. Der Außensekretär agitierte mit Hilfe seiner Kontakte zum ultranationalistischen Alldeutschen Verband für eine energischere Marokkopolitik und löste damit eine konzertierte, chauvinistische Kampagne in der rechten Presse aus. Die Handlungsfreiheit des Kaisers wurde dadurch noch stärker eingeengt, weil er ebenso ungern die öffentliche Meinung in Deutschland »enttäuschen« wie Frankreich provozieren wollte.

Langfristig schadete die Zusammenarbeit Kiderlen-Wächters mit der chauvinistischen Presse dem Ansehen sowohl der Regierung als auch des Monarchen. Bei den völlig übertriebenen Erwartungen war es schwierig, die bescheidene territoriale Kompensation zu rechtfertigen, mit der die Regierung sich am Ende zufrieden gab. Als Folge wurde Wilhelm persönlich seitens der nationalistischen Rechten verunglimpft. Am 4. August erklärte die Berliner Tageszeitung *Die Post,* dass das »ganze Wesen« der Marokkopolitik »Furcht und Charakterschwäche [und] Feigheit« widerspiegle.

> Ist Preußen anders geworden, ist das alte Preußentum zugrunde gegangen, sind wir ein Geschlecht von Weibern geworden […] ? Was ist mit den Hohenzollern geschehen, aus denen einst ein Großer Kurfürst, ein Friedrich Wilhelm I., ein Friedrich der Große, ein Kaiser Wilhelm I. hervorgegangen ist? Der Kaiser soll die stärkste Säule der englischen und französischen Politik sein. […] Guillaume le timide, le valeureux poltron! [Wilhelm, der Zahme, der tapfere Feigling][78]

Dieser Artikel fand keineswegs einmütige Unterstützung, wegen seiner Respektlosigkeit wurde er sogar weithin verurteilt, aber ähnliche Ansichten waren in den oberen Rängen des Militärs zu hören, wo verächtlich über den »Friedenskaiser« gesprochen wurde, der es versäumt hatte, die Ehre seines Vaterlands zu verteidigen.[79] Im August 1911 stellte der talentierte, junge Offizier Erich von Falkenhayn, der Kommandeur eines Garderegiments und persönlicher Schützling des Kaisers, in einem Brief an einen Freund fest, dass sich in Deutschland nichts ändern werde, »insofern [der Kaiser] nach wie vor das Äußerste abzuwenden entschlossen ist«.[80] Im März des folgenden Jahres, in einer Ruhephase, die nach der Beilegung der Marokkokrise eingesetzt hatte, notierte Falkenhayn, dass der Kaiser immer noch »fest entschlossen [ist], den Frieden unter allen Umständen zu erhalten«. Er fügte voller Bedauern hinzu: »Und in seiner ganzen Umgebung befindet sich kein Mensch, der ihn von diesem gefährlichen Entschluss abzubringen vermochte.«[81]

Wilhelms Einfluss

Bis zu welchem Grad kann nun Wilhelm dafür verantwortlich gemacht werden, dass das Deutsche Reich in dieser Phase in eine immer größere Isolation trieb? Um diese Frage zu beantworten, müssen wir unterscheiden zwischen dem Einfluss, den er auf den Entscheidungsprozess der deutschen Regierung nehmen konnte, und seinem Einfluss auf das breitere, internationale Umfeld, in dem die deutsche Politik operieren musste.

Die Hauptschwierigkeit bei der Bewertung von Wilhelms Einfluss auf die deutsche Politik liegt in der Tatsache, dass seine Intentionen alles andere als konsequent waren. Wenn Wilhelm während seiner ganzen Herrschaft eine klare und in sich stimmige »politische Vision« verfolgt hätte, dann könnte man den Einfluss einfach am Ergebnis messen. Aber Wilhelms Absichten waren stets unbestimmt. Phasenweise neigte er zu der Idee, eine kontinentale Liga unter Ausschluss Großbritanniens zu gründen, aber gleichzeitig hatte er Angst, Verpflichtungen einzugehen, die Deutschland in einen Konflikt mit Großbritannien verwickeln könnten. Deshalb bestand er auch – gegen den Rat des Auswärtigen Amtes – darauf, die Wendung »in Europa« in den Vertragsentwurf von Björkö aufzunehmen. Er war bereit, Bülow in der Marokko-Frage Folge zu leisten, und genoss am Ende sogar seinen Part, aber er legte auch Wert darauf, die Wahrscheinlichkeit einer Eskalation zum Krieg möglichst gering zu halten, selbst wenn das hieß, der Risikopolitik des Auswärtigen Amtes den Boden unter den Füßen wegzuziehen. Das war der eigentliche Sinn der Rede, die er in Bremen hielt, bevor er sich auf die Reise begab, die ihn nach Tanger führen sollte. Den Falken des deutschen Militärs blieb das keineswegs verborgen, die in der Bremer »Friedensrede« einen Versuch sahen, die Bemühungen des Auswärtigen Amtes zu torpedieren, das über die Marokko-Frage Frankreich erpressen wollte.[82] Im Gegensatz zu vielen seiner »Untergebenen« im Auswärtigen Amt war Wilhelm nicht bereit (oder nicht imstande) anzuerkennen, dass mit der Entscheidung für eine Option womöglich der Verzicht auf die andere verbunden war. Wilhelms chronische Unterschätzung der Beschränkungen, denen der deutsche Handlungsspielraum unterlag, verlieh seinen Einmischungen in die Außenpolitik einen Hauch von Naivität und fehlendem Realitätssinn. Seine Gesprächsbeiträge und Randbemerkungen waren reine Spekulationen, wie Eulenburg 1897 feststellte, zu einer Zeit, als Wilhelm ein neuerliches Interesse an einer Annäherung an Frankreich zeigte: »Es handelte sich um Zukunftsmusik, in weiter Ferne liegend und vielleicht niemals eine nützliche Eventualität.« »Und was hat schließlich die Unruhe Seiner Majestät geschadet?«[83]

Wilhelms Einfluss auf die Politik hatte folglich weniger mit seiner Fähigkeit, Entscheidungen des Auswärtigen Amtes zu prägen, zu tun, als mit seiner Bereitschaft, eigenständig diplomatische Signale auszusenden. Manchmal unterstützten oder erweiterten diese Signale die Botschaften, die von der Wilhelmstraße ausgesandt wurden, manchmal kamen sie kritischen Kommentaren zur offiziellen Politik gleich, und in einigen Fällen widersprachen sie ihr auch direkt. So gesehen war Wilhelm eine Art unkündbarer Einzelkämpfer auf dem Feld der Diplomatie, dessen unberechenbare Interventionen eine ständige Wachsamkeit und häufige Schadensbegrenzungen seitens der verantwortlichen Behörden erforderten. Aber die Initiative für die Ausarbeitung einer politischen Linie und die Planung ihrer Umsetzung blieb beim Auswärtigen Amt.

Das führt uns zu der Frage nach dem breiteren Einfluss Wilhelms auf dem internationalen Parkett. Historiker haben häufig Wilhelms taktlose Behandlung von ausländischen politischen Persönlichkeiten, insbesondere ausländischen Monarchen kommentiert. John Röhl hebt das grobschlächtige Auftreten Wilhelms in diesem Kontext hervor und verweist auf die Episoden mit König Ferdinand von Bulgarien und dem Großfürst Wladimir von Russland. Der bulgarische König war im Jahr 1910 »weißglühend vor Hass« aus Berlin abgereist, nachdem Wilhelm ihm in aller Öffentlichkeit einen Klaps auf den Hintern gegeben hatte. Dem Großfürsten hingegen hat Wilhelm 1904 angeblich mit einem Marschallsstab auf den Rücken geschlagen.[84] Diese Anekdoten beruhen auf Hörensagen und sind uns, versteht sich, über den Tratsch überliefert worden, der am Hof kursierte. Sie sagen wenig über die allgemeinere Bedeutung der geschilderten Vorfälle aus. Ernster zu nehmen ist die These, dass Wilhelms Beziehungen zu seinen Mitmonarchen und zu den Staatsmännern ausländischer Mächte zu dem Klima des Misstrauens beitrug, das letztlich die Mächte am Rand Europas gegen das Deutsche Reich vereinte. Roderick McLean beispielsweise stellte die These auf, dass der Einbruch in den Beziehungen zwischen Wilhelm und seinem Onkel König Edward VII. von Großbritannien ab 1905 »einen der wenigen Mechanismen beseitigte, die Großbritannien und Deutschland noch zusammenhielten« und die dynastischen Verbindungen zu einer »politischen Belastung« ummünzte.[85] Laut Lamar Cecil erhöhte Wilhelms »Unbeliebtheit in fast allen Hauptstädten erheblich die diplomatischen Bürden für das Deutsche Reich« und trug so zum Scheitern des deutschen Vorstoßes auf der Konferenz von Algeciras bei.[86] Es trifft gewiss zu, dass eine Sammlung der abschätzigen Bemerkungen von Staatsdienern und Journalisten über Wilhelm – etwa dass er doppelzüngig, kriegerisch, unzuverlässig, ein Intrigant, ein Kriegshetzer, verrückt und so weiter sei – ein dickes Buch füllen würde. Die politische und diplomatische Geschichtsschreibung dieser Ära stützt sich auf eine riesige Flut von Memoiren, Korrespondenz, Tagebüchern und privaten Unterlagen, auf Quellen, in denen es vor persönlichen Exkursen und Charaktereinschätzungen nur so wimmelt.

Dabei besteht zwischen Wilhelms persönlichen Beziehungen und seinem Ansehen und dem Schicksal der deutschen Diplomatie insgesamt längst kein so direkter Zusammenhang, wie es auf den ersten Blick scheinen mag. Wilhelms persönlicher Kontakt zu anderen Monarchen hatte einen geringen Einfluss auf den Kurs der deutschen Politik. Die Trennlinie zwischen persönlichen Beziehungen und den Beziehungen zwischen Regierungen verlief nicht so klar, wie man meinen könnte: Die »privaten« Briefe des Kaisers an Nikolaus II. wurden in Wirklichkeit vom deutschen Auswärtigen Amt geprüft und redigiert, genau wie »Nickys« Antworten vom russischen Außenministerium.[87] Freilich wurde Wilhelm von einigen Staatsmännern von ganzem Herzen verabscheut, aber das war kein wesentlicher Faktor in den deutschen, auswärtigen Beziehungen. An der Unvereinbarkeit der deutschen Wünsche mit dem, was die Briten anzubieten bereit waren, scheiterten alle Hoffnungen auf ein englisch-deutsches Bündnis Anfang der neunziger Jahre, nicht an Salisburys Abneigung gegen Wilhelm. Und nach demselben Muster wäre es grotesk zu behaupten, dass das französisch-russische Bündnis von 1894 auch nur zum Teil wegen der Sympathie zustande kam, die der reaktionäre Zar Alexander III. oder sein Sohn Nikolaus II. für die republikanischen Führer in Frankreich empfanden, oder umgekehrt. Man sollte sich nicht von der Vorherrschaft des

Tratsches und der persönlichen Bemerkungen in diplomatischen Quellen dazu verleiten lassen, ihren Einfluss auf die Gestaltung der Politik zu überschätzen. Der Charakter der Beziehungen zwischen Staaten und ihre Interessen gaben den Ton an, nicht das persönliche Gespräch unter Monarchen und Politikern. Niederländische, österreichische und amerikanische Diplomaten gaben eine allgemein viel positivere Einschätzung von Wilhelm ab und waren weniger geneigt, ihm kriegerische Absichten zu unterstellen, als ihre französischen, britischen und russischen Pendants. In amerikanischen und niederländischen, diplomatischen Berichten wurde der deutsche Souverän durchweg als »eindrucksvoll, gut informiert und tüchtig« und als im Grunde friedlich in seinen Absichten geschildert, wenn auch nicht immer in seinen Äußerungen. Sie betrachteten ihn als ein mäßigendes Gegengewicht zu dem Einfluss der »Militärpartei«.[88]

Das soll nicht heißen, dass die Haltung gegenüber Wilhelms Person überhaupt keinen Einfluss auf das internationale Klima gehabt hätte. Es besteht kein Zweifel daran, dass Wilhelm den Charakter der deutschen Politik auf eine geradezu einzigartige Weise personifizierte. Das lag nicht zuletzt daran, dass seine sporadischen Einmischungen häufig sehr exponiert waren, wie zum Beispiel die Krüger-Depesche oder, dass sie schlecht getarnt waren wie die naiven und durchsichtigen Intrigen, die Wilhelm während der Faschoda-Krise von 1898/99 anzettelte.[89] Hinzu kam der Umstand, dass Wilhelms Charakter das verkörperte, was viele Zeitgenossen in Paris, London und St. Petersburg für die beunruhigendsten Merkmale der deutschen Politik hielten, nämlich ihre Unberechenbarkeit, die keine klaren Linien erkennen ließ, ihre »springende Unruhe« und das Fehlen eines durchgängigen »Leitgedankens«. Diese Parallelen zwischen dem Verhalten und dem Charakter des Mannes und der Politik des Staates erhärteten naturgemäß die verbreitete, wenn auch falsche Schlussfolgerung, dass Wilhelm der erste und einflussreichste Architekt der deutschen Politik sei. Das bedeutete wiederum, dass Wilhelm zum Brennpunkt allgemeinerer Befürchtungen bezüglich der deutschen Macht und der Richtung der deutschen Politik wurde. Im Sommer 1899 ließ beispielsweise dem französischen Außenminister Théophile Delcassé die Meldung keine Ruhe, dass Wilhelm ein Treffen mit dem Zaren anstrebe. Er schloss daraus, dass Wilhelm die Absicht habe, Nikolaus vorzuschlagen, dass Deutschland und das Zarenreich Österreich-Ungarn unter sich aufteilten. Er reiste sogar persönlich nach St. Petersburg, um zu verhindern, dass dieses diabolische Szenario Realität wurde. Delcassés Befürchtungen waren völlig unbegründet, aber sie veranschaulichen, wie sehr in dieser Phase die Wahrnehmungen des diplomatischen Establishments durch ein Klima der Paranoia verzerrt waren. »Die Diplomatie des Imperialismus«, schreibt Christopher Andrew, »beruhte häufig auf Misstrauen und auf Mythen, die von Misstrauen hervorgebracht wurden. Die Regierungen neigten dazu, den anderen ihre eigenen imperialistischen Ambitionen zuzuschreiben.«[90]

Wenn es der deutschen Außenpolitik in der Wilhelminischen Ära an »einer einheitlichen Kontrolle mangelte«, wie George Peabody Gooch einmal bemerkte,[91] war dies womöglich eine negative Folge der Rolle, die Wilhelm spielte? Wir haben auf dem Feld der Innenpolitik gesehen, wie sehr der Flickenteppich des politischen Systems auf Reichsebene Ansprüche an eine koordinierende Funktion stellte, die Wilhelm nie erfüllte. Und es trifft mit Sicherheit zu, dass die deutsche Außenpolitik häufig mit mehr als einer Stimme sprach. Dass Wilhelms Einmischungen den zuständigen Politikern die Arbeit erschwerte, steht ebenfalls außer Frage; dass sie aber »in einem sehr erheblichen Ausmaß dazu beitrugen, die Einkreisung« Deutschlands nach 1906/07[92] zu provozieren, ist fraglich. Erstens lässt sich nicht bestreiten, dass viele Interventionen Wilhelms der offiziellen Politik die Schärfe nehmen und Türen öffnen sollten, welche die Wilhelmstraße offenbar im Begriff war zu schließen: So erklären sich seine nichtautorisierten Offerten an Frankreich und Russland Anfang der neunziger Jahre, die Versicherungen an Österreich im Jahr 1895 und seine Gesten gegenüber Großbritannien Ende der Neunziger. Außerdem ist es schwierig, Wilhelms Einfluss aus der allgemeineren Verwirrung und Unentschlossenheit im deutschen Establishment der Außenpolitik herauszulösen. Es wäre allzu einfach, dieses von vielen bemerkte Phänomen den Sünden oder Unterlassungen des Monarchen zuzuschreiben. Vielmehr war die Konfusion nicht zuletzt das Vermächtnis der völligen Unterdrückung einer kollegialen Kultur innerhalb des preußisch-deutschen Auswärtigen Amtes nach 1871 durch Bismarck. Bis zu einem gewissen Grad spiegelten sich darin auch die Unwägbarkeiten der deutschen Position wider. Die Schwierigkeiten, auf die deutsche Politiker bei der Suche nach dem »richtigen« Kurs für die jüngste Großmacht stießen, sollten ebenfalls nicht unterschätzt werden. Ein Beitritt zu dem französisch-russischen Bündnis als gleichberechtigter »dritter Partner« kam, wie wir gesehen haben, nicht in Frage. Aber auch ein Bündnis mit Großbritannien barg etliche Risiken, denn was sollte verhindern, dass Deutschland in einem Konflikt zwischen Großbritannien und einem oder mehreren imperialistischen Rivalen zum Opferlamm auf dem Kontinent wurde? Zum Teil war gerade die Unauflösbarkeit dieses Dilemmas der Grund für die unentschlossene, Bülowsche Politik der »freien Hand«, wie sie genannt wurde. Deutschland versuchte demnach feste Zusagen zu vermeiden und die Gelegenheiten zu nutzen, die sich dem Land boten. Aber musste eine solche Politik nicht notgedrungen unberechenbar, improvisiert, irritierend und provokativ erscheinen?

Der eigentliche Schlüssel zu Wilhelms Einfluss auf die deutsche Außenpolitik dürfte außerhalb der tatsächlichen diplomatischen Sphäre zu suchen sein, nämlich in seinem Plädoyer für ein umfassendes Flottenprogramm. Es besteht kein Zweifel, dass die Gefahr, so fern sie auch sein mochte, das deutsche Reich könnte die britische Hegemonie auf dem Meer herausfordern, ein Faktor für das Zustandekommen der englisch-französischen und englisch-russischen Einigungen war. Aber wie gravierend waren die Auswirkungen des deutschen Flottenprogramms denn eigentlich? Das unter Tirpitz in die Wege geleitete Schiffbauprogramm allein schloss eine Einigung mit Großbritannien keineswegs aus; im Gegenteil, es eröffnete neue Kommunikationskanäle. In den Jahren 1906, 1908, 1909/10, 1911 und 1912 – zu dem berühmtesten Treffen sollte es im März 1912 kommen – fanden meist unter maßgeblicher Beteiligung Wilhelms Verhandlungen über eine »gute, generelle Verständigung« statt, die auch ein Abkommen zur Begrenzung des Schiffbaus umfasste.[93]

Weshalb brachten die Verhandlungen so wenige Ergebnisse? Die Antwort ist nicht allein die deutsche Unnachgiebigkeit beim Ausmaß und bei der Geschwindigkeit des Schiffbaus,[94] weil Bethmann Hollweg und – wenn auch widerwillig – Wilhelm durchaus bereit waren, in dieser Beziehung Zugeständnisse zu machen. Der eigentliche Zankapfel war der Umstand, dass die Deutschen darauf bestanden, im Gegenzug etwas Handfestes zu erhalten, nämlich eine Garantie der britischen Neutralität im Fall eines Krieges zwischen Deutschland und einer anderen Kontinentalmacht. Warum weigerten die Briten sich so hartnäckig, dieser Forderung nachzukommen? Das Argument, dass die Briten durch die Verpflichtungen gegenüber Frankreich gebunden waren, überzeugt nicht, weil Bethmann Hollweg bereit war, das vorgeschlagene Neutralitätsabkommen auf Fälle zu begrenzen, in denen Deutschland nicht als Aggressor bezeichnet werden könne. Er räumte auch ausdrücklich ein, dass jede erzielte Einigung insofern keine Gültigkeit hätte, als sie möglicherweise nicht vereinbar mit bestehenden Abkommen sei, welche die hohen Vertrag schließenden Parteien bereits geschlossen hatten.[95] Der wahre Grund für die britische Zurückhaltung war eher die verständliche Abneigung, etwas ohne Gegenleistung abzugeben: Großbritannien gewann das Wettrüsten auf See, ohne einen Finger zu rühren, und genoss eine unangefochtene Überlegenheit. Bethmann Hollweg und Wilhelm wollten ein Neutralitätsabkommen im Gegenzug für die Anerkennung, dass die britische Überlegenheit ein Dauerzustand bleibt. »Warum sollte Großbritannien«, wie Niall Ferguson schreibt, »um etwas feilschen, das es bereits besaß?«[96] Kurzum: Nicht an den Schiffen an sich scheiterte ein Abkommen, sondern an der Unvereinbarkeit der wahrgenommenen Interessen auf beiden Seiten.[97]

Wie hätte die deutsche Politik ausgesehen, wenn Wilhelm nicht auf dem Thron gesessen hätte? Es bedarf der spekulativen Szenarien der »virtuellen Geschichte«, um zu erkennen, dass der innenpolitische Druck zugunsten einer Expansion der Kriegsmarine dennoch sehr stark gewesen wäre. Die intensive Beschäftigung der deutschen nationalen Bewegung mit der Marine reichte bis zur Frankfurter Nationalversammlung und der Rolle der dänischen Marine bei der Verteidigung Schleswig-Holsteins zurück.[98] In den neunziger Jahren hatte sich die Beschäftigung zu einer Besessenheit im deutschen Wirtschaftsbürgertum gesteigert. Der Durst nach Ansehen und internationaler Anerkennung war zu der »größten politischen Tatsache« im öffentlichen Leben geworden.[99] Die größte Leistung von Tirpitz war es, jenes soziale und politische Potenzial zur Unterstützung eines umfassenden Flottenbauprogramms zu mobilisieren. Freilich hatte auch Tirpitz seine Kritiker, und er verdankte seinen Amtsantritt Wilhelm, aber es ist nicht anzunehmen, dass ein so tatkräftiger Mann wie Tirpitz, der so feinfühlig auf die öffentliche Meinung reagierte und so gute Verbindungen im Marineestablishment hatte, ohne Wilhelms Eingreifen in der Namenlosigkeit versunken wäre.[100] Mit anderen Worten, Deutschland hätte aller Wahrscheinlichkeit nach, auch ohne Wilhelm auf dem Thron, ein mehr oder weniger ehrgeiziges Schiffbauprogramm in die Wege geleitet.

Jedenfalls ist es fraglich, ob eine weniger auf Konfrontation ausgerichtete Flottenpolitik langfristig eine Entfremdung Deutschlands von Großbritannien verhindert hätte. Denn nicht nur das Wettrüsten weckte die britischen Ängste und Befürchtungen, sondern die gigantische industrielle und kommerzielle Expansion Deutschlands als Ganzes. Der Stabschef der Marine Albrecht von Stosch hatte mit seiner Beobachtung aus dem Februar 1896 ganz Recht, dass die wahre Erklärung für den Groll der Engländer gegen Deutschland in der deutschen Konkurrenz auf dem Weltmarkt liege.[101] Bezeichnenderweise war auch nicht die

Einführung des »Tirpitz-Plans«, sondern die frühere Einnahme Kiaotschous an der chinesischen Küste im Jahr 1897 als Basis für deutsche Handelstätigkeiten im Jangtse-Tal der Anlass für erste englisch-russische Sondierungsgespräche bezüglich eines möglichen, globalen Kompromisses zwischen zwei kampfbereiten Weltreichen – ein Kompromiss, der schließlich in der gemeinsamen Sorge über deutsche Handelsexpansion in Gebiete gemeinsamer englisch-russischer Interessen gefunden wurde.[102]

Man mag Verständnis für die Ängste der britischen Politiker haben oder gar die Zähigkeit und Wachsamkeit bewundern, mit der die Briten in dieser Ära über den globalen Machtanteil des Königreichs wachten, aber man muss sie auch als eigenen, politischen Faktor anerkennen. In einem Klima des gegenseitigen Misstrauens, das von Spekulationen in der Presse geschürt wurde und phasenweise an Paranoia grenzte, konnte eine reibungslose »Partnerschaft« mit der Inselmacht nur durch einen drastischen Verzicht auf deutsche Macht erkauft werden. Die Historiker haben gelegentlich darauf hingewiesen, mit welchem Erfolg Bismarck den Frieden in Europa durch einen eben solchen Machtverzicht wahrte, und ließen durchblicken, dass die Außenpolitik Wilhelms II. und seiner Regierung genau das Gegenteil tat. Das sei hier dahingestellt. Aber in der Ära der Allianzen, chauvinistischen Massenblätter, Flotteneuphorie und schwindelerregender Wachstumsraten beim Export gab es kein Zurück zu den engeren Horizonten der Bismarckschen Diplomatie – nicht für das deutsche Wirtschafts- und Bildungsbürgertum und schon gar nicht für den Mann auf dem Thron.

6
Macht und öffentliche Meinung

Die Macht des Wortes

In einem Sinn, der uns aus heutiger Sicht wenig bemerkenswert erscheint, aber damals eine echte Neuerung bedeutete, war Wilhelm in der Tat ein »Medienmonarch«. Noch vor seiner Thronbesteigung sah er sich wegen seiner Verbindungen zu dem Hofprediger Adolf Stoecker einem Sturm der Kritik seitens der Journalisten ausgesetzt. Im Zusammenhang mit der Krankheit und dem Tod seines Vaters hatte er ebenfalls eine Reihe unerfreulicher Scherereien mit der Presse. Als Wilhelm den bettlägerigen Friedrich Wilhelm im November 1887 in der Villa Zirio in San Remo aufsuchte, musste er sich wegen des Platzmangels in der Villa im gegenüberliegenden Hotel Victoria einquartieren. Dort wurde er auf Schritt und Tritt von Journalisten beobachtet und verfolgt, die ihre Teleskope auf die Residenz des kranken Thronfolgers ausgerichtet hatten; einige erhielten gar Exklusivinformationen von dem britischen Arzt Morell Mackenzie. »Sogar am Sterbetag meines Vaters, kaum dass er die Augen geschlossen hatte«, erinnerte Wilhelm sich in seinen Memoiren, »fand ich im Sterbezimmer einen Wiener Journalisten, den Mackenzie hereingeführt hatte; er ist dann schneller hinaus- als vorher hereingekommen.«[1]

Somit lernte Wilhelm schon früh die Macht und Allgegenwart der Presse kennen; tatsächlich neigte er sein ganzes Leben lang dazu, die eigene Fähigkeit, die öffentliche Meinung sowohl widerzuspiegeln als auch zu prägen, zu überschätzen. Der Glaube an sein Talent, für die deutsche Öffentlichkeit und zu ihr zu sprechen, war ein zentraler Bestandteil der Vorstellung Wilhelms von einer erfolgreichen Monarchie, und indem er die nationalen Zeitungen geradezu verschlang, trachtete er danach, ein Gefühl der

Verbundenheit mit den großen Themen zu wahren, die damals die Nation bewegten. Hier holte er sich Impulse für einige seiner Initiativen auf den Feldern der Sozialpolitik, Verteidigung, akademischen Forschung und technischen Innovation. Die Minister erhielten ihre Anordnungen oder Empfehlungen häufig in Form gekritzelter Randbemerkungen zu aus der Tagespresse ausgeschnittenen Artikeln – da ist es kein Wunder, dass auch jene, die ihn beeinflussen wollten, großen Wert darauf legten, den Strom der Zeitungsausschnitte auf seinen Schreibtisch zu kontrollieren.[2] Genau wie Bismarck und die preußischen Regierungen vor ihm »korrigierte« Wilhelm gelegentlich persönlich Pressekommentare, die er seinen eigenen Interessen oder denen der Regierung für abträglich hielt.[3] Ferner reagierte Wilhelm überaus sensibel auf Kommentare zu seiner eigenen Person in der Presse. »Es ist merkwürdig«, beobachtete Hofmarschall Graf Robert von Zedlitz-Trützschler im Jahr 1904, »wie empfindlich der Kaiser der Presse gegenüber ist. An sich harmlose Ungenauigkeiten und Unrichtigkeiten aus seinem Leben können ihn in starke Erregung bringen, wenn sie ihm erzählt werden oder wenn er beim Lesen darauf stößt.«[4] Diese Befürchtungen schlugen sich nicht nur in Wilhelms allergischer Reaktion auf jede gedruckte Kritik nieder, sondern auch darin, dass er penibel auf sein äußeres Erscheinungsbild achtete: der rasche Wechsel der Uniformen, stets passend zum jeweiligen Anlass; das sorgfältige Zwirbeln seines berühmten Schnurrbarts und die demonstrative Pose einer würdevollen, »offiziellen Haltung« bei öffentlichen Zeremonien. Von seiner Manie für die äußere Erscheinung blieb nicht einmal die Kaiserin verschont: Wie die australische Kulturhistorikerin Juliette Peers nachweist, ließ Wilhelm nicht nur Entwürfe für ihre Kleider, Juwelen und ausgefallenen Hüte anfertigen, sondern drängte sie auch, ihre schlanke Taille über eine strenge Diät, Medikamente und das Tragen eines Korsetts zu bewahren.[5]

Diese offensichtlich moderne Sorge um das eigene Image sollte keineswegs verächtlich als »Symptom« einer narzisstischen Persönlichkeitsstörung abgetan werden. Sie war absolut rational in Anbetracht der Einschätzungen Wilhelms – und vieler Zeitgenossen – bezüglich der Macht der rasch expandierenden Presse. Sie spiegelte ferner seine exponierte Stellung im öffentlichen Leben nach Bismarcks Abschied im Jahr 1890 wieder, sowie den zunehmend respektlosen und boshaften Ton der Pressekommentare zur »Allerhöchsten Person«. Die neunziger Jahre des 19. Jahrhunderts waren, wie ein Augenzeuge bemerkte, eine »Zeit schrankenloser Publizität, wo so zahllose Fäden hin und her laufen und keine Glocke geläutet wird, ohne dass jeder sich ein Urteil über ihren Ton bildet [...]«.[6] In der Ära nach Bismarck mit ihrer Lockerung der Presseaufsicht entfalteten sich die kritischen Energien der außerordentlich differenzierten und sich rasch ausdehnenden Presse im Deutschen Reich.[7] Mit Blick auf den rasanten Anstieg der Zahl und der Leserschaft der Zeitungen in diesen Jahren scheint es angebracht, von einer »Medienrevolution« zu sprechen, die zum Teil vom technischen Fortschritt und zum Teil von der unzähmbaren Dynamik eines heftig umkämpften Marktes in der politischen Presse angetrieben wurde.[8] Wie Hans-Ulrich Wehler betont, verwendeten die Journalisten der wilhelminischen Ära eine »offenere, pointiertere, gegebenenfalls aggressivere Sprache [...] als sie in aller Regel derzeit zu finden ist«.[9] In diesem immer enthemmteren Umfeld entpuppte sich die Presse als eine »selbständige Zwischengewalt«, die nicht länger von den Behörden instrumentalisiert werden konnte.[10] Aber Wilhelm hat es sich in erster Linie selbst zuzuschreiben, dass sich der Ton der öffentlichen Kommentare zu seiner Person so rasch abkühlte; in den ersten beiden Jahrzehnten seiner Herrschaft buhlte er unablässig um öffentliche Aufmerksamkeit, häufig mit katastrophalen Folgen.

Kein Monarch der Hohenzollern hat jemals so oft und so direkt vor so großen Versammlungen seiner Untertanen gesprochen wie Wilhelm II. Wilhelms Großonkel Friedrich Wilhelm IV. hatte als erster, preußischer König spontan während der Zeremonie des Lehenseides 1840 eine öffentliche Rede gehalten. Bei diesem Ereignis verblüffte er sein Gefolge, indem er aus dem

Stegreif auf dem Schlossplatz eine Ansprache an die riesige Volksmenge richtete. Das Experiment wurde jedoch nur selten wiederholt. Wilhelms Großvater sprach kaum einmal in der Öffentlichkeit, und sein Vater war zwar ein guter Redner, aber außerstande, neben Bismarck eine wichtige Rolle in der Öffentlichkeit zu spielen. Als er dann den Thron bestieg, hatte er schon fast seine Stimme verloren. Im Gegensatz dazu ließ Wilhelm II. die deutsche Öffentlichkeit in den Genuss eines ununterbrochenen Schwalls öffentlicher Äußerungen kommen. Allein in den sechs Jahren von Januar 1897 bis Dezember 1902 stattete er beispielsweise mindestens 123 deutschen Städten wenigstens 233 Besuche ab, wo er jeweils meistens auch eine Rede hielt, die anschließend in der regionalen und überregionalen Presse veröffentlicht und diskutiert wurde.[11]

Wilhelms Reden waren, zumindest bis 1908, keine Standardtexte, die von professionellen Schreibern für ihn zusammengestellt wurden. Die Männer des Zivilkabinetts waren damit beschäftigt, für besondere Orte und Anlässe Fakten zu recherchieren und Texte zu verfassen. In manchen Fällen wurde eine letzte gedruckte Fassung an ein hölzernes Lesebrett geheftet, das dem Kaiser bei der Ankunft überreicht wurde, doch diese Mühe war zum großen Teil umsonst – Wilhelm zog es vor, frei zu sprechen.[12] Anders als sein Vater, der als Kronprinz stets im Voraus seine Reden formuliert und dann »immer wieder verändert« hatte, bereitete Wilhelm nur selten seine Reden vor.[13] Sie wurden bewusst als spontane, unvermittelte Akte der Kommunikation inszeniert, wie aus der folgenden, zeitgenössischen Schilderung – womöglich eines »inspirierten« Journalisten – hervorgeht:

> Dann macht der Kaiser beim Sprechen hie und da kurze Pausen, man sieht ihm an, wie er nachdenkt, die Stirn sich faltet, und das Auge in der Ferne sucht, bis das Kettenglied gefunden ist, das sich als natürliche und folgerichtige Fortsetzung an das zuletzt gesagte anfügen lässt. Ist aber der Gedanke gefunden, dann gibt es keine Unterbrechung in der Rede, in sicherem Fluss trägt ihn das Wort bis ans Ende.[14]

Der Kulturhistoriker Karl Lamprecht, der Wilhelm mit eigenen Augen gesehen hat, schreibt in einem ähnlichen Ton von der »vollen, sonoren Stimme« des Kaisers, dem »immer lebhafter werdenden Minenspiel« und der »zu voller Tätigkeit aufsteigenden Gestikulation«. »Der Kaiser«, so Lamprecht, »wurde Redner vom Scheitel bis zur Zehe.«[15] Auf dieser schauspielerischen und technischen Ebene erwies sich Wilhelm somit als sicherer Meister öffentlicher Auftritte. Hingegen war der *Inhalt* seiner öffentlichen Äußerungen häufig katastrophal fehl am Platze. Es ist wohl keine Übertreibung zu behaupten, dass das Ansehen des Kaisers – sowohl unter Zeitgenossen als auch unter späteren Historikern – weit mehr unter dem gelitten hat, was er sagte, als unter dem, was er tat oder veranlasste.

Die Wurzel des Problems lag nicht zuletzt in der direkten, unüberlegten Art Wilhelms, sich zu Themen zu offenbaren, die ihm gerade am Herzen lagen. Im November 1890 brach Wilhelm beispielsweise anlässlich der Rekrutenvereidigung beim Garderegiment zu Potsdam mit der Konvention und hielt eine persönliche Ansprache. Er stellte fest, »es gehe ein Geist des Widerspruchs, der Auflehnung und Empörung durch das Land«, und warnte die Truppen, niemals »den Verführern und Hetzern Gehör zu schenken«, denn: »Sie gehörten jetzt ihm und müssten bereit sein, eventuell selbst auf ihre Väter und Brüder zu schießen, wenn er es ihnen befehle.«[16] Wilhelms Vernarrtheit in dieses Thema, auf das er in diesem Jahrzehnt immer wieder zu sprechen kam,[17] spiegelte eine tiefe Angst um die Sicherheit des Throns wieder – eine Überzeugung, wie der niederländische Gesandte in Berlin 1901 berichtete, dass »der Respekt vor der Autorität unter der Bevölkerung seit dem Tod Wilhelms I. geschwunden sei […]«.[18] In den umstrittenen Äußerungen von 1890 schwangen jedoch auch damals weitverbreitete Befürchtungen mit. Wie gesagt, ging die SPD aus den Wahlen in diesem Jahr als erfolgreichste Partei hervor, was die absolute Zahl der Wählerstimmen anging. Da allgemein angenommen wurde, dass die Stimmen für die SPD ausschließlich aus der deutschen

Arbeiterklasse kamen, also aus der Klasse, aus der neue Armeerekruten eingezogen wurden, stieg die Besorgnis hinsichtlich der politischen Zuverlässigkeit der Armee. Diese Frage beschäftigte nicht nur die Militärpolitiker der Vorkriegszeit, sondern auch die sozialdemokratische Führung, die in der allmählichen Rotfärbung des Militärs durch den Zustrom proletarischer Rekruten einen Schlüssel zur künftigen, revolutionären Umgestaltung der deutschen Gesellschaft sah.[19]

Dem Zivilkabinett gelang es, eine geschönte Version der Rede der Presse zuzuspielen, und auf diese Weise konnte der Aufschrei der Empörung vermieden werden, den die Worte sonst womöglich ausgelöst hätten. Bemerkenswerterweise kritisierte auch Graf Waldersee Wilhelms Ansprache an die Rekruten, allerdings nicht wegen ihrer Härte, sondern weil er es für unklug hielt, wenn ein befehlshabender Offizier durchblicken ließ, dass preußische Soldaten jemals eine Befehlsverweigerung in Betracht ziehen könnten.[20] Das eigentliche Problem an solchen Äußerungen waren vielleicht weniger die Worte an sich, sondern die Person des Sprechers. Es mag durchaus sein, dass Wilhelm sich als Oberbefehlshaber und als uniformierter Militär mit einer langjährigen Beziehung zum Potsdamer Gardekorps sowohl berechtigt als auch verpflichtet fühlte, diesen Kasernenhofton anzuschlagen. Aber es bestand die Gefahr, wie Wilhelms Adjutant Carl von Wedel bemerkte, dass der Kaiser, indem er sich dergestalt direkt einmischte, »zu sehr von seiner hohen Stellung herabsteigt, sich zu sehr auf das Niveau eines Vorgesetzten begibt«.[21] Derartige Rollenkonflikte sollten Wilhelm während seiner ganzen Herrschaft belasten.

Eine weitere Schwierigkeit lag in der Vielfalt der Zuhörerschaft und der Erwartungen, an denen jede Äußerung Wilhelms gemessen wurde. Anfang 1891 sagte er zum Beispiel vor einer Versammlung rheinländischer Industrieller: »Einer nur ist Herr im Reiche, und der bin ich, keinen anderen dulde ich!« Die Äußerung war als Spitze gegen Bismarck gedacht, der in rheinländischen Unternehmerkreisen viele Anhänger hatte, aber sie erregte ungewollt auch unter jenen Anstoß, die darin eine Verletzung der Würde der Bundesfürsten sahen.[22] Wilhelms öffentliches Amt umfasste nun einmal eine ganze Palette aus nichtübertragbaren Beziehungen zu sehr speziellen Zuhörerschaften. Wenn er alljährlich beim Festmahl des brandenburgischen Provinziallandtages sprach, dann nannte er sich für gewöhnlich »Markgraf«, um die einzigartigen, historischen Bande zwischen seiner Dynastie und ihrer Heimatprovinz zu unterstreichen.[23] Es war eine harmlose (wenn auch ein wenig theatralische) Geste, die im überwiegend konservativen Parlament der Brandenburger gut ankam, aber den Süddeutschen, die am nächsten Tag den Text in der Presse überflogen, lag sie schwer im Magen. Eulenburg erklärte in einem Brief vom März 1892 Wilhelm das Problem:

> Die große Redegewandtheit und die Art und Weise Euerer Majestät üben auf die *Zuhörer* und *Anwesenden* einen bestrickenden Einfluss – wie dieses die Haltung unter den Brandenburgern nach der Rede Euerer Majestät wieder bewiesen hat. Bei der kühlen Beurteilung des Inhalts ergibt sich aber, unter den Händen des deutschen Professors, ein anderes Bild. [...] Hier in Bayern sind die Leute geradezu *»außer sich«*, wenn Eure Majestät als »Markgraf« sprechen und die »Markgrafen Worte« im *Reichsanzeiger* stehen – quasi als Kaiserworte. Im Reichsanzeiger wollen die Reichsangehörigen *Kaiserworte* hören – auch nichts von Friedrich dem Großen (von dem sie nur zu gut wissen, dass er sagte: »La Bavière est un paradis habités par des animaux« [Bayern ist ein von Tieren bewohntes Paradies], und anderes noch), und auch nichts von Rossbach und Leuthen.[24]

Wilhelms Äußerungen waren überdies geradezu prädestiniert dafür, von Journalisten und der allgemeinen Öffentlichkeit als Kommentare zu zeitgenössischen politischen Ereignissen gelesen zu werden, und zwar auf eine Weise, die den Kaiser unweigerlich in das Kreuzfeuer des Parteienstreits hineinzog. Die politische Tagespresse zitierte häufig Passagen aus Reden des Kaisers, um einen bestimmten Blickwinkel zu untermauern.[25] Als Wilhelm in einer Rede vom Februar 1892 scharf über jene »Nörgler« herzog, die »an allem, was seitens der Regierung geschieht, herumnörgeln und herummäkeln«, wollte er mit seinen Worten allgemein den Parteienstreit verurteilen, aber sie wurden in der liberalen und katholischen Presse als eine Kritik an der Position des Zentrums in der überaus umstrittenen Schulgesetzvorlage interpretiert. Eben diese mutmaßliche Parteinahme des Kaisers löste eine überaus heftige Reaktion in der Öffentlichkeit aus.[26] Die darauf folgenden Beschwerden konnten unmittelbare Folgen für das Verhalten der Parteien haben, wie Caprivi nur wenige Tage nach der Brandenburger Rede feststellte. Die Parteien im preußischen Landtag zogen auf einmal ihre vorherige Zusage zurück, zehn Millionen Mark für den Bau eines neuen Doms in Berlin bereitzustellen.[27]

Mit anderen Worten, die Komplexität des Umfeldes, in dem die Aussagen des Kaisers gehört und aufgenommen wurden, darf nicht unterschätzt werden; das gilt auch für die Schwierigkeit, eine Sprache zu finden, die den unzähligen Situationen, in denen der Kaiser sich wiederfand, und den unzähligen Rollen, die man von ihm erwartete, gerecht wurde. Allerdings war Wilhelm II. denkbar ungeeignet für die kommunikativen Aufgaben seines Amtes, das muss einmal gesagt werden. Es war ihm fast unmöglich, sich so nüchtern und gemessen auszudrücken, wie das politisch informierte Publikum es eindeutig von ihm erwartete. Der schwülstige, subjektive Tenor vieler öffentlicher Äußerungen lud die Kommentatoren allem Anschein nach bewusst dazu ein, die Persönlichkeit des Sprechers zu thematisieren. (Darauf ist auch der Erfolg von Ludwig Quiddes vernichtender Satire *Caligula* zurückzuführen; der Bestseller, der 34-mal neu aufgelegt wurde, konzentrierte sich weniger auf die Aktionen des Herrschers an der Regierung, als auf die angeblichen Verformungen seiner Persönlichkeit.) Wilhelms bombastischste, öffentliche Auftritte glichen Historiengemälden des 19. Jahrhunderts: überladen mit schwülstigem Symbolismus, in dem sich Stürme mit Strahlen erlösenden Lichts abwechselten, wo alles ringsumher dunkel war und erhabene Gestalten über den kleinen, alltäglichen Streitigkeiten schwebten. Die Monarchie sollte auf diese Weise eine »Charismatisierung« erfahren und jener transzendente, überhöhte Aussichtspunkt heraufbeschworen werden, von dem aus Wilhelm über sein Volk herrschen wollte. Ein zentrales Thema war die historische Kontinuität der Hohenzollerndynastie und ihre preußisch-deutsche Mission.[28] Die kaiserliche Monarchie wurde als letzter Garant der Einheit des Reiches dargestellt, als der Punkt, an dem »historische, konfessionelle und wirtschaftliche Gegensätze sich vereinigen und versöhnen«.[29] Und schließlich zog sich auch die schicksalhafte Dimension der Monarchie wie ein roter Faden durch alle Reden des Kaisers. In einer charakteristischen Ansprache im September 1907 im Rathaus von Memel forderte Wilhelm die Zuhörer auf, sich daran zu erinnern, dass »das Walten der göttlichen Vorsehung« bei den großen historischen Leistungen des deutschen Volkes »zu erkennen ist, und wenn unser Herrgott nicht mit uns noch etwas Großes in der Welt vorhätte, dann würde er unserem Volke auch nicht so herrliche Eigenschaften und Fähigkeiten verliehen haben«.[30]

Wilhelms Reden machten auf die Zuhörer häufig einen viel besseren Eindruck als auf diejenigen, die sie später lasen. Die Zuhörer konnten sich von dem Auftritt und der Überzeugung des Redners und der Feierlichkeit des Anlasses mitreißen lassen. Der Alkohol mag ebenfalls sein Teil beigetragen haben. Aber nachgedruckt auf nüchternem Papier wurden die Texte, selbst in massiv bearbeiteter Form, leicht zur Zielscheibe des Spotts: Sie wirkten übertrieben, pompös, größenwahnsinnig. Sie »gingen leicht über das Ziel hinaus«, wie Holstein sagte.[31] Metaphern und Passagen aus Wilhelms Reden wurden häufig herausgepickt und in satirischen Zeitschriften gegen ihn verwendet. Als er zum Beispiel Pessimisten den Kampf ansagte: »Schwarzseher dulde ich nicht!«, da antwortete der *Simplicissimus,* die Satirezeitschrift des wilhelminischen Deutschlands, mit einer ganzen Ausgabe, die dem »Schwarzsehen« gewidmet war.[32] Im Jahr 1898 wurde eine Rede, die Wilhelm in Jerusalem während einer Palästinareise gehalten hatte, in einem im *Simplicissimus* veröffentlichten Gedicht verspottet, das sich über die irrigen Vorstellungen des Souverän von Größe lustig machte. Das Gedicht enthielt folgende Strophe:

> So sei uns denn noch einmal hoch willkommen
> Und laß dir unsere tiefste Ehrfurcht weihn,
> Der du die Schmach vom Heil'gen Land genommen,
> Von dir bisher noch nicht besucht zu sein.
> Mit Stolz erfüllst du Millionen Christen;
> Wie wird von nun an Golgatha sich brüsten,
> Das einst vernahm das letzte Wort vom Kreuz
> Und heute nun das erste deinerseits.[33]

In seiner Rede von 1892 vor dem Brandenburger Provinziallandtag hatte Wilhelm mit dem großartigen Versprechen geschlossen, dass er die Brandenburger »herrlichen Tagen entgegen«-führen werde. Die Wendung entwickelte schon bald ein Eigenleben und tauchte wiederholt in einer Vielzahl satirischer Zeitschriften auf: Noch im Jahr 1913 zeigte eine Karikatur im *Simplicissimus* den deutschen »Michel« als Kind. Es hält vertrauensvoll die Hand einer Don Quichote-ähnlichen Gestalt, in der man Wilhelm von hinten wiedererkennt. Vor den beiden steht ein Wegweiser mit der Aufschrift: »Herrlichen Tagen entgegen«. Das Kind fragt: »Ist es viel weiter, Papa?«[34] Die Karikatur spielte in der Tat eine immer bedeutendere Rolle bei der kritischen Rezeption des deutschen Monarchen. Als nach 1904 die ersten eindeutig negativen Karikaturen des Kaisers veröffentlicht wurden, ohne dass die Behörden die Betreffenden bestraften, kam es, wie Jost Rebentisch zeigt, zu einer regelrechten Kettenreaktion immer bissigerer, bildlicher Satiren. Im Jahr 1906 war Kaiser Wilhelm II. die am häufigsten karikierte Einzelperson im ganzen Reich.[35]

Weder über Wilhelm I. noch über Bismarck hatte man sich jemals so respektlos lustig gemacht (allerdings sind Parallelen in illegalen Darstellungen Friedrich Wilhelms IV. aus der Zeit der

1848er-Revolution zu entdecken). Immer wieder kam es in der wilhelminischen Ära zu juristischen Sanktionen wegen Majestätsbeleidigung, so beschlagnahmte man Zeitschriftenauflagen oder verfolgte und verhaftete Autoren und Redakteure. Letztlich erwiesen sich diese Maßnahmen aber als kontraproduktiv, weil sie in der Regel nur bewirkten, dass die Auflagen sprunghaft anstiegen und dass verfolgte Journalisten zu nationalen Berühmtheiten wurden.[36]

Es gab zwei Möglichkeiten, dieses Problem zu lösen. Die erste bestand darin, den Wortschwall des Mannes selbst zu bremsen. »Ich wollte«, schrieb Wilhelms Mutter im Februar 1892 an Königin Victoria, »ich könnte ihm bei allen Gelegenheiten, bei denen er öffentlich sprechen will, ein Schloss vor den Mund hängen.«[37] Wilhelm ganz zum Schweigen zu bringen, war ein Ding der Unmöglichkeit, aber viele hofften, seine öffentlichen Auftritte zu »lenken«. Man konnte ihn eventuell davon abhalten, bei Anlässen wie dem Bankett des Brandenburger Provinziallandtages, wo er sich gerne daneben benahm, eine donnernde Rede zu halten. Holstein, Eulenburg und Hohenlohe bemühten sich gelegentlich mit beachtlichem Erfolg darum.[38] Zumindest konnte man dem Kaiser vor Augen führen, wie sehr er sich und der Regierung schadete. Beispielsweise leitete die Reichskanzlei, die zuvor solches Material zurückgehalten hatte, im Mai 1891 Zeitungsausschnitte zu einer umstrittenen Rede direkt an Wilhelm weiter, wobei die kritischsten Passagen rot unterstrichen waren.[39]

Als Wilhelms getreuer Vertrauter und Anhänger ließ auch Philipp Eulenburg dem Kaiser Warnungen zukommen und verschonte ihn nicht mit scharfer Kritik. Im November 1891 wurde Wilhelm gebeten, sich in das offizielle Gästebuch der Stadt München einzutragen. Wilhelm schrieb die Zeile hinein: *»Suprema lex regis voluntas«* (der Wille des Königs ist höchstes Gesetz). Dazu schrieb Eulenburg:

Weshalb Ew. Majestät das Wort schrieben, habe ich nicht zu fragen, aber ich würde ein feiges Unrecht begehen, wenn ich nicht von der schlimmen Wirkung schriebe, die das Wort in Süddeutschland verursachte, wo mich Ew. Majestät zum Aufpassen hingesetzt haben. [Eulenburg war damals preußischer Gesandter in München.] In erster Linie hat das Wort […] sehr verletzt […] weil die Leute […] eine Art persönlichen Kaiserlichen Willen über den [sic!] bayerischen Willen herauszulesen meinten. Alle Parteien, ohne Ausnahme, haben sich durch das Wort Ew. Majestät verletzt gefühlt, und es war dazu angetan, in schmählichster Weise gegen Ew. Majestät ausgedeutet zu werden.[40]

In Anbetracht der Tatsache, dass Wilhelm direkte Pressekritik so schlecht ertrug, bestand Hoffnung, durch die Konfrontation mit der Flut an negativen Reaktionen eine gewisse Mäßigung des Tons zu bewirken. Ende März 1892, fast einen Monat nach der umstrittenen Rede im Brandenburger Provinziallandtag, berichtete Graf Helldorf-Bedra, dass Wilhelm Nächte lang nicht geschlafen habe, nachdem er die Zeitungsausschnitte gelesen hatte, und immer noch angeschlagen und deprimiert wirkte: »Ich hatte mir vorgenommen, über das leichtsinnige Reden etc. einen respektvollen Vorhalt zu machen – aber er tat mir so leid, und ich war so überzeugt, dass er sich selbst das Nötige sage, dass ich mich auf das Unerlässlichste beschränkte und ihm nichts Kränkendes sagen konnte.«[41] Aber derartige Episoden hatten keine dauerhafte Wirkung. Sobald der erste Schock nachgelassen hatte, kehrte nach und nach das kaiserliche Ego wieder zurück und der bombastische Wortschwall sprudelte von neuem. In seiner charakteristisch verworrenen Art betrachtete Wilhelm alle Versuche, seine öffentlichen Äußerungen zu zähmen, als Angriffe auf die Redefreiheit, die selbst die niedersten seiner Untertanen genossen.

Da der Souverän zumindest bis 1908 nicht willens oder außerstande schien, sich zurückzuhalten, bemühten Hof- und Regierungsbeamte sich darum, die Form zu kontrollieren, in der die Äußerungen des Kaisers das breite Publikum erreichten. Zum

Beispiel wurde Wilhelms Rede bei der Rekrutenvereidigung im November 1890 zuerst entschärft, ehe sie der Allgemeinheit zugänglich gemacht wurde.[42] Tatsächlich wurden viele gedruckte Versionen, die uns von den Reden des Kaisers heutzutage vorliegen, vor der Veröffentlichung noch bearbeitet. Stenografische, wörtliche Mitschriften der Reden, die Beamten an Ort und Stelle anfertigten, wurden vom Zivilkabinett gründlich geprüft, bevor sie zur Veröffentlichung frei gegeben wurden.[43] Journalisten, die zu Anlässen erschienen, an denen der Kaiser vermutlich eine Rede hielt, wurden häufig von Hofbeamten angewiesen, den Wortlaut für die Öffentlichkeit ein wenig abzuschwächen. In manchen Fällen erhielten sie sogar eine »offizielle Version«, aus der die peinlicheren Passagen gestrichen worden waren.[44]

Zum Glück für die Beamten waren viele Reporter und Redakteure auch bereit, stillschweigend mitzuhelfen, den Schaden, den die Indiskretionen des Kaisers anrichteten, zu begrenzen. So kam es durchaus vor, dass Redakteure stenografische Mitschriften von kaiserlichen Reden ihrer eigenen Reporter dem Chef des Zivilkabinetts vorlegten, damit dieser den Text entsprechend bearbeitete.[45] Gelegentlich änderten Zeitungsredakteure sogar eigenhändig den Text: Im September 1907 hielt Wilhelm eine Rede in Tecklenburg, in der ein Loblied auf die deutschen Tugenden und Stärken mit folgender Ankündigung ihren Höhepunkt erreichte: »Der germanische Aar schwebt über Europa seine Flügel ausbreitend […]« Bei einem Treffen nach der Rede waren die anwesenden Journalisten sich allesamt einig, dass die Worte »über Europa« aus der Fassung, die zur Veröffentlichung in der Presse verschickt wurde, gestrichen werden sollten. In einer späteren, vom Zivilkabinett ausgegebenen Fassung waren die Worte »über dem [Deutschen] Reich« eingefügt.[46]

Bei einer derartigen Pressepolitik konnte naturgemäß auch leicht etwas durchsickern, denn sie beruhte auf der Annahme, dass sich die Journalisten auch stets an die »Gentleman's Agreements« mit den Hofbeamten hielten. In Wahrheit wurden solche Übereinkünfte häufig verletzt, sensibles Material wurde an deutschsprachige ausländische Zeitungen wie das *Fremdenblatt* in Wien weitergeleitet und anschließend in der deutschen Presse nachgedruckt.[47] Auf jeden Fall reiste Wilhelm so häufig und sprach an so vielen Orten und zu so verschiedenen Anlässen, dass es so gut wie unmöglich war, die Verbreitung von Informationen über seine Äußerungen zu kontrollieren.

Eine Episode führt besonders eindrücklich vor Augen, mit welchen Schwierigkeiten eine Kontrolle der kaiserlichen Äußerungen verbunden war. Am 27. Juli 1900 hielt Wilhelm in Bremerhaven anlässlich der Einschiffung deutscher Soldaten nach China, um den Boxeraufstand niederzuschlagen, eine Ansprache, die als »Hunnenrede« in die Geschichte einging. Am Vormittag des Tages hatte Wilhelm drei Truppenschiffe im Hafen inspiziert. Um ein Uhr stellten sich die Männer aus allen drei Schiffen gemeinsam an Bord der *Halle* in Reih und Glied auf und hörten eine Rede des Kaisers, in der er sie ermahnte, als Vorbilder deutscher Disziplin und Tapferkeit aufzutreten, und sie vor den Gefahren warnte, die sie in China erwarteten. Die Rede enthielt auch folgende, vielzitierte Passage:

> Kommt Ihr vor den Feind, so wird er geschlagen, Pardon wird nicht gegeben; Gefangene nicht gemacht. Wer Euch in die Hände fällt, sei in Eurer Hand. Wie vor tausend Jahren die Hunnen unter ihrem König Etzel sich einen Namen gemacht, der sie noch jetzt in der Überlieferung gewaltig erscheinen lässt, so möge der Name Deutschland in China in einer solchen Weise bekannt werden, dass niemals wieder ein Chinese es wagt, etwa einen Deutschen auch nur scheel anzusehen.[48]

Noch während der Kaiser sprach, vereinbarte allem Anschein nach Bülow (damals noch Außensekretär) mit Kanzler Hohenlohe, dass die anwesenden Journalisten aufgefordert werden sollten, die Rede nicht zu veröffentlichen, bis eine offizielle Fassung von der Regierung ausgegeben worden sei. Die Journalisten fügten sich stillschweigend, und die offizielle Version, die am selben Abend verteilt wurde, enthielt Zitate, aber keinen Hinweis darauf, dass die Soldaten keine Gnade walten lassen sollten, und auch die Hunnen wurden nicht erwähnt. Es erwies sich jedoch als unmöglich, die Erinnerung aller Augenzeugen zu unterdrücken. Abgesehen von den Soldaten hatten sich nämlich zwei bis dreitausend Zuschauer im Hafenbereich versammelt. Sie behielten die Passagen in Erinnerung, die sie am stärksten beeindruckt hatten. Die Worte »Pardon wird nicht gegeben« wurden mit Kreide auf Truppenzüge geschrieben, die durch ganz Deutschland fuhren. Als Bülow die (wahren) Gerüchte über die Aussagen des Kaisers zu Ohren kamen, versuchte er, die Initiative wieder an sich zu reißen, indem er eine zweite »offizielle Version« autorisierte, welche die Wendung »Pardon wird nicht gegeben« enthielt, aber den Verweis auf die Hunnen immer noch unterschlug. Unterdessen erschien jedoch eine dritte Fassung der Rede in etlichen Zeitungen im Raum Bremerhaven. Sie ging auf einen Bericht zurück, den ein Journalist geschrieben hatte, der die Ansprache selbst gehört hatte, aber entweder von Bülows Anweisung nichts gewusst hatte oder nicht gewillt war, sie zu befolgen. Diese Version gibt am vollständigsten die Originalrede Wilhelms wieder, einschließlich der Passagen um »Pardon« und »Hunnen«.[49]

Die Widersprüche und logischen Unstimmigkeiten im Text lassen vermuten, dass Wilhelm womöglich, in gewohnter Manier, von einem harmloseren, vorbereiteten Entwurf abwich und Aussagen über ein Thema improvisierte, das ihn in den letzten Wochen intensiv beschäftigt hatte: nämlich die Brutalität und Skrupellosigkeit, mit der die Boxer über die europäischen Gesandtschaften in China hergefallen waren – was eine Woge haarsträubender Horrorgeschichten in der europäischen Presse ausgelöst hatte –, und die Notwendigkeit einer exemplarischen Strafaktion. Seine Anspielungen auf »Pardon« und »Gefangene« deuteten aber auch auf eine allgemeinere Beschäftigung mit dem Problem hin, wie Begegnungen zwischen einer modernen »zivilisierten« Armee und dem fanatisierten Mob gesteuert werden konnten, als den viele Zeitgenossen die Aufstandsbewegungen in der heutigen, sogenannten »Dritten Welt« ansahen. Die Diskussionen um die Formulierung und Ratifizierung der Haager Konvention im Jahr 1899 signalisierten und förderten ein geschärftes Bewusstsein für die Trennlinie zwischen »zivilisiertem« und »wildem« militärischem Verhalten. Wusste Wilhelm, der die imperialistischen Abenteuer Englands stets wohlwollend verfolgt hatte, womöglich auch von den Gräueltaten, die unter Kitcheners Kommando 1898 bei Omdurman im Sudan begangen worden waren? Damals hatten die Briten verwundete Mahdisten in Gefangenschaft scharenweise getötet, mit der Begründung, dass sie selbst als verwundete Gefangene noch eine tödliche Gefahr für die britischen Truppen darstellten. Alle diese Themen wurden für die Zeitgenossen durch die »Gerüchtepanik« gebündelt, die Mitte Juli in der europäischen Presse tobte, als führende Schreiber Mutmaßungen über das Ausmaß und die Abscheulichkeit der Gräueltaten in Peking anstellten. Selbstredend nutzten sie dabei die Vorurteile der westlichen Leser über die angebliche Barbarei der Chinesen weidlich aus.[50]

Bernhard von Bülow bezeichnete die Ansprache von Bremerhaven in seinen Memoiren, die er in den ersten Jahren der Weimarer Republik schrieb, als »die schlimmste Rede jener Zeit und vielleicht die schädlichste, die Wilhelm II. je gehalten hat«. Diese Sichtweise war durch die Tatsache beeinflusst, dass die britische Kriegspropaganda das »Hunnen-Thema« der Rede inzwischen aufgegriffen und erfolgreich auf den deutschen Feind umgemünzt hatte.[51] Die zeitgenössischen Reaktionen auf die Rede waren jedoch, wie Bernd Sösemann aufzeigt, eher gemischt. Kanzler Hohenlohe rühmte sie in einem Tagebucheintrag als eine »zündende Rede«, welche den Soldaten, ausnahmslos Freiwillige, Mut gemacht habe, während sie sich auf ihre lange und gefährliche Reise begaben. Der französische Außenminister Théophile Delcassé teilte dem deutschen Botschafter in Paris mit, dass die Rede »in ganz Frankreich den besten Eindruck hervorgerufen« habe. Die Rezeption in der deutschen Presse war unterschiedlich: Organe des Zentrum, der Sozialdemokraten und Nationalliberalen verurteilten tendenziell die Unmenschlichkeit der Ermahnung, keine Gnade walten zu lassen; die konservative und Teile der nationalliberalen Presse verteidigten hingegen die Worte des Kaisers als legitime Vorbereitung auf die Mühsal, die deutsche Soldaten in einem Land erwartete, in dem die modernen Konventionen für die Kriegführung nicht eingehalten wurden.[52]

Im Reichstag wurde unterdessen heftig darüber diskutiert, ob die China-Expedition berechtigt war oder nicht – vor allem als Berichte von Gräueltaten, die europäische Soldaten in China auf dem Dorf begangen hatten, in der deutschen Presse kursierten. Hier geriet Wilhelms Rede (mittlerweile allgemein als »Hunnenrede« bekannt) selbst zum Gegenstand der politischen Debatte. Das war ein wichtiger Einschnitt, weil es einen Bruch mit der parlamentarischen Konvention bedeutete, nach der die Person des Monarchen aus der politischen Diskussion ausgeschlossen bleiben sollte. Der ehrwürdige Reichstagspräsident Franz Xaver Graf von Ballestrem hatte höchstpersönlich die geänderte Haltung autorisiert. In einer Ansprache anlässlich des 41. Geburtstags des Kaisers am 27. Januar 1900 erklärte Ballestrem vor dem Plenum, dass es gerade die Intention des Kaisers sei, dass seine Reden »beachtet, erwogen, besprochen [werden] von allen denen, die es angeht, vor allem von den Vertretern des deutschen Volkes«.[53] Die Abgeordneten zögerten nicht, von dieser neuen Ausdehnung der Beziehung des Parlaments zum Souverän Gebrauch zu machen. In einer Rede vom 19. November verlas der Sozialdemokrat August Bebel Passagen aus der entschärften offiziellen Version der Bremerhavener Rede und stellte zur allgemeinen Erheiterung des Reichstags fest, dass der Verweis auf die »Hunnen« »aus irgendeinem Grunde weggeblieben« sei. Er kritisierte die Rede scharf wegen ihrer imperialistischen und aggressiv christlichen Stimmungen. (Wilhelm hatte unter anderem angedeutet, dass die Strafexpedition womöglich die Tür zu einer Missionierung Chinas öffnen könnte.)[54] Am folgenden Tag widmete sich der linksliberale Fraktionschef Eugen Richter in einer Rede der verfassungsmäßigen Bedeutung der Äußerungen des Kaisers. Richter wies darauf hin, dass der »gegenwärtige

Monarch« ausgiebiger Gebrauch mache von »öffentlichen Kundgebungen programmatischer Art« als seine Vorgänger. Er kritisierte auch den Kanzler, weil er es versäumt habe, die öffentlichen Äußerungen zu kontrollieren. Richter forderte für die Zukunft, »dass der Monarch, bevor er solche programmatischen Reden hält, sich über den Inhalt und die Form mit den verantwortlichen Ministern verständigt«.[55]

In seiner Antwort wies der frisch zum Kanzler ernannte Bülow darauf hin, dass es gemäß der Verfassung lediglich seine Aufgabe sei, die Verantwortung für die »Anordnungen und Verfügungen« des Monarchen zu übernehmen, nicht für seine öffentlichen Äußerungen. Dennoch willigte er ein, künftig die »volle moralische Verantwortung« für die Reden des Kaisers zu übernehmen. Ferner bestand er darauf, dass es durchaus angemessen gewesen sei, wenn der Kaiser zu den Truppen vor der Abreise »als Soldat und nicht als Diplomat« gesprochen habe.[56] Zwei Tage nach Bülows Rede schickte Eulenburg ein unmissverständliches Telegramm an Wilhelm und bat ihn »sehr eindringlich, sich *in nächster Zeit* jedweder *öffentlichen* Kundgebung – sei es ziviliter oder militärisch – zu enthalten, soweit sie *auch nur im entferntesten* geeignet wäre, irgendwie anzuregen oder aufzuregen.«[57]

Die *Daily Telegraph*-Affäre

Ungeachtet der eifrigen Bemühungen Richters und Bebels ebbte die parlamentarische Empörung über Wilhelms Taktlosigkeiten rasch ab. Das war nicht zuletzt eine Folge der geschickten – wenn auch ein wenig ambivalenten – Verteidigung des Monarchen durch Bülow; ein weiterer Grund könnte aber auch der Umstand sein, dass es den Kritikern nie gelang, den Reichstag zu überzeugen, dass die persönlichen Einmischungen des Souveräns jemals wirklich dem internationalen Ansehen des Deutschen Reiches geschadet hätten.[58] Es konnte allerdings auch passieren, dass

Wilhelms unbedachte Aktionen diplomatische Konsequenzen hatten, die sich der Kontrolle deutscher Politiker entzogen und Anlass zu größter Sorge gaben. Dazu kam es im Jahr 1908, als die öffentliche Empörung über Wilhelms Äußerungen in einem Interview mit einer britischen Zeitung den Kaiser und die Regierung Bülow in die schwerste Krise der Vorkriegsära stürzten. Bei der sogenannten »*Daily Telegraph*-Affäre« ging es um ein Interview, das Wilhelm einem persönlichen Freund, dem Colonel Edward James Montagu Stuart-Wortley, im November 1907 im Schloss Highcliffe Castle gegeben hatte, während der Kaiser sich privat als Gast in dem Schloss aufhielt. Im Verlauf des Gesprächs mit seinem englischen Gastgeber behauptete Wilhelm, er habe Großbritannien während des Burenkriegs persönlich maßgebliche, strategische Ratschläge gegeben und habe Versuche anderer Kontinentalmächte verhindert, die Burenkrise auszunutzen, indem sie sich gegen Großbritannien verbündeten. Die Engländer bezeichnete er als »toll, toll wie Märzhasen«, weil sie die friedlichen Absichten des Deutschen Reiches und seine ehrliche Sehnsucht nach einem Frieden mit England anzweifelten. Es treffe zu, räumte er ein, dass die vorherrschende Stimmung in der deutschen Bevölkerung gegenüber England »nicht freundlich« sei, aber er, der Kaiser, sei ein wahrer Freund, der unermüdlich danach trachte, die Beziehungen zwischen den beiden Ländern zu verbessern. Stuart-Wortley verfasste aus seinen Notizen zu den damaligen Bemerkungen und anderen vom Jahr darauf einen Artikel, den er im Oktober 1908 dann im *Daily Telegraph* veröffentlichte; offenbar hatte er angenommen, die Veröffentlichung des Interviews werde der englischen Öffentlichkeit zu einem Zeitpunkt, als die englisch-deutschen Beziehungen durch die Balkankrise belastet waren, verdeutlichen, wie wohlwollend der Kaiser ihnen doch eigentlich gesonnen war.

Als der Text dieses Interviews in der deutschen Presse veröffentlicht wurde, machte sich in sämtlichen Kreisen der Bevölkerung zunächst Verwirrung und später Verzweiflung und Empörung breit.[59] Die Reichstagsabgeordneten schäumten vor

Wut und Enttäuschung. Der Nationalliberale Ernst Bassermann sprach vor dem Plenum von einem »Gefühl maßlosen Erstaunens, tiefer Trauer«; der Sozialdemokrat Paul Singer von »sehr berechtigtem Zorn und einer berechtigten Entrüstung und […] tiefen Beschämung im deutschen Volke«; der konservative Fraktionschef Ernst von Heydebrand und der Lasa, der als der »ungekrönte König von Preußen« galt, erkannte, »dass es sich hier um eine Summe von Sorgen, von Bedenken und Unmut handelt, der sich seit Jahren angesammelt hat auch in Kreisen, an deren Treue zu Kaiser und Reich bisher noch niemand gezweifelt hat«.[60]

Ein zentrales Thema der Debatte war die Frage, welcher Schaden durch die Äußerungen des Kaisers den Beziehungen Deutschlands zu Großbritannien und anderen Mächten beigefügt worden war, aber schon bald weitete sich die Diskussion auf die Rolle des Kaisers – und letztlich des Reichstags – innerhalb der deutschen Verfassung aus. Bassermann griff beispielsweise die »Betätigung dieser persönlichen Politik« an, welche die Politik der »Stetigkeit, Einheitlichkeit, Festigkeit«, die der Kanzler verfolgte, untergraben hätte. Georg Freiherr von Hertling vom Zentrum konstatierte, dass die Bereitschaft sämtlicher Parteien, den Kaiser direkt zu zensieren, »einen Markstein in der parlamentarischen Geschichte Deutschlands« bedeute. Oswald Zimmermann von der antisemitischen Reformpartei schimpfte über die Speichelleckerei der Hofkultur um Wilhelm und fragte: »Wie kommt es, dass gerade immer englische Privatpersonen zu Vertrauten solcher Kaiserlichen Auslassungen gemacht werden?« Wolfgang Heine von der SPD ersuchte den Reichstag, »die Sache einmal von der psychologischen Seite anzugehen«, und warnte, dass es dem Kaiser auch künftig unmöglich sein werde, seine eigene Tendenz zur Übertreibung zu zügeln. Es ertönte allgemeines Gelächter, als Heine zur Bekräftigung dieser Behauptung auf eine Rede verwies, die Wilhelm unlängst am Bodensee gehalten hatte. Der Kaiser hatte Graf Zeppelin als »den größten Deutschen des 20. Jahrhunderts« gewürdigt, und das nur acht Jahre nach Anbruch des Jahrhunderts. »Bei aller Bewunderung für den bescheidenen Grafen: ist das nicht etwas stark aufgetragen?«[61] Kurzum, die Debatte kam einer umfassenden, öffentlichen und so gut wie einmütigen Verurteilung des Auftretens Wilhelms als Souverän durch die Parteien gleich. »Nie zuvor«, bemerkte ein Augenzeuge, »hat jemand es gewagt, solche Worte offen im Parlament zu gebrauchen.«[62]

Das wohl Erstaunlichste an der Debatte war jedoch die halbherzige Verteidigung des Kanzlers. Bülows erste Maßnahme war die Veröffentlichung einer Erklärung, dass er den Wortlaut des Interviews nicht im Voraus gesehen habe und dass er persönlich von einer Veröffentlichung abgeraten hätte, wenn er ihn gesehen hätte. Seine Rede am 10. November 1908 im Reichstag war ein Meisterwerk der Zweideutigkeit, in dem Bülow vorgeblich die Seite des Monarchen vertrat, während er gleichzeitig um die Sympathie und Solidarität des Hauses warb. Es sei nicht wahr, teilte Bülow den Abgeordneten mit, dass der Kaiser den Briten einen »Feldzugsplan« für den Burenkrieg geliefert habe (allerdings ließ er offen, ob Wilhelm selbst oder nur der Schreiber dies behauptet hatte), er habe ihnen lediglich »einige rein akademische (Lachen bei den Sozialdemokraten) Gedanken – ich glaube sie waren ausdrücklich als Aphorismen bezeichnet – über die Kriegsführung im allgemeinen« zukommen lassen. Es treffe zu, implizierte Bülow, dass Wilhelms Kommunikation mit seinen britischen Verwandten gelegentlich Indiskretionen enthalten habe, aber kämen derartige Indiskretionen nicht häufig in der diplomatischen Geschichte aller Länder vor? Was Wilhelms Bemerkungen zu seiner eigenen Haltung gegenüber England betraf, erklärte Bülow, dass er es nur allzu gut verstehen könne, wenn sich der Kaiser, der »so eifrig und ehrlich an einem guten Verhältnis mit England gearbeitet« hatte, nunmehr über die destruktive Haltung der chauvinistischen Presse ärgere. Abschließend versicherte Bülow dem Reichstag, dass er »diese feste Überzeugung […] gewonnen« habe, dass der Aufruhr der vergangenen Tage »Seine Majestät den Kaiser dahin führen [werde], fernerhin auch in Privatgesprächen seine Zurückhaltung zu beobachten, die im

Interesse einer einheitlichen Politik und für die Autorität der Krone unentbehrlich ist. [Bravo! seitens der Rechten.]« Wo das nicht der Fall sei, könnten weder er noch seine Nachfolger die Verantwortung dafür übernehmen.[63]

Bülow hatte mit dieser Rede sicher nicht das Beste für Wilhelm gegeben – es war, wie der niederländische Gesandte in Berlin es nannte: *»un plaidoyer trop leger«* (ein zu schwaches Plädoyer).[64] Wie Katharine Lerman nachgewiesen hat, hatte Bülow eine früher im November verfasste Rede wieder fallen gelassen, die das Verhalten des Kaisers energischer verteidigt hätte.[65] Sein Hauptziel war es wie immer, die eigene politische Stellung gegenüber dem Reichstag, dem preußischen Ministerium und dem Kaiser zu stärken. Folglich verwundert es nicht, dass manche Beobachter in dem nächsten öffentlichen Auftritt des Kanzlers vor dem Reichstag am 19. November einen Hauch von Triumph zu entdecken vermeinten. Der Reichskanzler verlieh offenbar in seinem ganzen äußeren Auftreten, der Sprache und der Haltung der veränderten Lage Ausdruck. Fürst Bülow nehme nicht etwa die tragische Pose eines Märtyrers ein, der sich die Sünden anderer aufgeladen habe, sondern zeige nunmehr das Selbstvertrauen und die Sicherheit eines Staatsmannes, der die Situation unter Kontrolle habe, schreibt ein Augenzeuge.[66]

Die ganze Episode hatte, zumindest aus Wilhelms Sicht, einen grausam ironischen Aspekt. Denn ausgerechnet in diesem Fall hatte er sich darum bemüht, die Feinheiten der Verfassung zu beachten. In einem Gespräch vom 13. November 1908 mit Valentini, dem Chef des Zivilkabinetts, erklärte Wilhelm, dass er gleich nach seiner Rückkehr nach Berlin darauf geachtet habe, Bülow mündlich über den allgemeinen Inhalt der Gespräche in Highcliffe Castle zu informieren. Er erinnerte sich, dass der Kanzler ihm »gerührt gedankt [hatte], dass ich seine Politik so mühsam unterstützt habe«. Als Wilhelm ein Manuskript des Interviews erhalten hatte, hatte er es sofort an Bülow mit der Bitte geschickt, der Kanzler solle es persönlich durchlesen, um zu prüfen, ob irgendetwas gegen eine Veröffentlichung sprechen würde. »Ich maß der Sache solche Wichtigkeit bei«, sagte Wilhelm zu Valentini, »dass ich mich nicht auf das Urteil irgend einer untergeordneten Stelle im Auswärtigen Amt verlassen wollte.« Nach mehreren Wochen kam das Manuskript »mit einigen Korrekturen und dem Aufschreiben des Kanzlers zurück, dass der Veröffentlichung s[einer] A[nsicht] n[ach] Bedenken nicht entgegenstünden«. Mit anderen Worten, Wilhelm hatte alles in seiner Kraft stehende getan »um sich konstitutionell zu decken«.[67]

Ob Bülow das Manuskript tatsächlich im Voraus gelesen hatte, lässt sich nicht mehr mit Sicherheit ermitteln. Es wäre natürlich seltsam, wenn er es versäumt hätte, den Inhalt eines solchen Dokuments zu prüfen, obwohl der Kaiser ihn ausdrücklich darum gebeten hatte – umso mehr, als dem Manuskript ein vier- bis fünfseitiger Brief von Bülows Cousin Martin von Rücker-Jenisch beigefügt war, der Wilhelm damals begleitet hatte und ernste Bedenken angesichts einer Veröffentlichung des Interviews anmeldete.[68] Als Valentini Nachforschungen anstellte, was mit dem Dokument zwischen seiner Ankunft aus England und der Freigabe für die Veröffentlichung geschehen war, fand er heraus, dass Bülow das Manuskript, nachdem er es während des Urlaubs auf der Insel Norderney erhalten hatte, sofort an das Auswärtige Amt mit der Bitte um Rat weitergeleitet hatte. Als das Manuskript dann Anfang Oktober mit geringfügigen Korrekturen wieder an ihn zurückging, schickte Bülow es mit einem Brief an Jenisch zurück, in dem er erklärte, dass er von dem Manuskript »mit lebhaftem Interesse Kenntnis genommen habe« und dass er Jenisch seinen Dank »für diesen neuen Beweis Allerhöchsten Vertrauens« in seine (Bülows) Politik aussprechen wolle.[69] Natürlich ist es möglich, dass Bülow so großes Vertrauen zu seinen Untergebenen hatte, dass er sich ohne weiteres auf ihr Urteilsvermögen verließ; Katharine Lerman hat ganz richtig darauf hingewiesen, dass dies zu Bülows generell lässiger Wahrnehmung seiner Pflichten passen würde.[70]

Doch es bleibt ein letzter Zweifel: Am 6. Oktober diktierte Bülow Felix von Müller, einem deutschen Diplomaten in seinem

Gefolge auf Norderney, Änderungen, die Klehmet vorgeschlagen hatte, ein relativ niederer Beamte des Auswärtigen Amtes, dem man die Prüfung des Dokuments anvertraut hatte.[71] Spätestens an diesem Punkt, wenn nicht schon vorher, musste Bülow genug über den Inhalt erfahren haben, um seinen Verdacht zu wecken. Dabei war sich Bülow voll über die potenzielle Bedeutung der Reden des Kaisers im Klaren; nur wenige Wochen bevor er den Text des *Daily Telegraph*-Artikels erhalten hatte, hatte er von Norderney aus an Valentini geschrieben und betont, wie wichtig es war, mit Wilhelm eine Vereinbarung zu treffen, dass er sich darauf beschränken werde, ausschließlich vollständig vorbereitete und amtlich geprüfte Reden zu verlesen, während er durch die »Reichslande« Elsass und Lothringen reiste.[72] Kurzum, für die Annahme, dass Bülow das Interview *nicht* gelesen hatte, spricht im Grunde nur sein eigenes nachdrückliches Dementi. Doch mit Blick auf sein beeindruckendes Talent, Angelegenheiten, die seinem Ruf schaden würden, falsch darzustellen, ist dies kaum überzeugend.[73] Somit bleibt der Verdacht bestehen – den Wilhelm damals mit Sicherheit hegte –, dass Bülow das Interview *gelesen* hatte, bevor es zur Veröffentlichung frei gegeben wurde. Da Wilhelm dies glaubte, war er zwangsläufig tief betrübt über die »Rette sich wer kann«-Reaktion des Kanzlers auf die Krise und über die anschließenden Bemühungen, in politischen Kreisen Anhänger für die Anschauung zu finden, dass der Kaiser die Hauptverantwortung für die Ereignisse trage. Bestenfalls kam dieses Verhalten einer Feigheit vor dem Feinde gleich; schlimmstenfalls ließ es auf einen böswilligen Plan schließen, um die Autorität des Kaisers zu untergraben.[74] Es ist insofern kein Wunder, dass die *Daily Telegraph*-Affäre den letzten Rest von Vertrauen zerstörte, der in der Beziehung zwischen Wilhelm und dem Kanzler noch vorhanden war.

Die Krise versetzte auch der Beliebtheit des Kaisers unter seinen Untertanen einen herben Dämpfer.[75] Die Pressekritik, die auf die Veröffentlichung des Interviews in deutscher Sprache folgte, setzte neue Maßstäbe an Schärfe und Radikalität: »Die Presse sämtlicher Parteien hatte die Person des Souverän noch nie so heftig angegriffen.«[76] Wie nicht anders zu erwarten, war Wilhelm aufgebracht über die ungestüme Woge der Kommentare. In einem Brief an Zar Nikolaus vom Mai 1909 beschwerte er sich, dass er den Eindruck habe, man gebe ihm »die Schuld« an den kontinentalen Spannungen, die auf die Annektierung Bosnien-Herzegowinas durch Österreich (im Oktober 1908) gefolgt waren. »Insbesondere die Presse allgemein hat sich auf niederträchtigste Weise mir gegenüber verhalten.«[77] Womöglich hat er damit Recht. Man braucht die Unbedachtheiten Wilhelms keineswegs zu entschuldigen, um zu erkennen, dass es gerade ihretwegen – den Politikern, der Öffentlichkeit ebenso wie den Historikern – verführerisch leicht fiel, dem »Mann an der Spitze« die Schuld an komplexen Problemen und kollektiven Fehlern zu geben. Dass Wilhelms Interview mit Stuart-Wortley dumm und unüberlegt war, liegt auf der Hand; doch die Auffassung, dass es die Beziehungen zwischen Deutschland und einer anderen Macht ernstlich getrübt habe, ist geradezu absurd. In ihrem Zorn über das *Daily Telegraph*-Interview fanden politisch informierte Bürger ein Ventil für eine tief empfundene Angst aufgrund des Abdriftens in eine internationale Isolation, das seit dem Abschied Bismarcks, vor allem aber seit der Marokkokrise von 1905 eingesetzt hatte. Für diese epochale Veränderung der internationalen Stellung Deutschlands kann man jedoch kaum Wilhelm die Schuld geben.

Während der Reichstagsdebatte um die *Daily Telegraph*-Affäre am 10./11. November äußerten einige besonders weltfremde (in diesem Fall linksliberale) Abgeordnete gar die Hoffnung, die Krise werde die Durchsetzung konstitutioneller Beschränkungen für den Monarchen ermöglichen. Doch diese Hoffnung sollte sich nicht erfüllen. Mit wenigen Ausnahmen konzentrierten sich die Parteien mit ihrer Kritik auf Wilhelms persönliche Fehleinschätzungen und ließen grundlegendere Verfassungsfragen außen vor; ein Plan, die Bundesfürsten zu einem förmlichen Protest nach Berlin zu rufen, wurde fallen gelassen. Bülow zögerte, Wilhelm in dieser Frage unter Druck zu setzen – warum kann man sich denken! –, und die Krise verlief wie die meisten Krisen allmählich im Sande, ohne dass sich die politische Landschaft in Deutschland dauerhaft verändert hätte.

Die Auswirkung der *Daily Telegraph*-Affäre auf Wilhelms Gemütszustand ist häufig beschrieben worden: Zwei Wochen lang war der 50-jährige Kaiser von einem »Nervenzusammenbruch« wie gelähmt. Danach hatte er, wie Valentini berichtete, »ein gutes Stück seiner alten Lebensaktivität« verloren und verfiel in eine Stimmung »müder Resignation«.[78] In den folgenden Monaten vermied er öffentliche Erklärungen und hielt sich zurück. Irgendwann brach er unweigerlich sein Schweigen und löste erneut Entrüstungsstürme seitens der mittlerweile äußerst sensibilisierten Presse aus. Im Sommer 1910 ermahnte Wilhelm in einem Trinkspruch anlässlich eines Festessens in Königsberg seine Zuhörer, dass ihm die preußische Krone allein durch Gottes Gnade und »nicht von Parlamenten, Volksversammlungen Volksbeschlüssen« verliehen worden sei, und dass der Kaiser »das auserwählte Instrument des Himmels« sei.[79] Leitartikel in den großen Tageszeitungen stellten mit Bedauern fest, dass der Kaiser die Selbstbeschränkung aufgegeben habe, die er seit den schwarzen Novembertagen von 1908 eingehalten habe; und der Wortlaut der Rede wurde Absatz für Absatz analysiert, wobei die Autoren vor allen Dingen an der schicksalhaften und absolutistischen Rhetorik Anstoß nahmen.[80] Aber schon an dem Ausbleiben größerer Presseskandale in den folgenden Jahren lässt sich ablesen, dass der Kaiser erfolgreich mundtot gemacht worden war.[81] In einem Telegramm an Bethmann stellte Wilhelm wehmütig fest, dass die Presse nunmehr, dank der Machenschaften Bülows, den privilegierten Status eines Schiedsrichters genieße, »mit einem Vorrecht [...] über alle entscheidend mitzureden, zumal über höchste Stellen«.[82]

»Das ganze Leben Wilhelms II. ist eigentlich eine fortgesetzte Stabilisierung seiner Souveränität«, stellte ein kritischer Kommentar 1913 in der linksliberalen Zeitschrift *März* fest. »Wer weiß denn bei uns überhaupt, dass das deutsche Reich eigentlich, nämlich staatsrechtlich, eine Republik und der Kaiser nur ein Zentralbeamter ist?«[83] Bei aller Übertreibung brachte diese provokative Formulierung ein zentrales Problem der Herrschaft Wilhelms II. zur Sprache. Dem kaiserlichen Amt fehlte eine solide Grundlage in der deutschen Verfassung. Die Verfassung sagte kaum etwas über die Rolle und die Vollmachten des Kaisers aus, dessen Amt unter der unscheinbaren Überschrift »Vorsitzender des Bundesrats« erörtert wurde. Dem kaiserlichen Amt fehlte zudem auch eine politische Tradition. In einer berühmten Rede vor dem Reichstag bemerkte der Nationalliberale Friedrich Naumann, dass das deutsche Parlament mangels einer revolutionären Tradition auch ohne den Nimbus einer »Volkslegende« auskommen müsse. Dasselbe könnte man jedoch auch von der Kaiserkrone sagen. Das *Kaisertum* des Hochmittelalters und der frühneuzeitlichen Habsburgischen Reichstradition lagen zeitlich so weit zurück und waren so andersartig, dass sie kaum als glaubwürdiger Vorläufer der Konstellation von 1871 in Frage kamen. Diese fehlende Kontinuität mit früheren politischen und konstitutionellen Realitäten äußerte sich in der geringen Zahl etablierter, zeremonieller Traditionen, die mit dem deutschen Kaiserthron in Verbindung gebracht wurden. Es fand keine Kaiserkrönung statt – das wohl erstaunlichste Manko –, und abgesehen von der Rangordnung, die die Sitzordnung bei Festessen und Hofbanketten festlegte, gab es kaum etwas, was einer kaiserlichen Etikette gleichkam. Die Herrschaft Kaiser Wilhelms I., der sich mit seinem neuen Titel nie wohlgefühlt hatte und weiterhin als preußischer König aufgetreten war, hatte nicht dazu beigetragen, dieses Defizit zu beheben. Im Grunde war Bismarck, und nicht der erste Kaiser, die wichtigste, integrative Persönlichkeit des deutschen Reichs.

Wilhelm II. war jedoch bei der Thronbesteigung entschlossen, die kaiserliche Dimension seines Amtes auszufüllen. Er reiste unablässig durch die deutschen Bundesstaaten; er glorifizierte seinen Großvater als den heiligen Krieger, der dem deutschen Volke ein neues Zuhause gebaut hatte, und er führte neue Feiertage und Gedenkfeiern ein, um sozusagen die konstitutionelle und kulturelle Blöße des Throns in den Mantel einer »nationalen« Geschichte zu kleiden. Sich selbst präsentierte er der deutschen Bevölkerung als die Personifizierung des »Reichsgedankens«. In seinem unablässigen Bemühen, die Kaiserkrone als politische und symbolträchtige Realität in den Köpfen der Deutschen zu verankern, spielten die Reden eine wesentliche Rolle. Sie waren Instrumente der »rhetorischen Mobilmachung«, die dem Kaiser eine einzigartige Stellung im öffentlichen Leben in Deutschland sicherte.[84] Für Wilhelm persönlich boten sie eine gewisse Entschädigung für die politische Beschränkung und Entmachtung, der er so häufig begegnete. Genau genommen waren sie, wie Walther Rathenau, der Autor der wohl tiefsinnigsten Reflexionen über diesen Monarchen, bereits 1919 beobachtete, das wirkungsvollste Instrument seiner kaiserlichen Souveränität.[85]

Welchen Erfolg Wilhelm mit seinen Bemühungen hatte, ist eine andere Frage. Einerseits provozierten die eklatantesten Eskapaden, wie gezeigt, eine Woge feindseliger Kommentare in der Presse, vor allem wenn sie Deutschlands Beziehungen zu anderen Mächten betrafen. Als sichtbarstes (oder hörbarstes) Zeichen der Unabhängigkeit des Souveräns wurden diese Eskapaden zum Brennpunkt der Kritik am »persönlichen Regiment«.[86] Langfristig erodierten sie allmählich den politischen Status der Äußerungen vom Thron. Es kam, vor allem nach 1908, immer häufiger vor, dass die Regierung sich von unerwünschten Reden mit der Begründung völlig distanzierte, dies seien keine bindenden, programmatischen Aussagen, sondern lediglich persönliche Meinungsäußerungen des Monarchen – ein Dementi, das den Schluss nahe legte, dass die politischen Ansichten des Kaisers keine größeren, politischen Konsequenzen hätten.[87] Die Skandale, die den Kaiserthron in den ersten beiden Jahrzehnten der Herrschaft erschütterten, waren nicht einfach willkürliche Störungen, wie plötzliche Gewitterstürme, die gelegentlich im

Hochsommer vorkommen. Ihnen wohnte eine kumulative Logik inne: Es gelang Bismarck, seinen Abschied aus dem Amt im Jahr 1890 als das Werk dubioser Hintermänner auszugeben – eine Metapher, die der damalige Urheber im Eulenburg-Skandal von 1908/09 dann seinerseits verwenden konnte. Das Unbehagen wegen der passiven Haltung der Deutschen gegenüber Südafrika in den neunziger Jahren schwelte weiter und kam in der *Daily Telegraph*-Krise von neuem zum Ausbruch. Mit jedem Skandal traten neue Themen zu Tage, die den politischen Diskurs nachhaltig prägten. Der Militärhistoriker und einstige Hauslehrer des Prinzen Hans Delbrück fasste diese schicksalhafte Dynamik in eine düstere Metapher: Jede neue Empörung sei wie ein Kranz, in den alle bisherigen Irrtümer und Fehltritte des Kaisers eingewoben würden, die im Gedächtnis der Öffentlichkeit gespeichert sind.[88] Wie der Wiener Korrespondent der *Frankfurter Zeitung* im Jahr 1910 treffend beobachtete, enthüllte ein Vergleich zwischen Wilhelm II. und Kaiser Franz Joseph von Österreich-Ungarn, wie kontraproduktiv der allzu häufige Gebrauch öffentlicher Stellungnahmen letztlich war: Der Habsburger sei, so hieß es in dem Artikel, ein »schweigender Kaiser«, der stets zwischen seiner Privatperson und dem öffentlichen Amt klar unterscheide. Niemals habe er das öffentliche Forum für irgendwelche persönlichen Äußerungen benutzt. »Was aber ist das Ergebnis dieser taktvollen Zurückhaltung? Eine Verminderung des kaiserlichen Ansehens etwa? Man mache doch einmal den Versuch, in Österreich vom Kaiser zu reden wie man es in Deutschland an jeder Tafelrunde hört, und man kann etwas erleben, auch von gar nicht in Loyalität getauchten Männern.«[89]

Andererseits ist es bekanntlich schwierig, den Gradmesser der »öffentlichen Meinung« zu treffen, und man sollte sich vor jedem Urteil hüten, dass sich ausschließlich auf Zeitungskommentare stützt – »veröffentlichte Meinung« und »öffentliche Meinung« sind nicht ein und dasselbe. Der Kaiser mag »die Aura eines Souverän, der über jeder Kritik steht«, verloren haben, schrieb ein ausländischer Beobachter in Berlin auf dem Höhepunkt der

Daily Telegraph-Affäre. »Doch bei der persönlichen Ausstrahlung, die er besitzt, wird er in den Augen der Masse seiner Untertanen immer eine enorme Vorrangstellung behalten.«[90] Diese erstaunliche Unverwundbarkeit lässt sich nicht zuletzt durch den Umstand erklären, dass die Beziehung zwischen dem Kaiser und seinem Publikum nicht ausschließlich politisch, im engeren Sinne, war. Andere Elemente seiner Tätigkeit im Amt erregten ebenfalls das Interesse und die Sympathie wichtiger Teile der Öffentlichkeit. In einem viel stärkeren Ausmaß als seine beiden Vorgänger war Kaiser Wilhelm II., wie bereits erwähnt, ein Mann der modernen Wissenschaft, der sich mit renommierten Pionieren des industriellen und technischen Fortschritts umgab und sich öffentlich zu bahnbrechenden Forschungsprojekten bekannte. Freilich könnten diese Leidenschaften, die damals en vogue waren, auch als eine Art Kompensation gedient haben: Immerhin boten Wissenschaft und Technologie allem Anschein nach ein Tätigkeitsfeld, das von den Hindernissen relativ verschont blieb, mit denen er bei seinen Eingriffen in die Exekutive fortwährend zu kämpfen hatte; darüber hinaus waren sie ein Mittel, die Treue jener Teile des Wirtschafts- und Bildungsbürgertums wiederzugewinnen, die seinen Bemühungen, in der Politik den Ton anzugeben, äußerst skeptisch gegenüber standen. Die Authentizität des Engagements Wilhelms steht jedoch außer Frage, ebenso wie die positive Wirkung in der Öffentlichkeit. Wilhelms enge Bekanntschaft mit dem sehr beliebten Grafen Zeppelin, dem Erfinder und Konstrukteur des Luftschiffs, fand ihren Niederschlag in dem Seriendruck von Postkarten, auf denen umkränzte Porträts der beiden Männer auf beiden Seiten der wohl faszinierendsten technischen Neuerung der Zeit zu sehen waren. Eine Berliner Tageszeitung erkannte die Bedeutung der Beziehung zwischen dem Kaiser und dem Grafen und kommentierte treffend: »Was dem Volke teuer ist, das muss auch dem gekrönten Repräsentanten des Volkes teuer sein, und es ist immer gut, wenn ein Monarch sich durch die Tat zu diesem Grundsatz bekennt.«[91]

Wilhelms Anrufungen der göttlichen Vorsehung mögen zur Zielscheibe des Spotts der anspruchsvolleren Zeitungen geworden sein, doch trafen sie einen Nerv bei zahllosen einfachen Deutschen, und viele Protestanten der Mittelschicht unterstützten begeistert seine Bemühungen, die Kaiserkrone wiederum zu sakralisieren.[92] Wilhelm konnte mit vielen aktuellen Entwicklungen in der Kultur des *fin-de-siècle* mit Sicherheit überhaupt nichts anfangen. Er verabscheute die Werke der Berliner Secession – über das düstere Gemälde *Der Grunewaldsee* des Secessionisten Walter Leistikow beschwerte er sich mit den berühmten Worten: »Er hat mir den ganzen Grunewald versaut.«[93] Aber wenn Wilhelms freimütige (und häufig ignorante) Schmähungen der Avantgarde der kulturellen Intelligenz als lächerlich und rückwärtsgewandt erschienen, so kamen sie doch der großen Mehrzahl der Kulturkonsumenten ganz vernünftig vor. Denn auch in ihren Augen musste Kunst eine Form des Eskapismus und der Erbauung bieten.[94] Zudem blieb der Kaiser ein nationales Symbol – nicht zuletzt mangels Alternative, weil das Reich über so wenige echte nationale Symbole verfügte.[95] In Bayern lockten Zeremonien des »Kaiserkultes« (Paraden, Denkmalenthüllungen und Feierlichkeiten von 1913) Zuschauermassen nicht nur aus der Mittelschicht, sondern auch Bauern und Ladenbesitzer an.[96] Selbst innerhalb der sozialdemokratischen Milieus der Industrieregionen bestand offenbar eine Kluft zwischen der kritischen Sichtweise der SPD-Führung und der Masse der SPD-Anhänger, unter denen der Kaiser »als Verkörperung des patriarchalisch-fürsorglichen Prinzips« wahrgenommen wurde.[97] Die von Polizeispitzeln in den Kneipen der Hamburger Arbeiterviertel aufgezeichneten Gespräche enthielten einige abfällige, aber auch viele positive und sogar leidenschaftliche Kommentare zu »unserm Willem«, der wegen seines Einsatzes für den Ausbau der Schiffindustrie gefeiert wurde.[98] Eine – wenn auch bislang kaum ausgelotete – Dimension dieser positiven Resonanz war das öffentliche Bild der Kaiserin, deren authentisches Auftreten und wohltätige Aktivitäten ihr viele Sympathien eintrugen.

Gemeinhin wurde sie als »das geliebteste Mitglied der Königsfamilie« angesehen.[99]

Der »Unterhaltungswert« der Monarchie, der um 1900 durch die Kinematographie noch enorm gesteigert wurde, ist auch nicht zu unterschätzen.[100] Der kaiserliche Hof erkannte rasch das propagandistische Potenzial der neuen Technologie. Von 1890 an gaben Hofbeamte und sogar der Kaiser selbst Filme in Auftrag, die den Monarchen zeigten. Oberhofmarschall August Ludwig Graf zu Eulenburg (nicht zu verwechseln mit seinen Verwandten Philip und Botho) schickte beispielsweise Oskar Messter, einen Pionier der Kinematographie, in den Nahen Osten, um die Palästinareise des Kaisers zu filmen – das daraus hervorgegangene Material wurde im ganzen Reich gezeigt und war ein enormer Erfolg. Von 1905 an beauftragte der Kaiser seinen eigenen Fotografen Theodor Jürgensen, nicht nur Stapelläufe und andere Marineereignisse, an denen der Kaiser offiziell teilnahm, zu filmen, sondern auch – eine Neuheit in der Geschichte der monarchischen Selbstdarstellung – Szenen aus dem Alltagsleben an Bord der Jacht *Hohenzollern*, im Sommerpalast auf Korfu und zu Hause im Berliner Schloss. Die von Jürgensen aufgenommenen Sequenzen wurden von einem großen Filmverleih verwaltet und an Hunderten von Schauplätzen im ganzen Reich gezeigt. Sie gestatteten es dem Kaiser, sich in einer ganzen Palette privater Rollen zu präsentieren: als Familienvater, in der Freizeit und im Urlaub. Hier wurde ein Band zwischen Monarchie und Massenunterhaltung geschmiedet, das noch heute Bestand hat. Die familiäre Dimension der Monarchie blieb ihrerseits ebenfalls ein wichtiger Brennpunkt für sentimentale Bindungen.[101] Im Jahr 1913 war die Hochzeit zwischen Wilhelms Tochter Prinzessin Viktoria Luise und Ernst August III. von Hannover ein öffentliches Schauspiel; das mit einer frühen Form des Farbfilms aufgezeichnete und von Millionen Menschen im ganzen Reich bewunderte Spektakel bot den Massen womöglich das letzte Mal vor Ausbruch des Krieges die Gelegenheit, sich mit einem Ereignis im Leben des Monarchen emotional zu identifizieren. Selbst die kritischeren

Zeitungen anerkannten die bemerkenswerte, psychologische Wirkung dieser Schauspiele auf die Zuschauermassen vor Ort und in den Kinosälen. Beträchtliche (wenn auch nicht genau quantifizierbare) Reserven des »kaiserlich-royalistischen Kapitals« bestanden immer noch in der deutschen Gesellschaft. Die gesellschaftlichen Transformationen und politischen Unruhen eines Weltkriegs waren nötig, um sie ganz zu beseitigen.

7
Von der Krise zum Krieg: 1909–1914

Je mehr wir uns dem Ausbruch des Ersten Weltkriegs nähern, desto schwieriger wird es, den Einfluss Wilhelms auf die Ereignisse zu beurteilen. Die Darstellung seiner Herrschaft überschneidet sich an diesem Punkt mit einer der komplexesten und verzweigtesten Diskussionen in der Geschichtsschreibung des modernen Europa. Es ist unmöglich, Wilhelms Rolle zu bewerten, ohne zumindest ansatzweise folgende Themenkomplexe zu streifen: die Diskussion um den Charakter der deutschen Diplomatie während der Balkankrisen, um das Wesen und die Bedeutung der deutschen »Kriegsplanung« vor 1914, um den deutschen Beitrag zur Eskalation des österreichisch-serbischen Konflikts von 1914 und schließlich um die gescheiterten Versuche, eine Katastrophe zu verhindern, als der Krieg unmittelbar bevorstand. Überdies tritt ein Problem der Wahrnehmung auf, während die Katastrophe vom August 1914 näher rückt: Jede kriegerische Randnotiz, jeder Aufruf zu einer Steigerung der Ausgaben für Marine oder Heer scheint – im Rückblick –, einen unheilvollen Beiklang zu haben. Wie Gegenstände, die sich dem Gravitationsfeld eines Schwarzen Lochs nähern, gewinnen Entscheidungen, schriftliche Kommentare, sogar dahin geworfene Bemerkungen an Gewicht, oder zumindest scheint uns das aus unserem Blickwinkel im Nachhinein so. Deshalb ist es doppelt so wichtig, Wort und Tat in den historischen Kontext einzubetten. Diese allgemeine Beobachtung gilt, wie wir noch sehen werden, ganz besonders für Wilhelm II.

Wilhelm, Österreich-Ungarn und der Balkan

In der Kette diplomatischer Konflikte, welche die europäische Diplomatie im letzten Jahrzehnt vor dem Krieg in Unruhe versetzten, drohte aus zwei Regionen besonders große Gefahr: aus Marokko und dem Balkan. An Nordafrika hatte Wilhelm nie großes Interesse gezeigt. Die Balkankrisen hingegen, die 1914 schließlich im Kriegsausbruch kulminierten, warfen Fragen auf, die schon seit langem zentraler Bestandteil seiner Auffassung von einer effektiven und ehrenhaften deutschen Außenpolitik waren. Wolfgang Canis und Lamar Cecil haben betont, mit welcher Konsequenz Wilhelm den Österreichern versicherte, dass er sie bei ihren unzähligen Verwicklungen auf dem Balkan unterstützen werde.[1] Mit Blick auf das katastrophale Resultat von 1914, als Deutschland an der Seite Österreichs in den Krieg zog, hat Canis die These aufgestellt, dass man Wilhelms langfristige Bindung an den österreichischen Bündnispartner als eine verhängnisvolle Belastung für die deutsche Politik und als Beweis der »für das Reich existenziell gefährlichen Kontinuität der Macht des Kaisers« werten müsse.[2] Diese Einschätzung wird jedoch nicht durch Wilhelms Beteiligung an den verschiedenen Balkankrisen der Vorkriegsphase bestätigt. Sein Engagement für die österreichische Politik in der Region war keineswegs unkritisch, und seine Bereitschaft, deutsche Unterstützung anzubieten, schwankte je nachdem, wie berechtigt die österreichischen Forderungen und wie groß die damit verbundenen Risiken in seinen Augen waren.

Im Oktober 1908 brach die erste große »Balkankrise« aus, als Österreich-Ungarn überraschend ankündigte, dass es Bosnien und die Herzegowina annektieren werde. Dieser Schritt hätte eigentlich gar keine kontinentale Krise auslösen müssen; immerhin waren die Territorien zu der Zeit bereits seit drei Jahrzehnten von Österreich verwaltet worden. Die förmliche Eingliederung in den gesetzlichen Rahmen des Habsburger Reiches war mit

Russland als Teil komplexer Geheimverhandlungen zwischen dem österreichischen Außenminister Alois von Aehrenthal und seinem russischen Gegenüber Alexander Iswolski bereits vereinbart worden. Zur Krise kam es vor allem deshalb, weil Aehrenthal die Meldung von den Annektierungsplänen publik machte, bevor die Russen Zeit gehabt hatten, die eigene Presse auf eine Maßnahme vorzubereiten, die im eigenen Land mit Sicherheit heiß diskutiert werden würde. Angesichts der Woge der Empörung über die Preisgabe »slawischer Brüder« an die Habsburger dementierte der in die Ecke gedrängte Iswolski, dass er sich zuvor mit Aehrenthal bereits geeinigt hatte.[3] Das Ergebnis war eine österreichisch-russische Krise, die die Beziehungen zwischen den beiden Bündnisblöcken belastete. Die Entwicklung gipfelte in der »Petersburger Note« vom März 1909, in der die deutsche Regierung Russland warnte, Österreich weiterhin zu drohen. Die Franzosen wollten sich nicht festlegen, und deshalb gaben die Russen am Ende nach und Iswolski trat zurück. Das Ultimatum von 1909 vertiefte nach allgemeiner Meinung die Isolation der Mittelmächte und förderte dadurch die Abhängigkeit des Deutschen Reichs vom österreichischen Partner.

Vor allen Dingen befürchtete Wilhelm, als er von der Entwicklung erfuhr, dass die Annektierung womöglich als Startschuss zu einer allgemeinen Aufteilung des Osmanischen Reichs auf dem Balkan wahrgenommen werden könnte. Er bezeichnete die österreichische Demarche abschätzig als »einen Fähnrichsstreich«, der den »europäischen Rekord« für diplomatische Destabilisierung gebrochen habe.[4] Die »furchtbare Dummheit Aehrenthals«, kommentierte er am 7. Oktober, habe die deutsche Politik in ein Dilemma gebracht, so dass »[wir] die Türken, unsere Freunde nicht beschützen und ihnen nicht beistehen dürfen«.[5] Tatsächlich war die Vermutung, dass Wilhelm sich gegen eine Annexion aussprechen würde, der Grund für die Entscheidung der Österreicher, ihn nicht im Voraus über ihr geplantes Vorgehen zu informieren. Als Wilhelm Aehrenthal im Mai 1909 zur Rede stellte, weil man ihn nicht im Voraus konsultiert hatte, erwiderte der Außenminister ganz offen: Er »hätte es deshalb nicht getan, weil er von der Annahme ausgegangen wäre, der Kaiser würde in Anbetracht seiner alten, freundschaftlichen Beziehungen zum [türkischen] Sultan ihm, dem Minister, von dem Vorgehen abgeraten haben.«[6]

Schließlich unterstützte Wilhelm die Annexion notgedrungen als einen *fait accompli,* teils weil Bülow ihm so eindringlich die Gründe, die dafür sprachen, auseinander setzte, teils weil der Stand der öffentlichen Meinung in Europa und die Schwäche der Argumentation Russlands wenig Anlass zu der Annahme gaben, dass eine andere Macht die Russen gegen Österreich-Ungarn unterstützen würde. Immerhin hatte das deutsche Auswärtige Amt seit geraumer Zeit gewusst, dass Aehrenthal und Iswolski irgendetwas miteinander aushandelten. Deshalb hatten sie auch keinen Grund, die russischen Proteste ernst zu nehmen.[7] Kaum war die Bosnienkrise in die Schlagzeilen gelangt, da stolperte Wilhelm jedenfalls in die *Daily Telegraph*-Affäre vom November. Die darauffolgende Neutralisierung des Kaisers als Faktor in der Politik hatte zur Folge, dass im März 1909, als die Krise ihren Höhepunkt erreichte, die Initiative bei der Gestaltung der deutschen Beziehungen zu Russland fest in den Händen von Bülow und dem Auswärtigen Amt lag. Wie während der Marokkokrise drei Jahre zuvor verfolgten sie das Ziel, das Bündnissystem der Entente aufzubrechen, indem sie ein Mitglied isolierten und unter Druck setzten.

Mit anderen Worten, die Bosnienkrise von 1908 bestätigt keineswegs die Anschauung, dass eine bedingungslose Unterstützung seitens Wilhelms für die österreichische Balkanpolitik eine »existenzielle Gefahr« für das deutsche Reich darstellte. Im Wesentlichen lässt sich dasselbe auch von der nächsten Episode in der Reihe sagen: von der Balkankrise 1912. Der Erste Balkankrieg, wie er später genannt wurde, brach am 8. Oktober 1912 aus, als vier Staaten (Serbien, Bulgarien, Montenegro und Griechenland), angespornt von den Russen, dem Osmanischen Reich den Krieg erklärten. Nach einer Reihe von Siegen gegen die Türken meldeten die vier Kriegsparteien Ansprüche auf verschiedene Regionen des ehemaligen Osmanischen Reichs an. Am heikelsten war die Forderung Serbiens, zusätzlich zu erheblichen Territorien, die es bereits besetzt hatte, einen Zugang zur Adria durch das ehemals osmanische Albanien zu bekommen. Da die Russen diese Forderung unterstützten, Österreich-Ungarn jedoch energisch dagegen protestierte, entstand ein gefährliches Patt. Falls die Serben, indem sie an ihrer Forderung festhielten, eine österreichische Militärintervention in Albanien provozieren sollten, bestand die Gefahr, dass Russland seinerseits intervenierte. In diesem Fall hätte das deutsche Reich seinen Bündnisverpflichtungen nachkommen müssen.

In seiner politischen Biografie des Kaisers vertritt Willibald Gutsche die Ansicht, aus den Reaktionen Wilhelms auf den Ersten Balkankrieg gehe hervor, dass er im Sommer und Herbst 1912 »unter wachsendem Druck monopolistischer und militärischer Kreise [begann], auf einen außenpolitischen Kurs einzuschwenken, der einen Weltkrieg nunmehr ernsthaft ins Kalkül zog«. Zur Untermauerung dieser These verweist Gutsche auf zwei Quellen: Die erste ist ein Auszug aus Wilhelms Randnotizen, in dem er feststellt, dass »die Orientfrage mit Blut und Eisen gelöst werden [muss]. Aber in einer für uns günstigen Periode. Das ist jetzt!« Die zweite ist eine Randnotiz, in der Wilhelm die Ansicht äußert, dass er, falls Russland Franz Joseph zwingen sollte, in den Krieg zu ziehen, bereit sei, »den Casus foederis [Bündnisfall] in vollstem Maße mit allen Consequenzen durchzuführen«.[8]

Es stimmt zwar, dass Wilhelm bei verschiedenen Gelegenheiten die Ansicht äußerte, dass die Balkanfrage nur mit »Blut und Eisen« gelöst werden könne (einer von vielen Fällen, in denen er sich naiv Bismarcks Sprache aneignete), doch es deutet nichts darauf hin, dass er glaubte, dass *deutsches* Blut oder *deutsches* Eisen dabei eine Rolle spielen würden. In einem Bericht vom 2. Oktober 1912 an Kanzler Bethmann Hollweg meldete ein Beamter in Wilhelms Gefolge, dass ein Konflikt auf dem Balkan in den Augen des Kaisers unvermeidlich sei. Er vertrete aber zugleich die Meinung, »dass wir uns von jeder Beeinflussung der Balkanstaaten fernhalten und den Dingen ihren Lauf lassen« sollten.[9] Zwei Tage danach begründete Wilhelm seine Ansicht in einer vierseitigen Denkschrift. Er führte aus, dass (Punkt eins) eine Intervention, um »den Frieden [zu] wahren«, kontraproduktiv wäre, weil sie den Hass der Bevölkerung in den Balkanstaaten gegen die Großmächte in der Region erregen und die bestehenden Autoritätsstrukturen destabilisieren würden. Ferner liege es (Punkt zwei) im Interesse Deutschlands, wenn diese Konflikte zu einem Zeitpunkt ausbrächen, zu dem Russland und Frankreich militärisch noch nicht bereit seien, ihn als Vorwand für einen Konflikt mit Deutschland zu nutzen. Darüber hinaus sei es (Punkt drei) nur natürlich und legitim, wenn die Balkanstaaten ihre Kräfte gegen die dem Untergang geweihten, europäischen Territorien der Türkei einsetzten. Und schließlich empfahl er (Punkt vier), dass die Großmächte von einer Intervention in den Konflikt absehen und stattdessen einen »Ring bilden, in dem der Kampf sich abspielt und zu bleiben hat«. Sein abschließender Kommentar lautete: »Man lasse die Leute nur ruhig machen. Entweder sie kriegen Keile oder erteilen sie; danach ist immer noch Zeit zum Sprechen. Die Orientfrage muss mit Blut und Eisen gelöst werden! Aber in einer für uns günstigen Periode! Das ist jetzt!«[10]

Wohl kaum eine Passage veranschaulicht besser, wie wichtig der Kontext für das Verständnis der politischen Äußerungen Wilhelms ist. Auch wenn aus seinen Ansichten zur Rechtmäßigkeit des Konflikts auf dem Balkan ein primitiver Sozialdarwinismus durchscheint, den wir verabscheuen mögen, so lässt sich daraus keineswegs ein Plädoyer für eine deutsche Intervention herauslesen, wie Gutsche behauptet. Im Gegenteil: Wilhelm untersagte dem Auswärtigen Amt am 4. November ausdrücklich, sich an irgendwelchen Aktionen zu beteiligen, welche »die Bulgaren-Serben-Griechen in ihrem berechtigten Siegeslauf hemmen« würden.[11] Der Balkankrieg sei, so Wilhelm, Teil einer weltgeschichtlichen Entwicklung, die die mittelalterlichen Grenzen der Ausbreitung des Islam in Europa wieder zurückdränge. Überdies vertrat er die Auffassung, wenn man es den Staaten des Balkanbundes gestatte, sich auf Kosten der Türkei zu konsolidieren, so könnte das langfristig die Entstehung eines relativ stabilen Bundes politischer Einheiten auf dem Balkan ermöglichen: die »Vereinigten Staaten des Balkans«, wie er sie in einer weiteren Randnotiz nannte. Auf diese Weise könnte ein Staatswesen entstehen, das nicht nur imstande wäre, den Konflikt zwischen Österreich und Russland in der Region zu dämpfen, sondern auch einen starken, regionalen Markt für deutsche Exporte zu bieten.[12]

Das erklärt, weshalb Wilhelm anfangs so wenig Begeisterung für die österreichischen Proteste gegen serbische Bemühungen im Herbst 1912 zeigte, sich einen Zugang zur Adria zu verschaffen, indem sie Teile oder das ganze ehemals osmanische Albanien besetzten. »Ich sehe absolut keine Gefahr für Österreich's [sic!] Existenz oder gar Prestige in einem serbischen Hafen an der Adria«, schrieb er am 7. November an Kiderlen-Wächter. »Ich halte es für bedenklich, sich ohne Not dem Serbischen [sic!] Wunsche entgegenzustemmen.« Er hielt überdies eine gemeinsame Aktion gegen Serbien nach den deutschen Bündnisverpflichtungen weder für erforderlich noch für gerechtfertigt:

> Eine so weit gehende Verpflichtung entspricht nicht dem Geist des Dreibundes, der a limine den Bestand des wirklichen Besitzes zu gewährleisten bestimmt war. [...] Gewiss ist manche Veränderung auf dem Balkan, die durch den Krieg bedingt wird, für Wien recht unbequem und auch unerwünscht, aber keine so entscheidend, dass wir uns ihretwegen der Gefahr einer Kriegerischen [sic!] Verwicklung aussetzen dürfen, das würde ich weder vor meinem Volk noch vor meinem Gewissen verantworten können. 1908 war es etwas ganz Anderes, als es sich dabei um einen wirklichen Bestandteil, der schon lange Österreich angegliedert war, handelte.[13]

Zwei Tage danach, am 9. November, unterstrich Wilhelm nochmals, dass er »wegen Albanien und Durazzo unter keinen Umständen gegen Paris und Moskau marschieren werde«. Das

Auswärtige Amt wurde angewiesen, den Österreichern vorzuschlagen, Albanien zu einem halb-unabhängigen Fürstentum unter einem serbischen Prinzen zu erklären.[14] Eine weitere Denkschrift vom 11. November führte aus, wie absurd die ganze Lage sei: »Es muss also Deutschland in einen Existenzkampf mit drei Großmächten eintreten, bei dem alles aufs Spiel gesetzt werden muss und eventuell es untergehen kann. Das erfolgt alles, weil Österreich die Serben nicht in Albanien oder Durazzo haben will.« Er fügte hinzu, dass der Dreibund den Österreichern keinen Anspruch auf ein »bedingungsloses Mitgehen in Reibungen über den Besitz anderer« verleihen würde. Deutschland sei verpflichtet, Österreich zu Hilfe zu kommen, wenn Letzteres von Russland angegriffen werde, aber nur unter der Bedingung, dass Österreich nicht selbst die Russen zum Angriff provoziert habe. Eine solche Provokation könne sich lediglich wegen der serbischen Frage ergeben, bemerkte Wilhelm, »und das muss Wien unbedingt vermeiden«. Falls Österreich also bereit wäre, den Serben Zugeständnisse zu machen, und die Russen dennoch Österreich weiter provozieren sollten, dann würde in ganz Europa der Verdacht aufkommen, dass die Russen die serbische Frage lediglich als Vorwand für eine aggressive, gegen das Habsburger Reich gerichtete Politik benutzten. Nur unter diesen Bedingungen wäre eine deutsche Mobilisierung zur Unterstützung Österreichs ratsam.[15]

Folglich ist es falsch zu behaupten, dass nach den Ereignissen Anfang Oktober 1912 »im Denken des Kaisers [...] Mars die Stunde« regierte und dass er jetzt »die Initiative zur unmittelbaren Orientierung auf kriegerisches Vorgehen« ergriff.[16] Aber Wilhelm akzeptierte natürlich weiterhin, dass Deutschland verpflichtet war, Wien im Fall einer russischen Aggression gegen Österreich-Ungarn zu unterstützen. Ende November 1912 rückte dieser Fall allem Anschein nach immer näher. Heinrich Graf von Tschirschky, der deutsche Botschafter in Wien, unterstrich in einem Telegramm vom 21. November den großen Ernst der Lage: Der österreichische Kriegsminister General Moritz von

Auffenberg habe ihm mitgeteilt, dass die Habsburger Monarchie »sonst in Stücke gehen« werde, wenn Wien jetzt nicht »freie Hand gegen Serbien« habe. Wilhelm fügte eine Randnotiz an: »Es kann der Europ[äische] Krieg werden und für uns event[uell] ein Existenzkampf mit drei Großmächten; es kommt darauf an, dass wir über [die Positionen von] London und Paris ein klares Bild erhalten.«[17]

Hier wurde ein Thema angesprochen, das die Stellungnahmen und Argumente vom Juli 1914 bereits vorwegnahm. Gegen Ende November 1912 war Wilhelm allem Anschein nach zunehmend überzeugt, dass der österreichische Wunsch nach einer entscheidenden Abrechnung mit den Serben legitim sei. Seine Bereitschaft, eine deutsche Intervention zu unterstützen, war jedoch an zwei Bedingungen geknüpft: erstens musste Österreich die angegriffene Partei sein, und zweitens durfte keine Gefahr bestehen, dass andere, nicht beteiligte Mächte intervenierten. Somit hing alles von der Haltung der Westmächte, insbesondere Großbritanniens ab. In einer Note an Kiderlen-Wächter vom 21. November stellte Wilhelm mit Befriedigung fest: »Aus ganzer Europ[äischer] Presse – besonders der Englischen – geht hervor, dass allgemein Österreich als der Provocirte Theil [sic!] angesehen wird.« Er fügte hinzu, dass er bereit wäre, einen deutschen Beistand gutzuheißen für den Fall, dass russische »Gegenmaßregeln oder Vorstellungen erfolgen, welche Kaiser Franz Joseph zwingen, den Krieg zu eröffnen«. Aber diese Zusage war dennoch an eine Bedingung geknüpft; ein ausdrücklicher Verweis auf seine früheren Anweisungen vom 9. November machte deutlich, dass er immer noch unter keinen Umständen »wegen Albanien gegen Paris oder Moskau marschieren« werde. Die deutschen Botschafter mussten folglich dringend ausloten, ob »Paris unter solchen Umständen unbedingt sogleich mit Russland geht und auf welche Seite England sich stellt«.[18] Bei einer Geheimkonferenz mit Erzherzog Franz Ferdinand und anderen hohen, österreichischen Vertretern am 22. November wiederholte Wilhelm seine Bereitschaft, einen Krieg gegen Russland wenn nötig in

Kauf zu nehmen, wies allerdings auch nachdrücklich darauf hin, dass es beim derzeitigen Rüstungsstand der russischen Armee äußerst unwahrscheinlich sei, dass ein isoliertes St. Petersburg einen solchen Konflikt riskieren werde.[19]

Wilhelms Haltung wich folglich von der des deutschen Generalstabschefs Helmuth von Moltke ab, der damals bereits ganz offen von einer »tatkräftigen offensiven Aktion parallel mit der unsern« schwärmte, bei der die Niederwerfung Frankreichs oberste Priorität haben müsse.[20] Im Gegensatz zu Moltke, der offenbar aktiv, wenn auch mit Unterbrechungen, einen Kontinentalkrieg herbeisehnte, hatte Wilhelm einen lokal begrenzten Krieg vor Augen, dessen Ausweitung verhindert werden musste. Es wäre jedoch falsch, aufgrund seiner Äußerungen gegenüber den Österreichern Ende November den Schluss zu ziehen, dass er das Risiko eines Krieges begrüßt hätte. Im Winter 1912 war es nämlich so gut wie unvorstellbar, dass die Briten und Franzosen für die Durchsetzung serbischer Ansprüche in den Krieg ziehen würden, die gemeinhin als unverschämt, überzogen und unhaltbar angesehen wurden.[21] Unter diesen Bedingungen war es auch extrem unwahrscheinlich, dass die Russen, deren Unterstützung für die serbische Position in Wirklichkeit äußerst wankelmütig war, ihrerseits einen Angriff Österreich-Ungarns riskierten. Mit anderen Worten, Wilhelm konnte mit einem sehr geringen Risiko diese Zusage machen – tatsächlich wäre mit Blick auf die Sicherheit der Schaden womöglich noch größer gewesen, wenn man die Zusage verweigert hätte.

Wie sich zeigte, waren Wilhelms Reaktionen auf die Krise für den eigentlichen Verlauf der Ereignisse eher irrelevant. Die Anweisung, die Haltung in Paris und London zu sondieren, wurde missachtet, und die Zusage an Franz Ferdinand wurde durch offizielle Signale seitens Bethmann Hollweg und Kiderlen-Wächter (der sogenannte »kalte Wasserstrahl« vom 25. November 1912) aufgehoben, dass die deutsche Regierung eine gemeinsame Lösung der Balkankrise durch die Mächte vorziehen würde.[22] Wilhelm akzeptierte diese Umorientierung der Politik. Anfang

Dezember hatten die Serben eingewilligt, sich an die Beschlüsse einer Botschafterkonferenz in London zu halten, und die Russen bestanden nicht länger auf einem serbischen Korridor zur Adria. Die Konflikte, die im Ersten Balkankrieg ausgebrochen waren, wurden später (zumindest vorübergehend) im Mai 1913 mit dem Frieden von London geschlichtet.

Vorsätzlicher Krieg?

Kaum war die Krise wegen Albanien allmählich überstanden, da heizte Kanzler Bethmann Hollweg mit einer Rede im Reichstag unbeabsichtigt das politische Klima an. Er warnte, falls Österreich-Ungarn überraschend von Russland angegriffen werde, dann werde Deutschland an der Seite Österreichs kämpfen, und zwar mit der Unterstützung des ganzen deutschen Volkes. Es ist nicht klar, weshalb Bethmann Hollweg einen so provokativen Ton wählte. Was immer er sich gedacht haben mochte, die Rede löste eine Krise in den englisch-deutschen Beziehungen aus. Einen Tag nach der Rede sprach die britische Regierung ihrerseits unvermutet eine Warnung aus. Dem deutschen Botschafter in London Fürst Lichnowsky wurde vom britischen Kriegsminister Richard Haldane mitgeteilt, falls Deutschland wegen der Unterstützung für Österreich-Ungarn in einen Krieg mit Russland und Frankreich hineingezogen werden sollte, so werde Großbritannien an der Seite Frankreichs kämpfen. Erst einige Tage später las Wilhelm einen Bericht von Lichnowsky, der diese Warnung weiterleitete. Die Nachricht löste bei ihm eine Mischung aus Panik und Empörung aus. Er rief sofort eine Gruppe hoher Militärs aus Heer und Marine, darunter Generalstabschef Moltke und die drei Admiräle Tirpitz, Heeringen und Müller um 11 Uhr vormittags zu sich in den Königspalast. Die Bedeutung dieses Treffens wird noch heute heiß diskutiert; es bleibt die wohl umstrittenste Episode der Herrschaft Wilhelms.

Von dem Treffen am 8. Dezember wurde kein Protokoll angefertigt, aber mehrere Überlieferungen sind erhalten, auch die eines Teilnehmers: des Chefs des Marinekabinetts Admiral Georg Alexander von Müller. Laut dieser Version umriss Wilhelm die Implikationen der Nachricht Lichnowskys und konzentrierte sich dabei auf vier Kernpunkte: a) im Fall eines Kriegs auf dem Kontinent besteht keine Hoffnung auf britische Neutralität; b) deshalb wird Russland im Fall eines Kriegs gegen Serbien nicht allein kämpfen müssen; c) da Großbritannien ebenfalls zu Deutschlands Feinden zählen wird, muss die Kriegsmarine auf die Auseinandersetzung mit der britischen Flotte vorbereitet werden (Tirpitz muss deshalb den Bau der Unterseeboote forcieren); d) der Kaiser teilte die Einschätzung Moltkes, der einen Krieg »für unvermeidbar« hielt, »je eher desto besser. Wir sollten aber durch die Presse besser die Volksthümlichkeit eines Krieges gegen Russland im Sinne der Kaiserl.[ichen] Ausführungen vorbereiten.«[23]

Wie ist diese plötzliche Verhärtung in der Position des Kaisers zu erklären? Wilhelm hatte lange Zeit angenommen, dass Großbritannien neutral bleiben würde, falls das Deutsche Reich in einen Krieg gegen Frankreich und Russland verwickelt würde. Das war wichtig, weil die deutsche Diplomatie dadurch offenbar einen gewissen Spielraum in der serbischen Frage erhielt. Wenn die Briten höchstwahrscheinlich nicht Frankreich beistanden, dann würden auch die Franzosen mit einer geringeren Wahrscheinlichkeit wegen der serbischen Ambitionen in Albanien oder anderswo einen Krieg an der Seite Russlands riskieren. Und das verringerte wiederum die Aussicht auf eine russische Intervention gegen Österreich im Fall eines Konfliktes mit den Serben ganz entscheidend. In den deutschen Kriegsplänen schlug sich diese wahrgenommene Pluralität der militärischen Optionen nieder: Neben dem gegen Westen gerichteten Schlieffen-Plan, der für den Fall eines Zweifrontenkriegs entwickelt worden war, sah die deutsche Planung von 1912 auch die Alternative eines Ostfeldzugs gegen Russland allein vor, falls Russland Österreich angreifen sollte, ohne dass Frankreich das Zarenreich unterstützte. Und selbst wenn die Franzosen intervenierten, so ging man davon aus, dass es gelingen würde, Großbritannien aus dem Konflikt herauszuhalten. Mit dieser Option im Hinterkopf hatte Wilhelm einen Plan für die Marine vom 3. Dezember 1912 gebilligt, die Aktionen der deutschen Flotte gegen Frankreich so zu begrenzen, dass Großbritannien auf keinen Fall provoziert wurde.[24] Wenn Wilhelm chronisch überempfindlich auf unfreundliche Signale aus Großbritannien reagierte, so lag das nicht zuletzt daran, dass das Königreich in seinen Augen (und da war er nicht allein!) der Dreh- und Angelpunkt des kontinentalen Systems war, dessen Diplomatie einzigartigen und maßgeblichen Einfluss auf das Kräftegleichgewicht hatte.

Angesichts dieser Sorgen ist es wohl kein Wunder, dass Wilhelm so schockiert auf Haldanes Warnung an Lichnowsky reagierte. Die Aussicht, einen Krieg ausschließlich gegen Russland zu führen, erschien nunmehr illusorisch, genau wie ein Zweifrontenkrieg ohne Großbritannien. Dieser Umstand war um so alarmierender, weil er unmittelbar dem Rat widersprach, den Wilhelm unlängst von seinen höchsten Beratern erhalten hatte. Über die unvermittelte Einengung der deutschen Perspektiven war er so sehr beunruhigt, dass die britische Warnung in seinen Augen bereits einer »moralischen Kriegserklärung« gleichkam.[25] Der »Existenzkampf mit drei Großmächten«, der Wilhelms Albtraum gewesen war, schien nunmehr unmittelbar bevorzustehen. Wie John Röhl gezeigt hat, sprach aus seinen Äußerungen in den Tagen nach dem Treffen vom 8. Dezember eine tiefe Bitterkeit über die, in seinen Augen, unbegreifliche Perfidie der britischen Politik. Haldanes Ermahnungen würden, so teilte er dem österreichischen Thronfolger Erzherzog Franz Ferdinand mit, die »nackte Schamlosigkeit« der britischen Politik der *»balance of power«* enthüllen, die in Wahrheit auf ein »Ausspielen der Großmächte gegeneinander zum Vorteil Englands« hinauslief.[26]

Die Historiker sind sich nicht einig, wie dieser »Kriegsrat«, wie der nicht eingeladene Bethmann Hollweg ihn sarkastisch nannte, zu bewerten ist. John Röhl ist genau wie Fritz Fischer, Immanuel Geiss und andere der Ansicht, dass der Kriegsrat vom Dezember 1912 nicht nur die weiterhin zentrale Stellung des Kaisers im Entscheidungsprozess belegte, sondern auch den Weg für einen umfassenden Kriegsplan frei machte. Dazu gehörte es unter anderem, die Marine, das Heer, die deutsche Wirtschaft und die öffentliche Meinung auf einen Krieg einzustimmen und so die Auslösung eines vorsätzlichen Konfliktes vorzubereiten.[27] Andere hingegen, darunter Wolfgang J. Mommsen, Dieter Groh und Klaus Hildebrand, werten das Treffen als eine reflexartige Reaktion auf eine internationale Krise und haben die Auffassung verworfen, dass das deutsche Militär und die politische Führung von da an den Countdown zu einem im Voraus geplanten, europäischen Krieg begonnen hätten.[28] Während Röhl die Abwesenheit Bethmann Hollwegs und Kiderlen-Wächters als Beweis für eine unheilvolle Vorrangstellung des Militärs über die zivilen Entscheidungsträger an der Spitze des deutschen, politischen Systems wertet, stufen seine Gegner das Fehlen des Kanzlers lediglich als Hinweis auf den untergeordneten Status des Treffens ein und heben hervor, dass die dort getroffenen »Entscheidungen« keine wesentlichen, praktischen Konsequenzen hatten. Erwin Hölzle vertritt sogar die These, dass nicht Wilhelm, sondern Bethmann Hollweg die Hauptfigur des Dramas vom 8. Dezember gewesen sei: »Die Nullifikation kam von der politischen Leitung. Bethmann wies den Kaiser in seine Schranken.«[29]

Welche Seite hat Recht? Einzelne Aspekte beider Positionen lassen sich durch die vorliegenden Quellen stützen. Röhl hebt zu Recht die zentrale Stellung Wilhelms innerhalb des deutschen Verfassungssystems hervor (kein anderer hätte so ein Treffen einberufen können) und weist auf die Radikalität der Ansichten hin, die von den anwesenden Generälen und Admirälen vertreten wurden. Das Treffen enthüllte – auch wenn das im Grunde nichts Neues war –, wie fest etabliert das Konzept des Präventivkriegs in der Führung der deutschen Streitkräfte war. Außerdem deckte es auf, wie groß die Kluft zwischen der militärischen und der zivilen Führung mittlerweile geworden war. Während Bethmann Hollweg mit seiner Diplomatie weiterhin die Ziele verfolgte, Großbritannien zu versöhnen und Russland zu isolieren, konzentrierten sich die Kriegspläne des Militärs bereits auf den »unvermeidbaren« Krieg im Westen – der »Mobilmachungsplan Ost« wurde im Jahr 1913 aufgegeben.[30]

Dennoch: Admiral Müller schloss seine Version von der Diskussion mit der Beobachtung, dass das Ergebnis des Treffens »so ziemlich 0 [Null]« gewesen sei. Und das wird von den weiteren Ereignissen augenscheinlich auch bestätigt. Das Heeresgesetz von 1913 war keine Folge des Treffens; offiziell hatte das Projekt bereits im November 1912 grünes Licht bekommen, und die vorgeschlagene Ausweitung war ohnehin längst überfällig.[31] Es folgte kein nationaler Propagandafeldzug, und die Beweise für eine konzertierte Regierungsanstrengung, um die Wirtschaft auf Krieg umzustellen, sind immer noch überaus dürftig.[32] Was die Abwesenheit Bethmanns und Kiderlens betrifft, so hatte das vermutlich weniger mit der Vorrangstellung des Militärs über die zivile Gewalt zu tun, als mit Wilhelms Eindruck, dass die beiden Männer einen schwerwiegenden Fehler begangen hatten, weil sie so felsenfest an der Ansicht festhielten, dass Großbritannien in einem kontinentalen Konflikt neutral bleiben würde.[33]

Der »Kriegsrat« vom 8. Dezember blieb eine Episode: Anfang Januar war die Krisenstimmung in Berlin bereits verflogen, und Wilhelm hatte seine Ruhe wiedergefunden. Bethmann Hollweg redete ihm Pläne für ein aufgestocktes Flottenprogramm aus, und als im April/Mai 1913 auf dem Balkan eine neue Krise ausbrach, weil die Serben die albanische Stadt Skutari besetzten, wurde deutlich, dass Wilhelm weiterhin sämtliche Schritte ablehnte, die einen Krieg auslösen könnten.[34] Die Vorrangstellung der zivilen vor der militärischen Führung blieb noch bestehen; Moltkes wiederholte Aufrufe zu einem Präventivkrieg stießen auf taube Ohren. Dieser Zustand blieb dem streitbaren General Erich von Falkenhayn nicht verborgen, der in einem Brief vom Januar 1913 beobachtete, dass die politische Führung – auch Wilhelm selbst – aufgrund eines irrigen Glaubens an die Möglichkeit eines dauerhaften Friedens Moltke in seinem »Kampf« mit dem Kaiser um eine aggressivere Außenpolitik »allein« lasse.[35] Nach dem Schock vom Dezember bewertete Wilhelm die Chancen auf eine langfristige Einigung mit Großbritannien ambivalent und zunehmend pessimistisch, aber er hatte die Hoffnung noch nicht aufgegeben. Aus seinen Äußerungen im Jahr 1913 geht hervor, dass er einen englisch-deutschen Krieg immer noch für »undenkbar« hielt. Außerdem vertraute er weiterhin darauf, dass die militärische Stärke Deutschlands Russland von einer bewaffneten Intervention in einem Konflikt zwischen Österreich und Serbien abschrecken würde.[36]

Wilhelm, ein Kriegshetzer?

Im Herbst 1913 war die serbische Frage dringender als je zuvor. Im Juni 1913 war erneut ein Krieg auf dem Balkan ausgebrochen; der Konflikt endete mit dem Frieden von Bukarest vom 10. August 1913, der dem serbischen Königreich beachtliche neue Territorien zuschlug, aber auch die Unabhängigkeit Albaniens bestätigte. Die Lage blieb extrem angespannt, vor allen Dingen weil die Serben unbedingt mehr wollten, als man ihnen bereits zugestanden hatte. Als in Albanien ein Aufstand ausbrach, marschierten serbische Truppen ein, um ihn niederzuschlagen, und schon bald zeigte sich, dass ein weiterer Vorstoß Serbiens nach Albanien und an die Adria drohte. Am 18. Oktober forderten die Österreicher in einem Ultimatum den Abzug aller serbischen Truppen aus Albanien.

Wie reagierte Wilhelm auf diese neue Balkankrise? Er begrüßte das Ultimatum und stellte in einer Randbemerkung fest: »Es muss mal da unten Ordnung und Ruhe geschafft werden.« Darüber hinaus äußerte er die Hoffnung, dass die Serben, wenn sie die gestellten Bedingungen nicht erfüllten, womöglich einen geeigneten Vorwand für einen österreichischen Schlag gegen die serbische Armee in Albanien lieferten.[37] In einem Gespräch mit dem österreichischen Außenminister Leopold Graf von Berchtold am 26. Oktober 1913 versicherte er diesem überschwänglich, dass, »was immer vom Wiener Auswärtigen Amte komme, für ihn [also Wilhelm] ein Befehl sei«.[38] Das war gewiss eine übertriebene und unbedachte Äußerung; mit Blick auf die späteren Entwicklungen erscheint sie, wie Klaus Hildebrand bemerkt, als »lebensgefährliche Kurzsichtigkeit«.[39] Aber es wäre falsch, sie durch die Brille des Juli/August 1914 zu interpretieren, weil sie in einem Kontext gesagt wurde, in dem eine deutsche Unterstützung für das betreffende, österreichische Vorgehen – ein Ultimatum, das die Serben aus Albanien vertrieb – ohne Gefahr für Deutschland oder für den europäischen Frieden angeboten werden konnte: Im Herbst 1913 waren die Großmächte sich völlig einig, dass Serbiens Ansprüche auf einen Teil Albaniens unberechtigt waren, und unterstützten Österreich-Ungarn in seinem Protest dagegen. Selbst Sergej Sasonow, der russische Außenminister, räumte ein, dass »Serbien an den Ereignissen, die zu dem aktuellen Ultimatum geführt hatten, mehr Schuld trage, als gemeinhin angenommen werde«. St. Petersburg versuchte auch unverzüglich, die Serben zum Einlenken zu bewegen.[40]

Dennoch lässt sich nicht leugnen, dass es bei Wilhelms großspuriger, aggressiver und sorgloser Wortwahl nicht schwer fällt, ihn als eingefleischten Kriegshetzer darzustellen. Ohne weiteres kann man unzählige Zitate finden, die Willibald Gutsches Auffassung untermauern, dass der Kaiser »seit der Jahreswende 1913/14 nur noch auf eine günstige Gelegenheit [wartete], den Krieg in der von militärischer und ziviler Führung vorgesehenen Form, nämlich als Defensivkrieg getarnt, […] zu beginnen«.[41] Gutsche zitiert etliche schriftliche und mündliche Äußerungen Wilhelms aus den letzten zwölf Monaten vor dem Ausbruch des Ersten Weltkriegs, die anscheinend seine These belegen: 1. Im Dezember 1913 belastete die Ernennung des deutschen Generals Otto Liman von Sanders zum Kommandeur des türkischen

Ersten Heereskorps in Konstantinopel die deutsch-russischen Beziehungen. Nachdem Wilhelm einen Bericht zu dem Thema gelesen hatte, erklärte er in einer Randnotiz: »Es handelt sich um unser Ansehen in der Welt, gegen das von allen Seiten gehetzt wird! Also Nacken steif und Hand ans Schwert!«[42] 2. Auf einen Bericht vom 11. März von Botschafter Graf Friedrich von Pourtalès in St. Petersburg schrieb Wilhelm: »Als Militair hege ich nach allen Meinen Nachrichten nicht den allergeringsten Zweifel, dass Russland den Krieg systematisch gegen uns vorbereitet; und danach führe ich meine Politik.«[43] (Gutsche wertet diese Äußerung als Beweis, dass Wilhelm zu diesem Zeitpunkt bereits das Programm eines Präventivkriegs, das der Generalstabschef Moltke verfocht, voll verinnerlicht hatte.) 3. Am 11. Juni 1914 erklärte Wilhelm angeblich bei einem Besuch Franz Ferdinands in dessen Palast in Konopischte bei Prag, wenn die Österreicher »nicht [gegen Serbien] losgingen, würde sich die Lage verschlimmern.«[44] 4. In einem viel zitierten Gespräch mit dem Hamburger Bankier Max Warburg am 21. Juni 1914 stellte Wilhelm dem Vernehmen nach die Frage, »ob es nicht besser wäre, loszuschlagen, anstatt zu warten«.[45]

Solche Puzzleteile lassen sich ohne weiteres zu einer programmatischen Aussage zusammenfügen, die anscheinend keinen Zweifel an den kriegerischen Absichten des Kaisers aufkommen lässt. Aber sie stellen uns auch vor methodische Schwierigkeiten: Da ist zum einen das Problem, dass man sorgfältig unterscheiden muss zwischen spontanen Meinungsäußerungen und programmatischen Stellungnahmen, die sich unmittelbar auf die politische Linie auswirken können. Kann eine ärgerliche oder allzu streng formulierte Randnotiz als Beitrag gewertet werden, der die Politik unmittelbar beeinflusste? In Anbetracht des Ablaufs der außenpolitischen Entscheidungsprozesse in der wilhelminischen Ära erscheint dies, in der überwiegenden Mehrzahl der Fälle, äußerst zweifelhaft; dasselbe gilt erst recht für Äußerungen bei einem Festmahl. In vielen Fällen spürt man geradezu das Missverhältnis zwischen der Sorglosigkeit, mit der Wilhelm die

Äußerungen von sich gab, und der Ernsthaftigkeit, mit der sie von Historikern zitiert werden.

Ein weiteres und viel grundlegenderes Problem ist der Kontext. Denn erst der Kontext verleiht einem Sprechakt eine bestimmte Bedeutung und macht die zugehörige Motivation begreiflich. Wie wichtig dieser Vorbehalt ist, wird deutlich, wenn man die oben zitierten Bemerkungen genauer betrachtet: Im ersten Fall geht aus dem Kontext des Dokuments hervor, dass die an den Rand gekritzelte Floskel eine kriegerische Metapher ist, keine buchstäbliche Aufforderung, sich auf einen Krieg vorzubereiten. Sie bezieht sich auf die Notwendigkeit, angesichts der russischen Proteste standhaft zu bleiben; und sie enthält keinen Hinweis – weder implizit noch explizit – auf militärische Komplikationen, und das wäre mit Blick auf die in dem Dokument angesprochenen Themen auch völlig unangemessen gewesen.[46] Jedenfalls schlug Wilhelm nur fünf Tage danach, in seinem Kommentar zu einem weiteren Bericht des Botschafters in Konstantinopel, einen viel versöhnlicheren Ton an: »Man solle sich Russ[ischer] Seits [sic!] gedulden, wir würden schon allmählich dafür sorgen, dass Russ[ische] Besorgnisse zerstreut, und erfüllbare, mit dem Prestige der Türkei vereinbare Wünsche Russlands, seitens der Türkei berücksichtigt würden.«[47]

Und die unter 2. dokumentierte Äußerung bekundet wohl kaum eine Entscheidung für einen Präventivkrieg, auch wenn sie veranschaulicht, wie alarmiert Wilhelm über Berichte war, die das Ausmaß und die antideutsche Ausrichtung der aktuellen, russischen Aufrüstung betreffen. Darüber hinaus spricht aus ihnen seine Entschlossenheit, sich auf das Schlimmste gefasst zu machen.[48] Was die vielzitierte Äußerung gegenüber Max Warburg angeht (4.), so beendete der Bankier seine Darstellung von dem Gespräch beim Festessen mit der abschließenden Bemerkung: »Ich hatte nicht den Eindruck, dass er [der Kaiser] ernstlich an einen Präventivkrieg dachte […]«[49]

Wenn sich Wilhelm ernsthaft auf die Vorstellung eines Präventivkriegs gegen Russland oder gegen Russland und Frankreich festgelegt hätte, dann sollte man meinen, dass die Quellen dies in der Form von Gesten dokumentierten, die einen Kurs der offenen Provokation stützten. Genau diese Absicht wird Wilhelm von Willibald Gutsche im Fall des dritten Zitats unterstellt. Aber auch hier stoßen wir auf Probleme: Es ist kein Transkript von dem Treffen zwischen Wilhelm und Franz Ferdinand in Konopischte im Juni 1914 erhalten. Gutsches Zitat stammt aus einer Darstellung aus dritter Hand, die angeblich vom Erzherzog über einen Oberst Metzger an Franz Conrad von Hötzendorf, den österreichischen Generalstabschef, weitergegeben wurde. Letzterer dokumentierte die Äußerung dann in seinen Tagebüchern.[50] Aber Metzgers Darstellung steht im Widerspruch zu der völlig anderen Version, die der Erzherzog dem österreichischen Kaiser überbrachte. Laut dieser Schilderung, die in Hötzendorfs Erinnerungen ebenfalls erwähnt, von Gutsche aber nicht zitiert wird, hatte der Kaiser den Erzherzog gebeten, »vom Deutschen Kaiser die Erklärung zu verlangen, ob wir auch in Hinkunft unbedingt auf Deutschland rechnen können«. Der Erzherzog berichtete, dass die Ergebnisse des Treffens enttäuschend waren: »Der deutsche Kaiser sei der Frage ausgewichen und die Antwort schuldig geblieben.«[51]

Gute Gründe sprechen für diese Version der Ereignisse, weil sie mit der allgemeinen Tendenz in Wilhelms Kommunikation mit den Österreichern zu Serbien in den letzten zwölf Monaten vor Kriegsausbruch übereinstimmt. Statt eindringlich aggressive oder provokative österreichische Aktionen gegen die Serben zu fordern, konzentrierte sich Wilhelm durchweg auf diplomatische Lösungen, die mit einem geringen Risiko verbunden waren. In einem Gespräch mit dem österreichischen Botschafter in Berlin vom Oktober 1913 räumte er beispielsweise ein, dass Serbien die regionale Vorrangstellung der Habsburger Monarchie akzeptieren müsse, doch seine konkreten Empfehlungen für die Österreicher waren ausnahmslos friedfertig. Der Botschafter berichtete nach Wien: »Seine Majestät stelle sich die Lösung des Problems in der Weise vor, dass wir Serbien an uns heranziehen durch alles, was sie dort brauchen, das ist (1) Geld (vom König angefangen seien alle für Geld zu haben), (2) Militärische Ausbildung, (3) Handelsbegünstigungen.« Erst wenn alle diese Schritte scheiterten, wären die Österreicher berechtigt, Gewalt einzusetzen, um die Serben zum Einlenken zu zwingen.[52]

Ein Bericht des österreichischen Gesandten in München vom 16. Dezember 1913 gab ein ähnliches Gespräch wieder, in dem Wilhelm erklärte, dass der Schlüssel zu einer erfolgreichen Diplomatie gegenüber Serbien die Bereitschaft Österreichs sei, auch Zugeständnisse zu machen: »Aber auch heute könnte Graf Berchtold meines Erachtens dort [in Belgrad] festen Fuß fassen, wenn er etliche Millionen flott opfert und den Serben das Theresianum [die angesehenste Militärakademie der Habsburger Monarchie] sowie Akademien und Anstalten und sonstige Gunstgelegenheiten, die der Zukunft vorarbeiten, [für serbische Kandidaten] breit öffnen würde.«[53] Genau dasselbe Thema – dass die Monarchie danach trachten sollte, Frankreich zu verdrängen, indem sie anbot, Serbiens Finanzkrise mit vorteilhaften Krediten zu lindern – kam in einer weiteren Diskussion der Balkanfrage mit Szögyényi am 12. März 1914 zur Sprache.

Wilhelm sprach sich so konsequent für eine Politik der friedlichen Koexistenz mit Serbien aus, dass seine Wiener Gesprächspartner frustriert waren über die offensichtliche Unfähigkeit des Kaisers, den Ernst der Gefahr zu erkennen, die der Monarchie von Belgrad drohte. Zu den zentralen Bemühungen der österreichischen Diplomatie in Berlin im Herbst 1913 und im Frühjahr 1914 zählte das Bestreben, das deutsche Bewusstsein für die Schwierigkeiten zu schärfen, die einer friedlichen Lösung des Streits mit Serbien im Wege standen. Aber trotz all dieser Bemühungen beklagte sich Kaiser Franz Joseph in einer Order an Berchtold vom 16. Mai 1914: »Trotzdem scheint man sich in Berlin von dem Gedanken einer politischen Annäherung Österreich-Ungarns und Serbiens […] noch nicht frei gemacht zu haben.« In dieser Hinsicht werde Wilhelm als besonderer Problemfall angesehen, beobachtete der Kaiser, da aus seinen aktuellen Äußerungen zum Thema hervorgehe, dass er keinerlei Fortschritte bei der Korrektur seiner falschen Auffassung von der serbischen Frage gemacht habe. Die Note schloss mit der Anweisung, Ausschnitte aus der chauvinistischen, serbischen Presse nach Berlin zu schicken und dem Kaiser vorzulegen, damit er sich ein Bild von der unnachgiebigen, anti-habsburgischen Stimmung der serbischen, politischen Kreise machen konnte.[54] Die österreichischen Bemühungen hatten jedoch wenig Erfolg: Noch am 1. Juli 1914, also drei Tage nach dem Attentat von Sarajevo, drängte der ungarische Regierungschef István Tisza Kaiser Franz Joseph, einen geplanten (aber später abgesagten) Besuch Wilhelms in Wien »allergnädigst benützen zu wollen, um die Eingenommenheit dieses hohen Herrn für Serbien an der Hand der letzten Ereignisse zu bekämpfen und ihn zur tatkräftigen Unterstützung unserer Balkanpolitik zu bewegen«.[55]

Folglich wäre es falsch, die öffentlichen Beteuerungen Wilhelms seiner friedlichen Absichten – die bekannteste in seiner Jubiläumsansprache vor den Reichstagsabgeordneten am 16. Juni 1913 – einfach als »scheinheilige« Tarnung für eine grundsätzlich kriegerische Diplomatie zu verwerfen. Wilhelm schlug auch bei weniger öffentlichen Anlässen die gleiche Saite an. Zu Admiral Müller sagte er etwa, er wünsche, dass seine Herrschaft eine Zeit der Konsolidierung sei, nicht der Expansion.[56] In einem Gespräch mit dem badischen Gesandten Graf Siegmund Berckheim am 11. März 1914 stellte Wilhelm fest, dass größte Zurückhaltung und Vorsicht die allgemeinen Grundsätze der deutschen Politik sein müssen, und versprach, dass er, der Kaiser, ganz gleich in welcher Situation niemals einen Präventivkrieg führen werde. Am Abend desselben Tages bestätigte Baron Max von Lyncker, der Chef des Militärkabinetts, voller Bedauern, dass der Kaiser weiterhin von den militärischen Argumenten für das Ergreifen des gegenwärtig günstigen Augenblicks, den »unvermeidbaren« Konflikt zu beginnen, unbeeindruckt geblieben sei.[57] Im selben Monat beobachtete Gevers, der niederländische Gesandte in Berlin, dass der Kaiser »viel zu häufig mit der Welt der Finanzen und Industrie in Kontakt stehe«, um die »wahrhaft katastrophalen Konsequenzen eines europäischen Konflikts« auf die leichte Schulter zu nehmen. Unlängst habe er einen »völlig pazifistischen Standpunkt« in seinen Gesprächen mit dem italienischen Botschafter vertreten.[58] Somit ist es auch kein Wunder, dass der deutsche Botschafter in Wien am 16. März 1914, als Conrad von Hötzendorf die Möglichkeit eines frühen Krieges gegen Russland ihm gegenüber zur Sprache brachte, dagegen einwandte: Zwei wichtige Personen seien dagegen: »Ihr Erzherzog Franz« Ferdinand und »mein Kaiser«.[59]

Juli 1914

Die Nachricht von dem Mord in Sarajevo am 28. Juni 1914 erreichte Wilhelm an Bord der königlichen Jacht *Hohenzollern.* Nach Rücksprache mit seinen Beratern stimmte er zu, dass die Jacht unverzüglich nach Berlin zurückkehren solle, damit er die Sache selbst in die Hand nehmen und den Frieden in Europa bewahren könne.[60] Am 2. Juli übermittelte ein Bericht des deutschen Botschafters in Wien vom 30. Juni die österreichische Anschauung, dass das Attentat in Belgrad geplant worden sei, und teilte die Beobachtung mit, dass in Wien »auch bei ernsten Leuten« die Ansicht vorherrsche, dass »einmal gründlich mit den Serben abgerechnet werden« müsse. Den Serben müsse man zunächst »eine Reihe von Forderungen stellen und falls sie diese nicht akzeptieren, energisch vorgehen«. Tschirschky fügte hinzu: »Ich benutze jeden solchen Anlass, um ruhig, aber sehr nachdrücklich und ernst vor übereilten Schritten zu warnen.« In seinen Randnotizen auf diesem Dokument sprach sich Wilhelm für die Auffassung aus, dass eine Abrechnung mit den Serben bitter nötig sei, und fügte die Worte hinzu: »jetzt oder nie«. Gegen Tschirschkys Bemühungen, Wien von einem energischen Durchgreifen abzuhalten, protestierte er scharf: »Tschirschky soll den

Unsinn gefälligst lassen! Mit den Serben muss aufgeräumt werden, *und* zwar *bald!*«[61]

Mehrere Standardwerke über die Julikrise haben Wilhelms Bemerkungen auf diesem Dokument als wichtigen Meilenstein für die Radikalisierung der deutschen Diplomatie nach Sarajevo gewertet: »Sein [Wilhelms] drastisch formulierter Wunsch, mit den Serben ›bald‹ aufzuräumen, seine Parole ›Jetzt oder nie‹ lieferten«, laut Immanuel Geiss, »die entscheidenden Stichworte für die weitere deutsche Politik in der Julikrise. [...] diesmal wirkten die Randbemerkungen wie ein kaiserlicher Befehl. [...] Nachdem sich der Kaiser auf die Seite des Generalstabs geschlagen hatte, folgte die politische Führung nach alter deutscher Tradition den Befehlen des Monarchen.«[62] Es ist jedoch fraglich, ob diese Randnotizen überhaupt als »Befehle« im eigentlichen Sinn betrachtet werden können. Einmal ganz abgesehen von der Frage, ob Wilhelms Randbemerkungen jemals die Bedeutung von »Befehlen« hatten, in dem Sinne, dass sie Vorrang vor einem ermittelten Konsens unter den zuständigen Ministern erhalten hätten, gibt es keinerlei Anzeichen dafür, dass Wilhelms Notizen eine Verhärtung der Linie ausgelöst hätten, die Botschafter Tschirschky in Wien einnahm. Am 2. Juli, also dem Tag, an dem Wilhelm dessen Bericht zu Gesicht bekam und kommentierte, bestätigte der Botschafter bereits die Notwendigkeit eines »rücksichtslosen Vorgehens«, womöglich unter dem Einfluss gefälschter, österreichischer Berichte, dass ein zwölfköpfiger, serbischer Mördertrupp auf dem Weg zu einem Anschlag auf den Kaiser in Berlin abgefangen worden sei.[63] Was seine eigenen Kommentare zu Serbien anging, betonte Wilhelm nachdrücklich, dass die Österreicher selbst entscheiden müssten, wie sie auf das Attentat reagieren wollten, »da es lediglich Österreichs Sache ist, was es hierauf zu thun gedenkt.«[64]

Wilhelms nächster Auftritt in der Krise kam am 5. Juli, als in Berlin ein Schreiben von Kaiser Franz Joseph eintraf, in dem er seine Sichtweise und die der österreichischen Regierung von dem Attentat und seinen Folgen für die Zukunft der Doppelmonarchie darlegte. Der Brief und ein beigefügtes Memorandum wurden Wilhelm im Neuen Palais in Potsdam vom österreichischen Botschafter Szögyényi überreicht. Laut Szögyényis Schilderung las Wilhelm rasch beide Dokumente durch und bemerkte danach, dass er »eine ernste Aktion unsererseits [Wiens] gegen Serbien erwartet habe«, dass er aber auch berücksichtigen müsse, dass ein solches Vorgehen durchaus »eine ernste, europäische Komplikation« herbeiführen könne. Deshalb wolle er »vor einer Beratung mit dem Reichskanzler keine definitive Antwort erteilen«. Dann zog er sich zum Mittagessen zurück.

Nach dem Déjeuner, als ich nochmals Ernst [sic!] der Situation mit großem Nachdrucke betonte, ermächtigte mich Seine Majestät, unserem Allergnädigsten Herrn [Franz Joseph] zu melden, dass wir auch in diesem Falle auf die volle Unterstützung Deutschlands rechnen können. Wie gesagt müsse er vorerst die Meinung des Reichskanzlers anhören, doch zweifle er nicht im geringsten daran, dass Herr von Bethmann Hollweg vollkommen seiner Meinung zustimmen werde. Insbesonders gelte dies betreffend einer Aktion unsererseits gegenüber Serbien. Nach seiner (Kaiser Wilhelms) Meinung muss aber mit dieser Aktion nicht zugewartet werden. Russlands Haltung werde jedenfalls feindselig sein, doch sei er hierauf schon seit Jahren vorbereitet, und sollte es sogar zu einem Krieg zwischen Österreich-Ungarn und Russland kommen, so könnten wir davon überzeugt sein, dass Deutschland in gewohnter Bundestreue an unserer Seite stehen werde. Russland sei übrigens, wie die Dinge heute stünden, noch keineswegs kriegsbereit und werde es sich gewiss noch sehr überlegen, an die Waffen zu appellieren. [...] wenn wir aber wirklich die Notwendigkeit einer kriegerischen Aktion gegen Serbien erkannt hätten, so würde er (Kaiser Wilhelm) es bedauern, wenn wir den jetzigen, für uns günstigen Moment unbenützt liessen.[65]

Nachdem Szögyényi gegangen war, berief Wilhelm eine Sitzung aller hohen politischen und militärischen Berater ein, die er kurzfristig erreichen konnte, und las ihnen die österreichischen Botschaften vor. Anschließend fragte er Falkenhayn, inzwischen

Kriegsminister, ob die Armee »für alle Fälle bereit« sei. Falkenhayn bestätigte dies.

Wilhelms Antwort auf die österreichische Botschaft ist als Deutschlands »Blankoscheck« für Wien in die Geschichtsschreibung von 1914 eingegangen. Insofern als diese ansonsten irreführende Metapher ein Beistandsversprechen für den Bündnispartner bezeichnet, umschreibt sie die Absichten Wilhelms auch zutreffend. Der deutsche Kaiser war überzeugt, dass die Österreicher das Recht hatten, Schritte gegen Serbien einzuleiten, und dass sie dies ohne Angst vor russischen Einschüchterungsversuchen tun sollten. Problematischer ist jedoch die These, dass Wilhelm die österreichischen Botschaften überinterpretiert und Zusagen gemacht habe, die über die österreichischen Absichten hinausgingen, und dass er damit den Krieg einen entscheidenden Schritt näher rücken ließ.[66] Es stimmt zwar, dass Franz Josephs Schreiben nicht ausdrücklich von »Krieg« gegen Serbien sprach, doch es ließ den Leser in keinem Zweifel, dass Wien selbst die radikalsten Maßnahmen in Betracht zog. Zum Beispiel betonte der österreichische Kaiser, dass »eine Versöhnung des Gegensatzes« nicht länger möglich sei und dass das Problem nur gelöst werde, wenn Serbien »als politischer Machtfaktor am Balkan ausgeschaltet ist«.[67] Auf jeden Fall war Graf Alexander Hoyos, der hohe Regierungsvertreter, der die kaiserliche Note nach Berlin überbracht hatte, selbst ein Fürsprecher einer Militäraktion; und er hatte auch die Aufgabe, die Deutschen über die Anschauungen des österreichischen Außenministeriums zu instruieren, das einem Krieg durchaus nicht abgeneigt war.[68] Sein Gespräch mit Arthur Zimmermann im Auswärtigen Amt in Berlin, in dessen Verlauf Hoyos von einer möglichen »Aufteilung« Serbiens sprach, ließ jedenfalls keinen Zweifel an dem Ernst der österreichischen Absichten.[69]

Wie schätzten nun die Männer, die im »Potsdamer Rat« vom 5. Juli versammelt waren, das Risiko ein, dass ein russischer Angriff auf Österreich Deutschland in einen Krieg an zwei oder, noch wahrscheinlicher, drei Fronten verwickeln würde? Einige

Historiker waren der Ansicht, dass Wilhelm und seine Militärberater die Krise, die sich über Sarajevo zusammenbraute, als eine *Gelegenheit* betrachteten, unter für Deutschland günstigen Bedingungen einen Konflikt mit den anderen Großmächten herbeizuführen. Das Militär hatte sich in den letzten Jahren wiederholt für einen Präventivkrieg ausgesprochen, und es war mit Blick auf die anhaltende Steigerung der militärischen Bereitschaft der Entente durchaus vernünftig anzunehmen, dass sich das Verhältnis der militärischen Schlagkraft schon bald zu Ungunsten von Deutschland und Österreich-Ungarn verschieben würde. Sollte es so weit kommen, lag die Vermutung nahe, dass Deutschland nie wieder die Möglichkeit erhalten würde, die sich vergrößernde Kluft bei der Rüstung zu der Entente zu schließen.[70]

Mit großer Wahrscheinlichkeit spielten solche Argumente bei den Überlegungen der deutschen Führung im Hintergrund eine Rolle, in dem Sinne, dass sie das wahrgenommene Risiko relativierten, das mit einem potenziellen Konflikt zwischen Deutschland und zwei oder mehr Großmächten verbunden war.[71] Auf der anderen Seite liegt aber auch auf der Hand, dass Wilhelm eine russische Intervention weder für wahrscheinlich hielt, noch provozieren wollte.[72] Am 2. Juli hatte Salza Lichtenau, der sächsische Gesandte in Berlin berichtet: Obwohl hohe Militärs erklärten, dass »wir es zum Kriege jetzt, wo Russland noch nicht fertig [sei], kommen lassen sollten«, halte er es für unwahrscheinlich, dass der Kaiser diese Ansicht übernehme. Am nächsten Tag stellte der sächsische Militärbevollmächtigte in einem Bericht fest, dass sich der Kaiser, im Gegensatz zu denen, die einen Krieg je eher desto besser für »günstig« hielten, »für die Erhaltung des Friedens ausgesprochen haben« soll.[73] Wilhelms Adjutant General Hans von Plessen, der an dem Treffen vom 5. Juli teilnahm, notierte in sein Tagebuch: »Bei uns herrschte die Ansicht [...] dass die Russen – obwohl Freunde Serbiens – doch nicht mitmachen.«[74] Auf Falkenhayns Frage hin, »ob irgendwelche Vorkehrungen zu treffen seien« für die Möglichkeit eines Konflikts unter Großmächten, verneinte der Kaiser dies folglich. Das Zögern der Deutschen, militärische Vorbereitungen zu treffen, das noch bis Ende Juli ein Kennzeichen des deutschen Krisenmanagements blieb, spiegelte womöglich zum Teil das Vertrauen der Armee auf den bestehenden Bereitschaftszustand wieder. Es zeugte, wie David Stevenson darlegt, aber auch davon, dass die deutsche Führung »am liebsten den Konflikt auf den Balkan beschränkt hätte, selbst wenn sie dadurch ihre Bereitschaft aufs Spiel setzte, falls die Eingrenzung scheitern sollte«.[75]

In den ersten Juliwochen war Wilhelm allem Anschein nach noch zuversichtlich, dass der Konflikt lokal begrenzt werden konnte. Am Morgen des 6. Juli sagte er zu dem geschäftsführenden Staatssekretär für die Marine Admiral Eduard von Capelle, »er glaube nicht an größere kriegerische Verwicklungen. Der Zar werde sich in diesem Falle nach seiner Ansicht nicht auf die Seite der Prinzenmörder stellen. Außerdem seien Russland und Frankreich nicht kriegsbereit.« Andere hohe Militärs instruierte er ganz ähnlich.[76] Damit wollte er keineswegs nur den starken Mann markieren: Wilhelm war schon seit langem der Meinung, dass es noch einige Zeit dauern würde, bis die Russen in der Lage wären, einen Militärschlag zu riskieren, auch wenn sie ihre militärischen Vorbereitungen inzwischen intensiviert hatten. So hatte er bereits Ende Oktober 1913, im Zuge der Albanienkrise, Szögyényi gesagt, dass Russland ihm im Augenblick keinen Anlass zur Besorgnis gebe; »für die nächsten sechs Jahren könne man von der Seite sicher sein«.[77]

Diese Anschauung gab den Tenor des deutschen Generalstabs und anderer Berichte wieder, die ernüchternde Prognosen für das Wachstum der russischen Truppenstärke, Feuerkraft und die Steigerung des Mobilisierungstempos bis 1917 oder später machten, aber so gut wie einhellig eine Gefahr von Russland in absehbarer Zeit ausschlossen. Berichte, die von unabhängigen Quellen im März 1913 und Januar 1914 an Wilhelm und seinen Stab weitergeleitet wurden, bestätigten ebenfalls, dass Zar Nikolaus förmlich jede russische Beteiligung an einem militärischen Konflikt in den kommenden fünf bis sechs Jahren ausgeschlossen hatte. Diese Ansicht vertraten Wilhelm und die militärische Elite auch noch in den ersten Juliwochen 1914.[78] Als die Möglichkeit einer Aktion gegen Serbien zum ersten Mal zur Sprache gebracht worden war, äußerte Botschafter Tschirschky in Wien größere Bedenken wegen einer Intervention Italiens oder Rumäniens als wegen der Reaktion aus St. Petersburg.[79] Da Wilhelm keine »ernsten Komplikationen« befürchtete und am liebsten seinen geplanten Nordseetörn vor Skandinavien antreten wollte, fiel es Bethmann Hollweg nicht schwer, ihn zur Abreise aus Berlin zu überreden. Er verließ am 6. Juli deutschen Boden, in Begleitung der Nordseeflotte, die an der norwegischen Küste Manöverübungen durchführen wollte. Später sollte er Bethmann Hollweg vorwerfen, dass er ihn in der entscheidenden Phase der Krise von Berlin fern gehalten habe.[80]

Nach einigen angenehmen Tagen auf der alljährlichen Kieler Regatta, wo der Kaiser so manche gesellige Stunde mit Offizieren der Royal Navy verbrachte, segelte Wilhelm zu der norwegischen Küstenstadt Balholm weiter, wo er bis zum 25. Juli vor Anker blieb. Von hier aus schickte er am 14. Juli eine erste persönliche Antwort auf Franz Josephs Schreiben vom 2. Juli. Der Brief, der sich möglicherweise an einem vom Auswärtigen Amt vorgelegten Entwurf orientierte, wiederholte die frühere Beistandserklärung und schimpfte über die »wahnwitzigen Fanatiker«, deren »panslawistische Hetzarbeit« den »staatlichen Bau« der Doppelmonarchie bedrohe, erwähnte aber mit keinem Wort einen Krieg. Wilhelm erklärte: »Ich muss davon absehen, zu der zwischen Deiner Regierung und Serbien schwebenden Frage Stellung zu nehmen.« Allerdings betrachte er es als eine »moralische Pflicht aller Kulturstaaten«, der antimonarchistischen »Propaganda der Tat mit allen Machtmitteln entgegenzutreten«. Der Rest des Briefes verwies jedoch ausschließlich auf diplomatische Initiativen in der Balkanregion, um das Entstehen eines antiösterreichischen »Balkanbundes unter russischer Patronanz« zu verhindern. Der Brief schloss mit den besten Wünschen zur raschen Erholung von dem Trauerfall.[81]

Aus Wilhelms Kommentaren auf staatlichen Dokumenten, die ihn auf der Jacht erreichten, geht hervor, dass er genau wie viele führenden Politiker und Militärs ungeduldig auf eine Entscheidung aus Wien wartete.[82] Seine Hauptsorge war anscheinend, dass die Gunst der weltweiten Empörung über das Attentat verspielt würde, wenn man zu viel Zeit vertändelte, oder dass die Österreicher völlig den Mut verlieren würden. Die Österreicher ließen sich freilich Zeit mit einer Entscheidung, anfangs wegen Meinungsverschiedenheiten in der Führung und später wegen der Sorge, dass die Stellung eines Ultimatums möglichst erst nach dem für 20. bis 23. Juli geplanten Besuch des französischen Präsidenten und des Regierungschefs in St. Petersburg erfolgen sollte. Unterdessen blieb die deutsche Regierung, laut dem sächsischen Gesandten in Berlin, entschlossen, die Österreicher nicht zu entmutigen, nahm aber auch davon Abstand, sie offen zu einer bestimmten Vorgehensweise zu drängen.[83] Wilhelm hörte um den 15. Juli mit Freuden, dass ein »energischer Entschluss« in Wien unmittelbar bevorstehe. Er bedauerte lediglich, dass es zu einer weiteren Verzögerung kommen werde, bevor die österreichischen Forderungen Belgrad übergeben wurden.[84]

Am 19. Juli wurde Wilhelm jedoch durch ein Telegramm an die *Hohenzollern* von dem Staatssekretär für auswärtige Beziehungen Gottlieb von Jagow in einen Zustand »höchster Erregung« versetzt. Das Telegramm enthielt nichts wesentlich Neues; die Ankündigung, dass nunmehr für den 23. Juli ein Ultimatum geplant sei und dass Maßnahmen getroffen werden sollten, damit der Kaiser für den Fall erreichbar sei, dass »nicht vorherzusehende Ereignisse auch für uns wichtige Entscheidungen (Mobilmachung) benötigen sollten«, führte Wilhelm jedoch das potenzielle Ausmaß der inzwischen drohenden Krise vor Augen.[85] Er gab sofort Befehl, dass die Hochseeflotte einen geplanten Landgang in Skandinavien absagen und sich stattdessen für die unverzügliche Abreise bereit halten sollte. Seine Befürchtung war verständlich, in Anbetracht der Tatsache, dass die britische Flotte ausgerechnet zu diesem Zeitpunkt eine

Mobilmachungsübung durchführte und folglich bereits in hohem Grade kampfbereit war. Aber Bethmann Hollweg und Jagow vertraten zu Recht die Ansicht, dass dies lediglich Verdacht erregen und die Krise verschärfen würde, indem die Briten womöglich auf ihre Demobilisierung verzichteten. Am 22. Juli überstimmte die deutsche Regierung Wilhelm und seinen Marinestab und ordnete an, dass der Besuch in Norwegen wie geplant stattfinden solle. Diplomatische Prioritäten hatten immer noch Vorrang vor strategischen Überlegungen.[86]

Ungeachtet der steigenden Spannung blieb Wilhelm zuversichtlich, dass eine größere Krise vermieden werden konnte. Als man ihm am 25. Juli eine Kopie des österreichischen Ultimatums für Belgrad vorlegte, kommentierte er: »Was, das ist doch einmal eine forsche Note!« Wilhelm war offensichtlich genau wie viele in seinem Gefolge der Meinung gewesen, dass die Österreicher es am Ende nicht wagen würden, Serbien herauszufordern. Auf den Hinweis Admiral Müllers, das Ultimatum bedeute, dass ein Krieg unmittelbar bevorstehe, widersprach Wilhelm ihm vehement. Die Serben würden niemals einen Krieg gegen Österreich riskieren, behauptete er. Müller wertete dies als Zeichen, dass der Kaiser auf militärische Komplikationen noch überhaupt nicht gefasst sei und umfallen würde, sobald er erkannte, dass ein Krieg tatsächlich in den Bereich des Möglichen rücke.[87]

Am Nachmittag des 27. Juli kehrte Wilhelm nach Potsdam zurück. Am frühen Vormittag des nächsten Tages las er zum ersten Mal den Wortlaut der serbischen Antwort auf das Ultimatum, das zwei Tage zuvor von Wien zugestellt worden war. Von den zehn Forderungen, welche die Österreicher gestellt hatten, akzeptierte die serbische Regierung zwei bedingungslos und drei mit einigen Einschränkungen, wich weiteren vier mit verwirrenden oder irreführenden Antworten aus und wies eine ausdrücklich zurück. Der abgelehnte Punkt (6.) betraf die Forderung, dass von Wien »delegierte Organe« an der serbischen Untersuchung des »Komplotts vom 28. Juni« beteiligt würden. Die Serben wiesen dies mit der Begründung zurück, dass »dies eine Verletzung der Verfassung und des Strafprozessgesetzes wäre«.[88] Wilhelms Reaktion war, gelinde gesagt, überraschend. Er schrieb auf seine eigene Kopie der serbischen Antwort die Worte: »Eine brillante Leistung für eine Frist von bloß 48 Stunden. Das ist mehr als man erwarten konnte! Ein großer moralischer Erfolg für Wien; aber damit fällt jeder Kriegsgrund fort.« Er war erstaunt, als er hörte, dass die Österreicher bereits eine Teilmobilmachung angeordnet hätten: »Darauf hätte ich niemals Mobilmachung befohlen.«[89]

Noch am selben Morgen (28. Juli) um 10 Uhr schickte er schleunigst einen Brief an Jagow, in dem er erklärte, da Serbien »eine Kapitulation demüthigster Art« erlitten habe, entfalle »jeder Grund zum Kriege«. Im folgenden schlug er vor, die Österreicher sollten als Faustpfand für das serbische Entgegenkommen eine vorübergehende Besetzung der evakuierten Stadt Belgrad in Erwägung ziehen. Noch wichtiger: Wilhelm wies Jagow an, die Österreicher in Kenntnis zu setzen, dass in seinen Augen »ein Kriegsgrund nicht mehr vorhanden« sei und dass Wilhelm selbst bereit sei, »den Frieden in Österreich zu vermitteln«. »Das werde ich thun auf Meine Manier, und so schonend für das Österreich[ische] Nationalgefühl und für die Waffenehre seiner Armee als möglich.«[90] Darüber hinaus teilte er Moltke schriftlich mit, dass er der Ansicht sei, dass, wenn Serbien bei seinen Garantien für Österreich-Ungarn bleibe, kein Kriegsgrund mehr vorliege. Im Laufe des Tages hielt er, laut Angaben des Kriegsministers Erich von Falkenhayn, »wirre Reden, aus denen nur klar hervorgeht, dass er den Krieg jetzt nicht mehr will und entschlossen ist, um diesen Preis selbst Österreich sitzen zu lassen«.[91]

Manche Historiker haben diesen unvermittelten Anfall von Umsicht als Beweis für ein Nervenversagen gewertet. Wie Luigi Albertini es denkwürdig formulierte: »Wilhelm spuckte große Töne, solange die Gefahr noch weit entfernt war, hielt aber den Mund, als er eine reale Kriegsgefahr näher rücken sah.«[92] Es steckt ein Körnchen Wahrheit darin: Wie gesagt, war Wilhelms

Bereitschaft, sich für die Verteidigung der österreichischen Interessen einzusetzen stets umgekehrt proportional zu seiner Einschätzung des Risikos eines großen Konflikts. Und am 28. Juli schienen die Risiken in der Tat sehr hoch. Die aktuellen Telegramme von Lichnowsky in London meldeten, Sir Edward Grey habe erklärt, dass Serbien »den österreichischen Forderungen in einem Umfange entgegengekommen sei, wie er es niemals für möglich gehalten habe«. Ferner warnte der britische Außenminister, dass ein Flächenbrand bevorstehe, wenn Österreich seine Position nicht mäßige.[93] So hyperempfindlich wie Wilhelm stets auf die britische Haltung reagierte, nahm er diese Warnungen mit Sicherheit ernst. In mancher Hinsicht fiel Wilhelms Note vom 28. Juli jedoch weniger aus dem Rahmen seiner bisherigen Einmischungen, als die Vorstellung eines »Nervenversagens« nahe legen mag: Seine Kommentare während der Krise lassen darauf schließen, dass er im Gegensatz zu jenen Persönlichkeiten in Wien und Berlin, die das Ultimatum als reinen Vorwand für eine Militäraktion ansahen, es als ein authentisches, diplomatisches Instrument betrachtete, das bei der Beilegung der Krise eine entscheidende Rolle spielen konnte. Außerdem beweisen sie, dass er stets an der Vorstellung einer politischen Lösung der Balkanfrage festgehalten hatte.

Das wohl Erstaunlichste an dem Brief an Jagow vom 28. Juli ist allerdings, dass ihm nicht Folge geleistet wurde. Wenn Wilhelm die Machtfülle gehabt hätte, die ihm gelegentlich zugesprochen wird, dann hätte sein Eingreifen durchaus den Fortgang der Krise und womöglich den Lauf der Weltgeschichte ändern können. Aber er war über die aktuellen Entwicklungen in Wien nicht auf dem Laufenden, wo die Führung inzwischen ungeduldig auf den Schlag gegen Serbien wartete. Und noch wichtiger war: Da er fast drei Wochen auf See verbracht hatte, war er auch über die aktuellen Entwicklungen in Berlin nicht auf dem Laufenden. Seine Anweisungen an Jagow hatten keinen Einfluss auf die Berliner Vertretungen in Wien. Bethmann Hollweg informierte die Österreicher nicht rechtzeitig über Wilhelms Ansichten, um sie davon abzuhalten, Serbien am 28. Juli den Krieg zu erklären. Sein dringendes Telegramm an Tschirschky, das noch am selben Abend abgeschickt wurde, enthielt zwar einige Vorschläge Wilhelms, überging aber das entscheidende Beharren des deutschen Kaisers, dass es nunmehr keinen Kriegsgrund mehr gebe. Stattdessen blieb Bethmann Hollweg bei der früheren, inzwischen von Wilhelm aufgegebenen Linie, dass die Deutschen »sorgfältig zu vermeiden haben, dass der Eindruck entsteht, als wünschten wir Österreich zurückzuhalten«.[94] Warum Bethmann Hollweg das tat, ist immer noch schwer zu sagen. Die Ansicht, dass er bereits begonnen hatte, seine Diplomatie für einen Präventivkrieg einzuspannen, lässt sich anhand der Quellen nicht erhärten. Vermutlich hatte er sich bereits auf eine alternative Strategie festgelegt, die sich darauf konzentrierte, gemeinsam mit Wien Russland zu überreden, auf eine österreichische Aktion nicht überzureagieren. Am Abend des 28. Juli drängte Bethmann Hollweg den Kaiser, ein Telegramm an Nikolaus II. zu schicken, in dem er ihm versicherte, dass die deutsche Regierung alles in ihren Kräften stehende unternehmen werde, um eine befriedigende Einigung zwischen Wien und St. Petersburg herbeizuführen; nur 24 Stunden zuvor hatte Wilhelm einen solchen Schritt noch als verfrüht verworfen.[95] Mit anderen Worten, Bethmann Hollwegs Strategie war bei der Eskalation des Risikos bereits einen Schritt weiter gegangen: Er dachte bereits daran, den Konflikt zu lokalisieren, nicht ihn zu verhindern, und er war entschlossen, seine Linie gegen Eingriffe von oben zu schützen.

Das Eintreffen der Meldung in St. Petersburg, dass die österreichische Regierung Serbien den Krieg erklärt hatte, markierte eine entscheidenden Wendepunkt in der Krise. Der russische Generalstab hatte bereits drei Tage zuvor am Abend des 25. Juli die sogenannte »Kriegsvorbereitungsperiode« eingeleitet – eine Übergangsmaßnahme, die die vorübergehende Konzentration militärischer Ressourcen in Frontbereichen gestattete – und die Nachricht von der Kriegserklärung löste eine Verhärtung der russischen Linie aus. Laut General Dobrorolski, dem Leiter der Mobilmachungsabteilung des russischen Generalstabs, fand sich Außenminister Sasonow, dessen Politik bislang die Vermeidung eines Konfliktes angestrebt hatte, nunmehr damit ab, dass ein allgemeiner Krieg unvermeidlich sei und dass so schnell wie möglich eine russische Mobilmachung eingeleitet werden musste. Am 29. Juli wurde eine Teilmobilmachung angeordnet, aber schon am folgenden Tag wurde sie zu einer allgemeinen Mobilmachung ausgeweitet, als aus Berlin eine Warnung eintraf, dass weitere militärische Vorbereitungen die Deutschen zwingen würden, ihrerseits zu mobilisieren.[96]

In Anbetracht der dramatischen Zuspitzung der Krise mischte sich nun ein Element der Panik und Verwirrung in die deutsche Diplomatie: Aus Sorge über Nachrichten aus London und über Haar sträubende Beschreibungen der militärischen Vorbereitungen in Russland änderte Bethmann Hollweg seinen Kurs. Nachdem er Wilhelms Bemühungen, Wien am 28. Juli zurückzuhalten, unterlaufen hatte, versuchte er dies nun seinerseits mit einer Reihe eindringlich formulierter Telegramme an Botschafter Tschirschky am 29. Juli. Doch seine Bemühungen wurden wiederum durch die Geschwindigkeit der russischen Vorbereitungen zunichte gemacht. Es bestand die Gefahr, dass die Deutschen zu Gegenmaßnahmen gezwungen wären, bevor ein Vermittlungsversuch allmählich Wirkung zeigte. Nach der Meldung der russischen Mobilmachung am 30. Juli war es lediglich eine Frage der Zeit, bevor Berlin nun seinerseits mit militärischen Maßnahmen antwortete. Zwei Tage zuvor war es Falkenhayn, nach einer Auseinandersetzung mit Bethmann Hollweg, gelungen, Soldaten in Trainingslagern wieder in ihre Stützpunkte zurückzurufen. Die ersten Vorbereitungsmaßnahmen, die zu diesem Zeitpunkt angeordnet wurden (Einkauf von Weizen in der Angriffszone im Westen, Verteilen besonderer Wachen für Eisenbahnen und das Zurückrufen der Soldaten in die Garnisonen), konnten noch geheim gehalten und folglich, zumindest in der Theorie, parallel zu den diplomatischen Bemühungen, den Konflikt einzudämmen, fortgeführt werden. Das ließ sich jedoch von dem »Zustand drohender Kriegsgefahr« nicht mehr sagen, der letzten Phase der Alarmbereitschaft vor der Mobilmachung. Die Frage, ob und wann Deutschland diesen Schritt in Richtung Krieg tun sollte, zählte zu den zentralen Themen der Diskussion innerhalb der Berliner Führung in den letzten Friedenstagen. Da Wilhelm allein die Macht hatte, unter den widersprüchlichen Anschauungen der politischen und militärischen Führer ein Urteil zu sprechen, trat er von neuem als zentraler Teilnehmer im Entscheidungsprozess hervor.

Bei einer Sitzung am 29. Juli, dem Tag der russischen Teilmobilmachung, herrschte unter den hohen Militärs immer noch Uneinigkeit: Der Kriegsminister Falkenhayn plädierte für die Ausrufung des »Zustands drohender Kriegsgefahr«, während Generalstabschef Moltke und der Kanzler lediglich den Schutz wichtiger Verkehrsinfrastruktur verstärken wollten. Offenbar schwankte Wilhelm zwischen den beiden Optionen hin und her. Vermutlich noch unter dem ernüchternden Einfluss von Nikolaus' Telegramm vom selben Morgen, das »äußerste [russische] Maßnahmen« angedroht hatte, »die zum Kriege führen werden«, stellte er sich zunächst auf die Seite des Kriegsministers. Aber auf Drängen Bethmann Hollwegs änderte er seine Meinung, und die drohende Kriegsgefahr wurde vorerst nicht ausgerufen. Falkenhayn bedauerte diese Entscheidung, notierte aber in sein Tagebuch, dass er Verständnis für die Beweggründe habe: »[…] denn wer noch an die Erhaltung des Friedens glaubt, oder sie wenigstens wünscht, kann natürlich dem Ausspruch der drohenden Kriegsgefahr bei uns nicht beitreten«.[97]

Am 31. Juli traf nach weiterem Hin und Her bezüglich der militärischen Schritte die Meldung des deutschen Botschafters in Moskau ein, dass die Russen seit Mitternacht die Generalmobilmachung befohlen hatten. Jetzt gab der Kaiser telefonisch den Befehl, den Zustand drohender Kriegsgefahr auszurufen, und der Befehl wurde von Falkenhayn um 13 Uhr am 31. Juli an die Streitkräfte weitergeleitet. Die Verantwortung für die Mobilmachung trugen nun eindeutig die Russen – ein sehr wesentlicher Punkt für Wilhelm und die Berliner Regierung, die mit Blick auf pazifistische Kundgebungen in einigen deutschen Städten darauf achteten, dass kein Zweifel an dem defensiven Charakter des deutschen Kriegseintritts bestand. Angesichts der Entwicklungen in Russland konnte Wilhelm kaum weiterhin die Erklärung der drohenden Kriegsgefahr blockieren, aber es ist bemerkenswert, dass ihm diese Entscheidung, laut Überlieferung des bayerischen Militärbevollmächtigten Wenninger, von Falkenhayn »abgerungen« werden musste. Am Nachmittag hatte Wilhelm jedoch offenbar wieder seine Gelassenheit zurückgewonnen; auf einer Sitzung, an der Falkenhayn teilnahm, gab er ein beherztes Exposé von der aktuellen Lage, in dem er die ganze Schuld an dem drohenden Konflikt Russland zuschob. »Seine Haltung und Sprache hier würdig eines deutschen Kaisers!«, kommentierte Falkenhayn ungewohnt feurig, »würdig eines preußischen Königs!«[98]

Eine Nachricht aus London

Während dieser Entwicklung richtete Wilhelm seine ganze Aufmerksamkeit auf Großbritannien, das er als das Zünglein an der Waage im kontinentalen System betrachtete, von dem die Vermeidung eines allgemeinen Krieges abhing. Die Versicherung König Georgs V. vom 28. Juli, dass sie »alles versuchen würden, um sich daraus herauszuhalten, und neutral bleiben würden«,[99] hatte Wilhelm Mut gemacht. Sein Optimismus wurde durch das Zögern des Außenministers, Sir Edward Grey, die britischen Intentionen zu verkünden, noch gesteigert. Deshalb war er regelrecht geschockt, als er am Morgen des 30. Juli von einem Gespräch zwischen Grey und dem deutschen Botschafter erfuhr, in dem der Erstere gewarnt hatte, dass Großbritannien zwar »abseits stehen« werde, falls der Konflikt auf Österreich, Serbien und Russland begrenzt bleibe, dass es aber an der Seite der Entente intervenieren werde, falls Deutschland und Frankreich hineingezogen würden. Die Note des Botschafters provozierte Wilhelm zu einer ganzen Reihe wütender Randbemerkungen: Die Engländer wurden nunmehr als »Halunken« und »gemeines Krämergesindel« verunglimpft, die Deutschland zwingen wollten, Österreich »sitzen zu lassen«, und die es wagten, Deutschland mit düsteren Konsequenzen zu drohen, während sie sich zugleich weigerten, die Bündnispartner zurückzurufen.[100] Als am nächsten Tag die Nachricht von der russischen Generalmobilmachung eintraf, kreisten seine Gedanken wieder um Großbritannien. Im Zusammenhang mit der Warnung Greys bewies die russische Mobilmachung in Wilhelms Augen, dass England nunmehr die Absicht habe, den »Vorwand«, den eine Ausweitung des Konflikts liefern würde, dazu zu nutzen, »alle europ[äischen] Staaten zu Englands Gunsten gegen uns« auszuspielen.[101]

Diese anhaltende Tendenz, das Gewicht Großbritanniens in der kontinentalen Diplomatie zu überschätzen, erklärt nicht zuletzt, weshalb Wilhelm immer noch so offen für die Vorstellung war, dass ein Londoner Kurswechsel in letzter Minute ausreichen könnte, um einen Krieg zwischen Deutschland und Frankreich zu verhindern. Als Georg V. am Abend des 31. Juli vorschlug, dass Großbritannien und Frankreich neutral bleiben würden, falls Deutschland von einem Angriff auf Frankreich absehen würde, erwiderte Wilhelm am nächsten Tag, dem 1. August, dass er im Moment den Befehl zur Generalmobilmachung, der soeben erst den deutschen Streitkräften erteilt worden sei, zwar nicht widerrufen könne, dass er aber bereit sei, jeden Vorstoß gegen Frankreich im Gegenzug für die Zusage einer englisch-französischen Neutralität zu stoppen. Weitere Nachrichten von Lichnowsky kündigten an, dass Berlin ein förmlicheres Angebot aus London abwarten solle.[102] Gerade wegen der Bedeutung dieser Aussicht gab Wilhelm, unterstützt von Tirpitz und Jagow, den Befehl, dass bis zum Eintreffen des erwarteten Telegramms aus London keine weiteren Truppenbewegungen erfolgen sollten. Dieser Befehl war der Anlass für einen heftigen Streit zwischen dem Kaiser und dem Generalstabschef.

Während sich Wilhelm und Bethmann Hollweg an das britische Angebot als letztes Mittel, einen Krieg im Westen zu verhindern, klammerten, vertrat Moltke die Auffassung, dass die Generalmobilmachung, nachdem sie einmal in Gang gesetzt sei, nicht mehr aufgehalten werden könne. »Hierüber entspann sich nun eine äußerst lebhafte und dramatische Diskussion«, erinnerte sich ein Augenzeuge, »Moltke, sehr erregt, mit bebenden Lippen, beharrte auf seinem Standpunkt; vergeblich redeten der Kanzler und der Kaiser und gelegentlich alle anderen auf ihn ein [...]«[103] Moltke wandte ein, es sei selbstmörderisch, den Rücken Deutschlands einem Frankreich zu entblößen, das seinerseits mobil mache. Überdies seien die ersten Patrouillen bereits in Luxemburg eingerückt, und die 16. Division aus Trier werde bald nachfolgen. Aber Wilhelm ließ sich davon nicht beeindrucken. Er ließ nach Trier den Befehl durchgeben, die 16. Division vor der Grenze nach Luxemburg zu stoppen. Als Moltke den Kaiser eindringlich bat, die Besetzung Luxemburgs nicht zu verhindern, weil er damit die Inbesitznahme der luxemburgischen Eisenbahn verhindere, gab Wilhelm zurück, er solle eben andere Bahnen nutzen. Die Diskussion erreichte einen toten Punkt. Moltke wäre in ihrem Verlauf beinahe hysterisch geworden. In einer Aussprache unter vier Augen vertraute der Generalstabschef, den Tränen nahe, Falkenhayn an, »völlig gebrochen zu sein, weil diese Entscheidung des Kaisers [die 16. Division aufzuhalten] ihm zeige, dass dieser immer noch auf Frieden hofft.«[104]

Gegen 17 Uhr traf eine weitere Botschaft von Grey ein, welche eine englische Neutralität selbst für den Fall eines Konfliktes zwischen Deutschland und Frankreich in Aussicht stellte. Jetzt herrschte Jubelstimmung im Palast, auch wenn einige wie Falkenhayn und Moltke skeptisch blieben. Der Generalstabschef hielt daran fest, dass der Mobilisierungsplan in einem so späten Stadium nicht dahingehend geändert werden könne, dass Frankreich ausgeschlossen werde, aber Wilhelm wollte nicht auf ihn hören. »Ihr Onkel würde mir eine andere Antwort gegeben haben«, erklärte er. Wenn er, der Kaiser, den Befehl gebe, dann müsse es auch möglich sein.[105] Wilhelm ließ Sekt bringen, während sich Moltke eingeschnappt zurückzog. Zu seiner Frau sagte er, er sei jederzeit bereit, gegen den Feind zu kämpfen, aber nicht gegen einen Kaiser wie diesen. Der Stress dieser Auseinandersetzung sei so groß gewesen, dass der Stabschef einen leichten Schlaganfall erlitten habe, glaubte Moltkes Frau.[106] Nicht lange danach traf telegrafisch eine neue Note von Lichnowsky ein, die ankündigte, dass Grey in Kürze die Bedingungen für eine englische Neutralität bei einem deutschen Krieg gegen Russland und Frankreich nennen würde. Das löste allgemeine Verwirrung aus, und es wurde keine Antwort abgeschickt.

Falkenhayns Skepsis bezüglich des englischen Angebots erwies sich als begründet, als kurz nach 23 Uhr eine weitere Note von Lichnowsky eintraf. In dem Telegramm widerrief Lichnowsky de facto das Angebot einer englischen Neutralität, das Grey ihm gegenüber gemacht hatte. Die Erlösung für Moltke war in Sicht, der zu diesem Zeitpunkt im Hauptquartier des Generalstabs über den Befehl des Kaisers, die 16. Division zu stoppen, »Tränen der Verzweiflung« vergoss. Kurz vor Mitternacht wurde er in den Palast zurückgerufen und erfuhr von der letzten Note. Bei seiner Ankunft zeigte Wilhelm Moltke ein weiteres Telegramm, das soeben eingetroffen war und die korrigierte britische Position umriss. Er sagte: »Nun können Sie machen, was Sie wollen.«[107]

Schlussfolgerung: Wilhelm und der Kriegsausbruch

Welche allgemeinen Schlüsse kann man aus Wilhelms Handlungsweise während der Julikrise ziehen? Wir könnten mit der banalen Feststellung beginnen, dass Wilhelm, obwohl er Deutschland nicht in einen kontinentalen Krieg verwickeln wollte, dennoch einige der Entscheidungen traf, die ihn herbeiführten. Aber fairerweise sollte man darauf hinweisen, dass man von seinen beiden Kollegen, Kaiser Franz Joseph und Zar Nikolaus II., das gleiche sagen kann. Alexander Margutti, der Adjutant von Franz Joseph, berichtete, dass der österreichische Kaiser das Ultimatum an Serbien als diplomatischen Bluff angesehen hatte und tief erschüttert war, als ihm klar wurde, dass die serbische Antwort inakzeptabel war.[108] Zar Nikolaus II. wollte ebenfalls die Notwendigkeit militärischer Maßnahmen nicht einsehen und widerrief – in einem Schritt, der Wilhelms Bemühungen glich, in letzter Minute einen kontinentalen Krieg zu verhindern – am 29. Juli tatsächlich einen Befehl zur Generalmobilmachung, nachdem er von seinem deutschen Vetter eine in seinen Augen versöhnliche Botschaft erhalten hatte. In einer längeren Diskussion mit Außenminister Sasonow am 30. Juli legte der Zar einen »extremen Abscheu« gegen einen Krieg an den Tag und konnte nur mit größter Mühe von der Notwendigkeit einer sofortigen, allgemeinen Mobilmachung überzeugt werden.[109] Andererseits repräsentierten beide Souveräne – zumindest im konstitutionellen Sinn – die »letzte Entscheidungsinstanz« innerhalb ihrer jeweiligen politischen Systeme, und beide waren maßgeblich und wissentlich an den Entscheidungen beteiligt, die einen Krieg unvermeidlich machten. Es war Franz Joseph, der mit seinem eindringlichen, persönlichen Appell an Wilhelm das deutsche Beistandsversprechen für eine Militäraktion gegen Serbien erreichte, und er billigte auch Berchtolds Ultimatum, obwohl er der Meinung war, dass ein solcher Schritt eine Ausweitung des Konfliktes provozieren könnte: Er wisse wohl, dass Russland eine solche Note nicht hinnehmen könne, teilte Franz Joseph dem Finanzminister Leo von Bilinski am 20. Juli mit, als dieser ihn warnte, dass ein Krieg wahrscheinlich sei.[110] Nikolaus II. hatte eine härtere russische Linie bezüglich der Slawen auf dem Balkan seit Anfang 1914 rückhaltlos gebilligt; er war sich auch voll darüber im Klaren, dass durch die russische Generalmobilmachung am 30. Juli – die erste unter den Großmächten – der Krieg unvermeidlich geworden war und dass »nichts anderes bleibe, als ihn mit der größtmöglichen Aussicht auf Erfolg zu führen«.[111] Beide

Souveräne waren entschlossen, keine Zugeständnisse zu machen, die dem Ansehen und dem »Großmachtstatus« ihrer jeweiligen Staaten schaden würden.

In allen drei Fällen zählten hohe Militärs gute Gründe für die Siegeszuversicht auf, falls es zu einem Konflikt kommen sollte, und forderten nachdrücklich eine Politik, die auf eine Konfrontation angelegt war. Der Chef des deutschen Generalstabs Helmuth von Moltke, genau wie sein russischer und österreichischer Widerpart, Wladimir Suchomlinow und Franz Conrad von Hötzendorf, trieb seinen Souverän in entscheidenden Augenblicken während der Julikrise in diese Richtung. Aber zu keinem Zeitpunkt gaben die deutsche zivile Führung oder das Staatsoberhaupt die Entscheidungsgewalt an das Militär ab.[112] Es stimmt, dass Moltke imstande war, am 30 Juli einen eigenständigen Vorstoß zu machen, als er den Österreichern die nicht autorisierte Ermahnung zukommen ließ, gegen Russland mobil zu machen, und versprach, dass Deutschland dasselbe tun werde. Diese verfassungswidrige Intervention wird gelegentlich als Beweis dafür genannt, dass die zivile Exekutive entmachtet war und die militärische Führung die Entscheidungsgewalt usurpiert hatte. Doch diese Argumentation stößt schon bald an ihre Grenzen: Moltkes Vorschlag wurde von den Österreichern nicht aufgegriffen, die ihre Militärstrategie weiterhin auf den engeren Schauplatz auf dem Balkan begrenzten, weil sie sich nicht unnötig die Russen zum Feind machen wollten. Darüber hinaus gelangte ein Historiker nach einem Vergleich der Diplomatie der Großmächte während der Krise zu der Schlussfolgerung, dass »Zwangsdiplomatie und militärische Vorkehrungen« in Russland, Österreich-Ungarn und sogar in Frankreich und Großbritannien das Krisenmanagement im Juli 1914 stärker als in Deutschland prägten.[113]

Tatsächlich könnte man einwenden, dass der Souverän gerade wegen des Fehlens einer koordinierten Entscheidungsstruktur an der Spitze des deutschen Reiches über Möglichkeiten verfügte – Möglichkeiten, die seine Mitmonarchen nicht hatten – sich für die zivile Regierung und gegen die militärische Führung zu entscheiden. Wilhelm nutzte diese Möglichkeiten am 28. und erneut am 31. Juli. Im Gegensatz dazu standen Franz Joseph und Nikolaus II. – zumindest seit Mitte Juli 1914 – einem mehr oder weniger einheitlichen Block aus politischen, militärischen und diplomatischen Beratern gegenüber, die allesamt den harten Kurs einer resoluten Militäraktion forderten. Weit davon entfernt, eine Meinungsvielfalt zu gewährleisten, machten die kollegialen Strukturen, die in Russland und Österreich über die Politik entschieden, es den Generälen eher leichter, ihre eigene Perspektive der zivilen Führung aufzudrängen und dadurch eine Homogenität der Anschauungen zu schaffen, die in Berlin fehlte. Dieses Phänomen war in Russland besonders stark ausgeprägt, wo die unablässigen Intrigen Wladimir Suchomlinows dazu beitrugen, dass der gemäßigte Regierungschef Graf Wladimir Kokowzow entlassen wurde und dass im Ministerrat die aggressiveren Stimmen überwogen.[114] An keinem einzigen Punkt stellten sich Nikolaus oder Franz Josef so unmittelbar gegen ihre militärische Führung wie Wilhelm am 28. und 31. Juli.

Wilhelm konnte das womöglich gerade deshalb tun, weil er sich dessen bewusst war, dass sich seine Anschauungen erheblich von denen der militärischen Führung unterschieden. In diesem Zusammenhang ist es wichtig, sich vor Augen zu halten, dass Wilhelm, ungeachtet seines häufig großspurigen, militärischen Auftretens und seiner Vorliebe für Uniformen, den hohen Etagen des aktiven Militärs nicht sehr nahe stand. Seit Wilhelms Zerwürfnis mit Waldersee wegen der Handhabung der Manöver Anfang der neunziger Jahre hatte sich das Verhältnis abgekühlt. Und es war allgemein bekannt, dass die hohen Militärs der Unentschlossenheit und Zögerlichkeit des »Friedenskaisers« nicht trauten. Das militärische Gefolge erweckte den Anschein eines Kaisers, der ständig in Gesellschaft seiner Feldherren sei und von ihnen Rat empfange, aber in Wirklichkeit hatte das Gefolge schon seit langem tendenziell den gegenteiligen Effekt: Die langjährigen Mitglieder wurden zu »Hofsoldaten« mit weitgehend zeremoniellen Pflichten und immer dünneren Bindungen zum aktiven Oberkommando. Wilhelm machte sich die Strategie eines »Präventivkriegs« nie zu eigen, die in regelmäßigen Abständen von Falkenhayn, Moltke und anderen Militärs vorgetragen wurde; er stellte sich die deutsche Antwort auf die russische Aufrüstung von 1913/14 lieber als defensive Vorkehrungsmaßnahmen vor, etwa den Bau eines undurchdringlichen Gürtels aus Festungen an der Ostgrenze. Zu keinem Zeitpunkt wandte er die Logik des Präventivkriegs auf die Probleme an, die im Juli 1914 auftraten. Er kannte den Schlieffen-Plan und wusste vermutlich, dass der Plan für einen Ostfeldzug im Jahr 1913 zu den Akten gelegt worden war, aber er weigerte sich, den Schlachtplan als in Stein gemeißelt zu betrachten. Er lehnte es ab, Moltkes Behauptung zu akzeptieren, der deutsche Mobilmachungsplan sei unveränderbar oder unumkehrbar, sobald er einmal in Gang gesetzt war. Mit anderen Worten, Wilhelm war weder ein Verfechter des »Präventivkriegs« noch des »Topos des unvermeidlichen Krieges«, den manche Historiker als einen Ausschlag gebenden Faktor für die Eskalation der Julikrise nennen.[115] Das erklärt nicht zuletzt seine Kritik an dem »Pessimismus« der österreichischen Diplomatie auf dem Balkan und den öffentlich geäußerten Wunsch, dass seine Herrschaft als eine Ära des europäischen Friedens in Erinnerung bleiben möge.

Dem könnte man entgegen halten, dass Wilhelm, selbst wenn er den europäischen Frieden wünschte, doch auch den Balkankrieg wollte, zumindest Anfang Juli 1914. Das trifft mit Sicherheit zu, und Wilhelm irrte sich, wenn er glaubte, dass man letzteren haben konnte, ohne ersteren zu gefährden. Ob die Legitimität der von Österreich gegen Serbien geplanten Aktion wirklich so dürftig war, wie Historiker im Allgemeinen annehmen, ist eine Frage, deren Beantwortung den Rahmen dieser Studie sprengen würde. Es mag der Hinweis genügen, dass die Forderungen Wiens aus der damaligen Sicht gewiss nicht drakonisch wirkten – sie stellten deutlich geringere Eingriffe in die souveränen Prärogative Belgrads dar als die Forderungen, die 1999 der serbischen

Delegation in Rambouillet zur Beendigung des Kosovokrieges vorgelegt wurden – und dass die serbische Antwort längst nicht so zufriedenstellend war, wie oft behauptet wurde. Auf jeden Fall steht fest, dass Wilhelm die österreichische Sache für gerecht hielt und dass er – ganz zu Recht – glaubte, dass diese Anschauung unter den europäischen Regierungen weit verbreitet sei. Nicht zuletzt deshalb ging Wilhelm, wie die meisten seiner politischen Berater, davon aus, dass sich Russland gegen eine Intervention in den österreichisch-serbischen Konflikt entscheiden werde, selbst wenn es zu einer militärischen Konfrontation kommen sollte. Diese »Illusion eines begrenzten Krieges« wird häufig als Ausschlag gebender Faktor für die deutsche Entscheidung genannt, Österreich-Ungarn zu unterstützen.[116]

Wie man nun die falsche Einschätzung der Lage durch Wilhelm und die Regierung in Berlin beurteilt, hängt davon ab, ob man die Annahme einer russischen Neutralität als eine völlig absurde Wahnvorstellung – eine Fehlinterpretation der russischen Intentionen, die nicht anders denn als Deckmantel für Pläne, einen »Präventivkrieg« zu starten, zu erklären ist – betrachtet oder ob man die Gründe ernst nimmt, die für eine russische Nichtintervention angeführt wurden. Es lässt sich nicht leugnen, dass die Deutschen viele Gründe hatten, darauf zu vertrauen, dass sich die Russen aus dem Konflikt heraushalten würden. Der wohl wichtigste war, wie gesagt, der noch sehr unzureichende Stand des russischen Rüstungsprogramms. Ein weiterer Faktor waren Signale einer Unentschlossenheit, die von den Russen, den Franzosen und den Briten ausgingen. Die Russen intervenierten am Ende, aber das war keineswegs unvermeidbar: Nach der Erfahrung der jüngsten Konflikte auf dem Balkan war es schwierig vorherzusagen, wie massiv Russland auf diese konkrete Herausforderung reagieren würde. Außerdem hätte die russische Politik während der Julikrise eine ganze andere Richtung nehmen können, wenn Kokowzow noch Regierungschef gewesen wäre oder wenn die Franzosen am 27. und 28. Juli nicht so eindringlich eine Generalmobilmachung gefordert hätten.

Andererseits wussten selbst die größten Hitzköpfe der deutschen Führung genau, dass das Risiko einer russischen Intervention *bestand;* andernfalls wäre das Versprechen vom 5. Juli bedeutungslos gewesen. Die Quellen lassen jedoch vermuten, dass dieses Risiko zu der Zeit, als der »Blankoscheck« ausgestellt wurde, als minimal eingeschätzt wurde. Es wurde jedoch allmählich immer größer, als die allgemeine Empörung über das Attentat von Sarajevo nachließ, als die Österreicher sich mit den nächsten Schritten Zeit ließen und dadurch der Eindruck entstand, dass Berlin und Wien gemeinsam eine umfangreiche Demarche mit dem Ziel, Russland aus dem Balkan zu verdrängen, ausgearbeitet hatten. Für Wilhelm kam der erste »Realitätsschock«, als ihn Telegramme von Lichnowsky am 27./28. Juli über eine Verhärtung der britischen Position informierten. Der Kaiser, der London als Schlüssel zur kontinentalen Großmachtpolitik betrachtete, reagierte mit einem verzweifelten Versuch, den Konflikt zu verhindern, bevor er ausbrach, indem er die serbische Antwort als Basis für eine Vermittlung zwischen Belgrad und Wien verwenden wollte. Um das zu erreichen, war er sogar bereit, sein Versprechen vom 5. Juli zu brechen, oder genauer, es durch eine neue Konstruktion zu ersetzen: Deutsche »Unterstützung« bedeutete nunmehr wohlwollende Vermittlung, nicht militärischer Beistand gegen eine dritte Partei. Das ganze Vorgehen stand durchaus im Einklang mit Wilhelms früherer Haltung zu der Bündnisbeziehung, in der sich der persönliche Respekt für den betagten Kaiser und die Sorge, das österreichische Vertrauen in Berlin nicht aufs Spiel zu setzen, die Waage hielten mit einem Widerwillen, Deutschland in einen Balkankonflikt hineinziehen zu lassen, an dem eine oder mehrere feindliche Großmächte beteiligt waren. Wilhelms Initiative blieb jedoch nur auf dem Papier, weil sie vom Kanzler hintertrieben wurde – ein weiterer Fingerzeig, dass Wilhelm den Lauf der deutschen Politik zwar beeinflussen, aber nicht steuern konnte.

8
Krieg, Exil, Tod: 1914–1941

Oberster Kriegsherr

Der preußisch-deutsche Monarch war – zumindest in der Theorie – ein militärischer Befehlshaber. Seit Beginn seiner Herrschaft betrachtete Wilhelm II. diesen Aspekt seiner Aufgaben als wesentliche Dimension seiner souveränen Macht. In einer Kabinettsorder kündigte er nur wenige Wochen nach der Thronbesteigung die Schaffung einer neuen militärischen Einrichtung an, mit dem Namen das »Hauptquartier Seiner Majestät des Kaisers und des Königs«. Anders als das traditionelle, preußische militärische Gefolge, dessen Mitglieder als Repräsentanten ihrer jeweiligen Teilstreitkräfte den Monarchen begleiteten, wurden die Generäle und Adjutanten des »Hauptquartiers« persönlich vom Kaiser mit Hilfe des Chefs seines Militärkabinetts ausgewählt.[1] In der gesamten Vorkriegszeit interessierte sich Wilhelm sehr stark für Rüstungsfragen und für die Ausarbeitung der Heeres- und Flottengesetze und hatte sogar den Anspruch, eine führende Rolle bei den alljährlichen Manövern zu übernehmen. Die Zuständigkeit des Monarchen für den Aufbau und die Aufstellung der Streitkräfte wurde ab 1900 dadurch unterstrichen, dass die Person des Kaisers verstärkt als »Oberster Kriegsherr« bezeichnet wurde.[2]

Die Entschlossenheit des Monarchen, die königliche, außerparlamentarische Kommandogewalt zu erhalten und gar auszuweiten, hatte entscheidende Konsequenzen für die politische und konstitutionelle Geschichte des Reiches. Darüber hinaus war die strukturelle Entwicklung der höchsten Kommandoebene des Heeres und der Marine davon betroffen. Vor allen Dingen hemmte sie die Herausbildung eines zentralen Organs, das imstande war, die Aktivitäten der jeweiligen Teilstreitkräfte zu koordinieren und ihre Prioritäten miteinander in Einklang zu bringen. Während der Herrschaft Wilhelms I. war die Zuständigkeit für die Truppen, die Ausbildung, für Waffen und Aufstellung nach und nach an eine Vielzahl rivalisierender Behörden delegiert worden: den Generalstab, das Kriegsministerium, das Militärkabinett und so weiter. Wilhelm II. unternahm keinen Versuch, diesen Zustand zu beheben, tatsächlich zersplitterte er die Befehlsstruktur noch weiter, indem er die Zahl der Kommandoposten im Heer und in der Marine erhöhte, die direkt dem Kaiser unterstellt waren.[3] Das war Teil einer bewussten Strategie, eine Umgebung zu schaffen, die eine ungehinderte Ausübung der monarchischen Befehlsfunktion gestatten würde. »Nachdem Ich mich entschlossen habe, den Oberbefehl über meine Marine ebenso wie über meine Armee Selbst zu führen«, erklärte Wilhelm in einer Kabinettsorder vom 14. März 1899, »erachte Ich es nicht für zweckmäßig, wenn zwischen Mir und den einzelnen Befehlshabern eine zentrale Kommandobehörde steht, die lediglich Meine Befehle zu übermitteln haben würde.«[4]

In Wirklichkeit war Wilhelms Fähigkeit, eine Befehlsfunktion auszuüben, jedoch eng umschrieben. Seine Teilnahme an Heeresmanövern erwies sich als äußerst störend, teils weil Wilhelm ein schlechter Taktiker war und teils weil der Generalstabschef Alfred Graf von Schlieffen der Ansicht war, dass der Kaiser, wenn er teilnahm, bei Schlachtsimulationen auf keinen Fall verlieren durfte. Als Kaiser, so Schlieffen, könne er nicht von einem seiner Generäle geschlagen werden.[5] Schlieffens Nachfolger Helmuth von Moltke knüpfte im Jahr 1906 die Übernahme des Amtes an die Bedingung, dass Wilhelm sich künftig jeder Einmischung enthalten werde.

Wilhelm fehlte darüber hinaus ein Überblick über strategische Planung. Er wurde über die allgemeine Richtung der Strategie des Generalstabs im Kriegsfall unterrichtet – zum Beispiel kannte er den Schlieffenplan in groben Zügen –, aber er wurde nicht über die Details der militärischen Planung in den unmittelbaren

Vorkriegsjahren informiert, möglicherweise weil der geheimniskrämerische Generalstab in ihm ein potenzielles Sicherheitsleck sah.[6] Überdies verfügten weder die Militär- und Marinekabinette, noch das kaiserliche »Hauptquartier« über die Ressourcen, um den Monarchen in einer echten Befehlsfunktion zu unterstützen. Somit war Wilhelm außerstande, eine koordinierende Rolle zu übernehmen, die den relativen Mangel an einheitlichen Kommandoeinrichtungen in Deutschland kompensiert hätte, die mit dem Conseil Supérieure de la Guerre in Frankreich und dem Committee of Imperial Defence in Großbritannien vergleichbar gewesen wären. Selbst in den letzten Jahren vor Kriegsausbruch wurden so gut wie keine Vorbereitungen für koordinierte Operationen des Heeres und der Marine getroffen, und es wurde nicht der Versuch unternommen, die von den Militärplanern ausgedachten Strategien sorgfältig auf die Optionen, die von der deutschen Diplomatie verfolgt wurden, abzustimmen. Deutschland blieb in dieser Hinsicht »strategisch führerlos«.[7]

Bezüglich des militärischen Oberbefehls klaffte, wie bei so vielen Aspekten der Rolle des Kaisers, eine gewaltige Kluft zwischen den Worten und der Realität. Gemäß Artikel 63 der Reichsverfassung übernahm beim Ausbruch eines Krieges der Kaiser den Oberbefehl über sämtliche Bodentruppen, und Wilhelm verkündete dem Vernehmen nach »daß er [der Kaiser] im Kriege die Feldherrn-Rolle selbst zu übernehmen geneigt wäre«.[8] Sollte er wirklich einmal diesen Anspruch erhoben haben, so wurde er im August 1914 durch den Kriegsausbruch von solchen Wahnvorstellungen geheilt: Er beeilte sich, offiziell dem Generalstabschef die Vollmacht zu übertragen, in seinem Namen Befehle zu erteilen. Dadurch wurde der Generalstabschef zu dem »eigentlichen Träger der Befugnisse der Obersten Heeresleitung [...], und jedenfalls der einzige, der für deren Handlungen oder Unterlassungen verantwortlich war«.[9] Anfang August versprach Wilhelm, dass er davon absehen werde, sich in den Ablauf der Operationen einzumischen; dieses Versprechen hielt er während des ganzen Krieges. Die Generäle sorgten ihrerseits, zumindest in den ersten Kriegsjahren, dafür, dass er von einem großen Teil der schlechten Nachrichten von der Front abgeschirmt wurde, möglicherweise weil sie die Labilität seiner Kampfmoral kannten. Der Kriegsausbruch versetzte ihn augenscheinlich in einen Zustand nervlicher Erschöpfung, der – mit kurzen Unterbrechungen – so lange wie der Krieg selbst anhielt. Wilhelm konnte bei Gerüchten über Erfolge in blutrünstige Jubelrufe ausbrechen, war aber ebenso schnell niedergeschlagen und neigte zu Anfällen von Defätismus. Seine Stimmung stieg und fiel gemäß den rasch wechselnden Neuigkeiten von der Front. Am 6. September 1916 wurde zum Beispiel gemeldet, dass der Kaiser »sehr schlecht aussah«, weil er soeben einen alarmierenden Bericht über den Zustand der 1. Gardedivision an der Somme erhalten hatte. Aber schon den nächsten Tag verbrachte er nach der Meldung vom Fall der rumänischen Festung Tutrakan offenbar in »sehr gehobener Stimmung«.[10]

Somit wurde der Kaiser zunehmend zu einer Randfigur, einem »Gefangenen seiner Generäle«, wie ein österreichisch-ungarischer Minister sich später erinnerte.[11] Er blieb in den Kriegsjahren ständig im Großen Hauptquartier, beschwerte sich aber, dass er von den Entscheidungsträgern weder auf dem Laufenden gehalten noch zu Rate gezogen wurde.[12] Besucher im Hauptquartier waren häufig verblüfft über die surreale Stimmung, die dort vorherrschte, wenn der Kaiser mit dem Silberservice Friedrichs des Großen dinierte, während er seine Gäste mit lebhaften Geschichten aus dritter Hand von den deutschen Großtaten in der Schlacht bei Laune hielt: »Zwei Meter hohe Leichenhaufen – ein Unteroffizier hat mit 45 Patronen 27 Franzosen umgelegt, u. a. m.«[13] »Wenn man sich in Deutschland einbildet, dass ich das Heer führe«, bemerkte er im November 1914, »so irrt man sich sehr. Ich trinke Tee und säge Holz und gehe spazieren, und dann erfahre ich von Zeit zu Zeit, das und das ist gemacht, ganz wie es den Herren beliebt.«[14] »Ich rede ja so wenig rein als möglich«, sagte er im Sommer 1915 dem preußischen Kriegsminister Adolf Wild von Hohenborn, »aber Falkenhayn muss doch nach außen die Fiktion erhalten, dass ich alles persönlich anordne.«[15] Die Kabinettschefs, deren Aufgabe es war, dem Kaiser in den Kriegsjahren ihre Aufwartung zu machen, beklagten sich unter der Hand über die Abende, die man sehr isoliert unter sich und in quälender Lageweile zubrachte: Man hörte sich die unendlichen kaiserlichen Monologe an, ertrug geduldig seine neuesten Leidenschaften (im Sommer 1916 begeisterte er sich für die philologische Rekonstruktion der hethitischen Sprache), nahm an Gesprächen teil, die offenbar nie wirklich in Gang kamen, oder spielte Karten, um die Zeit totzuschlagen.[16]

Historiker haben zu Recht hervorgehoben, dass der Krieg den Kaiser aus dem Zentrum des Geschehens verdrängte. Lamar Cecil schreibt dazu: »Das einst hochgerühmte, persönliche Regiment mit seinem mächtigen Thron und Herrscher wurde in Kriegszeiten zu einer Hinterbank, auf der eine vernachlässigte, schlecht informierte und immer unbedeutendere Galionsfigur saß.«[17] Es wäre jedoch ein Fehler, allzu sehr darauf abzuheben. Wilhelm war zwangsläufig aus der Sphäre des operativen Kommandos über die Landstreitkräfte ausgeschlossen – auf diesem Feld musste der Ehrgeiz des universalisierenden Monarchen den Gralshütern des Fachwissens weichen. Aber er übte einen direkteren, wenn auch weitgehend bremsenden Einfluss auf die Kriegsoperationen der deutschen Kriegsmarine aus.[18] Und der Kaiser blieb schließlich, dank seiner Stellung im Zentrum der Reichsverfassung, eine Figur von entscheidender Bedeutung. Vor allen Dingen hatte er weiterhin das Recht, »seine« Offiziere und Beamten zu ernennen und zu entlassen.

In der überwältigenden Mehrheit der Personalentscheidungen hatte das wenig Einfluss auf die Praxis, aber die Ernennung des Generalstabschefs, des höchsten Amtes der operativen Leitung in Kriegszeiten, war eine andere Sache. Wilhelms Ansicht nach fiel die Besetzung dieses Postens seit jeher in seinen Zuständigkeitsbereich und er fühlte sich nicht unbedingt an die Rangfolge oder Empfehlungen des Militärkabinetts gebunden. Er war im Jahr 1906 an der Ernennung von Helmuth von Moltke maßgeblich beteiligt gewesen, eine Entscheidung, die viele kundige Beobachter überrascht hatte, weil Moltke zwar einen hohen Rang bekleidete, aber nie auf Korpsebene als Stabschef gedient hatte.[19] Aber die Auseinandersetzungen um die politische Linie während der Julikrise hatten die Beziehung zwischen den beiden Männern belastet, und bereits Mitte September 1914, als die ersten Meldungen von schweren Niederlagen für die deutschen Truppen an der Front das kaiserliche Hauptquartier erreichten, hatte Wilhelm sein Vertrauen zu Moltke verloren. Der Stabschef hatte stets zu emotionalen Schwankungen geneigt, und das Zusammentreffen der schlechten Meldungen mit dem Entzug des Vertrauens seines Monarchen löste bei ihm einen Nervenzusammenbruch aus.[20] Die Ernennung eines Nachfolgers machte deutlich, wie wichtig die verbliebenen Vollmachten des Souverän waren. Indem Wilhelm sich über die Präferenzen vieler hoher Militärs hinwegsetzte, wählte er General Erich von Falkenhayn aus, den er schon seit langem persönlich sehr schätzte. Falkenhayn war eine überaus umstrittene Wahl, und er sollte immer unbeliebter werden, weil es den deutschen Truppen an der Westfront im Winter 1914 nicht gelang, die alliierten Linien zu durchbrechen.

Diese Sachlage unterstrich, dass Wilhelm weiterhin eine zentrale Stellung in der Machtstruktur inne hatte. In erster Linie akzentuierte schon allein die Tatsache, dass Falkenhayns weiteres Verbleiben im Amt ohne Wilhelms persönliche Unterstützung nicht möglich gewesen wäre, das Element der Abhängigkeit in der Beziehung. In diesem Sinn blieb der Generalstabschef, wie Falkenhayns Biograph Holger Afflerbach ausführt, ein »Günstling«. Er war außerdem ein ungewöhnlich begabter Kommunikator – ein wichtiges Merkmal in Wilhelms Augen –, dessen Vorträge sich durch ihre Brillanz und Klarheit auszeichneten. Das zähe Festhalten des Kaisers an diesem streitbaren Befehlshaber war eher auf den Widerwillen zurückzuführen, einen vertrauten und zuverlässigen Untergeben gehen zu lassen, als auf den Ehrgeiz, wiederum die operative Kontrolle zu übernehmen; Wilhelm versuchte so gut wie nie, etwas an Falkenhayns Vorbereitungen zu ändern.[21]

Gegen Ende des Jahres 1914 nahm der Druck innerhalb des Militärs zu, Falkenhayn zu entlassen. Die Wurzel der Agitation gegen Falkenhayn war – einmal abgesehen von beruflicher Eifersucht und Rivalität – die Polarisierung der Anschauungen zur besten Kriegführung. Falkenhayn war überzeugt, dass der Schlüssel zum Sieg im Westen lag, und dass Deutschland auch hier, wo es den vereinten Streitkräften Frankreichs und Großbritanniens gegenüber stand, den größten Teil seiner Ressourcen einsetzen musste. In einer langen Denkschrift vom Dezember 1915 erklärte er: Wenn das deutsche Heer sich ein Angriffsziel aussuchen und ganz darauf konzentrieren würde, ein Ziel, das die Franzosen um jeden Preis bis zum letzten verteidigen würden, dann wäre es möglich, allein durch Zermürbung, das französische Heer auszubluten. Das Ergebnis dieser Strategie war der gewaltige Ansturm, den das deutsche Heer im Februar 1916 gegen die Befestigungsanlagen rings um die Festung Verdun startete. Im Gegensatz dazu sahen Hindenburg und Ludendorff den Schlüssel zu einem deutschen Sieg in einer völligen Vernichtung der russischen Streitkräfte im Osten. Sie fühlten sich von dem relativ erfolgreichen Vorgehen der deutschen Truppen an der russischen Front bestätigt und beschwerten sich, dass man ihnen zu wenig Ressourcen liefere, weil weiterhin eine nach Westen ausgerichtete Linie unterstützt werde, die noch keinen entscheidenden Durchbruch zuwege gebracht habe. Im Sommer 1915 war es deswegen zwischen den Befehlshabern im Osten und dem Generalstabschef zu einem offenen Streit gekommen.[22]

Als die Kampagne gegen den General in Fahrt kam, wurde Wilhelm zunehmend bewusst, dass sein eigenes Ansehen, ebenso wie das Falkenhayns, auf dem Spiel stand. Wie stark Wilhelms Unabhängigkeit in Gefahr war, wurde deutlich, als die dominierende Figur in der Kampagne gegen Falkenhayn, Feldmarschall Paul von Hindenburg mit Rücktritt drohte, falls Falkenhayn nicht entlassen wurde. Hindenburg und sein enger Vertrauter Erich

Ludendorff, nominell sein Untergebener, aber der geschicktere Stratege und Organisator der beiden, waren die dominierenden Befehlshaber und Strategen der Ostfront. Ihnen wurde gemeinhin das Verdienst für den spektakulären Sieg über die russischen Armeen im August 1914 bei Tannenberg in Ostpreußen zugesprochen. Hindenburgs Ultimatum setzte einen neuerlichen Präzedenzfall in der Geschichte des preußischen Militärs: Nie zuvor hatte ein Offizier versucht, sein Verbleiben im Dienst an die Umsetzung einer bestimmten politischen Linie zu knüpfen. Wilhelm schäumte vor Wut über dieses impertinente Verhalten und spielte sogar mit dem Gedanken, Hindenburg vor ein Kriegsgericht zu stellen. Er lehnte den Rücktritt ab und verzichtete auf disziplinarische Maßnahmen gegen den aufmüpfigen Generalfeldmarschall, vermutlich weil er sich einen so angesehenen und populären Feldherrn nicht zum Feind machen wollte.[23]

Eine derartige Pattsituation konnte nur durch einen kaiserlichen Schiedsspruch aufgehoben werden. Die Lage wurde für Wilhelm noch dadurch erschwert, dass die Männer von »Ober Ost« (Oberkommando Ost) und ihre Verbündeten in der Kommandostruktur von keinem geringeren als Reichskanzler Theobald von Bethmann Hollweg unterstützt wurden. Genaugenommen hatte Bethmann Hollweg die Anfangsphase der Kampagne gegen Falkenhayn persönlich koordiniert. Bethmann lehnte die Ansicht Falkenhayns ab, dass der Schlüssel zum Erfolg in einer Kombination aus einem massiven Angriff an der Westfront und diplomatischen Offerten an Russland liege (für die wiederum der Kanzler die Verantwortung tragen würde). Er unterstützte hingegen die Anschauung Hindenburgs und Ludendorffs, dass Deutschland nur dann einen günstigen Ausgang erzielen könne, wenn der strategische Schwerpunkt des Kampfes von West nach Ost verlagert werde. Dem Anti-Falkenhayn-Lager gelang es sogar, Angehörige der Königsfamilie zu gewinnen, darunter den jüngsten Sohn des Kaisers Joachim, der damals in Hindenburgs Hauptquartier Dienst tat, und die Kaiserin selbst. Auf Hindenburgs Bitte hin willigte sie sogar ein, ihrem Mann in einem

Brief die Entlassung Falkenhayns nahe zu legen.[24] In einem Telegramm an Auguste Viktoria brachte Wilhelm seine Empörung darüber zum Ausdruck, »dass die Intriganten nicht vor meinem Hause halt gemacht, sondern unter Nichtachtung seines Friedens sich erfrecht haben, auch noch dich gegen mich ins Feld zu schicken«.[25] In der Auseinandersetzung vom Juli/August 1915 nahm Wilhelm eine vermittelnde Haltung ein. Falkenhayn wurde befohlen, frische Truppen von der Westfront dem Oberkommando Ost zu unterstellen, aber er blieb trotz der Proteste Hindenburgs und Ludendorffs im Amt; und Hindenburg wurde befohlen, innerhalb der Grenzen des strategischen Konzepts von Falkenhayn zu operieren. Hindenburgs Autorität wurde durch die Schaffung einer neuen zivilen Verwaltung auf dem Gebiet des russischen Teils von Polen eingeschränkt, der zuvor unter der Kontrolle von Ober Ost gestanden hatte. Doch das war nur eine zeitweilige Ruhepause für den streitbaren Generalstabschef. Die gigantische Offensive, die im Februar des folgenden Jahres gegen die Befestigungsanlage Verdun gestartet wurde, zog sich unter enormen deutschen Verlusten bis in den Sommer hin, ohne dass ein Durchbruch erzielt wurde. Am 30. Juli 1916 drängten Hindenburg und Ludendorff Wilhelm mit Erfolg, einer Konzentration der Leitung an der Ostfront zuzustimmen, welche die Befugnisse der Obersten Heeresleitung unter Falkenhayn erheblich beschnitt.[26] Der Todesstoß für Falkenhayn kam mit dem unerwarteten Kriegseintritt Rumäniens an der Seite der Alliierten am 28. August 1916. Das Auftauchen eines neuen und anscheinend mächtigen Gegners im Osten verlagerte den Dreh- und Angelpunkt der Kriegsbemühungen an die Ostfront und ließ ernste Zweifel an der Korrektheit der nach Westen orientierten Strategie Falkenhayns aufkommen. Am 30. August 1916 fügte Wilhelm sich in das Unvermeidliche und ernannte Hindenburg zum Generalstabschef, mit Ludendorff als Generalquartiermeister.[27]

Falkenhayn hatte Wilhelm zuvor gewarnt, dass er durch die Ernennung von Hindenburg und Ludendorff zur Obersten Heeresleitung de facto seine Souveränität als Kaiser verlieren werde.[28] Als Lyncker, der als Chef des Militärkabinetts für Personalfragen verantwortlich war, vorschlug, die Kommandostruktur zu konzentrieren und in die Hände Hindenburgs zu legen, protestierte Wilhelm, dass dies »Abdankung für ihn [bedeute.] Hindenburg sei damit als Volkstribun an seine Stelle getreten.«[29] Es trifft gewiss zu, dass die beiden Generäle rasch den letzten Rest von Wilhelms Rolle als Oberbefehlshaber weiter einschränkten. Ein neuer Kriegsminister, Hermann von Stein, wurde nach seiner Gefügigkeit und politischen Loyalität zum Oberkommando ausgewählt. Die stellvertretenden, befehlshabenden Generäle, Offiziere mit umfassenden Verwaltungsvollmachten, die bislang direkt dem Kaiser unterstanden hatten, wurden nunmehr dem Kriegsminister unterstellt. Dennoch wäre es falsch, daraus den Schluss zu ziehen, dass Wilhelm nicht länger eine wichtige Rolle in der Exekutivstruktur insgesamt spielen konnte. Die Beförderung der östlichen Generäle hatte den Graben in der militärischen Kommandostruktur geschlossen, indem von oben eine einheitliche Leitung durchgesetzt wurde, aber es blieben wichtige Meinungsverschiedenheiten zwischen der zivilen und der militärischen Führung bestehen, welche die Vermittlung des Kaisers erforderten. Die wichtigste davon betraf den Einsatz von Unterseebooten gegen die feindliche Schifffahrt.

Die Entscheidung für den uneingeschränkten U-Bootkrieg

Für die deutsche politische und militärische Führung war der Einsatz von U-Booten das umstrittenste Thema des Krieges. Die Seekriegsleitung argumentierte, Unterseeboote könnten in der deutschen Kriegsstrategie eine entscheidende Rolle spielen, indem sie eine Gegenblockade gegen Großbritannien errichteten und die Briten dadurch zwangen, den Krieg zu beenden. Das bedeutete, U-Boote gegen Handelsschiffe der Kriegsgegner einzusetzen und neutrale Handelsschiffe vor dem Einlaufen in eine »Kriegszone« zu warnen. Ein derartiger Einsatz von U-Booten war allerdings mit erheblichen Risiken verbunden. Im internationalen Recht war der Einsatz von U-Booten gegen Handelsschiffe nicht vorgesehen. Man orientierte sich an den feindlichen Kriegsschiffen, die nach dem Grundsatz »entern und durchsuchen« vorgehen sollten. Aber wenn neutrale Schiffe (auch jene neutraler Staaten) weiterhin die Kriegszone durchquerten, waren sie dann eine berechtigte Beute? Selbst wenn sie von Angriffen verschont werden sollten, waren Unfälle unvermeidlich, weil U-Bootkapitäne häufig nicht zwischen neutralen und feindlichen Schiffen unterscheiden konnten. Darüber hinaus mussten legitime Angriffsziele definiert und genau unterschieden werden. Galt die Freistellung von Passagierschiffen auch dann noch, wenn sie militärische Güter schmuggelten? Rechtfertigte die »ungesetzliche« Blockade Großbritanniens gegen die deutschen Häfen Vergeltungsmaßnahmen gegen die britische Schifffahrt? Und welchen Status hatte ein Schiff, das unter der Flagge einer kriegführenden Nation segelte, aber auch Passagiere eines neutralen Staates an Bord hatte?

Zu Beginn des Jahres 1915 hatte die Frage, wie U-Boote eingesetzt werden sollten, heftige Gräben unter den Entscheidungsträgern gerissen. Auf der einen Seite waren jene wie Bethmann Hollweg, die Kabinettschefs Müller und Valentini, und Treutler, der Verbindungsoffizier für auswärtige Angelegenheiten im kaiserlichen Hauptquartier, die der Meinung waren, dass die mit einem uneingeschränkten U-Bootfeldzug verbundenen Risiken wenigstens ebenso hoch waren wie die erhofften Gewinne. Ihre Argumentation stützte sich in erster Linie darauf, dass die Aussichten des deutschen Reiches auf einen Sieg oder auch nur einen vorteilhaften Frieden verpuffen würden, falls wahllose U-Bootangriffe den Kriegseintritt der Vereinigten Staaten an der Seite der Alliierten bewirken würden. Dieser Gruppe standen die Falken der Marine und des Militärs um Staatssekretär Tirpitz und den Marinestabschef Bachmann gegenüber. Sie sahen in dem größtmöglichen U-Booteinsatz das einzige Mittel, sich gegen die britische »Hungerblockade« zu wehren.[30]

Wilhelm stand dem Einsatz von U-Booten ambivalent gegenüber. Anfangs befürwortete er die gemäßigte Anschauung, vor allem weil er die Konsequenzen eines feindlichen Amerika fürchtete, aber auch weil ihm, wie er ein Jahr später gegenüber Admiral Müller sagte, »das Versenken von unschuldigen Passagieren ein furchtbarer Gedanke sei«.[31] Im Februar 1915 willigte er jedoch, nachdem er erfahren hatte, dass die Amerikaner den Alliierten U-Boote und andere militärische Ausrüstung lieferten, unter dem Druck Tirpitz' ein, dass alliierte Handelsschiffe innerhalb einer genau bezeichneten Kriegszone ohne Warnung torpediert werden durften. Der am 4. Februar eingeschlagene neue Kurs hatte Anfang Mai katastrophale Folgen, als die *Lusitania,* ein großes Passagierschiff mit illegaler Fracht an Bord torpediert wurde und sank. Unter den 1198 ertrunkenen Passagieren befanden sich über 100 amerikanische Staatsbürger. Bestürzt über den internationalen Aufschrei der Empörung und in dem verzweifelten Bestreben, einen amerikanischen Kriegseintritt zu verhindern, drängten Bethmann Hollweg und Müller darauf, wiederum Beschränkungen für den U-Bootkrieg einzuführen. Nach einer Sitzung des Kronrats am 31. Mai 1915 setzte sich Bethmann Hollweg gegen die Befürworter des U-Bootkrieges durch. Am nächsten Tag, dem 1. Juni, erließ Wilhelm an alle U-Bootkapitäne den Befehl, dass neutrale Schiffe künftig verschont werden sollten: »In zweifelhaften Fällen sei lieber ein feindliches Handelsschiff durchzulassen, als ein neutrales zu versenken«. Ein weiterer Befehl vom 6. Juni 1915 untersagte sämtliche Angriffe auf große Passagierschiffe jeder Nationalität.[32]

Tirpitz und Bachmann schäumten vor Wut und antworteten mit einem gemeinsamen Telegramm, in dem sie ihre Einwände gegen die neue Linie darlegten, aber Wilhelm blieb standhaft und fügte hinzu, dass er davon ausgehe, dass der Befehl streng geheim bleibe – eine Vorsichtsmaßnahme, die verhindern sollte, dass der demagogische Marinesekretär öffentlich gegen die Beschränkungen der Regierung agitierte. In einer ominösen Wiederholung der Insubordination Hindenburgs vom Januar reichten nunmehr Tirpitz und Bachmann ihren Abschied ein. Wilhelm lehnte dies ab und rief gegenüber einem Berater aus: »Nein! Die Herren haben zu gehorchen und zu bleiben. Regelrechte Militärverschwörung! Durch Tirpitz veranlaßt!«[33] Nach der Versenkung eines weiteren Passagierschiffes, der *Arabic* am 19. August 1915, die Leutnant Schneider von U-24 irrtümlich für einen Frachter gehalten hatte, überredete Bethmann Hollweg Wilhelm, weitere Beschränkungen für den Einsatz zu befehlen. Die U-Bootwaffe wurde dadurch »so gut wie kraftlos«.[34] Tirpitz war, wie zu erwarten, empört und reichte einmal mehr seinen Abschied ein. Wilhelm zögerte – genau wie im Fall Hindenburgs –, einen Offizier zu entlassen, der in der Öffentlichkeit so hohes Ansehen genoss, aber er entließ seine verhasste rechte Hand Gustav Bachmann. In einem Brief an den Leiter des Reichsmarineamtes, der sich auf die Argumente der politischen Berater um den Kanzler stützte, erklärte Wilhelm, dass es von höchster Bedeutung sei, einen Eintritt Amerikas als »aktiver Feind« in den Krieg zu verhindern, denn es »konnte illimitierte Geldmittel den Feinden darbieten«.

> Ich mußte als Oberster Kriegsherr unbedingt verhindern, daß dieser Fall eintrat. [...] Erst muß der Krieg gewonnen werden, dazu bedarf es der absoluten Ausschaltung irgendwelcher neuer Gegner; wie das geschieht [...] ist [...] meine Sache. Wie ich dabei meine Marine verwende ist auch allein meine Sache.[35]

Während des ganzen Jahres 1916 hielten Wilhelm und die Gruppe um Bethmann Hollweg die U-Bootkrieg-Anhänger in Schach, obwohl im Parlament und in der Presse immer stärker für einen uneingeschränkten U-Bootkrieg geworben wurde. Am 15. März 1916 überredete Bethmann Hollweg den Kaiser, dem Marinesekretär einen Teil seiner Zuständigkeitsbereiche zu entziehen. Das Rücktrittsgesuch von Tirpitz – das dritte seit Kriegsausbruch –

wurde dieses Mal von Wilhelm akzeptiert. Nachdem es in einer kurzen Versuchsphase mit leicht gelockerten Beschränkungen für den U-Bootkrieg wiederum zu einer umstrittenen Versenkung kam (die Kanalfähre *Sussex* wurde am 24. März für einen Minenleger gehalten), erteilte Wilhelm den Befehl, überhaupt keine Schiffe (außer Kriegsschiffen der kriegführenden Mächte) ohne Warnung zu versenken. Daraufhin verzichteten die Flottenchefs ganz auf U-Bootoperationen im Atlantik und im Ärmelkanal. Somit füllte der Kaiser – zumindest für den Moment – das Entscheidungspotenzial seines Amtes ganz aus, indem er die Fürsprecher eines verschärften U-Bootkrieges in die Schranken wies. Sein Standpunkt war zum Teil auf geostrategische Überlegungen zurückzuführen – insbesondere mit Blick auf die unkalkulierbaren Konsequenzen eines amerikanischen Kriegseintritts –, schwere moralische Bedenken spielten aber ebenfalls eine Rolle. Er vertrat die Anschauung, »dass die großen Passagierschiffe voller Frauen und Kinder zu torpedieren, eine barbarische Rohheit ohne Gleichen ist, womit wir den Hass und die giftige Wuth der ganzen Welt gegen uns aufbringen«.[36]

Somit spielte Wilhelm eine maßgebliche Rolle bei der Unterstützung der gemäßigten Elemente innerhalb der Entscheidungsträger gegen die Forderungen der Falken. Warum billigte er dann im Januar 1917 den uneingeschränkten U-Bootkrieg? Die öffentliche Meinung war hier sicher ein maßgeblicher Faktor. In der zweiten Hälfte des Jahres 1916 fand der U-Bootkrieg immer breitere Unterstützung, und die Anhänger meldeten sich immer lautstärker zu Wort, insbesondere nachdem die Skagerrak-Schlacht Ende Mai die britische Blockade nicht beendet hatte. Mittlerweile forderten nicht nur Fürsprecher von Annexionen einen uneingeschränkten U-Bootkrieg, die bereits 1915 in der Kampagne den Ton angegeben hatten, sondern Vertreter aus dem ganzen Parteienspektrum im Reichstag. Der U-Bootkrieg übte auf eine deutsche Öffentlichkeit, deren Feindseligkeit sich zunehmend auf Großbritannien als dem Grundpfeiler der gegnerischen Koalition konzentrierte, eine unwiderstehliche Anziehungskraft aus.[37] Das U-Boot wurde, wie Roger Chickering schreibt, zu »einem Allheilmittel, der Wunderwaffe, deren bedingungsloser Einsatz versprach, den Krieg zu beenden und die Briten in die Knie zu zwingen«.[38] Das herrschende Stimmungsklima allein reichte natürlich nicht aus, um Wilhelm zum uneingeschränkten U-Bootkrieg zu bekehren, auch wenn es zweifellos einen gewissen Einfluss auf ihn hatte. Aber es schwächte die Position des Kanzlers und trug so dazu bei, innerhalb der Exekutive die Waagschale zugunsten der U-Bootanhänger zu senken. Im Sommer und Herbst 1916 sickerte die U-Bootbegeisterung wie ein starkes Lösungsmittel in die parlamentarische Basis des Kanzlers ein. Die Konservativen und Nationalliberalen sagten sich los und bildeten einen »U-Boot-Block«; im Oktober 1916 stellte sich selbst das einst loyale Zentrum offen gegen die Linie des Kanzlers zum U-Booteinsatz und forderte, dass die Entscheidungsvollmacht in die Hände von Hindenburg und Ludendorff gelegt werde. Deren Unterstützung für den U-Bootkrieg war allgemein bekannt. Diese Entwicklungen untergruben das Selbstvertrauen des Kanzlers und dessen persönliche Stellung in den heftigen Debatten innerhalb der Exekutive, von denen alles abhing.

Im Dezember 1916 hatte Bethmann Hollweg die Möglichkeiten, Frieden mit den Gegnern Deutschlands zu schließen, sondiert und war gescheitert. Dieser Umstand war ein weiterer wichtiger Faktor bei Wilhelms Entscheidung, einen uneingeschränkten U-Bootkrieg zu akzeptieren. Die Friedensnote vom 12. Dezember war das Ergebnis eines heftigen Ringens um den Wortlaut zwischen dem Kanzler und der Obersten Heeresleitung. Dabei kam ein charakteristisch ambivalent formuliertes Kommuniqué heraus, das mit einer Ankündigung begann, dass Deutschland bereit sei, über Frieden zu sprechen, aber mit der Warnung schloss, es werde bis zum Sieg weiterkämpfen, falls keine Gespräche statt fänden. Wilhelm stellte sich voll hinter Bethmanns Initiative, nicht nur aus »Eigennutz« wie Lamar Cecil andeutet,[39] sondern weil er wirklich kriegsmüde war (angeblich war er während eines Treffens mit einer Reichstagsdelegation bei der Erwähnung des Wortes »Frieden« in Tränen ausgebrochen)[40] und weil das Schaffen eines Friedens auch mit seiner sakralen Auffassung von der Aufgabe des Souveräns übereinstimmte: Frieden zu schaffen, sagte er einmal zu Bethmann Hollweg, sei ein moralischer Akt, der sich für einen Monarchen zieme, der eine Seele habe und sich Gott verantwortlich fühle, der ein Herz für sein Volk und das der Feinde habe.[41] Letztlich scheiterte die Friedensinitiative vom 12. Dezember. Fünf Tage später beobachtete Admiral Müller, dass Wilhelms Hochstimmung in Folge der Meldung von deutschen Siegen gegen Rumänien verflogen war, »wohl weil fremde Staatsmänner sehr großschnäuzig auf unsere Friedensaktion antworten [...]«.[42] Als die ablehnende Antwort der Alliierten auf die Friedensnote veröffentlicht wurde, wurde Wilhelm wütend und erklärte, dass Deutschland bis zum Ende kämpfen, Belgien annektieren und Frankreich unterwerfen müsse.

In der fatalistischen, selbstgerechten Stimmung Ende Dezember 1916 war Wilhelm geneigt, die mit einem uneingeschränkten U-Bootkrieg verbundenen Hoffnungen und Risiken in Kauf zu nehmen. Immerhin war sein Rückhalt für Bethmann Hollwegs Anschauung stets ambivalent und an bestimmte Bedingungen geknüpft gewesen. Die U-Bootanhänger hatten ihrerseits seit 1915 ihre Aktivität gesteigert: Die U-Bootflotte war erweitert und verbessert worden, und die Enthusiasten konnten nunmehr ganze Stapel von Tabellen und Statistiken vorlegen, die bewiesen, dass schon ein fünfmonatiger rücksichtslos geführter U-Bootkrieg gegen den britischen Handel im Ärmelkanal und Atlantik (in der Nordsee war der U-Bootkrieg nie ausgesetzt worden) ausreichen würde, um Großbritannien aus dem Krieg zu verdrängen. Das Risiko eines amerikanischen Kriegseintritts sei irrelevant, behaupteten sie, weil deutsche U-Boote den transatlantischen Schiffverkehr bereits dezimiert hätten, bevor nennenswerte Zahlen von US-Truppen zur Einschiffung bereit stünden. Jedenfalls werde man problemlos Truppentransporte von den Vereinigten Staaten nach Europa stoppen können. Wilhelm machte sich diese

Argumente rasch zu eigen. Bei einer Sitzung am 9. Januar 1917, die von der Heeresleitung zur Diskussion über das Hauptquartier der Ostfront bei Pless einberufen worden war, wurde deutlich, dass sich der Kaiser bereits zugunsten der Militärs entschieden hatte. Bethmann Hollweg war mit Argumenten gekommen, die gegen einen neuen U-Bootfeldzug sprachen, sah sich aber isoliert und fügte sich am Ende der Mehrheit. Wilhelm ließ sich seine Ungeduld deutlich anmerken, während Bethmann Hollweg seine Einwände vorbrachte, und unterschrieb anschließend einen Befehl, dass der uneingeschränkte U-Bootkrieg vom 1. Februar an beginnen solle. Als diese Entscheidung von der deutschen Regierung offiziell bekannt gegeben wurde, hatte sie den fast sofortigen Abbruch der diplomatischen Beziehungen zu den Vereinigten Staaten zur Folge, und im April erklärten diese dem Deutschen Reich den Krieg.

Bei der Sitzung in Pless hatte Wilhelm den Vorsitz über eine Entscheidung von welthistorischer Bedeutung. Sie stützte sich, wie Historiker nachgewiesen haben, auf eine krasse Fehleinschätzung der damit verbundenen Risiken und Vorteile. Obwohl die deutschen U-Boote in der Tat das veranschlagte Ziel von 600 000 Tonnen versenkter Schiffsraum im Monat erreichten und eine Zeitlang sogar übertrafen, war der Vorteil für Deutschland nur von kurzer Dauer. Das britische System für die Lebensmittelversorgung und Verteilung erwies sich als flexibler als erwartet, die Fähigkeit der amerikanischen Werften, die versenkte Tonnage zu ersetzen, war weitaus größer als die deutschen Strategen angenommen hatten, und die von den Alliierten entwickelten Abwehrmaßnahmen gegen U-Boote erwiesen sich als wirkungsvoller, als die Deutschen vorhersagen konnten. Die Verlustquote unter den deutschen U-Booten schnellte in die Höhe und überstieg die Verluste unter den alliierten Geleitzügen prozentual um das Siebenfache.[43]

Freilich konnte man argumentieren, dass dem Deutschen Reich langfristig keine andere Wahl blieb, weil es in einem kontinentalen Zermürbungskrieg langfristig schlechte Aussichten hatte. Aber war dem wirklich so? Es sind zumindest, vorsichtig ausgedrückt, einige Zweifel angebracht. Im Januar 1917 hatte Deutschland soeben Rumänien niedergerungen, und der Sieg in Russland war nicht mehr fern, auch wenn die Deutschen das nicht wissen konnten. Die Moral der französischen Truppen stand kurz vor dem Zusammenbruch, und Großbritannien wäre schon bald das Geld ausgegangen – tatsächlich war es einem finanziellen Kollaps viel näher als die Deutschen wussten. Im Herbst 1916 nahm der Zorn der Amerikaner über die britische Blockade gegen Deutschland zu, und die britisch-amerikanischen Beziehungen hatten einen Tiefpunkt erreicht. Ohne amerikanische Beteiligung und die zugehörigen, umfassenden Hilfslieferungen war es durchaus möglich, dass Großbritannien im Sommer oder Herbst 1917 einen Frieden angeboten hätte, ungefähr um die Zeit, als die Italienfront unter dem österreichisch-deutschen Druck allmählich zusammenbrach.

Mit anderen Worten: Wenn Deutschland nicht den uneingeschränkten U-Bootkrieg gegen die Handelsschifffahrt begonnen hätte und die Vereinigten Staaten nicht in den Krieg eingetreten wären, dann wäre eine deutsche Niederlage gegen die Alliierten vermutlich in weite Ferne gerückt. Im Rückblick bestand Deutschlands beste Chance darin, »einfach die Lähmung des [alliierten] Schiffsverkehrs, die Finanzen und den militärischen Kollaps an mehreren Fronten abzuwarten«.[44] Allem Anschein nach hat Wilhelm selbst einmal mit dieser Möglichkeit geliebäugelt. Bei einem Besuch in Wien Ende November 1916 sagte er voraus: »Revolution in Moskau und St. Petersburg, völliger Munitionsmangel in Russland […] In England desgleichen Hungersnot und Frankreich bald beim letzten Mann.«[45] Wilhelms Gesprächspartner nahmen diesen Ausbruch mit matter Skepsis zur Kenntnis, aber als Vision für eine »virtuelle Zukunft« war er längst nicht so unplausibel, wie sie annahmen.

Der Sturz Bethmann Hollwegs

Im Herbst und Winter 1916/17 höhlten zwei Entwicklungen Wilhelms Stellung innerhalb der Exekutive weiter aus. Als Erstes wurde die Macht, die das Militär über den zivilen Arm der Regierung ausübte, drastisch ausgeweitet. In einer ganzen Reihe von Auseinandersetzungen mit den Generälen sah sich Bethmann Hollweg gezwungen, in wichtigen Fragen zum künftigen Status des russischen Teils von Polen nachzugeben und die anmaßende Entlassung mehrerer Minister und hoher Berater zu akzeptieren (Jagow, Helfferich, Hammann). Anfang 1917 schließlich beschlossen Hindenburg und Ludendorff, dass der Kanzler selbst gehen müsse – ungeachtet des Anteils Bethmanns beim Sturz Falkenhayns und der Ernennung Hindenburgs zum Obersten Befehlshaber sowie seines Einlenkens in der U-Bootfrage.

Parallel zu diesen Entwicklungen innerhalb der Exekutive drohte wegen der zunehmend labilen innenpolitischen Lage ein Sturz der Regierung von unten. Auf den Kriegsausbruch war eine vorübergehende Phase der »nationalen Einheit« gefolgt, in der die Reichstagsfraktionen einwilligten, sich bei Fragen zurückzuhalten, welche die Bevölkerung spalteten. Aber schon im Sommer 1915 war dieser »Burgfrieden« von beiden Polen des politischen Spektrums in Frage gestellt worden. Auf der Linken verstieß eine radikale Fraktion innerhalb der Sozialdemokratischen Partei gegen die Parteidisziplin und verunglimpfte den Krieg. Im Reichstag stimmte sie gegen weitere Kriegskredite. Im Jahr 1915 forderte die SPD verstärkt soziale und politische Belohnungen für die Arbeiterklasse, die in den Schützengräben die Kämpfe weiterführte. Kernthemen der linken Propaganda waren die Ablehnung eines »Eroberungskrieges« und die Forderung einer Wahlrechtsreform. Im rechten Spektrum meldete sich ein einflussreiches, ultranationalistisches Netzwerk mit mächtigen Schirmherren in Heer, Marine und Regierung zu Wort, die umfangreiche, deutsche Annexionen als unerlässliche Bedingung für einen Frieden forderten und sich innenpolitischen Reformen widersetzten.

Im Lauf des Jahres 1916 war es, wie gesagt, der Rechten vorübergehend gelungen, eine breite parlamentarische Unterstützung der Kampagne für den U-Bootkrieg zu mobilisieren. Ab dem beginnenden Frühjahr 1917 lag die politische Initiative jedoch mehr und mehr bei der Linken. Lebensmittelknappheit und Meldungen von der Februarrevolution in Russland ließen in den deutschen Industriestädten eine überaus explosive Stimmung aufkommen, und die gemäßigte Linke und die Mitte forderten allmählich vereint innenpolitische Reformen, insbesondere die Abschaffung des antiquierten und diskriminierenden Dreiklassenwahlrechts in Preußen. Um die Ruhe wiederherzustellen, drängte Bethmann Hollweg den Kaiser, in einer »Osterbotschaft« zu versprechen, dass auf das Ende der Feindseligkeiten eine Wahlrechtsreform folgen werde. Wilhelm hatte – wenn auch widerwillig – seit Anfang 1915 die Notwendigkeit einer Demokratisierung akzeptiert und war bereit, sich zu fügen.[46] Aber das vage formulierte Versprechen erhitzte nur noch mehr die Gemüter. In den folgenden Wochen kam es zu den ersten größeren Streiks seit Kriegsbeginn, und der Reichstag erneuerte seine Anstrengungen, die politische Kontrolle über die deutschen Kriegsbemühungen zu erlangen. Viele Abgeordnete bestanden nunmehr auf einer sofortigen Wahlrechtsreform. Ab dem Frühsommer widmete man sich intensiv der Diskussion um eine »Friedensresolution«, die der prominente Zentrumsdelegierte Matthias Erzberger eingebracht hatte. Sie rief zu einem Verhandlungsfrieden ohne erzwungene Annexionen auf.

Wilhelm und Bethmann Hollweg sahen sich in beiden Fragen in einem offenen Konflikt mit der militärischen Führung, allerdings gab die Wahlrechtsfrage letztlich den Anlass für die Absetzung des Kanzlers. Als Hindenburg und Ludendorff Anfang Juli 1917 hörten, dass Bethmann Hollweg Wilhelm zur Ankündigung einer sofortigen Wahlrechtsreform drängte, reisten die beiden Kommandeure nach Berlin und verlangten die Entlassung des Kanzlers. Aber Wilhelm blieb standhaft und Bethmann Hollweg im Amt. Der Kanzler stand inzwischen nicht nur unter dem

Druck der Heeresleitung, sondern auch unter dem der Reichstagsabgeordneten. Eine Mehrheit der Abgeordneten war unzufrieden mit den so schleppend verlaufenden Verhandlungen hinsichtlich einer Wahlrechtsreform. Man hatte die Geduld mit dem Kanzler verloren und forderte nun seine Entlassung. Der schlaue Ludendorff versuchte sogar, Bethmann Hollweg zu diskreditieren, indem er gegenüber einer Reihe wichtiger Fraktionschefs durchblicken ließ, dass er persönlich keine Einwände gegen eine Wahlrechtsreform habe, sondern der Kanzler das Haupthindernis sei.[47] Am 10. Juli gelang es Bethmann Hollweg schließlich, den Kaiser von seinem Standpunkt zu überzeugen. Zwei Tage danach wurde bekannt gegeben, dass der nächste preußische Landtag nach einem neuen, demokratischen Wahlrecht gewählt würde. Einen Tag später reichten Hindenburg und Ludendorff, in einem weiteren Akt der Insubordination – einem Mittel, zu dem das deutsche Oberkommando mittlerweile immer häufiger griff – telefonisch ihren Abschied in Berlin ein und erklärten, dass sie mit dem Kanzler nicht länger zusammenarbeiten könnten. Wilhelm schäumte vor Wut, weil er auf diese Weise erpresst wurde und erklärte gegenüber dem Chef des Marinekabinetts: »Dieses Verhalten preußischer Generale sei das Unerhörteste, was je in der Geschichte Preußens passiert [sei].« Er versicherte Bethmann Hollweg, dass er nicht nachgeben werde, aber er sehe sich in einer »Zwangslage«; mit ihrem Abschiedsgesuch hätten die beiden Befehlshaber »ihm die Pistole auf die Brust gesetzt«.[48] Auch der Kanzler befand sich in einer heiklen Lage: Da die Militärführung unversöhnlich gegen ihn Widerstand leistete und er im Reichstag keine sichere Plattform mehr hatte, war er allein auf die Unterstützung des Kaisers angewiesen, dessen Rückhalt unter dem Druck allmählich ins Wanken geriet. Erschöpft von dem Ringen mit den Titanen und darauf bedacht, Wilhelm weitere qualvolle Entscheidungen zu ersparen, trat Bethmann Hollweg selbst zurück.

Der Rücktritt vom 13. Juli markierte eine grundlegende Zäsur in der Geschichte von Wilhelms Herrschaft. Der Kaiser war sich dessen nur allzu sehr bewusst: »Da kann ich ja gleich abdizieren«, sagte er zu Bethmann.[49] Kaum etwas illustriert besser den dramatischen Einbruch des letzten Restes von Wilhelms Autorität als die Person des neuen Kanzlers. Die ersten fünf Kanzler seiner Herrschaft waren allesamt dem Kaiser persönlich bekannt gewesen, bevor sie unter ihm gedient hatten: Hohenlohe war sein »Onkel«, Bülow gehörte dem Kreis um Eulenburg an, in der Gesellschaft von Bethmann Hollwegs Vater hatte Wilhelm seinen ersten Hirsch geschossen. Im Gegensatz dazu war der neue Amtsinhaber Georg Michaelis Wilhelm fast völlig fremd, wenn auch nicht seiner Frau, die ihn über kirchliche Verbindungen kennen gelernt hatte und bereit war, sich in dieser Hinsicht für ihn einzusetzen. Michaelis war für seine effiziente Verwaltungsarbeit bekannt – er war für die Organisation der zivilen und militärischen Lebensmittelversorgung zuständig –, aber er war gewiss keine prominente Persönlichkeit, und ganz bestimmt war er nicht Wilhelms erste Wahl für den Posten. Das galt auch für Graf Georg von Hertling, der Michaelis in der Reichskanzlei ablöste, als letzterer im Oktober 1917 im Reichstag in Ungnade fiel. Das Kanzleramt – jenes zentrale Amt in der deutschen Reichsverfassung – lag nicht länger in den Händen des Kaisers. Wilhelm war immer noch, gelegentlich, imstande, sich gegen die »furchtbaren Zwillinge« zu behaupten, wie im Januar 1918, als er sich Ludendorffs Plänen widersetzte, Polen ins Reich einzugliedern, und die darauffolgende Rücktrittsdrohung beiseite wischte.[50] Doch das Gespann rächte sich schon bald, indem es die Entlassung getreuer Beamter aus Wilhelms persönlicher Beratergruppe erzwang, darunter die zuverlässigen Kabinettschefs Valentini und Lyncker. Bei Valentinis Abschied vergoss Wilhelm sogar Tränen; sein Nachfolger Friedrich Wilhelm von Berg schmeichelte sich schon bald beim Kaiser ein, wurde aber von gut unterrichteten Beobachtern als Agent der militärischen Führung angesehen.

Öffentliche Meinung

Wenn die Macht des preußisch-deutschen Throns innerhalb der Verwaltungsstruktur bis Ende 1917 ausgehöhlt wurde, so spielte sich auf der Ebene der öffentlichen Meinung ein analoger Prozess ab. Im Jahr 1914 hatte die Nachricht von dem bevorstehenden Krieg in Berlin und vielen anderen deutschen Städten in vielen Sektoren der Bevölkerung eine starke Identifizierung mit der Person des Kaisers ausgelöst. Ein Augenzeuge erinnerte sich, wie am Nachmittag des 31. Juli 1914, als Wilhelm und seine Frau in einem offenen Motorwagen durch das Brandenburger Tor fuhren, die Menschenmengen Wilhelm II. begeistert zujubelten und auf die Fahrbahn strömten, als wollten sie ihrem Kaiser die Herzlichkeit ihrer Loyalität zeigen, indem sie sich eng um ihn drängten.[51] Journalisten schrieben von einer beispiellosen Einigkeit der Ziele zwischen Kaiser und Bevölkerung. Wilhelm griff dieses Thema einen Tag später in einer Rede auf, die er vom Balkon des Schlosses in Berlin hielt. Er erklärte: »Wenn es zum Kriege kommen soll, hört jede Partei auf, wir sind dann nur noch deutsche Brüder. In Friedenszeiten hat mich zwar die eine oder andere Partei angegriffen, das verzeih ich ihr aber jetzt von ganzem Herzen.« In einer Ansprache an die Reichstagsabgeordneten, die drei Tage danach im Thronsaal des Königspalastes versammelt waren, wiederholte er diese Gefühle in der berühmten Wendung: »Ich kenne keine Parteien mehr, ich kenne nur noch Deutsche!«[52] Dieser Satz wurde auf Postkarten mit Wilhelms Porträt für die Regierungspropaganda abgedruckt und entwickelte sich zu einem der »geflügelten Wörter« im Deutschen Reich während des Krieges.

Historiker haben zu Recht die Einmütigkeit der deutschen »nationalen Begeisterung« in Frage gestellt, mit der die Neuigkeit vom Kriegsausbruch aufgenommen wurde. Dieselben Vorbehalte sind zweifellos bei den Ergüssen royalistischer Emotionen angebracht, die in den ersten Kriegstagen in der deutschen Presse dokumentiert wurden.[53] Es ist immer noch schwierig, den

Stand der öffentlichen Meinung gegenüber dem Monarchen in den Kriegsjahren einzuschätzen, weil die verschärfte Zensur die Veröffentlichung unverhohlen kritischer Kommentare so gut wie unmöglich machte.[54] Staatliche Propagandatexte und -filme verbreiteten das Bild eines Kaisers, der hart für die Nation arbeitete und die Entbehrungen seines Volkes teilte.[55] Wilhelm achtete wohlweislich darauf, diese Bemühungen nicht zu sabotieren; er mied Auftritte in der Öffentlichkeit und behielt seine Haltung zu strittigen Themen wie innenpolitischen Reformen und Annexionen nach dem Krieg für sich. Auf diese Weise konnte verhindert werden, dass die Indiskretionen des Mannes die Autorität seines Amtes unterminierten. Laut Arnold Wahnschaffe, einem Unterstaatssekretär in der Reichskanzlei, war das größte Plus des Kaisers in der öffentlichen Meinung die weitverbreitete Anschauung, dass er niemals einen Krieg gewollt habe. »Verschiedene Sozialdemokraten haben mir gesagt«, schrieb er 1915 in einem Brief an Kabinettschef Valentini, »nichts wirke der bösartigen Agitation ihrer Radikalen mehr entgegen, als der auch unter den sozialdemokratischen Arbeitern überall verbreitete Glaube an den redlichen Friedenswillen des Kaisers. Man höre immer wieder: ‚Wenn der Kaiser den Krieg hätte vermeiden *können*, hätte er es getan', und deswegen könne dieser Krieg kein ungerechter Eroberungskrieg sein.«[56]

Die Pressekommentare zu einer der letzten Reden Wilhelms, einer Ansprache an Arbeiter der Krupp-Werke in Essen am 12. September 1918, lassen darauf schließen, dass er noch am Vorabend des deutschen Zusammenbruchs imstande war, ein positives Band zu Teilen der deutschen Öffentlichkeit zu knüpfen. In einem persönlichen, ein wenig weinerlichen Tonfall versicherte Wilhelm seinen Zuhörern, dass er das Leid, die Not und das Elend des deutschen Volkes kenne, erinnerte sie an seine Friedensanstrengungen, bekundete sein Mitgefühl für die Krankheit seiner bettlägerigen Gattin, beschwor die göttliche Vorsehung herauf und schloss mit einer Ermahnung, der Macht des Gegners stand zu halten. Die Ansprache rief ein positives Echo hervor, das über die neutrale Berichterstattung hinaus ging, die gemäß den Zensurvorschriften notwendig war. Das *Stuttgarter Tageblatt* erklärte etwa, dass seine Leser dem kaiserlichen Herrscher dankbar seien, dass er ihre Sorgen kenne und sie mit seiner souveränen Sympathie achte.[57] Die *Kölnische Volkszeitung* bemerkte, der Kaiser habe »in entscheidenden Augenblicken bewiesen, dass das Fühlen und Sehnen unseres Volkes in seinem Herzen wiederklingt«; ein anderer Reporter beschrieb »einen leisen Unterton der Trauer in der Stimme [des Redners], und wieder ein anderer meldete, der Kaiser wisse, was alle fühlten.[58] Ähnliche Kommentare waren in vielen anderen, regionalen Zeitungen zu lesen.[59]

Dennoch sollten wir uns von diesen emotionsgeladenen Beteuerungen nicht dazu verleiten lassen zu unterschätzen, wie sehr der Kaiser aus dem Zentrum des öffentlichen Lebens verdrängt worden war. Seit den ersten Kriegsmonaten wurde Wilhelm immer mehr von der Figur Paul von Hindenburgs in den Schatten gestellt. Es entwickelte sich ein regelrechter Kult um Hindenburg, dem das Verdienst für den deutschen Sieg über die Russen bei Tannenberg zugesprochen wurde. Sein Porträt mit dem markanten, rechteckigen Kopf wurde endlos reproduziert und auf öffentlichen Plätzen zur Schau gestellt. »Hindenburg-Statuen«, hölzerne Kolosse auf öffentlichen Plätzen, gespickt mit Gedenknägeln, die man mit Spenden für das Rote Kreuz erworben hatte, schossen in ganz Deutschland wie Pilze aus dem Boden. Es bestand insofern eine Parallele zum Bismarck-Kult der 1890er Jahre, als die Lobeshymnen auf den Feldmarschall häufig mit impliziter Kritik am Kaiser und an der zivilen Regierung verknüpft waren.[60] Beide Phänomene blühten in dem »Vakuum einer genuinen politischen Repräsentanz« der Nation auf.[61] Aber die Sehnsucht nach einem »Führer«, die in manchen Kreisen verspürt wurde – einem Führer, der eine absolute und ungetrübte Autorität und Macht über Freund und Feind gleichermaßen hätte – verlieh dem Hindenburg-Kult eine Intensität, die der Beweihräucherung Bismarcks gefehlt hatte. Der Kult, der sich um Hindenburg entwickelte, machte aus ihm den symbolischen und psychologischen Gegenspieler des Kaisers. In Kriegszeiten wurden, wie Wolfram Pyta nachweist, Ruhe und Unerschütterlichkeit mehr als alle anderen Führungsqualitäten gepriesen: »Die deutsche Ruhe wurde urplötzlich zur Kardinaltugend für einen erfolgreichen Kriegsausgang.«[62] Der Gegensatz zwischen dem Feldmarschall, der stets ein Gefühl souveräner Zuversicht ausstrahlte, und dem sprunghaften, labilen Kaiser, mit seiner grenzenlosen Tatkraft und den kurzlebigen Leidenschaften, hätte kaum größer sein können. Die Mobilität und Ruhelosigkeit Wilhelms II. hatten einst augenscheinlich der dynamischen Modernität des deutschen Reiches selbst entsprochen und sie widergespiegelt; nach 1914 wurden diese Merkmale, die so untrennbar mit der Person des Kaisers assoziiert wurden, zu einem Makel statt zu einem Vorzug. Wie ein prominenter Industrieller, der sich vehement für Annexionen aussprach, es ausdrückte: »es muß bald der starke Mann kommen, der allein uns vor dem Abgrunde, über dem wir bereits hängen, bewahren könnte.«[63] Dass der Kaiser sich für diese Rolle nicht eignete, verstand sich von selbst. Wie Martin Kohlrausch nachweist, hatte die Anhäufung der Skandale, welche die kaiserliche Monarchie während der Herrschaft Wilhelms II. belastet hatten, die Tendenz beschleunigt, die Einzelperson von der Einrichtung zu trennen; dadurch wurde es möglich, die Person Wilhelms abzulehnen und zugleich souveräne Elemente des Amtes mit einem idealisierten Führertypus zu verschmelzen.[64]

Die Entwicklung Hindenburgs zu einem »Ersatzkaiser« war eine Quelle wachsender Sorge für den Monarchen und seine Umgebung. Dennoch unternahm Wilhelm kaum etwas, um den Niedergang seines Ansehens aufzuhalten. Vermutlich war es ein gravierender Fehler, Berlin zu verlassen und im Kaiserlichen Hauptquartier zu bleiben, weil der Hauptstadt und der Nation so ihre politische Galionsfigur fehlten. Da allgemein bekannt war, dass der Kaiser mit der operativen Kriegführung wenig zu tun hatte (die Verantwortung hierfür wurde in der allgemeinen Meinung dem Kriegshelden Hindenburg zugeschrieben), konnte die Anwesenheit Wilhelms, unterbrochen von gelegentlichen Ausflügen an die Front, leicht den Verdacht erregen, dass er ein kostspieliges und sinnloses Drohnendasein führe, weit ab von den eigentlichen Zentren der politischen oder militärischen Entscheidungsfindung. Während Hindenburg sein Image als Vater und Feldherr der Nation eifrig pflegte, regelmäßig Journalisten empfing, sich in schmeichelhaften Posen fotografieren und malen ließ und vor unzähligen Versammlungen seiner Anhänger sprach, versäumten Wilhelm und sein Stab es völlig, für eine konsequente Medienpräsenz zu sorgen. Für Journalisten war es in der Regel kein Problem, zu Hindenburg vorgelassen zu werden, häufig zählten sie sogar zu den Abendgästen des Generalfeldmarschalls. Im Gegensatz dazu schloss Wilhelms Gefolge energisch die Presse aus dem Umfeld des Kaisers aus, nicht zuletzt deshalb, weil sie hofften, auf diese Weise potenziell schädliche Unbedachtheiten zu verhindern.[65]

Auf merkwürdige Weise half Wilhelm sogar, den Hindenburg-Kult zu schüren. Er beteiligte sich offen daran, das ging so weit, dass er sein eigenes Ansehen und das Bethmann Hollwegs untergrub. Im Februar 1917 hörte der Kanzler bestürzt, dass der Kaiser einen Aufsatz des rassistischen Kulturtheoretikers Houston Stewart Chamberlain dem Generalstab zur Verteilung unter den Soldaten übergeben hatte. Chamberlain konzentrierte sich in dem Aufsatz auf den Anteil der Willenskraft an einem Sieg und schloss mit der Klage, dass in der Gestalt Hindenburgs zwar ein großer Mann dem Volke geschenkt worden sei, dass die deutsche Führung allgemein jedoch von mittelmäßigen Figuren dominiert werde und dem Land ein geeigneter Führer fehle.[66] Da Wilhelm stets dazu neigte, in die öffentliche Meinung einzustimmen, sah er sich letztlich als eine Art Einpeitscher für Hindenburg. »Mit diesem ›Ja‹ gehe ich zum Feldmarschall«, sagte Wilhelm im September 1918 zu Fabrikarbeitern in Essen, nachdem sein Aufruf, den Kampf fortzusetzen, von begeistertem Jubel begrüßt worden war.[67] Aber in dem Maße wie Hindenburgs Popularität wuchs, nahm die Wilhelms ab. In den letzten 18 Kriegsmonaten stieg die Auflage antimonarchischer Pamphlete an und es war ein drastischer Verfall des Vertrauens in die Dynastie zu beobachten. In Bayern, wo die kaiserfeindliche Stimmung von einer langjährigen partikularistischen Tradition geschürt wurde, war dies besonders ausgeprägt. Kronprinz Rupprecht berichtete hier im Sommer 1917: »Die Verstimmung geht so weit, daß ernsthaft denkende Leute bezweifeln, ob die Dynastie der Hohenzollern den Krieg überdauern wird«.[68]

Der Mann, der einst so peinlich auf seine Popularität und sein Bild in der Öffentlichkeit geachtet hatte, schien nunmehr völlig gleichgültig gegenüber der Notwendigkeit, sich seinem Volk zu zeigen. Angehörige seines Gefolges – Lyncker, Müller und Valentini – drängten den Kaiser wiederholt, zu Treffen mit den Führern im Reichstag nach Berlin zu reisen. Admiral Müller sprach sich sogar dafür aus, dauerhaft in die Hauptstadt umzuziehen. Aber Wilhelm weigerte sich hartnäckig: »Aus dem Kommen nach Berlin wird nichts«, schrieb Moritz von Lyncker an seine Frau. »Er will mal wieder nicht; fürchtet sich vor unangenehmen Aussprachen. Sehr schade nach jeder Richtung. Es wäre sehr gut, wenn die Zeitungen mal wieder darüber berichteten, dass er in Berlin mit dem Kanzler konferierte und den oder den gesprochen hat.«[69] Lyncker hatte Hunderte von Stunden in der Gesellschaft des Kaisers verbracht und kannte ihn wohl besser als die meisten. Er hatte zweifellos Recht, wenn er das Sträuben des Souverän auf Angst zurückführte. Die prahlerischen Worte des Kaisers und die Flucht in die Fantasie hatten stets eine unterschwellige Abneigung gegen offene Konfrontationen oder echte Konflikte kaschiert. Im Jahr 1918 hatten sie sich, nach Jahren einer relativen Isolation in der irrealen Welt des kaiserlichen Hauptquartiers, zu den dominierenden Kräften in seiner Persönlichkeit entwickelt.

Weder Hindenburgs Ansehen noch die Überreste der royalistischen Gefühle innerhalb der deutschen Bevölkerung reichten aus, um den Thron zu retten, als deutlich wurde, dass Deutschland den Krieg gegen die Alliierten verloren hatte. Wilhelm war von seinem Gefolge von den schlimmsten Meldungen über den Zusammenbruch der deutschen Offensive von 1918 abgeschirmt worden. Desto schockierter war er, als er am 29. September von Ludendorff persönlich erfuhr, dass die Niederlage unausweichlich sei und unmittelbar bevor stehe. Diese Meldung löste einen dramatischen Umbau des deutschen, politischen Systems in letzter Minute aus. Die Militärbefehlshaber akzeptierten nunmehr die Notwendigkeit innenpolitischer Reformen, vor allem weil sie meinten, das Deutsche Reich hätte auf diese Weise eine bessere Ausgangsposition für die Friedensverhandlungen mit dem amerikanischen Präsidenten Woodrow Wilson. Nachdem er bereits nach mehreren Strohhalmen gegriffen hatte, akzeptierte Wilhelm die Vorschläge der Militärs. Graf Hertling wurde entlassen, weil er nicht die Verantwortung für die Demokratisierung der deutschen Verfassung übernehmen wollte. Er wurde durch Prinz Max von Baden ersetzt, der unverzüglich eine neue Regierung bildete, die sich in erster Linie aus Reichstagsabgeordneten zusammensetzte (keine vom Kaiser berufenen Kandidaten).

Die Beziehungen zwischen der neuen Regierung und der Obersten Heeresleitung blieben gespannt. Als sich abzeichnete, dass die Friedensbedingungen der Alliierten härter ausfallen würden, als die deutsche Führung erwartet hatte, widerrief Hindenburg seine frühere Entscheidung, die Aushandlung des Friedens an die zivile Regierung zu delegieren, und ließ seinen Generälen ein Rundschreiben mit der Erklärung zukommen, Wilsons Bedingungen seien inakzeptabel. Max von Baden betrachtete dies zu Recht als eine Herausforderung seiner eigenen Autorität und drohte mit seinem Rücktritt, falls Wilhelm die zivile, militärische Doppelherrschaft in Deutschland nicht beende. Am 26. Oktober ging er mit Ludendorff scharf ins Gericht und akzeptierte seinen Rücktritt. »Die Operation ist vollzogen«, bemerkte er später. »Ich habe die siamesischen Zwillinge voneinander getrennt.«[70]

Nunmehr stand Wilhelms Zukunft als Landesherr auf der Tagesordnung. Ließ sich sein Verbleiben im Amt mit den Veränderungen vereinbaren, die sich damals in der deutschen Politik abspielten? In den letzten Kriegswochen wurde diese Frage immer breiter diskutiert, insbesondere nach der Lockerung der Zensur Mitte Oktober. Durch den Wortlaut der amerikanischen Note an die deutsche Regierung vom 14. Oktober wurde sie schlagartig akut. Präsident Woodrow Wilson sprach davon, »jede Willkür und Macht, die für sich allein und heimlich den Frieden der Welt stören kann«, zu vernichten, und fügte orakelhaft hinzu: »Und die Macht, die bisher die deutsche Nation beherrscht, ist von der hier beschriebenen Art. Es liegt innerhalb der Wahl der deutschen Nation, das zu ändern.«[71] Viele Deutsche interpretierten diese Mitteilung und ähnliche Kommentare in späteren Noten dahingehend, dass sich die Amerikaner nur mit einer völligen Abschaffung der Monarchie zufrieden geben würden.[72] Immer lauter wurde inzwischen die Abdankung des Kaisers gefordert, und manche fragten sich bereits, ob der Monarch in Berlin überhaupt noch sicher sei. Dabei spricht vieles dafür, dass der Thron womöglich unbeschadet geblieben wäre, wenn Wilhelm nicht am 29. Oktober die Hauptstadt verlassen hätte und nach Spa ins Hauptquartier gefahren wäre. Aus welchem Grund tat er das? Einige Leute im Umkreis Wilhelms meinten, dass die Abreise die einzige Möglichkeit sei, eine Abdankung zu verhindern, ja, dass die Anwesenheit des Kaisers im Hauptquartier die deutsche Kampfmoral an der Front stärken und so eine Wende des deutschen Kriegsglücks herbeiführen könnte.[73] In Wirklichkeit erlitt das Ansehen Wilhelms und seines Amtes durch die Fahrt nach Spa jedoch, ähnlich wie der gefangene König Ludwig XVI. mit seiner verhängnisvollen Flucht nach Varennes, einen herben Rückschlag.

Die dramatischen Umstände um Wilhelms Abdankung und Flucht ins Exil am 9./10. November 1918 sind bereits mehrfach ausführlich geschildert worden und sollen hier nur kurz gestreift werden.[74] In der letzten Woche seiner Herrschaft litt das ganze kaiserliche Gefolge unter Realitätsverlust. Die absurdesten Pläne wurden ernsthaft erwogen, etwa ein Vorschlag, Wilhelm solle die Würde des Throns wiederherstellen, indem er sich selbst in einem selbstmörderischen Angriff auf die feindlichen Linien opferte. Wilhelm sprach davon, an der Spitze »seiner Armee« zurück nach Berlin zu marschieren. Doch das Militär teilte ihm mit, dass die Armee nicht länger seinem Befehl Folge leiste. Daraufhin spielte er in Gedanken die verschiedenen Varianten der Abdankung durch: Konnte er vielleicht als Kaiser abdanken, aber preußischer König bleiben? Da die Revolution in den Städten Deutschlands immer mehr Zulauf fand, war dieser weltfremde Versuch, die beiden Ämter zu trennen, die seit der Ausrufung des Reiches so untrennbar miteinander verbunden gewesen waren, von vornherein zum Scheitern verurteilt. Zu keinem Zeitpunkt dachte Wilhelm ernsthaft darüber nach, ob es eventuell möglich wäre, die Monarchie zu retten, indem er sie von seiner Person löste und ein anderes, politisch akzeptableres Mitglied der Dynastie auf den Thron setzte. Jedenfalls überrollten die politischen Ereignisse die qualvollen Überlegungen in Spa. Am Nachmittag des 9. November, um 2 Uhr, als Wilhelm gerade eine Erklärung unterschreiben wollte, nach der er auf den Kaiserthron, nicht aber auf die preußische Krone verzichtete, erreichte das Hauptquartier die Nachricht, dass Kanzler Max von Baden eine Stunde zuvor bereits die Abdankung Wilhelms von beiden Thronen bekannt gegeben hatte. Die Regierung liege nunmehr in den Händen des Sozialdemokraten Philipp Scheidemann. Um den Schock dieser erschütternden Meldung zu verdauen, brauchte Wilhelm einige Stunden. Dann stieg er in den königlichen Zug nach Deutschland, ohne eine Abdankungsurkunde zu unterschreiben (dies holte er am 28. November für beide Throne nach). Als sich herausstellte, dass eine Rückkehr nach Deutschland nicht in Frage kam, änderte der königliche Zug die Richtung und fuhr nach Holland. Auf die Meldung hin, dass Teile der Bahnlinie zur Grenze den »Revolutionären« in die Hände gefallen seien, stieg das königliche Gefolge in einen kleinen Konvoi aus Automobilen um. In den frühen Morgenstunden des 10. Novembers 1918 überquerte Wilhelm die holländische Grenze und verließ sein Land für immer.

Welche Schlussfolgerungen kann man aus Wilhelms Beteiligung am Entscheidungsprozess im Krieg ziehen? Aus der Darstellung geht eindeutig hervor, dass Wilhelm weiterhin eine zentrale Stellung in den Abläufen inne hatte, die einige der wichtigsten, politischen Fragen der Kriegsjahre entscheiden musste. Man mag dem Kaiser aktuelle Informationen vorenthalten und ihn von den Operationen der militärischen und zivilen Führung verdrängt haben; er mag hinter einer »Chinesischen Mauer« aus Adjutanten und Beratern verschwunden sein, wie manche Zeitgenossen behaupteten, aber er stand immer noch am Dreh- und Angelpunkt des politisch-konstitutionellen Gefüges. War er nur ein passives »Zünglein« an der Waage, dessen Stimme zur politischen Linie die Meinung innerhalb der Exekutive registrierte? Oder spielte er eine aktivere, bestimmendere Rolle?

Die Antwort ist eine Mischung von beidem. Es wäre lächerlich zu behaupten, dass Wilhelm maßgeblich kreativ an der Ausarbeitung der Politik beteiligt war – er war viel zu sehr von den Meinungen seines Umfelds abhängig. Außerdem fehlte ihm die Fähigkeit, in einer Weise vorauszudenken, wie es für Persönlichkeiten charakteristisch ist, die in der Politik das Sagen haben. Ebenso falsch wäre es jedoch anzunehmen, dass die Dinge sich ohne ihn genau gleich entwickelt hätten. Wie Holger Afflerbach nachweist, ist es undenkbar, dass Falkenhayn ohne Wilhelms Rückhalt bis zum Sommer 1916 an der Spitze der Heeresleitung geblieben wäre. In diesem Fall war Wilhelm bereit, gegen eine überwältigende Ablehnung des Stabschefs zu handeln (oder genauer auszuharren). Auch im Falle des uneingeschränkten U-Bootkriegs scheint es so gut wie sicher, dass die von Bethmann Hollweg und Wilhelm befürworteten Beschränkungen im Jahr 1916 nicht eingeführt worden wären, wenn der Kaiser die Anschauung des Kanzlers nicht unterstützt hätte. An dieser Stelle sollte man sich vor Augen führen, dass ein demokratisiertes, parlamentarisches Deutschland die Politik der Beschränkung wohl nicht gebilligt hätte – zumindest seit Anfang Herbst 1916 nicht.

In beiden Fällen bewies Wilhelm sein Beharrungsvermögen und wirkte verzögernd.

Man könnte einwenden, dass die Versäumnisse Wilhelms wichtiger waren als seine aktiven Einmischungen. Zum Beispiel unterließ er es, die Befehlsstruktur der deutschen Streitkräfte zu vereinheitlichen. Aber ein Vergleich der deutschen Leistungen mit denen der Entente-Mächte deutet nicht darauf hin, dass dieses Manko die Effektivität der deutschen Truppen auf dem Schlachtfeld wesentlich beeinträchtigt hätte. Wichtiger war vermutlich das Versäumnis, die zivile und die militärische Führung zu koordinieren und letztere der Autorität der ersteren unterzuordnen. Auch wenn die Halsstarrigkeit der Heeres- und der Seekriegsleitung unheilvolle Konsequenzen hatte, so kann man sie kaum als Ergebnis einer falschen Kriegspolitik bezeichnen. Die Reichsverfassung hatte das Verhältnis zwischen militärischer und politischer Autorität nie befriedigend geklärt. In dem halbparlamentarischen System, das 1871 eingeführt worden war, lernten die deutschen Streitkräfte zudem mit der Zeit, wie man die Öffentlichkeit und ihre gewählten Repräsentanten mit Hilfe der Techniken der modernen, politischen Mobilisierung dazu brachte, kostspielige Rüstungsprogramme und Truppenaufstockungen zu unterstützen. Die Gewohnheit, sich über die Köpfe der »verantwortlichen« Politiker direkt an die Öffentlichkeit zu wenden, war 1914 bereits tief verwurzelt, als Wilhelms Nemesis in der Gestalt eines Kriegshelden mit einer enormen Medienpräsenz auftrat. Wilhelm erkannte nach und nach, welche Gefahr für seine eigene Autorität von Feldmarschall Hindenburg und Ludendorff ausging, aber er unterließ es, sie für ihre Insubordination im Jahr 1915 zu bestrafen, zu einem Zeitpunkt, als er die Herausbildung einer Militärdiktatur womöglich noch hätte verhindern können. Im Oktober 1918, als der Kaiser endlich die Herrschaft der »Siamesischen Zwillinge« beendete, war es bereits viel zu spät.

Exil

Man könnte der Meinung sein, die 23 Jahre, die Wilhelm im holländischen Exil verbrachte, würden eigentlich nicht in eine Studie über die Macht des Kaisers gehören, da er ja seit 1918 keine Regierungsgewalt mehr hatte. Es sind jedoch einige Überlegungen zu seinem Exil angebracht, nicht nur um die Darstellung abzuschließen, sondern auch weil Enthüllungen über die Dinge, mit denen sich Wilhelm nach 1918 befasste, bedeutsame Fragen zur Bewertung seines Platzes in der deutschen Geschichte aufgeworfen haben. Die beiden wichtigsten betreffen seine Haltung zu den Juden und sein Verhältnis zu den Nationalsozialisten und dem Hitlerregime. Nach einigen allgemeinen Bemerkungen zum Leben des Exkaisers im Exil werden wir uns diesen beiden Themenkomplexen zuwenden.

Die ersten beiden Jahre des Exils waren von der Eventualität überschattet, dass die Alliierten Holland zwingen würden, Wilhelm für einen Prozess als Kriegsverbrecher auszuliefern. Wilhelm war von der alliierten Kriegspropaganda systematisch dämonisiert worden, und der Hass gegen ihn schlug hohe Wellen. Bereits am 2. Dezember 1918 diskutierte eine englisch-französisch-italienische Konferenz in London die Möglichkeit, von Holland die Auslieferung Wilhelms zu einem alliierten Prozess als dem »Verbrecher, der die Hauptverantwortung für den Krieg trug«, zu fordern. Präsident Wilson sprach sich dagegen aus, und die Angelegenheit wurde bis zur Einberufung der Friedenskonferenz zu den Akten gelegt. Nach zähem Ringen unter den vier Mächten in Paris forderte Artikel 227 des Versailler Vertrags, dass Wilhelm »wegen schwerer Verletzung des internationalen Sittengesetzes und der Heiligkeit der Verträge unter öffentliche Anklage« gestellt und in Gewahrsam genommen werden müsse. Sein Fall sollte von einem besonderen Gericht und fünf Richtern der alliierten Staaten verhandelt werden. Zu diesem Zweck verlangte man von den Niederlanden, ihn auszuliefern.

Dass es nie zu einer Auslieferung kam, war die Folge von vier Faktoren: Erstens fehlte den Forderungen jede vereinbarte, rechtliche Basis. Die Alliierten waren sich dessen selbst bewusst und betteten ihre Forderungen zunehmend in ein diffuses Konzept des »internationalen Sittengesetzes«. Zweitens weigerte sich die niederländische Regierung, obwohl sie von Wilhelms Ankunft überrumpelt worden war und wegen der potenziellen Konsequenzen Bedenken hatte, den alliierten Gesuchen nachzukommen, mit der Begründung, dass dies die niederländische Souveränität verletze. Drittens wehrten sich die niederländische Königin Wilhelmina und der belgische König Albert dagegen, Wilhelm als Kriegsverbrecher vor Gericht zu stellen. Insbesondere im Fall Alberts übte die Meinung des Monarchen einen wichtigen, mäßigenden Einfluss auf die belgische Regierung aus, die sonst womöglich eine Auslieferung gefordert hätte.[75] (Georg V. von England war ebenfalls dagegen, beschloss aber, sich nicht einzumischen.) Das internationale, dynastische Netzwerk, das so wenig Greifbares zu Wilhelms Amtsausübung beigetragen hatte, wirkte sich nunmehr zu seinem Vorteil aus. Als vierter, wohl wichtigster Faktor waren sich die Alliierten in diesem Punkt nicht einig. Vor allen Dingen die Briten preschten mit Vorschlägen vor, dass Wilhelm als »Feind der menschlichen Rasse« entweder vor Gericht gestellt oder ähnlich wie Napoleon an einen abgelegenen Ort der Erde verbannt werden müsse. Die Amerikaner waren jedoch dagegen, und die Franzosen konnten sich nicht dafür begeistern. Angesichts dieser Meinungsverschiedenheiten, sowie der Uneinigkeit unter britischen Politikern selbst, war die Auslieferungskampagne zum Scheitern verurteilt, und nach März 1920 geriet das Thema allmählich in Vergessenheit.[76]

Unterdessen waren der Exkaiser und sein schwindendes Gefolge aus Amerongen, wo sie Gäste des Grafen Godard Bentinck, eines überaus zuvorkommenden, holländischen Adligen, gewesen waren, in das geräumigere und stattlichere Huis Doorn umgezogen, wo Wilhelm bis zu seinem Tod bleiben sollte. Die Anspannung der Auslieferungsdebatten, sowie die

Angst vor einer kommunistischen Machtübernahme in Holland, ein gescheiterter Entführungsversuch und Gerüchte von bevorstehenden Überfällen auf den Wohnsitz durch eingeschlichene Deutsche hatten der Gesundheit der Kaiserin arg zugesetzt. Da sie pragmatischer und zielstrebiger als Wilhelm war, fehlte ihr die Fähigkeit, sich ins Reich der Fantasie zu flüchten. Deshalb litt sie viel stärker unter der Ungewissheit ihrer Lage. Sie starb am 11. April 1921, und ihr Leichnam wurde auf ihren eigenen Wunsch hin nach Deutschland überführt, wo die republikanische Regierung einwilligte, sie im königlichen Mausoleum beim Neuen Palais in Potsdam beizusetzen. Als der Trauerzug durch Norddeutschland fuhr – auf Drängen der deutschen Behörden bei Nacht –, fanden sich in erstaunlich großer Zahl Trauernde ein, um ihr das letzte Geleit zu geben. Dem Vernehmen nach bildete sich eine ununterbrochene Menschenkette quer durch das Land. In Berlin berichteten Augenzeugen von einer Menge aus mindestens 200 000 Trauergästen, von denen viele sogar über Nacht campiert hatten, um sich einen guten Platz zu sichern. Diese Demonstration legte nicht nur Zeugnis von den beträchtlichen Reserven royalistischer Gefühle ab, die in der deutschen Bevölkerung in der Anfangsphase der Weimarer Republik noch vorhanden waren, sondern auch von der besonderen Sympathie, die sich »Dona« im Volk erworben hatte.[77]

Wilhelms aufrichtige Erschütterung über den Tod der Kaiserin hielt ihn nicht davon ab, nur 18 Monate später erneut zu heiraten. Und schon bald kehrte im Haushalt in Doorn eine angenehme, wenn auch eintönige Routine ein. Ehrentitel und einige Überreste des Hofrituals wurden beibehalten: Innerhalb der Grenzen des Wohnsitzes blieb Wilhelm »deutscher Kaiser« und »König von Preußen«. Er vertrieb sich die Zeit mit Holz sägen und hacken, mit ausgiebiger Lektüre, insbesondere populärwissenschaftliche und archäologische Werke, und mit dem Schreiben seiner selbstgerechten Memoiren. Er arbeitete mit Publizisten zusammen, die bereit waren, ein positives Bild von seiner Herrschaft zu vermitteln, gewährte Lieblingsautoren

Interviews oder redigierte die Manuskripte wohlgesonnener Biographien. Er koordinierte eine »Forschungsvereinigung«, die sich mit großen kulturhistorischen Spekulationen befasste, die aus dem Umkreis des damals angesagten Feldes der »Kulturmorphologie« stammten. Und er pflegte eine Bände füllende Korrespondenz, die heutzutage über die Archive in Europa und den Vereinigten Staaten verstreut ist.

Zu den zentralen Themen seiner Briefe zählte der Wunsch, die Schuld an dem Zusammenbruch und der Demütigung Deutschlands und an seinem eigenen Sturz vom Thron bestimmten Personen und Gruppen zuzuschieben. Wie John Röhl, Lamar Cecil und Willibald Gutsche gezeigt haben, spielten die Juden in Wilhelms erklärenden Szenarien eine wichtige Rolle. Die Weimarer Republik sei, erklärte er in einem Brief von 1925, von den Juden vorbereitet und errichtet worden und werde von jüdischem Geld erhalten; die Revolution, welche die Republik ins Leben gerufen habe, schrieb er zwei Brieffreunden, sei ein Akt des Verrats durch das deutsche Volk gewesen, das von einem Haufen Juden getäuscht und belogen worden sei.[78] Es finden sich auch andere, weit beunruhigendere Äußerungen, die auf eine Nähe zum rassischen Gedankengut des Nationalsozialismus schließen lassen: »Juden und Mücken« seien »eine Pest, von der sich die Menschheit so oder so befreien muß«, schrieb Wilhelm im Jahr 1927 an seinen amerikanischen Freund Poultney Bigelow und fügte hinzu: »Ich glaube am besten wäre Gas!«[79] Diese Äußerungen haben verständlicherweise viel Aufsehen erregt. Vor allem John Röhl vertritt die These, dass sich ein zunehmend radikaler Antisemitismus wie ein roter Faden durch das Erwachsenenleben des Kaisers hindurchziehe. Er hat Wilhelm als »Vorbote Hitlers […], sozusagen das Bindeglied zwischen dem ›Eisernen Kanzler‹ und dem ›Führer‹« bezeichnet.[80]

Man kann die Abscheu kaum beschreiben, die unsereiner bei solchen Worten empfindet, weil wir wissen, welche Verbrechen das NS-Regime an den europäischen Juden von 1938 bis 1945 begangen hat. Dennoch scheint mir Röhls Schlussfolgerung in mancher Hinsicht problematisch. Zunächst stellt sich die

Frage, was mit dem »Bindeglied« zwischen Bismarck und Hitler gemeint ist, bedenkt man, dass die intellektuelle Entwicklung und Ausrichtung des letzteren in der völlig anderen politischen und ideologischen Umgebung des Habsburgerreiches verortet war. Ebenso wenig kann man behaupten, dass Wilhelm in irgendeiner Form für Hitler den Weg zur Macht geebnet hätte – wie wir noch sehen werden, war seine Haltung gegenüber der NS-Bewegung in erster Linie von Misstrauen und Feindseligkeit geprägt. Schließlich stellt sich die Frage, ob man Wilhelms »Platz in der Geschichte« in der von Röhl vorgeschlagenen Weise durch die Verfechtung einer rassistisch-antisemitischen Weltanschauung definieren kann. Mit Sicherheit teilte Wilhelm, wie Röhl und andere nachgewiesen haben, sein ganzes Leben lang die antisemitischen Vorurteile, die damals unter den deutschen – und anderen europäischen – Eliten so verbreitet waren. Andererseits pflegte Wilhelm auch, wie Lamar Cecil und Werner Mosse darlegen, enge Freundschaften zu bekannten, reichen Juden, den sogenannten »Kaiserjuden«, zu denen etwa der Reeder Albert Ballin, die Bankiers Max Warburg, Carl Fürstenberg und Ludwig Max Goldberger, der »Baumwollkönig« James Simon, der Kohlmagnat Eduard Arnhold und andere zählten. Gewiss waren diese Beziehungen zum Teil auch von Nutzdenken getragen, in dem Sinne, dass von diesen Unternehmern gelegentlich Spendengelder zugunsten verschiedener Herzensangelegenheiten Wilhelms flossen. Aber sie spiegelten auch Wilhelms aufrichtiges Interesse und seine Hochachtung für Männer wieder, die sich aus eigener Kraft zum Millionär hochgearbeitet hatten. Ferner waren sie eine Quelle für unparteiische Informationen über volkswirtschaftliche Angelegenheiten, die er von seinen Ministern nie erwarten konnte. Schließlich waren die jüdischen Geschäftsmagnaten mit ihrer Weltläufigkeit und Tatkraft eine erfrischende Alternative zu der gelegentlich drögen Atmosphäre in seinem Gefolge. Wilhelm zeigte sich häufig bei Spaziergängen und im Gespräch mit diesen Männern, er saß bei Banketten neben ihnen, lobte sie und dankte ihnen in Ansprachen, plauderte in Synagogen mit ihnen.[81]

Es lohnt sich, die Intensität dieser Kontakte näher zu untersuchen. Während Minister der Regierung sich beschwerten, wie schwierig es doch sei, eine Audienz beim Kaiser zu erhalten, fand Wilhelm die Zeit für lange Begegnungen mit Walther Rathenau (von 1912 an Aufsichtsratsvorsitzender von AEG); in den letzten Jahren vor Kriegsausbruch traf er sich mindestens 20 Mal mit Rathenau. Etliche Treffen dauerten sogar mehrere Stunden. Wilhelm war häufiger Gast im Hamburger Haus des »Hofozeanjuden« Albert Ballin und besuchte die Familie bis zu sechs Mal im Jahr.[82] Er suchte Franz von Mendelssohn in Berlin-Grunewald auf, um sich »Ratschläge« für die Inneneinrichtung der frisch erworbenen Güter zu holen. Während die ersten beiden deutschen Kaiser in den Jahren 1871–1888 nur zwei Juden in den Adelsstand erhoben, adelte Wilhelm II. sieben – hinzu kamen etliche konvertierte Juden, darunter viele Männer des Handels und der Industrie, die einen wachsenden Anteil der während der Herrschaft des Kaisers Geadelten ausmachten. Dieser gesellschaftlich offene und vergleichsweise »moderne« Ansatz bei der Herausbildung von Elite entging nicht der Aufmerksamkeit von Zeitgenossen wie dem alldeutschen Nationalisten und Antisemiten Heinrich Claß. In seiner vielgelesenen Schmähschrift von 1912 *Wenn ich der Kaiser wär'* fragte Claß (unter einem Pseudonym) seine Leser, wie es denn möglich wäre, »dass er [der Kaiser] gerade nachher ein Gönner der Juden geworden wie selbst nicht sein instinktloser Oheim Eduard, indem er reichgewordene jüdische Unternehmer, Bankiers und Großhändler in seinen Verkehr zog, adelte, und selbst ihren Rat holte«.[83] Tatsächlich ließ die Vorliebe des Kaisers für diese begabten Repräsentanten des modernen, wirtschaftlichen und industriellen Lebens – gerade unter dem niederen, preußischen Adel – ein wachsendes Gefühl der Entfremdung vom Hof aufkommen, der nun zunehmend als Unterschlupf eines jüdischen »Finanzadels« empfunden wurde. An der Spitze dieses Hofes aber stand ein »liberaler« Kaiser, der sich vom alten Adel abgewandt hatte.[84]

Wilhelms Antisemitismus war reaktiv: Er erreichte tendenziell dann einen Höhepunkt, wenn er sich unter Beschuss fühlte, insbesondere seitens der Presse wie zum Beispiel während der Stoecker-Affäre oder im Nachspiel der *Daily Telegraph*- und Eulenburg-Krise. Damals richtete sich sein ganzes Gift in erster Linie gegen den kritischen, jüdischen Journalisten Maximilian Harden. Aber zu keiner Zeit versuchte er, über die Gesetzgebung die Freiheiten einzuschränken, die deutsche Juden in den Emanzipationsgesetzen von 1869 erworben hatten. Und es gibt auch keinerlei Anzeichen dafür, dass er das jemals ernsthaft vorgehabt oder gewünscht hätte. In aller Öffentlichkeit hatte er sich von den antisemitischen Positionen distanziert, welche die Konservative Partei Anfang der neunziger Jahre vertreten hatte. Im Jahr 1896 ignorierte er die Ansicht seiner Minister, indem er sich für Karl Julius von Bitter, einen Staatsdiener jüdischer Herkunft, als Kandidaten für den Posten des preußischen Handelsministers einsetzte. Hohenlohe hatte Bitter hingegen als »jüdischen Streber« bezeichnet und drohte: »Wenn Bitter zur einen Tür ins Staatsministerium hineinkommt, gehe ich zur andern hinaus.«[85] Im Nachspiel der Kolonialkrise von 1904–1907 wurde Wilhelm zu einem begeisterten Fürsprecher Bernhard Dernburgs, des jüdischen Staatssekretärs für koloniale Angelegenheiten.

Die Flucht ins Exil markierte hier einen entscheidenden Bruch. Wie Willibald Gutsche beobachtet, war die immer intensivere Beschäftigung mit der sogenannten »Judenfrage« keine »singuläre Erscheinung«.[86] Der Antisemitismus gewann in den letzten Kriegsjahren in rechten Kreisen rasch an Boden und hatte in der Anfangsphase der Weimarer Republik enormen Zulauf, der noch durch die Erfahrung einer deutschen Revolution verstärkt wurde, in der den Juden eine herausragende Rolle zugeschrieben wurde. Im Fall Wilhelms vermischte sich eine Verbitterung, die viele Deutsche über die großen Katastrophen der Nation empfanden, mit einem persönlichen Groll, der seine eigene Verbundenheit mit den Ereignissen wiederspiegelte. Wilhelm war intellektuell und emotional unfähig zur Selbstkritik. Er hatte einen »extrapunitiven Charakter«, wie die Psychologen sagen: Die Schuld an persönlichem Leid gab er stets anderen, und das Wissen, dass er gemeinhin als Hauptinitiator des Krieges und des unrühmlichen Endes seines Reiches angesehen wurde, verstärkte lediglich die Notwendigkeit, Schuld und Verantwortung von sich abzulenken. Durch die Brille des Antisemitismus betrachtet, fanden alle schmerzlichen Unruhen seiner Herrschaft ihren Platz: Die Harden-Kampagne gegen Eulenburg war zum Beispiel die erste Phase einer »jüdischen« Kampagne gegen die Monarchie, die in der Revolution von 1918, dem Zusammenbruch der Westfront, dem verfrühten Tod seiner Frau und dergleichen mehr »kulminierte«.[87] In dem Kokon der irrealen Welt von Doorn, wo er tagtäglich mit den Konsequenzen seines Scheiterns konfrontiert wurde, fand Wilhelm in den gehässigen Wahnvorstellungen des rassistischen Antisemitismus die gesuchten, einfachen Antworten auf die schwierigen Fragen, die ihm keine Ruhe ließen.

Dennoch ist es erstaunlich, dass Wilhelms Antisemitismus nie die Basis für konkrete Aktivitäten oder auch nur für Gesten zur Unterstützung der verschiedenen, antisemitischen Gruppierungen bildete, die in der Republik agitierten. Vielleicht lag dies zum Teil daran, dass die Juden nie die einzige Gruppe waren, der Wilhelm die Schuld an seinem Unglück gab. Tatsächlich machte ihnen eine recht disparate Ansammlung kollektiver Missetäter den ersten Rang streitig: der »Yankee«, die »englische Perfidie«, die Franzosen, die Freimaurerei (mit Ausnahme der drei »altpreußischen« Logen), die Bolschewiken, die Junker, die Sozialdemokraten und noch andere. Hinzu kamen die vielen Einzelpersonen, die ihn in Stunden der Not im Stich gelassen hatten. Als Ludendorff im August 1927 beispielsweise Wilhelm schrieb und ihm versicherte, dass seine (Ludendorffs) völkische Bewegung gegen »Jesuiten, Juden und [...] Freimaurerei« kämpfte, da schrieb Wilhelm bitter an den Rand: Ludendorff sei es doch gewesen, »der die *Nerven in Spa verlor*« und habe »damit den Stein der Revolution ins Rollen gebracht«.[88] In seinen Schuldzuweisungen war Wilhelm, wie in allen Dingen, opportunistisch, selbstgerecht und inkonsequent. Seine abscheulichen Äußerungen über Juden waren zu eng mit den Versuchen der Selbstentlastung verbunden, um in eine feste Weltanschauung oder einen Aktionsplan zu münden. »Zum ersten Mal schäme ich mich, ein Deutscher zu sein«, bemerkte er etwa, als die Meldung von dem organisierten »Pogrom« gegen Juden und ihren Besitz im November 1938 das Haus Doorn erreichte. Vor seinem Gefolge erklärte er, dass »alle aufrechten Deutschen« gegen die NS-Verfolgung protestieren müssten.[89]

Der ausgeprägte Egozentrismus des Exkaisers erklärt nicht zuletzt, weshalb er sich nie so recht für die nationalsozialistische Bewegung begeisterte. Mindestens bis zum Jahr 1934 träumte Wilhelm noch von seiner eigenen Wiedereinsetzung, und zwar mit einer Machtfülle, die er in Wirklichkeit niemals besessen hatte. Der Hitlerputsch von 1923 ließ ihn schon deshalb kalt, weil er darin eine Verschwörung der Wittelsbacher sah, um die Hohenzollern durch die bayerische Dynastie auf einem wiederhergestellten Kaiserthron abzulösen. Während der ganzen zwanziger Jahre trafen sich Personen aus dem Gefolge in Doorn immer wieder mit Vertretern eines losen Netzwerks konservativer und monarchistischer Gruppen in der deutschen Republik. Ende der Zwanziger wurden dann die informellen Kontakte zur NS-Bewegung intensiviert: Wilhelms jüngster Sohn August Wilhelm trat 1928 in die SA ein, nachdem er den Exkaiser zuvor um Erlaubnis gebeten und sie erhalten hatte. Die zweite Frau Wilhelms, Prinzessin Hermine von Schönaich-Carolath hatte in hohen Parteikreisen Freunde und nahm 1929 am Nürnberger Parteitag teil. Der Zusammenbruch des konservativen Blocks und der spektakuläre Erfolg der Nationalsozialisten bei den Wahlen von 1930 spornten die Anhänger einer Restauration der Monarchie in Doorn an, ganz offiziell Tuchfühlung mit der Hitlerbewegung aufzunehmen. Das Ergebnis war ein Treffen zwischen Wilhelm und Hermann Göring im Januar 1931 in Doorn. Es ist kein Protokoll von dieser Begegnung erhalten (falls überhaupt eines geführt wurde), aber es hatte den Anschein, dass Göring sich positiv zu der Aussicht einer Rückkehr Wilhelms nach Deutschland in der Zukunft äußerte.[90]

Trotz dieser wohlwollenden Signale – es folgten vielversprechende Äußerungen Hitlers und eine zweite Begegnung mit Göring im Sommer 1932[91] – blieb Wilhelm skeptisch gegenüber der Entschlossenheit des „Führers“, die Monarchie wiederherzustellen, und das mit gutem Grund.[92] Es handelte sich um eine Partnerschaft ohne Zukunft. Es war, wie so häufig bei Hitler, eine Beziehung, bei der jeder dachte, er könne den anderen ausnutzen. Hitler hoffte, seine Glaubwürdigkeit als legitimer Nachfolger der preußisch-deutschen, monarchischen Tradition zu erhöhen, indem er sich mit der alten Herrscherfamilie in Verbindung brachte; Wilhelm wollte wieder auf den Thron gelangen. In *Mein Kampf* – Wilhelm nahm sich übrigens nie die Zeit, das Buch zu lesen – hatte Hitler jedoch ausdrücklich erklärt, das Ziel seiner Bewegung sei nicht die Begründung einer Monarchie, sondern die Schaffung eines germanischen Staates. Und da Hitlers Verlangen, in eigener Person totale Macht auszuüben, immer deutlicher zutage trat, schwanden auch Wilhelms Hoffnungen, eine NS-Regierung werde die Monarchie wiedereinführen; umgekehrt nahm Hitlers Bedarf an einer Unterstützung durch die Hohenzollern ab. Der Augenblick der Wahrheit kam am 27. Januar 1934, als Hitler die Auflösung von Feierlichkeiten zu Ehren des 75. Geburtstags des Exkaisers anordnete. Wenige Tage danach war das Schicksal der Restaurationsbewegung besiegelt, als sämtliche monarchistischen Organisationen gesetzlich verboten wurden.

Damit hatte Hitler, in Wilhelms Augen, eine »Kriegserklärung an das Haus Hohenzollern und das deutsche Kaisertum« ausgesprochen.[93] Die Feindseligkeit des Exkaisers gegenüber Hitler und seiner Bewegung vertiefte sich in den folgenden Jahren allmählich, vor allem nach April 1937, als seine Frau ihre Kontakte zur Partei abbrach und eine unversöhnliche Gegnerin des NS-Regimes wurde. Ihre Verachtung wurde von den NS-Behörden erwidert, die weiterhin alles taten, um die Erinnerung an die Monarchie in Deutschland auszulöschen und das Ausstellen von Kaiserbildern und Andenken untersagten. Erst im Herbst 1939, nach der Meldung vom deutschen Sieg über Polen, fing Wilhelm an, sich stärker für das Regime zu interessieren. Er jubelte am 13. Mai 1940 über das Eintreffen der Wehrmachtstruppen bei Doorn und war von dem Sieg über Frankreich gerührt. Da er immer noch auf den Moment seiner Absetzung und des deutschen Zusammenbruchs fixiert war, betrachtete er den Fall Frankreichs als »Rache für 1918«. Da Angehörige seines Gefolges ihm mitteilten, dass Hitler ungehalten über das Versäumnis Wilhelms sei, ihm für seine Erfolge zu gratulieren, schickte er jetzt ein Telegramm und lobte den „Führer" für diesen »von Gott geschenkten gewaltigen Sieg«.[94] Dass diese Geste Wilhelms Ansehen bei Hitler nicht gerade verbesserte, versteht sich von selbst. In späteren Jahren bezeichnete Hitler den Exkaiser als eine großtuerische Puppe ohne Charakter. Das gleiche galt, in diesem Fall, auch für Goebbels, der ihn 1940 einen unverbesserlichen Narren, der vermutlich jüdisches Blut in den Adern hatte, nannte.[95]

Wilhelm hatte inzwischen seinen 80. Geburtstag hinter sich, und seine Gesundheit ließ allmählich nach. Am Dienstag, dem 4. Juni 1941, starb er an Herzversagen. Hitler hatte beabsichtigt, den Leichnam zu einer Bestattungszeremonie nach Potsdam zu überführen, die dem »Führer« als dem selbsternannten Nachfolger der Kriegsherren preußischer Tradition die Gelegenheit geboten hätte, sich ehrerbietig hinter dem Sarg des letzten Kaisers zu präsentieren. Aber Wilhelm verfügte in seinem letzten Willen, dass der Leichnam Doorn nicht verlassen durfte, bis Deutschland wiederum eine Monarchie würde. Die Nationalsozialisten vereinbarten stattdessen, eine kleine Delegation zu der Bestattung nach Doorn zu entsenden. Die Feierlichkeiten verliefen am 9. Juni 1941 ruhig, trotz einiger Verzögerungen durch einen britischen Luftangriff.

9
Schluss

»Ich bin dafür, den Kaiser zu hängen«, verkündete der Labour-Abgeordnete George Barnes auf einer Wahlkampfveranstaltung im November 1918 in Netherton.[1] Am Ende des Ersten Weltkriegs war Wilhelm II. der Gegenstand eines regelrechten Massenhasses. Die Plakate der alliierten Kriegspropaganda stellten ihn als bestialisches, blutrünstiges Monstrum dar, das sich über die Körper vergewaltigter, belgischer Frauen beugt oder wie ein Affe vor brennenden Bibliotheken auf und ab hüpft und sich über die Zerstörung der Zivilisation freut. Gelehrte Traktate mit einer wahren Fülle von Fußnoten wurden gedruckt, um der gebildeteren Öffentlichkeit zu beweisen, dass der Kaiser die Hauptschuld an den Gräueltaten trug, die Europa seit 1914 heimgesucht hatten. »Letzten Endes«, hieß es in einer dieser Studien im Jahr 1917, »ist der deutsche Kaiser [...] der verantwortliche Urheber des Unheils, das die Welt bedrückt«; eine andere sprach von seiner »vollständigen und unmittelbaren Verantwortung« für die Katastrophe von 1914–1918.[2] Da wundert es nicht, dass so viele in den Ruf einstimmten, diesen »Feind der menschlichen Rasse« zu hängen.[3]

Selbst im Deutschen Reich, dem Reich, dass Wilhelm II. 30 Jahre lang regiert hatte, folgte auf seinen Sturz eine wahre Flut von Verunglimpfungen. Der letzte deutsche Kaiser wurde als »Psychopath« bezeichnet, der seine Untertanen in die Katastrophe geführt hatte. Die eigennützigen Memoiren bekannter Persönlichkeiten, die unter ihm gedient hatten, trugen nicht dazu bei, dieses Bild aufzubessern. »Jede neue Publikation macht das Bild dieses Schwächlings, Feiglings, brutalen Strebers und Bramarbas, dieses Hohlkopfs und Aufschneiders, der Deutschland ins Unglück gestürzt hat, noch abstoßender«, schrieb Harry Graf

Kessler im Jahr 1928. »Nicht ein Zug ist an ihm, der Sympathie oder Mitleid erregen könnte; er ist restlos verächtlich.«[4]

Fast neun Jahrzehnte nach Kriegsende sind die Emotionen, die solche Urteile bedingten, verblasst, die Unmittelbarkeit der Erfahrung ist vorüber, aber unser Bild von Wilhelm II. bleibt dennoch überwiegend negativ. Jüngste Studien seiner Herrschaft charakterisieren ihn als »abscheulichen Herrscher« mit einer »inkohärenten, narzisstischen Persönlichkeit«, sprechen ihm einen »gestörten Geisteszustand« zu, bezeichnen ihn als einen »verletzenden« und »sadistischen« Klotz, der Gefallen an der Demütigung anderer fand und eine »kühle Entfremdung« von seinen Mitmenschen verspürte, als »ermüdend«, »geistesgestört«, als »in Eitelkeit und Selbstüberschätzung strotzender Narr«, als »Vorbote Hitlers«, das »Bindeglied« zwischen dem vornehmen Chauvinismus des Kaiserreiches und dem vernichtenden Hass von Auschwitz, als einen Mann, der »das furchtbarste Übel erblickte und es als das Werk Gottes erklärte« – kurzum: »die Nemesis der Weltgeschichte«.[5]

Der spöttische, verunglimpfende, ja sogar verteufelnde Tonfall vieler historiographischer Kommentare zu Wilhelm zählt zu den prägnantesten und auffälligsten Merkmalen auf diesem Gebiet. Man braucht kein Fürsprecher einer Rehabilitierung zu sein, um zu spüren, dass diese Sprache ein wenig überzogen und fehl am Platze ist. Das ist so, als würde Wilhelm zur Symbolfigur für etwas gemacht, das über seine Person hinausreicht und größer ist als er selbst: die Massenzerstörung des Ersten Weltkriegs, die Gräuel des Zweiten, die Katastrophe und Schande einer ganzen Nation. Dieses Buch hat keineswegs die Absicht, den letzten Kaiser zu »rehabilitieren«. Er bleibt, nach meiner Lesart, ein intelligenter Mensch, ausgestattet allerdings mit einem schlechten Urteilsvermögen, der zu taktlosen Ausbrüchen und kurzlebigen Begeisterungen tendierte, eine ängstliche, zur Panik neigende Gestalt, die häufig impulsiv aus einem Gefühl der Schwäche und Bedrohung heraus handelte. Indem seine Äußerungen und Handlungen in den zugehörigen Kontext eingebettet werden, trachtet die Studie danach, Verunglimpfung und Verständnis wieder in ein angemessenes Verhältnis zueinander zu bringen.

Welche Schlussfolgerungen lassen sich aus dem Gesagten ziehen? Wilhelms Auffassung von Macht und ihrer Anwendung war keineswegs das absonderliche Hirngespinst eines gestörten Verstandes. Sie wurde geprägt zum einen von einem familiären Hintergrund, der durch machtpolitische Auseinandersetzungen auf einzigartige Weise erschüttert worden war, und zum anderen von Bismarck, dem Titanen, der Wilhelms politische Erziehung so massiv überschattete.

Aufgrund der spezifischen Unbestimmtheit der deutschen Verfassung war unter besonderen Umständen eine Machtkonzentration in der Hand des Souverän möglich, gleichzeitig wurde aber auch die Machtverteilung gefördert. Ganz allgemein erhellt die Studie den schwer fassbaren Charakter der Regierungsgewalt, die nach Bismarck im Rahmen der deutschen Verfassung ausgeübt wurde, ihr Potenzial, unerwartet die Seiten zu wechseln, insbesondere im Kontext der zentralen Beziehung zwischen dem Kaiser auf der einen und »seinen« Kanzlern und Generälen auf der anderen.

Indem sich Wilhelm von Bismarck trennte, lernte er viele Machtinstrumente einzusetzen, die ihm der Reichsverfassung zufolge zur Verfügung standen, und entwickelte ein rudimentäres, politisches Programm, das die schlichtende soziale und kulturelle Mission des Throns mit den großen Aufgaben und Herausforderungen der nationalen Konsolidierung verknüpfte. Außerhalb der eigentlichen Domäne der Politik assoziierte sich Wilhelm konsequent mit den aktuellsten Errungenschaften der Technik, Wissenschaft und Industrie, umgab sich mit Männern aus diesen Kreisen und half damit, ein neuartiges, elitäres Milieu zu schaffen, in dem sonst voneinander getrennte Gesellschaftsgruppen miteinander in Kontakt kommen konnten. In diesem Sinn hatte er vielleicht doch den Anspruch, ein »Herr der Mitte« zu sein, wie Nicolaus Sombart feststellt.

Doch der Kaiser war trotz vieler tatkräftiger Einmischungen in die Politik außerstande, dieses Programm auf nennenswerte

Weise zu realisieren oder seinen Willen auch nur konsequent der Exekutive aufzuzwingen. Selbst die Ernennung von »Günstlingen« auf Schlüsselposten bewirkte nicht unbedingt eine Vermehrung seiner Macht. Das lag zum Teil daran, dass die kaiserlichen »Pöstcheninhaber«, sobald sie einmal ihre Pfründe sicher hatten, dazu neigten, eigene Wege zu gehen. Das grundlegendere Problem war jedoch die völlige Unfähigkeit des Kaisers, ein eigenes konzises politisches Programm zu entwickeln oder durchzuhalten. Die These eines »Königsmechanismus‘«, die Röhl als ausgewogenere Alternative zum »persönlichen Regiment« anregte (ein Begriff, den er von Norbert Elias‘ Analyse des absolutistischen Hofes von Ludwig XIV. entlehnte), bleibt somit problematisch, weil sie auf politischer Ebene nur funktionieren kann, wenn die Ziele des Monarchen allen bekannt sind und von seinen Höflingen vorausgeahnt werden können. Aber davon konnte bei Wilhelm II. kaum die Rede sein, weil seine Ziele von einem Moment zum nächsten eine dramatische Kehrtwende machen konnten. Er griff Ideen auf, begeisterte sich für sie, wurde ihrer müde oder verlor den Mut, und ließ sie wieder fallen. In der einen Woche schäumte er vor Wut über den Zaren, in der nächsten schwärmte er in den höchsten Tönen von ihm. Er reagierte heftig auf Beleidigungen oder Provokationen, geriet aber bei einer drohenden echten Auseinandersetzung oder einem Konflikt in Panik. Dies alles heißt keineswegs, dass der Kaiser unbedeutend gewesen wäre. Vielmehr lässt es darauf schließen, dass seine Bedeutung weniger in der Durchsetzung eines autokratischen Willens lag als in dem chronischen Versagen der Führung. Selbst auf dem Gebiet der Wissenschaft und Technik waren seine Einmischungen, so wichtig sie für sich genommen waren, zu spontan und zu kurzfristig, um ein stimmiges Programm zu bilden.

Weder während der Kanzlerschaft Bülows noch während Bethmann Hollwegs Amtszeit unternahm Wilhelm den Versuch, einen ähnlichen Einfluss auf die Politik zu erlangen, wie er ihn in den neunziger Jahren angestrebt hatte. Es dürfte zu weit gehen, Bernhard von Bülow das Ziel einer dauerhaften Parlamentarisierung der deutschen Politik zu unterstellen, aber er war gewiss nicht das gefügige »Werkzeug« des Herrscherwillens, das durch das Bülowsche Pseudokonzept eines »persönlichen Regiments im guten Sinne« impliziert wurde. Was Wilhelms Interventionen auf dem Feld der Außenpolitik betraf, so beschäftigten sie mit Sicherheit die Männer in der Wilhelmstraße massiv, aber sie waren längst nicht so schädlich, wie häufig behauptet wurde. Auf jeden Fall trugen sie kaum dazu bei, den Kurs der auswärtigen Beziehungen zu gestalten. Dynastische Bande und Korrespondenz nützten in dieser Beziehung wenig. Viel wichtiger war hingegen Wilhelms Anteil an dem raschen Ausbau der deutschen Flotte, doch der Zusammenhang zwischen dem Flottenprogramm und der Verschlechterung der englisch-deutschen Beziehungen sollte nicht überbetont werden. Weder der ziellose Imperialismus deutscher »Weltpolitik«, noch der Bau von Schiffen waren schuld am Ausbruch des Krieges im Jahr 1914.

Im Kontext der Krise im Vorfeld des Konflikts wirft die Studie ein Licht auf den friedfertigen Charakter der Interventionen Wilhelms in der Balkanfrage. Wilhelm betrachtete den Balkan von 1912 an keineswegs als willkommenen Vorwand für einen Konflikt zwischen den Mittelmächten und einer oder mehrerer Großmächte. Seine Unterstützung für den österreichischen Bündnispartner von 1895 an war auch nicht in einem Sinn bedingungslos, dass sie eine existenzielle Bedrohung für die Unabhängigkeit des deutschen Reiches und den Frieden Europas dargestellt hätte. Und Wilhelms Aktionen vom 5. Juli 1914 (der »Blankoscheck«) kamen keineswegs einer Vorwegnahme der österreichischen Absichten gleich und hatten auch nicht den Zweck, den Ausbruch eines Präventivkrieges zu erleichtern, in dem das Deutsche Reich die relative Abnahme der militärischen Bereitschaft wieder umkehren konnte. Tatsächlich sollten wir vermutlich die Versicherungen ernst nehmen, die Wilhelm schon am 25. Juni 1888 anlässlich der Reichstagseröffnung abgegeben hatte: »In der auswärtigen Politik bin ich entschlossen, Frieden zu halten mit jedermann, so viel an mir liegt. Deutschland bedarf weder neuen

Kriegsruhmes noch irgendwelcher Eroberungen, nachdem es sich die Berechtigung, als einige und unabhängige Nation zu bestehen, endgültig erkämpft hat.«[6]

Wilhelms öffentliche Äußerungen projizierten und konsolidierten seine Autorität nicht in der Weise, wie er es sich gewünscht hätte, und trugen stärker als alles andere dazu bei, seinem Ansehen zu schaden. Die Kaiserreden waren in manchen Fällen taktlos und unbesonnen, aber es wäre falsch, die Aufregung um die Reden allein auf die persönlichen Mängel des Kaisers zurückzuführen. Die Vielzahl von Titeln und Funktionen, die der preußisch-deutsche König und Kaiser in einer Personalunion in sich vereinte, brachte es mit sich, dass Wilhelm verschiedene Rollen für eine Palette unterschiedlicher Gruppen besetzte. Dass Wilhelm es nicht schaffte, die sich daraus ergebenden Spannungen aufzulösen, und dass dieses Versagen eine so verheerende Wirkung im öffentlichen Leben des Reiches hatte, lag ebenso sehr an der gespaltenen, politischen Kultur in Deutschland wie an der Unstimmigkeit seiner Persönlichkeit.[7]

Ungeachtet des nominellen Oberbefehls wurde der Kaiser von einer aktiven Rolle bei der strategischen oder operativen Planung der deutschen Kriegsanstrengungen ausgeschlossen. Aufgrund seiner Stellung am konstitutionellen Scharnier zwischen militärischen und zivilen Behörden – wie sich bereits in den letzten Vorkriegsjahren in aller Schärfe gezeigt hatte – war jedoch dafür gesorgt, dass er bei einigen der wichtigsten Entscheidungen, die von der deutschen Führung nach Juli 1914 getroffen wurden, eine zentrale Rolle spielte. Viele schwierige Monate lang nahm er Falkenhayn gegen eine sich ausweitende Kampagne in Schutz. Viel klarer als der sonst so weitsichtige Bethmann Hollweg erkannte Wilhelm die Gefahr, die Hindenburg personifizierte. Der Kaiser zählte zu den letzten, die dem Druck stand hielten und sich einem uneingeschränkten U-Bootkrieg entgegenstellten. Die Erklärung desselben stellt die wohl verhängnisvollste Entscheidung des deutschen Oberkommandos dar. Dies alles darf jedoch nicht von dem grundlegenden Versagen des Kaisers ablenken, sich als echte Führungspersönlichkeit auszuzeichnen. Wilhelm nahm eine Position im Herzen der deutschen Verfassung ein – er stand im Brennpunkt des Systems. Diese Position hätte man dazu nutzen können, eine kohärente und zielgerichtete Strategie zu entwickeln. Wilhelms Versagen in dieser Beziehung erklärt nicht zuletzt, weshalb es so lange dauerte, bis das Verhältnis zwischen Ost- und Westfront geklärt wurde, weshalb die Seekriegs- und die Heeresleitung so schlecht koordiniert wurden und weshalb es sich als unmöglich erwies, einen nennenswerten Dialog zwischen Diplomatie und Friedensplänen für die Zeit nach dem Krieg auf der einen Seite und der militärischen Strategie auf der anderen herzustellen.

Wilhelm II. beschleunigte dramatisch den Legitimitätsverlust der Monarchie als deutscher, politischer Institution und verlieh dadurch, wenn auch indirekt, der Suche nach einem »Führer aus dem Volk« eine erhöhte Dringlichkeit, nach einem Führer, der durch seinen Erfolg und massenhaften Zuspruch legitimiert wurde. Was die alten, konservativen Eliten betraf, so hemmten die unrühmlichen Umstände von Wilhelms Abschied jede weitere Identifikation mit dem letzten Inhaber des deutschen Throns. Aus dem Monarchismus entwickelte sich deshalb nie ein ideologischer Rahmen, der imstande gewesen wäre, dem Konservatismus nach dem Krieg eine kohärente und solide, politische Plattform zu bieten. Adlige, insbesondere der jüngeren Generation, kehrten dem persönlichen Monarchismus ihrer Väter und Vorväter den Rücken und wandten sich einer diffusen Vorstellung von einem Volkstribun zu, der das Vakuum füllen würde, das durch die Defizite und schließlich die Flucht des Monarchen geschaffen worden war. Ein charakteristischer Ausdruck dieser Sehnsucht findet sich in den Tagebucheinträgen von Andreas Graf von Bernstorff, dem Spross einer alten Familie, die zahlreiche angesehene Diener des preußischen Throns hervorgebracht hatte: »Uns kann nur ein Diktator noch helfen, der mit eisernem Besen zwischen dieses ganze internationale Schmarotzer-Gesindel fährt. Hätten wir doch, wie die Italiener, einen Mussolini!«[8]

Die Herrschaft dieses Kaisers wurde aus verschiedenen Formen der Macht gewoben. Wilhelm verfügte über die Mittel, politische Initiativen zu starten – allerdings nicht ihre Umsetzung zu gewährleisten. Er hatte die Vollmacht, viele zentrale Ämter zu besetzen – war aber außerstande, seine Kandidaten zu lenken, sobald sie im Amt waren. Schließlich genoss er das Privileg einer einzigartig prominenten Stellung im öffentlichen Leben – war aber außerstande, die Darstellungen seiner Person zu kontrollieren. Die instabile Beziehung zwischen diesen verschiedenen Machtformen, die sich zum Teil gegenseitig unterminierten, stellte Wilhelm vor Rätsel, welche er nie ganz zu lösen im Stande war. Die gravierendsten Probleme im System – das veraltete, preußische Wahlrecht und die ungeklärte Stellung des Militärs, das teils außerhalb der Verfassung stand – wurden nie in Angriff genommen. Unter diesem Kaiser entwickelte sich das Amt, das die Schaffung einer stärkeren Legislative und die Ausreifung einer dynamischen, politischen Kultur in Europa hätte fördern können, stattdessen zu einem Zerrspiegel, der der Nation vorgehalten wurde, einem Spiegel, in dem die beunruhigendsten Merkmale der misslichen Lage Deutschlands auf geradezu groteske Weise verzerrt erschienen: Reformstau, politische, konfessionelle und sozioökonomische Zersplitterung, das Missverhältnis zwischen Macht und Kultur, die anormale Stellung des Militärs, die nagende Ungewissheit, welchen Platz dieses Land in der Welt einnehmen würde.

Danksagung

Ich möchte allen Freunden und Kollegen danken, deren Rat erheblich zur Verbesserung dieses Buches beigetragen hat. Brendan Simms, Jonathan Steinberg und Emma Winter haben das Manuskript komplett gelesen und wertvolle Anregungen gegeben. Ganz besonders möchte ich meinem Freund und Kollegen am St. Catharine‘s College John A. Thompson danken, nicht allein dafür, dass er den Text nach Fehlern durchging, sondern auch für seine Gesellschaft und Unterstützung in all den Jahren. Chris Bayly, Marcus Clausius, Wolfgang Mommsen und John Röhl gaben zu bestimmten Fragen nützliche Ratschläge und Orientierungshilfen. Nina Lübbren hörte sich den Text geduldig an und half, langweilige Stellen auszubügeln. Josef und Alexander sorgten für Ablenkung und glückliche Momente. Keine einzige der genannten Personen trägt die Verantwortung für eventuell noch enthaltene Fehler und unglückliche Formulierungen.

Zeittafel

1859	Geboren, 27. Januar
1862	Auf Ernennung Bismarcks zum preußischen Ministerpräsidenten folgt eine Verfassungskrise
1863	Kronprinz Friedrich Wilhelm distanziert sich von Bismarcks Regierung, 5. Juni
1871	Ausrufung des deutschen Kaiserreichs im Spiegelsaal in Versailles, 18. Januar
1880	Wilhelm wird mit Auguste Viktoria von Schleswig-Holstein-Sonderburg-Augustenburg verlobt, 14. Februar
1886	Wilhelm lernt Philipp zu Eulenburg-Hertefeld kennen, Mai
1887	Offizielle Bekanntgabe, dass Kronprinz Friedrich Wilhelm unheilbar an Krebs erkrankt ist, 12. November
1888	Kaiser Wilhelm I. stirbt; Wilhelms Vater, Friedrich III., folgt auf den Thron, 9. März
	Kaiser Friedrich III. stirbt; Wilhelm II. folgt auf den Thron, 15. Juni
1889	Streiks brechen im Ruhrgebiet aus und weiten sich bis ins Saarland, Sachsen und Schlesien aus, Mai
1890	Reichstag lehnt neues Sozialistengesetz ab, 25. Januar
	Wilhelm ordnet neue Gesetzgebung zur Arbeiterfrage an und ruft zu einer europäischen Konferenz zu Arbeiterfragen auf, 4. Februar
	Sozialdemokratische Partei erhält bei Wahlen höchsten Stimmenanteil, die Macht des Bismarckschen »Kartells« wird gebrochen, 20. Februar
	Wilhelm stellt Bismarck wegen dessen Verhalten im Amt zur Rede, 2. März

Bismarck reicht Rücktrittsgesuch ein, 18. März
Rückversicherungsvertrag mit Russland läuft aus, März
1891 Wilhelm fordert Reform der Struktur und des Inhalts der weiterführenden Bildung, Dezember
1892 Wilhelm billigt Schulgesetzentwurf von Zedlitz, 14. Januar
Wilhelm besteht im Kronrat darauf, Schulgesetzentwurf gemäß liberalen Einwänden abzuändern, 17. März
Zedlitz und Caprivi treten zurück; Caprivi bleibt Kanzler, aber nicht preußischer Ministerpräsident, 18. März
Botho zu Eulenburg (Vetter von Philipp) wird Caprivis Nachfolger als preußischer Ministerpräsident, 20. März
1893 Reichstag wird nach Scheitern der Heeresvorlage aufgelöst, dadurch wird Weg frei für neuen Reichstag mit mehr sozialdemokratischen Abgeordneten als im alten, 6. Mai
Heeresvorlage nach Änderungen verabschiedet, 13. Juli
1894 Französisch-russischer Bündnisvertrag, 4. Januar
Botho Eulenburg kündigt Absicht an, Gesetzentwurf gegen revolutionäre Tendenzen in den Reichstag einzubringen, und löst damit Streit mit Caprivi aus, 26. Mai
Wilhelm ruft zu einer Kampagne gegen die »Parteien des Umsturzes« auf, 26. September
Wilhelm akzeptiert Rücktritte von Caprivi und Botho Eulenburg, 26. Oktober
Fürst Chlodwig zu Hohenlohe-Schillingsfürst folgt als Kanzler und preußischer Ministerpräsident nach, 26. Oktober
1895 Bismarck feiert 80. Geburtstag, 1. April
Wilhelms »Umsturzvorlage« wird im Reichstag debattiert und abgelehnt, Mai

	»Köller-Krise«, November–Dezember
	Meldungen vom »Jameson-Raid« gegen Transvaal erreichen Berlin, 31. Dezember
1896	»Krüger-Depesche«, 3. Januar
	Bismarck veröffentlicht geheimen Text des Rückversicherungsvertrags mit Russland in *Hamburger Nachrichten,* Oktober
1896/97	Regierungsumbildung: Bronsart (Krieg), Berlepsch (Handel), Hollmann (Marine), Marschall (Außen), Bötticher (Innen) gehen; dafür kommen Gossler (Krieg), Brefeld (Handel), Tirpitz (Marine) und Bülow (Außen)
1897	Wilhelm befiehlt Einnahme von Kiaotschou, 14. November
1898	Erstes Flottengesetz von Reichstag verabschiedet, 28. März
	Wilhelm kündigt einen Gesetzentwurf zum »Schutz Arbeitswilliger« an (»Zuchthausvorlage«), 6. September
1899	»Kanalvorlage« nach zweiter Lesung abgelehnt, 16. August
	»Zuchthausvorlage« im Reichstag debattiert und abgelehnt, November
1900	Reichstag verabschiedet zweites Flottengesetz, 14. Juni
	»Hunnenrede« in Bremerhaven, 27. Juli
	Hohenlohe tritt zurück, 16. Oktober
	Bülow wird Reichskanzler, 17. Oktober
1902	Zölle auf Agrarerzeugnisse erhöht, 15. Dezember
1903	Reichstagswahlen mit Gewinnen für SPD, 16. Juni
1904	Japanischer Angriff auf Port Arthur, russisch-japanischer Krieg bricht aus, 7. Februar
	Britisch-französische Entente, 8. April
	Doggerbank-Zwischenfall, 21./22. Oktober
1905	Wilhelm stattet auf Bülows Anweisung hin Tanger einen Besuch ab, löst Erste Marokkokrise aus, 31. März

	Wilhelm erreicht Zar Nikolaus' Unterschrift unter den Entwurf des Björkö-Vertrags, 24. Juli
	Russland unterschreibt Waffenstillstand mit Japan, 29. August
1906	Konferenz von Algeciras, Januar–April
	Bülow bricht im Reichstag zusammen, 5. April
	Reichstag wird aufgelöst
1906/07	Eulenburg-Krise
1907	Reichstagswahlen ergeben die Bildung des »Bülow-Blocks«, 25. Januar
	Britisch-russisches Abkommen über Persien, 31. August
1908	Ankündigung der Annexion Bosnien-Herzegowinas durch Österreich, 5. Oktober
	Daily Telegraph-Krise, November
1909	Zusammenbruch des »Bülow-Blocks«, 24. März
	Bülows Finanzreformvorlage scheitert nach zweiter Lesung im Reichstag, 24. Juni
	Bülow tritt zurück, Bethmann Hollweg wird Reichskanzler, 14. Juli
1910	Reform des preußischen Dreiklassenwahlrechts scheitert, 27. Mai
1911	Kanonenboot *Panther* geht vor Agadir vor Anker, 1. Juli
	Deutschland unterzeichnet Abkommen mit Frankreich zu Marokko, 4. November
1912	SPD geht aus Reichstagswahlen als stärkste Partei hervor, Januar
	Erster Balkankrieg bricht aus, 8. Oktober
	Reichstagsrede von Bethmann Hollweg löst eine Krise in englisch-deutschen Beziehungen aus, 2. Dezember
	Wilhelm ruft »Kriegsrat« ein, 8. Dezember
1913	Zweiter Balkankrieg bricht aus, 29. Juni
	Frieden von Bukarest beendet Zweiten Balkankrieg, 10. August

Österreich-Ungarn fordert in Ultimatum serbischen Rückzug aus Albanien, 18. Oktober
Deutsche Militärmission in Türkei unter General Liman von Sanders löst Krise in deutsch-russischen Beziehungen aus, November
Zabern-Affäre, Oktober–Dezember

1914 Attentat auf Erzherzog Franz Ferdinand, 28. Juni
Kaiser Franz Joseph schickt über Graf Hoyos Brief nach Berlin, 2. Juli
Wilhelm und Bethmann schicken Beistandserklärung an österreichische Regierung, 5. Juli
Wilhelm verlässt Berlin zu Flottenmanövern in der Nordsee, 6. Juli
Französischer Präsident und Regierungschef in St. Petersburg, 20.–23. Juli
Österreichisch-ungarisches Ultimatum an Serbien, 23. Juli
Wilhelm kehrt nach Potsdam zurück, 27. Juli
Wilhelm liest serbische Antwort und erklärt, dass »jeder Grund zum Kriege entfällt«, 28. Juli
Russische Teilmobilmachung, 29. Juli
Russische Generalmobilmachung, 30. Juli
Deutschland erklärt »Zustand drohender Kriegsgefahr«, 31. Juli
Wilhelm spricht zur Menschenmenge in Berlin: »Wir sind nur noch deutsche Brüder«, 1. August
Deutsche Kriegserklärung an Frankreich und umgekehrt; Italien erklärt Neutralität, 3. August
Britische Kriegserklärung an Deutschland, 4. August
Österreichisch-ungarische Kriegserklärung an Russland, 6. August
Britische und französische Kriegserklärung an Österreich-Ungarn, 12. August
Wilhelm ernennt Falkenhayn zum Nachfolger von Moltke als Generalstabschef, 3. November

1915 Neue Linie im U-Bootkrieg erlaubt Versenkung alliierter Handelsschiffe innerhalb der »Kriegszone«, 4. Februar
Versenkung der *Lusitania,* 7. Mai
Deutsche U-Boote erhalten Befehl, keine großen Passagierschiffe anzugreifen, 6. Juni
Versenkung der *Arabic,* 19. August

1916 Tirpitz werden einige Zuständigkeitsbereiche entzogen, tritt zurück, 15. März
Versenkung der *Sussex,* 24. März
Deutsche Heeresleitung übernimmt von Österreich Oberbefehl an der Ostfront, 3. August
Wilhelm ernennt Hindenburg zum Nachfolger von Falkenhayn, 30. August
Österreichische und deutsche Heeresleitung zusammengelegt, 6. September
»U-Boot-Block« im Reichstag lehnt Bethmanns Linie der Beschränkung ab, Oktober
Deutsche Friedensnote an die Nationen, die gegen Deutschland kämpfen, 12. Dezember

1917 Bei Treffen in Pless beschließt Hauptquartier Uneingeschränkten U-Bootkrieg, 9. Januar
Kongress der Vereinigten Staaten erklärt Deutschem Reich den Krieg, 6. April
Wilhelm verspricht Reform des preußischen Wahlrechts, 7. April
Regierung Bethmann kündigt preußische Wahlrechtsreform an, 11. Juli
Hindenburg und Ludendorff drohen Wilhelm mit Rücktritt, wenn Bethmann nicht abgesetzt wird, 12. Juli
Bethmann tritt zurück, Michaelis wird Kanzler, 13. Juli
Friedensresolution des Reichstags, 19. Juli

1918 Deutsche Offensive im Westen, 21. März
Alliierte Gegenoffensive beginnt, 18. Juli

	Ludendorff teilt Wilhelm mit, dass die Niederlage unausweichlich ist, 29. September
	Prinz Max von Baden wird Reichskanzler, 3. Oktober
	Wilsonnote verurteilt Willkürherrschaft in Deutschland, 14. Oktober
	Ludendorff tritt zurück, 26. Oktober
	Meuterei der deutschen Flotte, 3. November
	Abdankung Wilhelms in Berlin verkündet, Wilhelm flüchtet nach Holland, 9./10. November
1920	Wilhelm richtet sich im »Huis Doorn« ein, 15. Mai
1931	Erster von zwei Besuchen Hermann Görings in Doorn, 18./19. Januar
1933	Adolf Hitler wird zum Kanzler ernannt, 30. Januar
1934	Hitler befiehlt Unterdrückung der Feierlichkeiten zum Geburtstag des Exkaisers, 27. Januar
1940	Truppen der Wehrmacht erreichen Doorn, 13. Mai
	Frankreich unterzeichnet Waffenstillstand mit Deutschland, 22. Juni
1941	Wilhelm stirbt an Herzversagen, 3. Juni

Auswahlbibliografie

Abret, H. und A. Keel, *Die Majestätsbeleidigungsaffäre des »Simplicissimus«-Verlegers Albert Langen. Briefe und Dokumente zu Exil und Begnadigung 1898–1903*, Frankfurt/Main 1985

Afflerbach, H., *Falkenhayn: Politisches Denken und Handeln im Kaiserreich*, München 1994

–, (Hg.), *Kaiser Wilhelm II als oberster Kriegsherr im Ersten Weltkrieg: Quellen aus der militärischen Umgebung des Kaisers 1914–1918*, München 2005

Bantzer, H., *Diäten und Freifahrt im Deutschen Reichstag. Der Weg zum Entschädigungsgesetz von 1906 und die Nachwirkung dieser Regelung bis in die Zeit des Grundgesetzes*, Düsseldorf 1999

Benner, T., *Die Strahlen der Krone. Die religiöse Dimension des Kaisertums unter Wilhelm II. vor dem Hintergrund der Orientreise 1898*, Marburg 2001

Berghahn, V., *Imperial Germany 1871–1914. Economy, Society, Culture and Politics*, Providence, Oxford 1994

–, *Germany and the Approach of War in 1914*, London 1973

–, *Der Tirpitzplan. Genesis und Verfall einer innenpolitischen Krisenstrategie*, Düsseldorf 1971

–, W. Deist (Hg.), *Rüstung im Zeichen der wilhelminischen Weltpolitik. Grundlegende Dokumente, 1890–1914*, Düsseldorf 1988

–, »Des Kaisers Flotte und die Revolutionierung des Mächtesystems vor 1914«, in: J. Röhl (Hg.), *Der Ort Kaiser Wilhelms*, S. 173–188

Bismarck, O. v., *Erinnerungen und Gedanke*, hrsg. von G. Ritter and R. Stadelmann, Berlin, 1932

Blackbourn, D. und G. Eley, *The Peculiarities of German History*, Oxford and New York 1984

–, *Class, Religion and Politics in Wilhelmine Germany: the Centre Party in Württemberg before 1914*, New Haven, London 1980

–, »The Politics of Demagogy in Imperial Germany«, in: Ders., *Populists and Patricians. Essays in Modern German History*, London, 1987, S. 217–245

Blessing, W. K., »The Cult of Monarchy, Political Loyalty and the Workers' Movement in Imperial Germany', *Journal of Contemporary History*, 13 (1978), S. 357–373

Börner, K.-H., *Wilhelm I. Deutscher Kaiser und König von Preußen. Eine Biographie,* Berlin 1984
Bülow, B. Fürst v., *Denkwürdigkeiten,* 4 Bde., Berlin 1930
Bußmann, W., *Staatssekretär Graf Herbert von Bismarck. Aus seiner politischen Korrespondenz,* Göttingen 1964
Canis, W., *Bismarck und Waldersee. Die außenpolitischen Krisenerscheinungen und das Verhalten des Generalstabes 1882 bis 1890,* Berlin 1980
–, *Von Bismarck zur Weltpolitik, Deutsche Außenpolitik 1890 bis 1902,* Berlin 1997
Cannadine, D., »Kaiser Wilhelm II and the British Monarchy«, in: T.C.W. Blanning and D. Cannadine (Hg.), *History and Biography. Essays in Honour of Derek Beales,* Cambridge 1996, S. 188–202
Cattaruzza, M., »Das Kaiserbild in der Arbeiterschaft am Beispiel der Werftarbeiter in Hamburg und Stettin«, in: J. Röhl (Hg.), *Der Ort Kaiser Wilhelms II. in der deutschen Geschichte,* S. 131–144
Cecil, L., »Wilhelm II. und die Juden«, in: W. E. Mosse (Hg.), *Juden im Wilhelminischen Deutschland, 1890–1914,* Tübingen 1976, S. 313–348
–, *Wilhelm II. Prince and Emperor, 1859–1900,* Bd. 1, Chapel Hill, London, 1989
–, »Der diplomatische Dienst im kaiserlichen Deutschland«, in: K. Schwabe (Hg.), *Das diplomatische Korps 1871–1945,* Boppard am Rhein 1985
Chickering, R., *Imperial Germany and the Great War 1914–1918,* Cambridge 1998
Cole, T. F., »Kaiser versus Chancellor: The Crisis of Bülow's Chancellorship 1905–6«, in: R. Evans (Hg.), *Society, Government and Politics in Wilhelmine Germany,* London 1978, S. 40–70
–, »The *Daily Telegraph* affair and its aftermath: the Kaiser, Bülow and the Reichstag, 1908–1909«, in: J. Röhl/N. Sombart (Hg.), *Wilhelm II.,* S. 249–268
Hötzendorf, F. C. v., *Aus meiner Dienstzeit. 1906–1918,* 5 Bde., Wien, 1921–1925
Conze, E., *Von deutschem Adel. Die Grafen von Bernstorff im zwanzigsten Jahrhundert,* München 2000
Craig, G. A., *Germany 1866–1945,* Oxford 1978
Daum, A. W., *Wissenschaftspopularisierung im 19 Jahrhundert: Bürgerliche Kultur, naturwissenschaftliche Bildung und die deutsche Öffentlichkeit, 1848–1914,* München 1998
Deist, W., »Kaiser Wilhelm II in the context of his military and naval entourage«, in: J. Röhl/N. Sombart (Hg.), *Wilhelm II.,* S. 169–192

–, »Kaiser Wilhelm II als Oberster Kriegsherr', in: J. Röhl (Hg.), *Der Ort Kaiser Wilhelms II. in der deutschen Geschichte,* S. 25–42
Eley, G., »The View from the Throne: the Personal Rule of Kaiser Wilhelm II«, *Historical Journal*, 28 (1985), S. 469–485
–, »Anti-Semitism, Agrarian Mobilization, and the Conservative Party. Radicalism and Containment in the Founding of the Agrarian League, 1890–93«, in: J. N. Retallack and L. E. Jones, *Between Revolution, Reaction and Reform*, Providence, Oxford 1993, S. 187–227
–, *The Reshaping of the German Right. Radical Nationalism and Political Change after Bismarck*, New Haven 1980
–, »Notable Politics, the Crisis of German Liberalism and the Electoral Transition of the 1890's«, in: K. Jarausch and L. E. Jones (Hg.), *In Search of a Liberal Germany. Studies in the History of German Liberalism from 1789 to the present*, New York, Oxford, München 1990, S. 187–216
Engelberg, E., *Bismarck: Urpreusse und Reichsgründer*, Berlin 1985
Evans, R. J., »William II's Germany and the Historians«, in: R. J. Evans, *Rethinking German History*, London 1987, S. 24–32
– (Hg.), *Kneipengespräche im Kaiserreich. Stimmungsberichte der Hamburger Politischen Polizei 1892–1914*, Reinbek 1989
Fehrenbach, E., *Wandlungen des deutschen Kaisergedankens 1871–1918,* München, Wien 1969
Ferguson, N., *The Pity of War*, London 1998
Fischer, F., *Krieg der Illusionen*, Düsseldorf 1969
–, »The Foreign Policy of Imperial Germany and the Outbreak of the First World War«, in: G. Schöllgen, *Escape into War? The Foreign Policy of Imperial Germany*, Oxford, New York, München 1990, S. 19–40
Friedrich, M., »Die Religion im Erziehungsprogramm Hinzpeters«, in: S. Samerski (Hg.), *Wilhelm II und die Religion*, S. 59–90
Fuchs, W. P. (Hg.), *Großherzog Friedrich I. von Baden und die Reichspolitik 1871–1907*, 4 Bde., Stuttgart 1968–1980
Fulford, R. (Hg.), *Dearest Child. Private Correspondence of Queen Victoria and the Crown Princess of Prussia 1858–1861*, London 1964
– (Hg.), *Dearest Mama. Private Correspondence of Queen Victoria and the Crown Princess of Prussia 1861–64*, London 1968
– (Hg.), *Your Dear Letter. Private Correspondence of Queen Victoria and the Crown Princess of Prussia 1865–1871*, London 1971
– (Hg.), *Darling Child. Private Correspondence of Queen Victoria and the Crown Princess of Prussia 1871–1878*, London 1976

Gall, L., *Bismarck. Der weiße Revolutionär*, Frankfurt/Main 1980
Geiss, I. (Hg.), *Juli 1914. Die europäische Krise und der Ausbruch des Ersten Weltkriegs*, München 1965
–, »The German Version of Imperialism: Weltpolitik«, in: G. Schöllgen, *Escape into War? The Foreign Policy of Imperial Germany*, Oxford, New York, München 1990, S. 105–120
Görlitz, W., *The Kaiser and His Court. The Diaries, Letters and Notebooks of Admiral Georg Alexander von Müller Chief of the Naval Cabinet 1914–1918*, New York 1959
Günther-Arndt, H., »Monarchische Präventivbelehrung oder curriculare Reform? Zur Wirkung des Kaiser-Erlasses vom 1. Mai auf den Geschichtsunterricht«, in: K. E. Jeisman (Hg.), *Bildung, Staat und Gesellschaft im 19. Jahrhundert. Mobilisierung und Disziplinierung*, Stuttgart 1989, S. 256–275
Gutsche, W., *Wilhelm II., der letzte Kaiser des Deutschen Reiches: Eine Biographie*, Berlin 1991
–, *Ein Kaiser im Exil. Der letzte deutsche Kaiser Wilhelm II. in Holland. Eine kritische Biographie*, Marburg 1991
Haller, J., *Aus dem Leben des Fürsten Philipp zu Eulenburg-Hertefeld*, Berlin 1924
Hammann, O., *Um den Kaiser. Erinnerungen aus den Jahren 1906–1909*, Berlin 1919
Hank, M., *Kanzler ohne Amt. Fürst Bismarck nach seiner Entlassung 1890–98*, München 1977
Hecht, K., *Die Harden-Prozesse. Strafverfahren, Öffentlichkeit und Politik im Kaiserreich*, München 1997
Herwig, H., *The First World War. Germany and Austria-Hungary 1914–1918*, London 1997
Hildebrand, K., *Das Vergangene Reich. Deutsche Außenpolitik von Bismarck bis Hitler 1871–1945*, Stuttgart 1995
Hiller von Gaertringen, F., *Fürst Bülows Denkwürdigkeiten. Untersuchungen zu ihrer Entstehungsgeschichte und Kritik*, Tübingen 1956
Hohenlohe-Schillingsfürst, C., *Denkwürdigkeiten der Reichskanzlerzeit*, hrsg. von K. A. v. Müller, Stuttgart, Berlin 1931
Horn, H., *Der Kampf um den Bau des Mittellandkanals. Eine politologische Untersuchung über die Rolle eines wirtschaftlichen Interessenverbandes im Preußen Wilhelms II.*, Köln, Opladen 1964
Huber, E. R., *Deutsche Verfassungsgeschichte, Bd. 4, Struktur und Krisen des Kaiserreichs*, Stuttgart 1969
–, *Heer und Staat in der deutschen Geschichte*, Hamburg [2]1938

Hull, I. V., »Persönliches Regiment«, in: J. Röhl (Hg.), *Der Ort Kaiser Wilhelms II.*, S. 2–23
–, *The Entourage of Kaiser Wilhelm II 1888–1918*, Cambridge, New York 1982
–, »Der kaiserliche Hof als Herrschaftsinstrument«, in: H. Wilderotter und K.-D. Pohl (Hg.), *Der Letzte Kaiser. Wilhelm II. im Exil*, Berlin 1991
Ilsemann, S. v., *Der Kaiser in Holland. Aufzeichnungen des letzten Flügeladjutanten Kaiser Wilhelms II.*, hrsg. von H. v. Königswald, München 1968
Jäckh, E., *Kiderlen-Wächter der Staatsmann und Mensch. Briefwechsel und Nachlaß*, 2 Bde., Berlin, Leipzig 1925
Janssen, K.-H., »Der Wechsel in der Obersten Heeresleitung 1916«, *Vierteljahrshefte für Zeitgeschichte*, 7 (1959), 337–371
–, *Der Kanzler und der General. Die Führungskrise um Bethmann-Hollwg und Falkenhayn (1914–1916)*, Göttingen 1967
Jarausch, K., *The Enigmatic Chancellor. Bethmann-Hollweg and the Hubris of Imperial Germany*, New Haven, London 1973
–, »The Illusion of Limited War: Chancellor Bethmann Hollweg's Calculated Risk, July 1914«, *Central European History*, 2 (1969), S. 48–76
Jungblut, P., »Unter Vier Reichskanzlern. Otto Hammann und die Pressepolitik der deutschen Reichsleitung 1890 bis 1916«, in: U. Daniel/W. Siemann (Hg.), *Propaganda und Meinungskampf. Verführung und politische Sinnstiftung (1789–1989)*, Frankfurt/Main 1994, S. 101–116
Kennedy, P., »The Kaiser and German Weltpolitik: Reflexions on Wilhelm II's Place in the Making of German Foreign Policy«, in: J. Röhl/N. Sombart (Hg.), *Kaiser Wilhelm II: New Interpretations*, Cambridge 1982, S. 143–168
–, *The Rise of the Anglo-German Antagonism, 1860–1914*, London 1980
Koenig, W., *Wilhelm II. und die Moderne. Der Kaiser und die technisch-industrielle Welt*, Paderborn 2007
Kohlrausch, M., *Der Monarch im Skandal. Die Logik der Massenmedien und die Transformation der wilhelminischen Monarchie*, Berlin 2005
Kohut, T. A., *Wilhelm II and the Germans: A Study in Leadership*, New York 1991
Kollander, P., »Politics for the Defence? Bismarck, Battenberg and the Origins of the Cartel of 1887«, *German History*, 13 (1995), S. 28–46
Lahme, R., *Deutsche Außenpolitik 1890–1894. Von der Gleichgewichtspolitik Bismarcks zur Allianzstrategie Caprivis*, Göttingen 1990

Lambi, I., *The Navy and German Power Politics, 1862–1914*, Boston, London 1984
Langer, L. W., *The Diplomacy of Imperialism*, New York 1951
Langhorne, R., »Great Britain and Germany, 1911–1914«, in: F. Hinsley (Hg.), *British Foreign Policy under Sir Edward Grey*, Cambridge 1977
–, »The Naval Question in Anglo-German Relations, 1912–1914«, *Historical Journal*, 14 (1971), S. 359–370
Lerman, K., *The Chancellor as Courtier. Bernhard von Bülow and the Governance of Germany*, Cambridge 1990
Lieven, D., *Nicholas II. Emperor of All the Russias*, London 1993
Lougee, R.W., »The Anti-Revolution Bill of 1894 in Wilhelmine Germany«, *Central European History*, 15 (1982), S. 224–240
Lucius v. Ballhausen, R., *Bismarck-Erinnerungen des Staatsministers Freiherrn Lucius von Ballhausen*, Stuttgart, Berlin 1921
McLean, R.R., *Royalty and Diplomacy in Europe, 1890–1914*, Cambridge 2001
Malinowski, S., *Vom König zum Führer: sozialer Niedergang und politische Radikalisierung im deutschen Adel zwischen Kaiserreich und NS-Staat*, Berlin 2003
Marks, S., »›My Name is Ozymandias‹. The Kaiser in Exile«, *Central European History*, 16/2 (1983), S. 122–170.
Meisner, H. O., *Denkwürdigkeiten des General-Feldmarschall Alfred Graf von Waldersee*, 3 Bde., Stuttgart, Berlin 1922
–, »Der Reichskanzler Hohenlohe und die Mächte seiner Zeit«, *Preußische Jahrbücher*, 230 (1932), S. 35–50
Möckl, K., »Der ›unvollendete‹ Föderalismus des zweiten deutschen Kaiserreiches«, in: J. Röhl (Hg.), *Der Ort*, S. 71–76
Moltke, H. v., *Erinnerungen, Briefe, Dokumente 1877–1916*, hrsg. von E. v. Moltke, Stuttgart 1922
Mombauer, A., *Helmuth von Moltke and the Origins of the First World War*, Cambridge 2001
Mommsen, W. J., »Kaiser Wilhelm II and German Politics«, *Journal of Contemporary History*, 25 (1990), S. 289–316
–, *Der autoritäre Nationalstaat. Verfassung, Gesellschaft und Kultur des deutschen Kaiserreiches*, Frankfurt/Main 1990
–, *Bürgerstolz und Weltmachtstreben. Deutschland unter Wilhelm II. 1890 bis 1918*, Berlin 1995
–, *War der Kaiser an allem Schuld? Wilhelm II. und die preußisch-deutschen Machteliten*, München 2002
Montgelas, M. K. D./W. Schücking (Hg.), *Die deutschen Dokumente zum Kriegsausbruch*, 2 Bde., Berlin-Charlottenburg 1919

Mosse, W. E., »Wilhelm II and the Kaiserjuden. A Problematical Encounter«, in: J. Reinharz and W. Schatzberg (Hg.), *The Jewish Response to German Culture. From the Enlightenment to the Second World War*, Hanover 1985

Müller, G. A. v., *Regierte der Kaiser? Kriegstagebücher, Aufzeichnungen und Briefe des Chefs des Marine-Kabinetts Admiral Georg Alexander von Müller 1914–1918*, hrsg. von W. Görlitz, Göttingen 1959

Müller, K. A. v., *Der dritte deutsche Reichskanzler. Bemerkungen zu den »Denkwürdigkeiten der Reichskanzlerzeit des Fürsten Chlodwig zu Hohenlohe-Schillingsfürst«*, München 1932

Nipperdey, T., *Deutsche Geschichte 1866–1918. Machtstaat vor der Demokratie*, Bd. 2, München 1992

–, *Die Organisation der deutschen Parteien vor 1918*, Düsseldorf 1961

Nowak, K. F./F. Thimme (Hg.), *Erinnerungen und Gedanken des Botschafters Graf Monts*, Berlin 1932

Pakula, H., *An Uncommon Woman. The Empress Frederick, Daughter of Queen Victoria, Wife of the Crown Prince of Prussia, Mother of Kaiser Wilhelm*, London 1996

Paulmann, J., »›Dearest Nicky …‹: Monarchical Relations between Prussia, the German Empire and Russia during the Nineteenth Century«, in: R. Bartlett and K. Schönwalder, *The German Lands and Eastern Europe. Essays on the History of Their Social, Cultural and Political Relations*, London 1999, S. 157–181

–, *Pomp und Politik. Monarchenbegegnungen in Europa zwischen Ancien Régime und Erstem Weltkrieg*, Paderborn 2000

Petzold, D., »›Monarchische Reklamefilms‹? Wilhelm II. im neuen Medium der Kinematographie«, in: T. Biskup/M. Kohlrausch (Hg.), *Das Erbe der Monarchie*, Frankfurt/Main 2009

Pflanze, O., *Bismarck and the Development of Germany: The Period of Fortification, 1880–1898*, Princeton 1990

Pöls, W., »Bismarckverehrung und Bismarcklegende als innenpolitisches Problem der wilhelminischen Zeit«, *Jahrbuch für die Geschichte Mittel- und Ostdeutschlands*, 20 (1971), S. 183–201

Pogge v. Strandmann, H., »Der Kaiser und die Industriellen. Vom Primat der Rüstung« in: J. Röhl, *Der Ort*, S. 111–129

Pommerin, R., *Der Kaiser und Amerika. Die USA in der Politik der Reichsleitung 1890–1917*, Boppard 1986

Ponsonby, F. E. G. (Hg.), *Letters of the Empress Frederick*, London 1928

Pyta, W., *Hindenburg. Herrschaft zwischen Hohenzollern und Hitler*, Berlin 2007

Rathenau, W., *Der Kaiser. Eine Betrachtung*, Berlin 1919

Rauh, M., *Die Parlamentarisierung des deutschen Reiches*, Düsseldorf 1977
Rebentisch, J., *Die vielen Gesichter des Kaisers. Wilhelm II. in der deutschen und britischen Karikatur*, Quellen und Forschungen zur brandenburgisch-preußischen Geschichte, 20, Berlin 2000
Reinermann, L., *Der Kaiser in England. Wilhelm II. und sein Bild in der britischen Öffentlichkeit*, Veröffentlichungen des Deutschen Historischen Instituts London, 48, Paderborn 2001
Retallack, J. N., *Germany in the Age of Kaiser Wilhelm II*, Basingstoke 1996
–, *Notables of the Right. The Conservative Party and Political Mobilization in Germany*, Winchester, Mass., 1988
–, »Conservatives contra Chancellor: Official Responses to the Spectre of Conservative Demagoguery from Bismarck to Bülow«, *Canadian Journal of History*, 20 (1985), S. 203–236
–, »Demagogentum, Populismus, Volkstümlichkeit. Überlegungen zur ›Popularitätshascherei‹ auf dem politischen Massenmarkt des Kaiserreichs«, *Zeitschrift für Geschichtswissenschaft*, 48 (2000), S. 309–325
Rich, N./M. H. Fisher (Hg.), *The Holstein Papers*, 4 Bde., Cambridge 1957
Ritter, G. A., *Arbeiter im Deutschen Kaiserreich 1871 bis 1914*, Bonn 1992
Röhl, J. C. G., *Germany Without Bismarck. The Crisis of Government in the Second Reich, 1890–1900,* London 1967
–, »Admiral von Müller and the Approach of War, 1911–1914«, *Historical Journal*, 12 (1969), S. 651–673
– /N. Sombart (Hg.), *Wilhelm II. New Interpretations*, Cambridge 1982
–, »Introduction«, in: J. Röhl and N. Sombart (Hg.), *Wilhelm II*, S. 1–22
- (Hg.), *Philipp Eulenburgs Politische Korrespondenz*, 3 Bde., Boppard, 1976–1983
–, »Kaiser Wilhelm II: a suitable case for treatment?«, in: Ders., *The Kaiser and his Court. Wilhelm II and the Government of Germany*, Cambridge 1994, S. 2–27
- (Hg.), *Der Ort Kaiser Wilhelms II. in der deutschen Geschichte*, München 1991
–, *Die Jugend des Kaisers 1859–1888*, München 1993
–, *Kaiser, Hof und Staat. Wilhelm II. und die deutsche Politik*, München 1987
–, »The »kingship mechanism« the Kaiserreich«, in: J. Röhl, *The Kaiser and His Court*, S. 107–130
–, »The splendour and Impotence of the German Diplomatic Service«, in: Röhl, *The Kaiser and His Court*, S. 150–161

–, »Dress Rehearsal in December: Military decision-making in Germany on the eve of the First World War«, in: Ders., *The Kaiser and His Court. Wilhelm II and the Government of Germany*, Cambridge 1994, S. 162–189
–, *Wilhelm II. Der Aufbau der persönlichen Monarchie*, München 2001
Rosenbach, H., *Das deutsche Reich, Großbritannien und der Transvaal (1896–1902). Anfänge deutsch-britische Entfremdung*, Göttingen 1993
Rothfels, H. »Bismarcks Sturz als Forschungsproblem«, *Preußische Jahrbücher*, 191 (1923), S. 1–29
Samerski, S., »Papst und Kaiser«, in: Ders. (Hg.), *Wilhelm II. und die Religion. Facetten einer Persönlichkeit und ihres Umfeldes* (Forschungen zur brandenburgischen und preußischen Geschichte, Beiheft 5), Berlin 2001
Schoenbaum, D., *Zabern 1913. Consensus Politics in Imperial Germany*, London 1982
Schöllgen, G., »Wer machte im Kaiserreich Politik? Zwischen ›persönlichem Regiment‹ und ›polykratischem Chaos‹«, *Neue Politische Literatur*, 25 (1980), S. 79–97
–, *Imperialismus und Gleichgewicht. Deutschland, England und die orientalische Frage 1871–1914*, München 1984
–, *Escape into War? The Foreign Policy of Imperial Germany*, Oxford, New York, München 1990
Schüssler, W., *Die Daily-Telegraph-Affäre. Fürst Bülow, Kaiser Wilhelm und die Krise des zweiten Reiches 1908*, Göttingen 1952
Seligmann, M. S., »Germany and the Origins of the First World War in the Eyes of the American Diplomatic Establishment«, *German History*, 15 (1997), S. 307–332
Sösemann, B., »›Pardon wird nicht gegeben; Gefangene nicht gemacht‹. Zeugnisse und Wirkungen einer rhetorischen Mobilmachung«, in: Wilderotter/Pohl (Hg.), *Der letzte Kaiser*, S. 79–94
–, »Die sogenannte Hunnenrede Wihelms II. Textkritische und interpretatorische Bemerkungen zur Ansprache des Kaisers vom 27, Juli 1900 in Bremerhaven«, *Historische Zeitschrift*, 222 (1976), S. 342–358
–, »Der Verfall des Kaisergedankens im ersten Weltkrieg«, in: J. Röhl (Hg.), *Der Ort*, S. 145–170
Sondhaus, L., *Preparing for Weltpolitik. German Sea Power before the Tirpitz Era*, Annapolis, Md., 1997
Sperber, J., *The Kaiser's Voters. Electors and Elections in Imperial Germany*, Cambridge 1997
Stahl, F.-C., »Preußische Armee und Reichsheer 1871–1914«, in: O. Hauser, *Zur Problematik Preußen und das Reich*, Köln, Wien 1984, S. 181–245

Steinberg, J., *Yesterday's Deterrent*, London 1965
Stevenson, D., *Armaments and the Coming of War. Europe 1904–1914*, Oxford 1996
Stöber, G., *Pressepolitik als Notwendigkeit. Zum Verhältnis von Staat und Öffentlichkeit im wilhelminischen Deutschland, 1890–1914*, Stuttgart 2000
Stöber, R., »Bismarcks geheime Presseorganisation von 1882«, *Historische Zeitschrift*, 262 (1996)
Stribrny, W., *Bismarck und die deutsche Politik nach seiner Entlassung*, 1890–1898, Paderborn 1977
Stürmer, M., *Das Ruhelose Reich*, Berlin 1983
Teschner, H., *Die Daily-Telegraph-Affäre vom November 1908 in der Beurteilung der öffentlichen Meinung*, Breslau 1931
Thimme, F., *Front wider Bülow. Staatsmänner, Diplomaten und Forscher zu seinen Denkwürdigkeiten*, München 1931
Ullrich, V., *Die Nervöse Großmacht. Aufstieg und Untergang des deutschen Kaiserreichs*, Frankfurt/Main 1997
Umbach, D.C., *Parlamentsauflösung in Deutschland. Verfassungsgeschichte und Verfassungsprozeß*, Berlin, New York 1989
Vierhaus (Hg.), R., *Das Tagebuch der Baronin Spitzemberg. Aufzeichnungen aus der Hofgesellschaft des Hohenzollernreiches*, Göttingen 1961
Warburg, M. M., *Aus meinen Aufzeichnungen*, New York 1952
Weber, M., »Parliament and Government in Germany under a New Political Order. Towards a political critique and the party system« (April-June 1917), in: P. Lassman/R. Speirs (Hg.), *Weber. Political Writings*, Cambridge 1994, S. 130–271
Wedel (Hg.), E. v., *Zwischen Kaiser und Kanzler. Aufzeichnungen des Generaladjutanten Grafen Carl von Wedel aus den Jahren 1890–1894*, Leipzig 1943
Wehler, H.-U., *Das deutsche Kaiserreich. 1871–1918*, Göttingen 1973
–, *Deutsche Gesellschaftsgeschichte, Bd. 3, Von der deutschen »Doppelrevolution« bis zum Beginn des Ersten Weltkrieges 1849–1914*, München 1995
Wermuth, A., *Ein Beamtenleben. Erinnerungen*, Berlin 1922
Wilderotter, H., »«Unsere Zukunft liegt auf dem Wasser«. Das Schiff als Metapher und die Flotte als Symbol des wilhelminischen Kaiserreichs«, in: Wilderotter and Pohl (Hg.), *Der Letzte Kaiser*, S. 55–78
Wilhelm II., *My Early Life*, London 1926
Winkler, H. A., *Der lange Weg nach Westen, Bd. 1, Deutsche Geschichte vom Ende des Alten Reiches bis zum Untergang der Weimarer Republik*, München 2000

Winzen, P., *Bülows Weltmachtkonzept. Untersuchungen zur Frühphase seiner Außenpolitik 1897–1901*, Boppard am Rhein 1977

–, »Zur Genesis von Weltmachtkonzept und Weltpolitik«, in: Röhl (Hg.), *Der Ort Kaiser Wilhelms in der deutschen Geschichte*, München 1991, S. 189–222

Witt, P.C., *Die Finanzpolitik des deutschen Reiches von 1903–1913*, Lübeck, Hamburg 1970

Zechlin, E., *Staatsstreichpläne Bismarcks und Wilhelms II. 1890–1894*, Stuttgart, Berlin 1929

Zedlitz-Trützschler, R., *Zwölf Jahre am deutschen Kaiserhof*, Berlin, Leipzig 1924

Zmarzlik, H.-G., *Bethmann Hollweg als Reichskanzler 1908–1914. Studien zu Möglichkeiten und Grenzen seiner innerpolitischen Machtstellung*, Düsseldorf 1957

Anmerkungen

Vorwort

1 J. C. G. Röhl, *Germany Without Bismarck. The Crisis of Government in the Second Reich, 1890–1900,* London 1967 (deutsch: *Deutschland ohne Bismarck. Die Regierungskrise im Zweiten Kaiserreich 1890–1900,* übers. von I. Lindt, Tübingen 1969); ders., »Der ›Königsmechanismus‹ im Kaiserreich«, in: J. C. G. Röhl, *Kaiser, Hof und Staat. Wilhelm II. und die deutsche Politik,* 4. Aufl. München 1995, S. 116–140 (auf Englisch erschienen als: »The ›kingship mechanism‹ in the Kaiserreich«, in: Röhl, *The Kaiser and His Court. Wilhelm II and the Government of Germany,* übers. von T. F. Cole, Cambridge 1994, S. 107–130); Hans-Ulrich Wehler, *Das deutsche Kaiserreich, 1871–1918,* Göttingen 1973, S. 60–69.

2 Siehe Röhl, *Kaiser, Hof und Staat,* S. 9–16; J. C. G. Röhl, »Introduction«, in: Röhl und N. Sombart (Hg.), *Wilhelm II. New Interpretations,* Cambridge 1982, S. 1–22; I. V. Hull, »›Persönliches Regiment‹«, in: J. C. G. Röhl (Hg.), *Der Ort Kaiser Wilhelms II. in der deutschen Geschichte,* München 1991, S. 3–23; Geoff Eley, »The View from the Throne: the Personal Rule of Kaiser Wilhelm II«, in: *Historical Journal* 28 (1985), S. 469–485; R. J. Evans, »William II's Germany and the Historians«, in: R. J. Evans, *Rethinking German History,* London 1987, S. 24–32; W. J. Mommsen, »Kaiser Wilhelm II and German Politics«, in: *Journal of Contemporary History* 25 (1990), S. 289–316, insb. S. 294ff.; Gregor Schöllgen, »Wer machte im Kaiserreich Politik? Zwischen ›persönlichem Regiment‹ und ›polykratischem Chaos‹«, in: *Neue Politische Literatur* 25 (1980), S. 79–97; James Retallack, *Germany in the Age of Kaiser Wilhelm II,* Basingstoke 1996, S. 39f., 92ff.

3 Vgl. Mommsen, »Kaiser Wilhelm II and German Politics«; Lamar Cecil, *Wilhelm II,* Bd. 1: *Prince and Emperor, 1859–1900,* Chapel Hill, NC, London 1989, S. 260f.; Röhl, *Deutschland ohne Bismarck;* Röhl, »Der ›Königsmechanismus‹«, S. 125ff.

4 Siehe beispielsweise den zweiten Band der Biografie John Röhls, *Wilhelm II. Der Aufbau der persönlichen Monarchie* 1888–1900, München 2001, insb. S. 16 ff. Doch die neue Begrifflichkeit darf nicht von einer grundlegenden Kontinuität in der Argumentation ablenken. In *Der Aufbau der persönlichen Monarchie* beschreibt Röhl Wilhelm II. als einen »fast unbezwingbar[en]« Monarchen, der die »deutsche Innen-, Außen und Rüstungspolitik höchstpersönlich und so direkt [leitete], dass er nach weitverbreiteter Ansicht als ›sein eigener Reichskanzler‹ galt«; nach seinem »Durchbruch zur vollen Entscheidungsmacht im Sommer 1896«, habe der Kaiser Röhl zufolge über eine »unumschränkte Entscheidungsgewalt« verfügt. Siehe Röhl, *Aufbau der persönlichen Monarchie,* S. 42, 968, 1027 und 888. Laut Röhl waren Ende der neunziger Jahre sowohl die Reichsregierung als auch die preußische Landesregierung reine Verwaltungsorgane, welche die kaiserlichen Befehle ausführten.

5 Siehe beispielsweise Martin Kohlrausch, *Der Monarch im Skandal. Die Logik der Massenmedien und die Transformation der wilhelminischen Monarchie,* Berlin 2005; Jost Rebentisch, *Die vielen Gesichter des Kaisers. Wilhelm II. in der deutschen und britischen Karikatur,* (Quellen und Forschungen zur brandenburgisch-preußischen Geschichte, 20), Berlin 2000; zu dem Bild von Kaiser Wilhelm II. auf den britischen Inseln: Lothar Reinermann, *Der Kaiser in England. Wilhelm II. und sein Bild in der britischen Öffentlichkeit,* (Veröffentlichungen des Deutschen Historischen Instituts London, 48) Paderborn 2001.

Kapitel 1: Kindheit und Jugend

1 Eine ganz ähnliche Diskussion um die Person Friedrich Wilhelms III., der beim Tod seines Großonkels Friedrich der Große im Jahr 1786 Sechzehn war, findet sich in der ausgezeichneten Biographie von Thomas Stamm-Kuhlmann, *König in Preußens großer Zeit. Friedrich Wilhelm III. der Melancholiker auf dem Thron,* Berlin 1992, S. 14 f. Seine besondere Situation schildert Wilhelm selbst im folgenden Zitat aus einem Gespräch mit Graf Herbert von Bismarck, zitiert in Herbert von Bismarck an seinen Vater, Berlin, 4. Oktober 1886, in: W. Bussmann (Hg.), *Staatssekretär Graf Herbert von Bismarck. Aus seiner politischen Korrespondenz,* Göttingen 1964, Dok. 244, S. 389.

2 Kronprinzessin an Königin Victoria, Berlin, 5. April 1865, in: R. Fulford (Hg.), *Your Dear Letter. Private Correspondence of Queen Victoria and the Crown Princess of Prussia 1865–1871,* London 1971, S. 22.

3 Zitiert in L. Cecil, *Wilhelm II Prince and Emperor, 1859–1900,* Chapel Hill, London 1988, S. 15.

4 Kronprinzessin an Königin Victoria, Insel Föhr, 14. August 1865, in: Fulford (Hg.), *Your Dear Letter,* S. 31.

5 Kronprinzessin an Königin Victoria, Berlin, 24. März 1861, in: R. Fulford (Hg.), *Dearest Child. Private Correspondence of Queen Victoria and the Crown Princess of Prussia 1858–1861,* London 1964, S. 313.

6 Die Alvenslebensche Konvention von 1863 erneuerte die freundschaftliche Beziehung zwischen Preußen und Russland auf Kosten der unterdrückten Polen, mit deren Sache der Kronprinz und seine Frau sympathisierten.

7 Kronprinzessin an Königin Victoria, Neues Palais, 8. Juli 1862, in: R. Fulford (Hg.), *Dearest Mama. Private Correspondence of Queen Victoria and the Crown Princess of Prussia 1861–1864,* London 1968, S. 90.

8 Kronprinzessin an Königin Victoria, Berlin, 31. Januar 1863, in: Fulford (Hg.), *Dearest Mama,* S. 169ff.

9 L. Gall, *Bismarck. Der weiße Revolutionär,* Frankfurt, Berlin, Wien 1980, S. 283f.

10 Kronprinzessin an Königin Victoria, Putbus, 3. Juli 1863, in: Fulford (Hg.), *Dearest Mama,* S. 241f.

11 J. Röhl, *Die Jugend des Kaisers 1859–1888,* München 1993, S. 134.

12 Kronprinzessin an Königin Victoria, Neues Palais, 11. September 1867, in: R. Fulford (Hg.), *Your Dear Letter. Private Correspondence of Queen Victoria and the Crown Princess of Prussia 1865–1871,* London 1971, S. 150. Die Auswahl des ersten Hauslehrers wird ausführlich erörtert in Röhl, *Jugend,* S. 136–157. Die beste Schilderung der Qualen der Kronprinzessin bei Hofe findet sich in H. Pakula, *An Uncommon Woman. The Empress Frederick, Daughter of Queen Victoria, Wife of the Crown Prince of Prussia, Mother of Kaiser Wilhelm,* London 1996, S. 106, 109, 138, 139, 141, 151, 154, 190 (deutsch: H. Pakula, *Victoria. Tochter Queen Victorias, Gemahlin des preußischen Kronprinzen, Mutter Wilhelms II.,* München 1999).

13 Kronprinzessin an Königin Victoria, Berchtesgaden, 27. August 1872, in: R. Fulford (Hg.), *Darling Child. Private Correspondence of*

Queen Victoria and the Crown Princess of Prussia 1871–1878, London 1976, S. 57.

14 D. Lieven, *Nicholas II. Emperor of All the Russias,* London 1993, S. 41.

15 Röhl, *Jugend,* S. 216, 218.

16 Kronprinzessin an Königin Victoria, Neues Palais, 5. September 1874, in: Fulford, *Darling Child,* S. 150; auszugsweise zitiert in Röhl, *Jugend,* S. 220.

17 Zitiert in Röhl, *Jugend,* S. 193.

18 Cecil, *Wilhelm,* S. 60.

19 Zitiert in Röhl, *Jugend,* S. 433. Zur Haltung des Kaisers zur Spanienreise siehe Friedrich von Holstein an H. v. Bismarck, Berlin, 29. Oktober 1883, in: W. Bußmann, *Staatssekretär Graf Herbert von Bismarck. Aus seiner politischen Korrespondenz,* Göttingen 1964, S. 178.

20 Cecil, *Wilhelm,* S. 61.

21 Röhl, *Jugend,* S. 378.

22 Friedrich von Holstein, Tagebucheintrag vom 6. Juni 1884, in: N. Rich, M. H. Fisher und W. Frauendienst (Hg.), *Die geheimen Papiere Friedrich von Holsteins,* Bd. 2: *Tagebuchblätter,* Göttingen, Berlin, Frankfurt 1957, S. 166 (englisch: N. Rich, M. H. Fisher (Hg.), *The Holstein Papers,* Bd. 2: *Diaries,* Cambridge 1957, S. 154).

23 Alfred von Waldersee, Tagebucheintrag vom 10. Juni 1884, in: H. O. Meisner, *Denkwürdigkeiten des General-Feldmarschall Alfred Graf von Waldersee,* 3 Bde., Stuttgart, Berlin 1922, Bd. 1, S. 242.

24 Alfred von Waldersee, Tagebucheinträge vom 19. und 28. Mai 1884 in: Meisner, *Denkwürdigkeiten,* Bd.1, S. 237ff.

25 Wilhelm an Zar Alexander III., 25. Mai, 19. Juni 1884, zitiert in Röhl, *Jugend,* S. 441. Dieser Brief wird auch diskutiert in P. Kollander, »Politics for the Defence? Bismarck, Battenberg and the Origins of the Cartel of 1887«, in: *German History* 13 (1995), S. 28–46, aber fälschlich auf einen späteren Russlandbesuch im Jahr 1886 bezogen. Zu den Ratschlägen bezüglich Großbritannien siehe Röhl, *Jugend,* S. 450.

26 Für eine ausführliche Diskussion der Battenberg-Krise und Wilhelms Rolle dabei siehe Röhl, *Jugend,* S. 517–546. Über Battenberg selbst siehe E. C. Conti, *Leben und Liebe Alexanders von Battenberg,* Graz 1949; eine aufschlussreiche Analyse des politischen Kontextes bietet der genannte Aufsatz Kollanders »Politics for the Defence?«

27 Kronprinzessin an Königin Victoria, 28. Juni 1883, zitiert in Röhl, *Jugend,* S. 525. Eine tiefgründige Erörterung der Ansichten der Kronprinzessin in der Angelegenheit, die viel nuancierter sind,

als in diesem kurzen Überblick deutlich wird, bietet die Biografie Pakula, *An Uncommon Woman,* S. 407–431.

28 Der Kaiser und viele andere waren überdies der Ansicht, dass die Battenbergs nicht von ausreichend hoher Abstammung wären, um für die Ehe mit einem preußischen Prinzen in Frage zu kommen.

29 Röhl, *Jugend,* S. 529; Herbert von Bismarck an Otto von Bismarck, Berlin, 23. September 1886, in: Bußmann, *Staatssekretär Graf Herbert von Bismarck,* S. 377f.

30 Kronprinz an Otto von Bismarck, 12. August 1886, zitiert in Röhl, *Jugend,* S. 570.

31 Ein entsprechendes Telegramm (hier zitiert) wurde von Friedrich von Holstein aus dem Auswärtigen Amt und Großkämmerer des Kronprinzen verfasst, bevor es von Friedrich Wilhelm gebilligt und an Bismarck geschickt wurde. Zum Wortlaut siehe Holstein, Tagebucheintrag vom 16. August 1886, Rich Fisher, Frauendienst (Hg.), *Die geheimen Papiere,* Bd. 2. S. 324ff.; siehe auch Röhl, *Jugend,* S. 572.

32 Telegramm von Bismarck an Kaiser Wilhelm I., 17. August, transkribiert in Holstein, Tagebucheintrag vom 17. August 1886, in: Ebenda, S. 326f.

33 Zitiert in Röhl, *Jugend,* S. 576.

34 Zitiert in K. Hildebrand, »Geschichte oder ›Gesellschaftsgeschichte‹? Die Notwendigkeit einer politischen Geschichtsschreibung von den internationalen Beziehungen«, in: Historische Zeitschrift, 223 (1976), S. 346; dazu auch B. P. Simms, *The Impact of Napoleon: Prussian High Politics, Foreign Policy and the Crisis of the Executive, 1797–1806,* Cambridge 1997, S. 2.

35 Wilhelm hatte seit seiner ersten Reise nach Russland 1884 eine aktivere Beteiligung an der Außenpolitik gefordert und wurde in diesem Bestreben von den Bismarcks unterstützt; siehe Röhl, *Jugend,* S. 584–597.

36 Kronprinz an Otto von Bismarck, Portofino, 28. September 1886, zitiert in O. v. Bismarck, *Werke in Auswahl,* Bd. 8A: *Erinnerungen und Gedanken,* hg. von G. Engel und R. Buchner, Stuttgart u. a. 1975, S. 540.

37 Berichtet in Herbert von Bismarck an Kuno von Rantzau, Berlin, 20. Dezember 1886, in: Bußmann (Hg.), *Staatssekretär Graf Herbert von Bismarck,* S. 415.

38 Kronprinzessin an Königin Victoria, Berlin, 22. April 1887, in: F. E. G. Ponsonby (Hg.), *Letters of the Empress Frederick,* London 1928, S. 214; deutsch: *Briefe der Kaiserin Friedrich,* Berlin 1929, S. 228.

39 Waldersee, Tagebucheintrag vom 16. und 21. Januar 1885, in: Meisner (Hg.), *Denkwürdigkeiten,* S. 249 f.

40 Waldersees Rolle bei den Vertuschungsmanövern nach Wilhelms amourösen Abenteuern wird aufgedeckt in Röhl, *Jugend,* S. 494–508. Zur Episode mit dem Unionsklub siehe ebenda, S. 508–516; sowie Cecil, *Wilhelm II,* S. 63, 124.

41 Waldersee, Tagebucheintrag vom 23. Januar, 22. August 1886, in: Meisner (Hg.), *Denkwürdigkeiten,* Bd. 1, S. 281, 296.

42 Röhl, *Jugend,* S. 599–616; Waldersee, Tagebucheinträge vom 29. Oktober, 16. November 1886 in: Meisner (Hg.), *Denkwürdigkeiten,* Bd. 1, S. 300, 303; W. Canis, *Bismarck und Waldersee. Die außenpolitischen Krisenerscheinungen und das Verhalten des Generalstabes 1882 bis 1890,* Berlin (Ost) 1980, S. 245.

43 Waldersee, Tagebucheintrag vom 12. Dezember 1887, in: Meisner (Hg.), *Denkwürdigkeiten,* Bd. 1, S. 342.

44 Holstein, Tagebucheintrag vom 17. Mai 1887 – der Tag, an dem Holstein von der Krebs-Diagnose erfuhr – in: Rich, Fisher, Frauendienst (Hg.), *Die geheimen Papiere,* Bd. 2, S. 386.

45 Waldersee, Tagebucheintrag vom 21. Mai 1887, in: Meisner (Hg.), *Denkwürdigkeiten,* Bd. 1, S. 327.

46 Herbert von Bismarck, Erinnerung datiert auf Herbst 1890, zitiert in Röhl, *Jugend,* S. 711.

47 Siehe O. Pflanze, *Bismarck and the Development of Germany,* Bd. 3: *The Period of Fortification 1880–1898,* Princeton, N.J. 1990, S. 285 f., 297 f. (Pflanzes dreibändige Bismarck-Biografie ist auf Deutsch in zwei Bänden erschienen: O. Pflanze, *Bismarck,* Bd. 2: *Der Reichskanzler,* München 1998, hier S. 543 ff.).

48 Zu dieser Episode siehe Bismarck, *Werke in Auswahl,* Bd. 8A, S. 548.

49 J. Alden Nichols, *The Year of the Three Kaisers Bismarck and the German Succession 1887–1888,* Urbana, Chicago 1987, S. 111.

50 Holstein, Tagebucheintrag vom 4. Februar 1888, in: Rich, Fisher, Frauendienst (Hg.), *Die geheimen Papiere,* Bd. 2, S. 408 ff.

51 Diese Worte wurden in Bismarcks Gegenwart ausgesprochen, aber man ging davon aus, dass sie an Wilhelm gerichtet waren; Cecil, *Wilhelm,* Bd. 1, S. 108; Originalwortlaut überliefert von Lucius von Ballhausen, Tagebucheintrag vom 8. März 1888, in: L. Ballhausen, *Bismarck-Erinnerungen,* Stuttgart 1920, S. 425.

52 Kaiserin Victoria an Königin Victoria, 16. März 1888, zitiert nach F. Ponsonby (Hg.), *Briefe der Kaiserin Friedrich,* Aus dem Englischen übertragen von A. Mayer, Berlin 1929, S. 312.

53 Holstein, Tagebucheintrag vom 13. Mai 1888, in: Rich, Fisher, Frauendienst (Hg.), *Die geheimen Papiere,* Bd. 2, S. 421ff.

54 Cecil, *Wilhelm,* Bd. 1, S. 119.

55 Kronprinzessin an Königin Victoria, Berlin, 7. März 1887, R. Fulford (Hg.), *Beloved and Darling Child. Last Letters between Queen Victoria and her Eldest Daughter 1878–1885,* London 1990, S. 45f.; Kronprinzessin an Königin Victoria, Berlin, 22. April 1887, F. E. G. Ponsonby (Hg.), *Letters of the Empress Frederick,* London 1928, S. 214, zitiert nach deutscher Ausgabe: *Briefe der Kaiserin Friedrich,* S. 228.

56 Waldersee, Tagebucheintrag vom 23. Januar 1887, Meisner (Hg.), *Denkwürdigkeiten,* Bd. 1, S. 311.

57 Die ersten psychologischen Schriften werden diskutiert in T. Kohut, *Wilhelm II and the Germans. A Study in Leadership,* New York, Oxford 1991, S. 225–228.

58 E. Ludwig, *Wilhelm der Zweite,* Berlin 1926, S. 38; zitiert nach Röhl, *Jugend,* S. 37.

59 Die Anspielung findet sich in Vorlesung Nr. XXXI: »Die Zerlegung der psychischen Persönlichkeit«, in: Sigmund Freud, *Gesammelte Werke,* Bd. 15: *Neue Folge der Vorlesungen zur Einführung in die Psychoanalyse,* Frankfurt am Main 1949, S. 72; dazu auch Kohut, *Wilhelm II,* S. 227.

60 Ebenda, S. 7–15.

61 J. Röhl, *Kaiser Wilhelm II. »Eine Studie über Cäsarenwahnsinn«,* München 1989, S. 31–36; Röhl, *Jugend des Kaisers,* S. 35f., 70f., 149–157, 166–187.

62 J. M. Hartley, *Alexander I,* London, New York 1994, S. 20.

63 Siehe Holstein an Eulenburg, Dresden, 10. Januar und 19. April 1891, Holstein an Fischer, Berlin, 17. März 1891, in: J. C. G. Röhl (Hg.), *Philipp Eulenburgs politische Korrespondenz,* Bd. 1, Boppard 1976, S. 626, 656, 670f.

64 L. Quidde, *Caligula. Eine Studie über römischen Cäsarenwahnsinn,* München 1894; J. Radkau, *Das Zeitalter der Nervosität,* München, Wien 1998, S. 275f.

65 Siehe J. C. G. Röhl, »The Emperor's New Clothes: a character sketch of Kaiser Wilhelm II«, in: J. C. G. Röhl, N. Sombart (Hg.), *Wilhelm II,* S. 23–61; N. Sombart, »The Kaiser in his epoch«, in: Ebenda, S. 287–311; Röhl, *Die Jugend des Kaisers;* Röhl, *»Cäsarenwahnsinn«;* I. V. Hull, *The Entourage of Kaiser Wilhelm II 1888–1918,* Cambridge 1982, S. 18–22, 63ff., 109ff.; Kohut, *Wilhelm II.* Zu den Spekulationen, dass Wilhelms »berüchtigten Reden und

irrationalen Handlungen« womöglich auf »die Gene Georges III. zurückzuführen« seien, siehe J. C. G. Röhl, M. Warren und D. Hunt, *Purple Secret. Genes, »Madness« and the Royal Houses of Europe,* London 1998.

66 Zitiert nach J. C. G. Röhl, »Kaiser Wilhelm II. Eine Charakterskizze«, in: ders. *Kaiser, Hof und Staat,* S. 20; dazu auch ders., »*Cäsarenwahnsinn*«, S. 14f.

Kapitel 2: Übernahme der Macht

1 Wilhelm II., Eid auf die Reichsverfassung, 25. Juni 1888, Dok. 224 in: E. R. Huber (Hg.), *Dokumente zur deutschen Verfassungsgeschichte,* Bd. 2: *Deutsche Verfassungsdokumente 1851–1918,* Stuttgart 1964, S. 310.

2 Der Text der Reichsverfassung von 1871 ist abgedruckt in Huber (Hg.), *Dokumente zur deutschen Verfassungsgeschichte,* Bd. 2, S. 384–402. Siehe auch den zeitgenössischen Kommentar J. v. Held, *Die Verfassung des Deutschen Reiches vom staatsrechtlichen Standpunkt aus betrachtet,* Leipzig 1872. Die Verfassung ist im Anhang abgedruckt. Online liegt der vollständige deutsche Wortlaut vor unter http://www.deutsche-kaiserreich.de/ siehe Verfassungsurkunde.

3 Reichsverfassung von 1871; Held, *Verfassung des Deutschen Reiches,* S. 215–241. Der Text der Verfassung von 1849 ist abgedruckt in H.-J. Blanke (Hg.), *Deutsche Verfassungen. Dokumente zu Vergangenheit und Gegenwart,* Paderborn 2003, S. 169–208. Online kann die Verfassung von 1848 (Paulskirchenverfassung 1848) abgerufen werden unter http://www.verfassungen.de/de/de06-66/verfassung48-i.htm.

4 D. C. Umbach, *Parlamentsauflösung in Deutschland. Verfassungsgeschichte und Verfassungsprozeß,* Berlin, New York 1989, S. 226.

5 J. C. G. Röhl, *Deutschland ohne Bismarck. Die Regierungskrise im Zweiten Kaiserreich 1890–1900,* Tübingen 1969, S. 23–29; K. Lerman, *The Chancellor as Courtier. Bernhard von Bülow and the Governance of Germany,* Cambridge 1990, S. 43.

6 Zitiert in P. J. Pulzer, »From Bismarck to the Present«, in: M. Pasley (Hg.), *Germany. A Companion to German Studies,* 2. Aufl., London, New York 1982, S. 259–401, hier S. 262.

7 Zum »unvollendeten Föderalismus« siehe K. Möckl, »Der ›unvollendete‹ Föderalismus des zweiten deutschen Kaiserreiches«, in: Röhl (Hg.), *Der Ort,* S. 71–76.

8 Bamberger zitiert in H.-U. Wehler, *Deutsche Gesellschaftsgeschichte,* Bd. 3: *Von der deutschen »Doppelrevolution« bis zum Beginn des Ersten Weltkrieges 1849–1914,* München 1995, Zitate auf S. 373 f.; Diskussion der »charismatischen Herrschaft«, S. 368–376.

9 Eine scharfsinnige und umfassende Analyse der politischen Rolle Bismarcks enthält K. Lerman, »Bismarckian Germany and the structure of the German Empire«, in: M. Fulbrook und J. Breuilly (Hg.), *German History Since 1800,* London 1997, S. 147–167; oder ausführlicher in K. Lerman, *Bismarck,* Harlow 2004.

10 D. C. B. Lieven, *Nicholas II. Emperor of all the Russians,* London 1993, S. 117.

11 Karl-Heinz Börner, *Wilhelm I. Deutscher Kaiser und König von Preußen. Eine Biographie,* Berlin (Ost) 1984, S. 221.

12 Börner, *Wilhelm I.,* S. 223.

13 Zitate aus M. Stürmer, *Das Ruhelose Reich,* Berlin 1983, S. 238.

14 D. Blackbourn und G. Eley, *The Peculiarities of German History,* Oxford, New York 1984, S. 275 f.

15 Der klassische Verfechter der These einer »Parlamentarisierung« ist M. Rauh, *Die Parlamentarisierung des deutschen Reiches,* Düsseldorf 1977. Zu einer allgemeinen Diskussion dieser Fragen siehe insbesondere V. Berghahn, *Imperial Germany 1871–1914. Economy, Society, Culture and Politics,* Providence, Oxford 1994, S. 190–196, 201–210; W. J. Mommsen, »Das deutsche Kaiserreich als System umgangener Entscheidungen«, in: ders., *Der autoritäre Nationalstaat. Verfassung, Gesellschaft und Kultur des deutschen Kaiserreiches,* Frankfurt/Main 1990, S. 11–38; sowie derselbe, »Die Verfassung des Deutschen Reiches von 1871 als dilatorischer Herrschaftskompromiss«, in: ebenda, S. 39–65; T. Nipperdey, *Deutsche Geschichte 1866–1918,* Bd. 2: *Machtstaat vor der Demokratie,* München 1992, S. 491–494; Wehler, *Deutsche Gesellschaftsgeschichte,* Bd. 3, S. 864 ff.

16 Berichtet von Holstein in einem Tagebucheintrag vom 9. November 1887, Rich, Fisher, Frauendienst (Hg.), *Die geheimen Papiere,* Bd. 2, S. 402.

17 Röhl, *Jugend des Kaisers,* S. 734–738.

18 *Reichsanzeiger,* 2. Oktober 1889, zitiert in: J. C. G. Röhl (Hg.), *Philipp Eulenburgs Politische Korrespondenz,* 3 Bde., Boppard 1976–1983, Bd. 1, S. 352, Anm. 2.

19 Röhl, *Der Aufbau der persönlichen Monarchie.*

20 Siehe O. v. Bismarck, *Die Gesammelten Werke,* hg. von G. Ritter

und R. Stadelmann, Bd. 15: *Erinnerungen und Gedanken,* Bd. 2, Berlin 1932, S. 489.

21 Gall, *Bismarck. Der weiße Revolutionär,* S. 689–698.

22 Bismarck, *Erinnerungen und Gedanken,* Bd. 2, S. 495.

23 R. Lucius v. Ballhausen, *Bismarck-Erinnerungen des Staatsministers Freiherrn Lucius von Ballhausen,* Stuttgart, Berlin 1921, S. 505.

24 V. Ullrich, *Die Nervöse Großmacht. Aufstieg und Untergang des deutschen Kaiserreichs,* Frankfurt 1997, S. 114.

25 Ballhausen, *Bismarck-Erinnerungen,* S. 505.

26 Cecil, *Wilhelm II.,* Bd. 1, S. 133.

27 Wilhelm II., Eid auf die Reichsverfassung, 25. Juni 1888, Dok. 224, in: Huber (Hg.), *Dokumente zur deutschen Verfassungsgeschichte,* Bd. 2, S. 311.

28 W. J. Mommsen, *Bürgerstolz und Weltmachtstreben. Deutschland unter Wilhelm II. 1890 bis 1918,* Berlin 1995, S. 105.

29 Pflanze, *The Period of Fortification,* S. 335 ff.

30 Lieven, *Nicholas II,* S. 77–80.

31 P. Eulenburg, Erinnerungen aus dem Januar 1914, zitiert in: Röhl (Hg.), *Politische Korrespondenz,* Bd. 1, S. 406 f., Anm. 3.

32 Pflanze, *The Period of Fortification,* S. 332; vgl. Pflanze, *Der Reichskanzler,* S. 589 ff.

33 Kabinettsorder vom 8. September 1852 zur Stellung des Ministerpräsidenten, in: Huber (Hg.), *Dokumente zur deutschen Verfassungsgeschichte,* Bd. 2, S. 9.

34 Bismarck, *Erinnerungen und Gedanken,* Bd. 2, S. 500.

35 Zu der Frage allgemein siehe N. Elias, *Die Höfische Gesellschaft. Untersuchungen zur Soziologie des Königtums und der höfischen Gesellschaft,* Neuwied 1969, zu Friedrich Wilhelm III. und IV., siehe C. M. Clark, »The Frederick Williams of Nineteenth-Century Prussia«, in: *Bulletin of the German Historical Institute* 15 (1993) S. 3–13.

36 C. Schmitt, »Der Zugang zum Machthaber. Ein zentrales verfassungsrechtliches Problem«, in: derselbe, *Verfassungsrechtliche Aufsätze aus den Jahren 1924–1954,* Berlin 1958. Eine ausgezeichnete Diskussion dieses Themas mit Blick auf die preußische Monarchie zu Beginn des 19. Jahrhunderts bietet Simms, *Impact of Napoleon,* S. 16 f., 46–55.

37 Großherzog Friedrich I. von Baden an die Bundesfürsten, Potsdam, 20. Juni 1888, in: W. P. Fuchs (Hg.), *Großherzog Friedrich I. von Baden und die Reichspolitik 1871–1917,* Bd. 2, Stuttgart 1975, Dok. 881, S. 559 f.

38 Ebenda, S. 560. Zu diesem Aspekt der Politik des Großherzogs siehe auch Gall, *Bismarck. Der weiße Revolutionär,* S. 703.

39 Fuchs (Hg.), *Großherzog Friedrich I. von Baden und die Reichspolitik,* Bd. 2, S. 694f., Anm. 4.

40 Adolf Marschall von Bieberstein an Turban, Berlin, 31. Januar 1890, in: Fuchs (Hg.), *Großherzog Friedrich I. von Baden und die Reichspolitik,* Bd. 2, Dok. 1009, S. 700.

41 Ebenda, Bd. 2, Dok. 1004, S. 697, Anm. 3.

42 Friedrich von Holstein an Eulenburg, Berlin, 28. September 1889, in: Röhl (Hg.), *Politische Korrespondenz,* Bd. 1, Dok. 235, S. 351.

43 Siehe beispielsweise Eulenburg an Wilhelm II., Oldenburg, 25. Oktober 1889, in: Ebenda, Bd. 1, Dok. 241, S. 360 und Dok. 249, S. 369; dazu auch Röhl, *Deutschland ohne Bismarck,* S. 54ff.

44 Zitiert in Pflanze, *Der Reichskanzler,* S. 612; eine ausführlichere Darstellung der Umstände von Bismarcks Abschied aus der Politik findet sich bei J. C. G. Röhl, *Wilhelm II. Der Aufbau der persönlichen Monarchie,* München 2001, S. 314ff.; E. Engelberg, *Bismarck,* Bd. 2: *Das Reich in der Mitte Europas,* Berlin 1988, S. 557ff.; L. Gall, *Bismarck. Der weiße Revolutionär,* Frankfurt/Main 1980, S. 684ff.

45 G. A. Ritter, *Arbeiter im Deutschen Kaiserreich 1871 bis 1914,* Bonn 1992, insb. S. 383; J. Frerich und M. Frey, *Handbuch der Geschichte der Sozialpolitik in Deutschland,* Bd. 1: *Von der vorindustriellen Zeit bis zum Ende des Dritten Reiches,* München, Wien 1993, insb. S. 130ff., 141f.; dazu auch H. Henning, »Sozialpolitik III: Geschichte«, in: W. Albers (Hg.), *Handwörterbuch der Wirtschaftswissenschaft,* Bd. 7: *Sozialismus bis technischer Fortschritt,* Stuttgart 1977, S. 85–110, hier S. 98.

46 Holstein an Eulenburg, [Berlin], 1. März 1890, in: Röhl (Hg.), *Eulenburgs Politische Korrespondenz,* Bd. 1, Dok. 327, S. 459.

47 Eulenburg an Holstein, Wangeroog, 6. August 1889, in: Ebenda, Dok. 230, S. 347.

48 Hans-Ulrich Wehler, *Deutsche Gesellschaftsgeschichte,* Bd. 3: *Von der »deutschen Doppelrevolution« bis zum Beginn des Ersten Weltkrieges, 1848–1914,* München 1995, S. 998.

49 M. Hank, *Kanzler ohne Amt. Fürst Bismarck nach seiner Entlassung 1890–1898,* München 1977, S. 86.

50 W. Pöls, »Bismarckverehrung und Bismarcklegende als innenpolitisches Problem der wilhelminischen Zeit«, in: *Jahrbuch für die Geschichte Mittel- und Ostdeutschlands* 20 (1971) S. 183–201. Zur weiteren Entwicklung des Bismarck-Mythos siehe Robert Gerwarth, *Der Bismarck-Mythos,* München 2007.

51 R. Stöber, »Bismarcks geheime Presseorganisation von 1882«, in: *Historische Zeitschrift* 262 (1996) S. 423–51; Hank, *Kanzler ohne Amt,* S. 122–162, 284ff.; Pflanze, *The Period of Fortification,* S. 382–387; W. Stribrny, *Bismarck und die deutsche Politik nach seiner Entlassung, 1890–1898,* Paderborn 1977; eine klassische Erörterung der älteren Literatur bietet Hans Rothfels »Bismarcks Sturz als Forschungsproblem«, in: *Preußische Jahrbücher* 191 (1923) S. 1–29.

52 Zitiert in Gall, *Bismarck. Der weiße Revolutionär,* S. 716; Eulenburgs Beobachtung zur Personifizierung Deutschlands in Eulenburg an Kuno v. Moltke, im Zug von Wien nach Berlin, 15. Juni 1895, in: Röhl (Hg.), *Politische Korrespondenz,* Bd. 3, Dok. 1112, S. 1508.

53 Siehe beispielsweise Eulenburg an Holstein, 12. April 1891, in: Röhl (Hg.), *Eulenburgs Politische Korrespondenz,* Bd. 1, S. 664; Kiderlen-Wächter an Eulenburg, Berlin, 20. November 1893, in: Ebenda, Bd. 2, S. 1144.

54 Eulenburg an Holstein, Liebenberg, 8. Mai 1890, in: Röhl (Hg.), *Eulenburgs Politische Korrespondenz,* Bd. 1, S. 536; Eulenburg an Caprivi, München, 13. November 1893, in: Ebenda, Bd. 2, S. 1131.

55 Pflanze, *Bismarck, der Reichskanzler,* S. 634f.

56 Hank, *Kanzler ohne Amt,* S. 287f.

57 H. Schlitter (Hg.), »Briefe Franz Josefs I. und Kaiser Wilhelms II. über Bismarcks Rücktritt«, in: *Österreichische Rundschau,* 58 (1919) S. 98–108; Hugo Graf Lerchenfeld, *Erinnerungen und Denkwürdigkeiten,* Berlin 1935, S. 371.

58 Eulenburg an Holstein, Rominten, 7. Oktober, 1893, in: Röhl (Hg.), *Eulenburgs Politische Korrespondenz,* Bd. 2, Dok. 830, S. 1116.

59 Hank, *Kanzler ohne Amt,* S. 602f.

60 Notizen von Eulenburg zu einem Gespräch mit Wilhelm, Lärdalefjord, 12. Juli 1896, in: Röhl (Hg.), *Politische Korrespondenz,* Bd. 3, S. 1704; eine frühere, fast identische Äußerung wird zitiert von Holstein, Tagebucheintrag vom 4. Februar 1888, in: Rich, Fisher, Frauendienst (Hg.), *Die geheimen Papiere,* Bd. 2, S. 408ff.

61 H. Pogge v. Strandmann, »Der Kaiser und die Industriellen. Vom Primat der Rüstung«, in: Röhl, *Der Ort,* S. 111–129; hier S. 119.

62 Siehe Holstein an Eulenburg, Berlin, 26. Dezember 1895, in: Röhl (Hg.), *Politische Korrespondenz,* Bd. 3, S. 1624.

63 Ullrich, *Nervöse Großmacht,* S. 145.

64 Pflanze, *The Period of Fortification,* S. 156; E. Zechlin, *Staatsstreichpläne Bismarcks und Wilhelms II. 1890–1894,* Stuttgart, Berlin 1929, S. 112.

65 Zechlin, *Staatsstreichpläne*, S. 32f., 69.
66 M. Weber, »Parlament und Regierung im neugeordneten Deutschland« (Mai 1918), in: Ders., *Gesammelte politische Schriften*, hg. von J. Winckelmann, Tübingen 1971, S. 311.
67 Waldersee, Tagebucheintrag vom 19. Dezember 1890, in: Meisner (Hg.), *Denkwürdigkeiten*, Bd. 2, S. 168.
68 Notizen von Eulenburg, an Bord der königlichen Jacht *Hohenzollern*, 3. Juli 1892, in: Röhl (Hg.), *Politische Korrespondenz*, Bd. 2, S. 906.
69 Bemerkung überliefert in Eulenburg an Bülow, königliche Jacht *Hohenzollern*, 26. Juli 1899, in: Röhl (Hg.), *Politische Korrespondenz*, Bd. 3, S. 1961.

Kapitel 3: Im Alleingang

1 Retallack, *Germany in the Age of Kaiser Wilhelm II*, S. 39; Radkau, *Zeitalter*, passim; Mommsen, *Bürgerstolz und Weltmachtstreben*, S. 187.
2 Waldersee, Tagebucheintrag vom 20. März 1890, in: Meisner (Hg.), *Denkwürdigkeiten*, Bd. 2, S. 119, sowie S. 110, Anm. 3.
3 Rede vor dem Brandenburger Landtag, Wortlaut zitiert in Röhl (Hg.), *Politische Korrespondenz*, Bd. 2, S. 780, Anm. 3.
4 H.-U. Wehler, *Deutsche Gesellschaftsgeschichte*, Bd. 3: *Von der »Deutschen Doppelrevolution« bis zum Beginn des Ersten Weltkriegs* 1849–1914, München 1995, S. 905.
5 J. Sperber, *The Kaiser's Voters. Electors and Elections in Imperial Germany*, Cambridge 1997, Kapitel 1.
6 Zu den Veränderungen in der Parteiorganisation und Politik der Konservativen siehe J. N. Retallack, *Notables of the Right. The Conservative Party and Political Mobilization in Germany*, Winchester, Mass. 1988; derselbe, »Conservatives contra Chancellor: Official Responses to the Spectre of Conservative Demagoguery from Bismarck to Bülow«, in: *Canadian Journal of History* 20 (1985) S. 203–236; zur Auswirkung der antisemitischen Agitation in den Jahren 1890–1892 siehe G. Eley, »Anti-Semitism, Agrarian Mobilization, and the Conservative Party. Radicalism and Containment in the Founding of the Agrarian League, 1890–93«, in: J. Retallack und L. E. Jones, *Between Revolution, Reaction and Reform*, Providence, Oxford 1993, S. 187–227.
7 G. Eley, *The Reshaping of the German Right. Radical Nationa-*

lism and Political Change after Bismarck, New Haven, Conn. 1980.

8 T. Nipperdey, *Die Organisation der deutschen Parteien vor 1918,* Düsseldorf 1961.

9 Die Zitate stamen aus G. Eley, »Notable Politics, the Crisis of German Liberalism and the Electoral Transition of the 1890s«, in: K. Jarausch und L. E. Jones (Hg.), *In Search of a Liberal Germany. Studies in the History of German Liberalism from 1789 to the present,* New York, Oxford, München 1990, S. 187–216; hier S. 193; dazu auch D. Blackbourn, *Class, Religion and Politics in Wilhelmine Germany: the Centre Party in Württemberg before 1914,* New Haven, London 1980, S. 18. Zu den groben Linien der Debatte um den Wandel siehe R. G. Moeller, »The Kaiserreich Recast?«, in: *Journal of Social History*, 17 (1984) S. 655–683; sowie D. G. Schilling, »Politics in a New Key: The Late Nineteenth-Century Transformation of Politics in Northern Bavaria«, in: *German Studies Review*, 17 (1994) S. 33–57; G. Eley, »Is there a history of the *Kaiserreich*?«, in: G. Eley (Hg.), *Society, Culture and the State in Germany 1870–1930,* Ann Arbor 1996, S. 1–42; Retallack, *Germany in the Age of Kaiser Wilhelm II*, S. 51f.; derselbe, »Demagoghentum, Populismus, Volkstümlichkeit. Überlegungen zur ›Popularitätshascherei‹ auf dem politischen Massenmarkt des Kaiserreichs«, in: *Zeitschrift für Geschichtswissenschaft*, 48 (2000) S. 309–325; Mommsen, *Bürgerstolz und Weltmachtstreben*, S. 116–134.

10 D. Blackbourn, »The Politics of Demagogy in Imperial Germany«, in: derselbe, *Populists and Patricians. Essays in Modern German History,* London 1987, S. 217–245; hier S. 222f.

11 R. Stöber, »Bismarcks geheime Presseorganisation von 1882«, in: *Historische Zeitschrift*, 262 (1996) passim.

12 Eulenburg an Holstein, Braunschweig, 28. Februar 1890, sowie Bülow an Eulenburg, Bukarest, 2. März 1890, in: Röhl (Hg.), *Politische Korrespondenz*, Bd. 1, S. 458, 472.

13 Siehe z. B. Holstein an Eulenburg, Berlin 14. November 1890, in: Ebenda, Bd. 1, S. 595.

14 Holstein an Eulenburg, [Berlin, 18. April 1897], in: Ebenda, Bd. 3, S. 1815.

15 Zitiert in W. Mommsen, *War der Kaiser an allem Schuld? Wilhelm II. und die preußisch-deutschen Machteliten,* München 2002, S. 44.

16 Siehe Thomas Benner, *Die Strahlen der Krone. Die religiöse Dimension des Kaisertums unter Wilhelm II. vor dem Hintergrund*

der Orientreise 1898, Marburg 2001, S. 357; zu den Bemühungen des Kaisers, eine bessere Beziehung zum Vatikan zu pflegen, siehe S. Samerski, »Papst und Kaiser«, in: derselbe (Hg.), *Wilhelm II. und die Religion. Facetten einer Persönlichkeit und ihres Umfeldes* (Forschungen zur brandenburgischen und preußischen Geschichte, Beiheft 5), Berlin 2001, S. 199–233. Zu Wilhelms Auffassung von dem »Gottesgnadentum« als Gebot zur Demut, siehe M. Friedrich, »Die Religion im Erziehungsprogramm Hinzpeters«, in: Samerski (Hg.), *Wilhelm II und die Religion*, S. 59–90, insbesondere S. 69.

17 Siehe Andreas W. Daum, *Wissenschaftspopularisierung im 19. Jahrhundert: Bürgerliche Kultur, naturwissenschaftliche Bildung und die deutsche Öffentlichkeit, 1848–1914,* München 1998.

18 Robert Zedlitz-Trützschler, Tagebucheintrag vom 21. Februar 1904, in: derselbe, *Zwölf Jahre am deutschen Kaiserhof,* Berlin, Leipzig 1924, S. 60 f.

19 W. König, *Wilhelm II. und die Moderne. Der Kaiser und die technisch-industrielle Welt,* Paderborn 2007, S. 9.

20 Zu diesen Aspekten seiner Herrschaft siehe König, *Wilhelm II. und die Moderne,* S. 56 ff., 75 ff., 83 ff., 87 ff., 112, 116, 129, und passim.

21 Wilhelm II. an Hartwig, 2. April 1885, zitiert in: J. C. Albisetti, *Secondary School Reform in Imperial Germany,* Princeton, N. J. 1983, S. 175; dazu auch Kaiser Wilhelm II., *Aus meinem Leben 1859–1888,* Berlin, Leipzig 1927, S. 133; in der englischen Ausgabe: *My Early Life,* London 1926, S. 103, 108 f.

22 A. O. Klaußmann (Hg.), *Kaiserreden. Reden und Erlasse, Briefe und Telegramme Kaiser Wilhelms des Zweiten. Ein Charakterbild des Deutschen Kaisers,* Leipzig 1902, S. 280–289.

23 Ebenda, S. 283, 288 f.

24 Zitiert in Cecil, *Wilhelm II,* Bd. 1, S. 197.

25 Klaußmann (Hg.), *Kaiserreden*, S. 289.

26 Hilke Günther-Arndt, »Monarchische Präventivbelehrung oder curriculare Reform? Zur Wirkung des Kaiser-Erlasses vom 1. Mai auf den Geschichtsunterricht«, in: K. E. Jeisman (Hg.), *Bildung, Staat und Gesellschaft im 19. Jahrhundert. Mobilisierung und Disziplinierung,* Stuttgart 1989, S. 256–275; hier S. 258.

27 Klaußmann (Hg.), *Kaiserreden*, S. 282.

28 Albisetti, *Secondary School Reform*, S. 237.

29 Wolfgang König, *Wilhelm II. und die Moderne. Der Kaiser und die technisch-industrielle Welt,* Paderborn 2007, S. 113 f.

30 Brauer an Turban, Berlin, 7. Dezember 1891, in: Fuchs (Hg.), *Großherzog Friedrich I*, Bd. 3, S. 36.

31 Wilhelm II., Rede vom 17. Dezember 1890, in: Klaußmann (Hg.), *Kaiserreden*, S. 290 f.

32 Eulenburg an Wilhelm II., München, 2. Februar 1892, in: Röhl (Hg.), *Politische Korrespondenz*, Bd. 2, S. 756.

33 Eulenburg an Holstein, 14. Februar 1892, in: Röhl (Hg.), *Politische Korrespondenz*, Bd. 2, S. 769.

34 Graf Robert Zedlitz-Trützschler, Tagebucheintrag vom 14. November 1904, in: derselbe, *Zwölf Jahre*, S. 92.

35 Caprivi an Eulenburg, 9. Februar 1892, zitiert nach Röhl, *Deutschland ohne Bismarck*, S. 78.

36 Zum Hintergrund der Ernennung von Zedlitz siehe Röhl, *Deutschland ohne Bismarck*, S. 77, 262, Anm. 107.

37 Berichtet in Holstein an Eulenburg, Berlin 18. Februar 1892, in: Röhl (Hg.), *Politische Korrespondenz*, Bd. 2, S. 775.

38 Siehe Röhl, *Deutschland ohne Bismarck*, S. 79 f.; dazu auch Röhl (Hg.), *Politische Korrespondenz*, Bd. 2, S. 747, 748, 756, 767, 772, 775, 777-8, 783, 790.

39 Siehe Mommsen, *Bürgerstolz und Weltmachtstreben*, S. 151.

40 Ebenda, S. 149 f.; Nichols, *Germany After Bismarck*, S. 180 f.

41 Zitiert nach Röhl, *Deutschland ohne Bismarck*, S. 84.

42 Zitiert in Cecil, *Wilhelm II*, Bd. 1, S. 199.

43 Siehe Brauer an Turban, Berlin, 1. Februar 1892, in: Fuchs (Hg.), *Großherzog Friedrich I*, Bd. 3, S. 101 f.

44 Waldersee, Tagebucheintrag vom 16. März 1892, Meisner (Hg.), *Denkwürdigkeiten*, Bd. 2, S. 235. Die Beziehung zwischen Wilhelm und Waldersee kühlte sich merklich ab, nachdem letzterer kritisiert hatte, wie der Kaiser bei den alljährlichen Manövern die Truppen behandelt hatte. Waldersees Nachfolger als Generalstabschef wurde Graf Schlieffen.

45 Zitiert in J. Haller, *Aus dem Leben des Fürsten Philip zu Eulenburg-Hertefeld*, Berlin 1924, S. 120 f.

46 Cecil, *Wilhelm II*, Bd. 1, S. 198 f.

47 Eulenburg, Notizen zu einem Gespräch mit Wilhelm II., Jacht *Hohenzollern*, 3. Juli 1892, in: Röhl (Hg.), *Politische Korrespondenz*, Bd. 2, S. 906.

48 Röhl, *Deutschland ohne Bismarck*, S. 106 f.

49 Cecil, *Wilhelm II*, Bd. 1, S. 204; Wilhelm II., *Aus meinem Leben*, S. 250.

50 Eulenburg, Notizen zu einem Gespräch mit Wilhelm II., Jacht »Hohenzollern«, 3. Juli 1892, in: Röhl (Hg.), *Politische Korrespondenz*, Bd. 2, S. 906.

51 Waldersee, Tagebucheintrag vom 3. Januar 1893, Meisner (Hg.), *Denkwürdigkeiten*, Bd. 2, S. 274.
52 Huber (Hg.), *Dokumente zur Verfassungsgeschichte*, Bd. 2, S. 398f.
53 Zu den Militärausgaben als »struktureller Schwäche« im Verfassungssystem des Reiches siehe E. R. Huber, *Deutsche Verfassungsgeschichte*, Bd. 4: *Struktur und Krisen des Kaiserreichs*, Stuttgart 1969, S. 545–549.
54 Siehe z. B., Cecil, *Wilhelm II*, Bd. 1, S. 207.
55 Mommsen, *Bürgerstolz und Weltmachtstreben*, S. 108f., 172.
56 Cecil, *Wilhelm II*, Bd. 1, S. 133f.
57 Zitiert nach Mommsen, *Bürgerstolz und Weltmachtstreben*, S. 173; eine entschärfte Version der Rede ist abgedruckt in Schulthess, *Europäischer Geschichtskalender*, 1894, S. 139.
58 Nichols, *Germany After Bismarck*, S. 343.
59 Philipp Eulenburg schilderte Wilhelm die Diskussion in groben Zügen in Eulenburg an Wilhelm, München, 30. August 1894, in: Röhl (Hg.), *Politische Korrespondenz*, Bd. 2, S. 1334f.
60 Eine knappe Darstellung des Konflikts findet sich in Röhl, *Deutschland ohne Bismarck*, S. 105–112; R. W. Lougee, »The Anti-Revolution Bill of 1894 in Wilhelmine Germany«, in: *Central European History*, 15 (1982) S. 224–240.
61 Gespräch, über das Adolf Marschall von Bieberstein Bericht erstattete, in Marschall an Eulenburg, Berlin, 6. Oktober 1894, in: Röhl (Hg.), *Politische Korrespondenz*, Bd. 2, S. 1366.
62 Holstein an Eulenburg, Berlin, 15. Oktober 1894, in: Röhl (Hg.), *Politische Korrespondenz*, Bd. 2, S. 1382.
63 Weber, Gesammelte politische Schriften, hrsg. Von Thomas Winkelmann, Tübingen 1971, S. 415.
64 Gespräch mit Wilhelm, wiedergegeben in Eulenburg an Bernhard von Bülow, 17. Oktober 1894, in: Röhl (Hg.), *Politische Korrespondenz*, Bd. 2, S. 1386.
65 Wilhelm an Hohenlohe, 11. Mai 1895, zitiert nach Röhl, *Wilhelm II. Aufbau der persönlichen Monarchie*, S. 786.
66 Siehe z. B. Röhl, »Der Königsmechanismus«; Lerman, *The Chancellor as Courtier. Bernhard von Bülow and the Governance of Germany, 1900–1909*, S. 6.
67 Stürmer, *Das Ruhelose Reich*, S. 256f.
68 Röhl, *Deutschland ohne Bismarck*, S. 80–84.
69 Siehe z. B. N. Elias, *Die höfische Gesellschaft. Untersuchungen zur Soziologie des Königstums und der höfischen Gesellschaft*, Neuwied 1969, S. 181f.

70 Zu Wilhelms Freundschaft mit Philipp zu Eulenburg, siehe I. V. Hull, *The Entourage of Kaiser Wilhelm II 1888–1918,* Cambridge, New York 1982, insbesondere S. 45.
71 Wilhelm II. an Eulenburg, Salzburg, 11. August 1886, in: Röhl (Hg.), *Politische Korrespondenz,* Bd. 1, S. 191f.
72 Eulenburg an Wilhelm II., München, 16. November 1893, in: Röhl (Hg.), *Politische Korrespondenz,* Bd. 2, S. 1142.
73 Eulenburg an Wilhelm II., München, 6. Februar 1894, in: Röhl (Hg.), *Politische Korrespondenz,* Bd. 2, S. 1211–1214.
74 Eulenburg an H. v. Bismarck, München, 5. August 1886, in: Röhl (Hg.), *Politische Korrespondenz,* Bd. 1, S. 190f.
75 Röhl, *Deutschland ohne Bismarck,* S. 248–251; hier 249.
76 C. Schmitt, *Gespräch über die Macht und den Zugang zum Machthaber,* Pfullingen 1954, S. 14f.; Simms, *Impact of Napoleon,* S. 15f.
77 Zu dieser Funktion des Beraterkreises siehe V. R. Berghahn, *Imperial Germany 1871–1914. Economy, Society and Politics,* Providence, Oxford 1994, S. 242; Mommsen, *War der Kaiser an allem Schuld?,* S. 65.
78 Bemerkungen Wilhelms vom 26. Oktober 1894 gegenüber den Gesandten von Bayern, Baden, Sachsen und Württemberg, berichtet in Jagemann an Reck, Berlin, 26. Oktober 1894, in: Fuchs (Hg.), *Großherzog Friedrich I. von Baden,* Bd. 3, S. 345.
79 Röhl, *Deutschland ohne Bismarck,* S. 115f.; Mommsen, *War der Kaiser an allem Schuld?,* S. 75f.
80 Wilhelm an Eulenburg, 21. Februar 1895, in: Röhl (Hg.), *Politische Korrespondenz,* Bd. 3, S. 1479f.
81 Siehe Jagemann an Brauer, Berlin, 7. März 1895, in: Fuchs (Hg.), *Großherzog Friedrich I. von Baden,* Bd. 3, S. 399.
82 Bericht eines Gesprächs mit Bronsart, Marschall an Eulenburg, 17. Februar 1895, zitiert nach Röhl, *Deutschland ohne Bismarck,* S. 128. Röhl (Hg.), Eulenburgs Politische Korrespondenz, Bd. 111, S. 1469.
83 Aufschlussreiche Diskussionen des Themas finden sich in Craig, *Politics of the German Army*, S. 246–251; Röhl, *Deutschland ohne Bismarck*, S. 130–137; Hull, *Kaiser's Entourage*, S. 215–225; Cecil, *Wilhelm II*, Bd. 1, 228–232.
84 Großherzog von Baden an Eulenburg, 26. Oktober 1895, in: Röhl (Hg.), *Politische Korrespondenz,* Bd. 3, S. 1578.
85 Zitiert in C. z. Hohenlohe-Schillingsfürst, *Denkwürdigkeiten der Reichskanzlerzeit,* Stuttgart, Berlin 1931, S. 126; vgl. dazu Cecil, *Wilhelm II,* Bd. 1, S. 230.

86 Wilhelm II. an Lucanus, Breslau, 2. Dezember 1895, in: H. O. Meisner, »Der Reichskanzler Hohenlohe und die Mächte seiner Zeit«, in: *Preußische Jahrbücher,* 230 (1932) S. 35–50; hier S. 46.
87 Hohenlohe, *Denkwürdigkeiten,* S. 342 f.; zitiert nach Röhl, *Deutschland ohne Bismarck,* S. 209 f.
88 Die Denkschrift wird ausführlich zitiert in Röhl, *Deutschland ohne Bismarck,* S. 181 ff.
89 K. A. v. Müller, *Der dritte deutsche Reichskanzler. Bemerkungen zu den »Denkwürdigkeiten der Reichskanzlerzeit des Fürsten Chlodwig zu Hohenlohe-Schillingsfürst«,* München 1932, S. 28; Hohenlohe, *Denkwürdigkeiten,* S. 582.
90 Hohenlohe, *Denkwürdigkeiten*, S. 428.
91 B. v. Bülow, *Denkwürdigkeiten,* Berlin 1930/31, 4 Bde., Bd. 1, S. 238 f., 293–298; engl.: *Memoirs,* Bd. 1 (1897–1903), trans. F.A. Voigt, London, New York, 1931 siehe dazu Röhl, *Aufbau der persönlichen Monarchie,* S. 974–983.
92 Ullrich, *Nervöse Großmacht*, S. 81.
93 Röhl, *Germany Without Bismarck*, S. 259, 273, 277 f.; derselbe, *Deutschland ohne Bismarck,* S. 246 ff., 251; vgl. Mommsen, *War der Kaiser an allem Schuld?*, S. 92–124. Röhl, Aufbau der persönlichen Monarchie, S. 1027, 888.
94 Siehe Cecil, *Wilhelm II*, Bd. 1, S. 260 f.
95 Bülow, *Denkwürdigkeiten,* Bd. 1, S. 297.
96 Bülow, *Memoirs,* Bd. 1, S. 260 f.
97 Das Zitat stammt aus Craig, *German Army*, S. 250 f.; dazu auch Hull, *Entourage, S. 223.*
98 *Röhl, Deutschland ohne Bismarck.* S. 239.
99 H. Horn, *Der Kampf um den Bau des Mittellandkanals. Eine politologische Untersuchung über die Rolle eines wirtschaftlichen Interessenverbandes im Preußen Wilhelms II,* Köln, Opladen 1964, S. 40–43.
100 Mommsen, *Bürgerstolz und Weltmachtstreben*, S. 204.
101 Kaiserin Victoria an Bülow, 18. August 1899, transkribiert in B. v. Bülow, *Denkwürdigkeiten*, Bd. 1, Berlin 1930, S. 295.
102 Ebenda, S. 297 f.
103 Horn, *Der Kampf*, S. 78.
104 Ebenda, S. 104, 118, 119.
105 Wehler, *Deutsche Gesellschaftsgeschichte*, Bd. 3, S. 1000 f.
106 Bülow an Eulenburg, Semmering, 20. Juli 1898, in: Röhl (Hg.), *Politische Korrespondenz, Bd. 3, S. 1912.*
107 *I. V. Hull, »Der kaiserliche Hof als Herrschaftsinstrument«, in: H.*

Wilderotter, K.-D. Pohl (Hg.), Der Letzte Kaiser. Wilhelm II. im Exil, Berlin 1991, S. 19–30; hier S. 25.

108 Waldersee, Tagebucheintrag vom 13. November 1889, in: Meisner (Hg.), *Denkwürdigkeiten*, Bd. 2, S. 76.

109 Holstein an Eulenburg, Berlin, 7. August 1893, Röhl, *Politische Korrespondenz*, Bd. 2, S. 1094.

110 Wilhelm II. an Eulenburg, Hubertusstock, 12. Februar 1895, in: Röhl (Hg.), *Politische Korrespondenz*, Bd. 2, S. 1410, 1460.

111 Zitiert in Lieven, *Nicholas II*, S. 99.

112 Mommsen, *Bürgerstolz und Weltmachtstreben*, S. 176, 179.

113 Bülow, *Denkwürdigkeiten*, Berlin 1930-31, Bd. 1, S. 350 f.

Kapitel 4: Innenpolitik von Bülow bis Bethmann

1 Bülow an Eulenburg, Wildbad, 28. August 1890, in: Röhl (Hg.), *Politische Korrespondenz*, Bd. 1, S. 561.

2 Bülow an Eulenburg, 28. Mai 1891, in: Röhl (Hg.), *Politische Korrespondenz*, Bd. 1, S. 685; dazu auch Hull, *The Kaiser's Entourage*, S. 88.

3 Röhl, *Deutschland ohne Bismarck*, S. 104 f., 243 ff.

4 Bülow an Eulenburg, Rom, 23. Juli 1896, in: Röhl (Hg.), *Politische Korrespondenz*, Bd. 3, S. 1714.

5 Diesen Ruf hatte Bülow unter den Beamten des Auswärtigen Amtes, laut Angaben des Botschafters Anton Graf Monts; siehe K. F. Nowak und F. Thimme (Hg.), *Erinnerungen und Gedanken des Botschafters Graf Monts*, Berlin 1932, S. 156.

6 Röhl, »Der ›Königsmechanismus‹«, S. 126. Röhl, *Kaiser, Hof und Staat. Wilhelm II. und die deutsche Politik*, München 2002 [1987], S. 126.

7 Bülow an Eulenburg, Rom, 26. Dezember 1895, in: Röhl (Hg.), *Politische Korrespondenz*, Bd. 3, S. 1622.

8 Bülow an Eulenburg, Rom, 27. Dezember 1895, in: Röhl (Hg.), *Politische Korrespondenz*, Bd. 3, S. 1625.

9 Vgl. Lerman, *Chancellor*, S. 27.

10 Bülow an Eulenburg, Berlin, 22. August 1897, in: Röhl (Hg.), *Politische Korrespondenz*, Bd. 3, S.. 1857.

11 Nowak, Thimme (Hg.), *Erinnerungen*, S. 156 f.

12 Lerman, *Chancellor*, S. 95.

13 Lerman, *Chancellor*, S. 49; Mommsen, *Bürgerstolz und Weltmachtstreben*, S. 201.

14 Zur Pressepolitik während seiner gesamten Herrschaft siehe P. Jungblut, »Unter vier Reichskanzlern. Otto Hammann und die Pressepolitik der deutschen Reichsleitung 1890 bis 1916«, in: U. Daniel und W. Siemann (Hg.), *Propaganda und Meinungskampf. Verführung und politische Sinnstiftung (1789–1989),* Frankfurt/Main 1994, S. 101–116; hier S. 113; Lerman, *Chancellor,* S. 95f., 115–126.

15 G. A. Craig, *Germany 1866–1945,* Oxford 1978, S. 276f. (deutsch: *Deutsche Geschichte 1866–1945,* München 1980); Lerman, *Chancellor,* S. 52.

16 Lerman, *Chancellor,* S. 56.

17 Jagemann an Brauer, Berlin, 15. Juli 1901; beide in: Fuchs (Hg.), *Großherzog Friedrich I.,* Bd. 4, S. 337f., 385; H. Butzer, *Diäten und Freifahrt im Deutschen Reichstag. Der Weg zum Entschädigungsgesetz von 1906 und die Nachwirkung dieser Regelung bis in die Zeit des Grundgesetzes,* Düsseldorf 1999, S. 219, 246, 450; dazu auch Bülow, *Denkwürdigkeiten,* Bd. 2, S. 7.

18 Jagemann an Brauer, Berlin, 15. März 1899, in: Fuchs (Hg.), *Großherzog Friedrich I. von Baden,* Bd. 4, S. 128; zur Parteiführung, Kaiser Wilhelm II., *Aus meinem Leben,* S. 251.

19 Lerman, *Chancellor,* S. 59.

20 Jagemann (Badischer Gesandter in Berlin) an Minister des Großherzoglichen Hauses, Berlin 4. Februar 1903, GLA Karlsruhe 233/34809.

21 Siehe Röhl (Hg.), *Politische Korrespondenz,* Bd. 3, S. 2018, Anm. 2.

22 Lerman, *Chancellor,* S. 71.

23 Nipperdey, *Deutsche Geschichte,* Bd. 3, S. 724.

24 Siehe Jagemann an Brauer, 23. November 1904, in: Fuchs (Hg.), *Großherzog Friedrich I.,* Bd. 4, S. 569.

25 Lerman, *Chancellor,* S. 88.

26 Eulenburg an Bülow, Molde, 24 Juli 1901, in: Röhl (Hg.), *Politische Korrespondenz,* Bd. 3, S. 2025.

27 Lerman, *Chancellor,* S. 83.

28 Eulenburg an Bülow, Königliche Jacht *Hohenzollern*, Odde, 9. August 1903, in: Röhl (Hg.), *Politische Korrespondenz,* Bd. 3, S. 2097.

29 Bülow, *Denkwürdigkeiten*, Bd. 2, S. 147. J. Lepsius, A. Mendelssohn Bartholdy und F. Thimme (Hg.), *Die Große Politik der europäischen Kabinette 1871–1914, Sammlung der diplomatischen Akten des Auswärtigen Amtes,* 40 Bde., Berlin 1922–1927 (im folgenden zitiert als GP), Bd. 19/II, Berlin 1925, S. 498. Wilhelm an Bülow, 11.

August 1905, in: Große Politik, Bd. 19/2, S. 496 ff.; dazu auch Lerman, *Chancellor,* S. 131.

30 Mommsen, *Bürgerstolz und Weltmachtstreben,* S. 221 f., zur Behandlung katholischer Kandidaten und Missionare, siehe S. 233.

31 Tschirschky an Monts, 25. September 1906, in: Nowak und Thimme (Hg.), *Erinnerungen,* S. 445.

32 Cecil, *Wilhelm II,* Bd. 2, S. 112.

33 Lerman, *Chancellor,* S. 163 f.

34 Lerman, *Chancellor,* S. 155–160.

35 P. C. Witt, *Die Finanzpolitik des deutschen Reiches von 1903–1913,* Lübeck, Hamburg 1970, S. 154.

36 Eine überzeugende Analyse der Kolonialkrise aus diesem Blickwinkel legt M. Clausius in der in Kürze erscheinenden Dissertation an der Universität von Cambridge vor, unter dem Titel »A Social and Cultural History of German Colonial Politics 1904–1910«.

37 Siehe den Leitartikel »Leutweins Nachfolger«, in: *Berliner Tageblatt,* 4. Mai 1904. Ich danke Marcus Clausius dafür, dass er mich auf den Arikel aufmerksam machte.

38 Umbach, *Parlamentsauflösung,* S. 245.

39 Zahlen aus Craig, *Germany 1866–1945,* S. 280 f.

40 Bericht einer Unterhaltung zwischen Wilhelm und Szögyenyi, 5. Februar 1907, zitiert in Lerman, *Chancellor,* S. 171.

41 T. F. Cole, »Kaiser versus Chancellor: The Crisis of Bülow's Chancellorship 1905–06«, in: R. Evans (Hg.), *Society, Government and Politics in Wilhelmine Germany,* London 1978, S. 40–70; hier S. 67; siehe auch T. F. Cole, »The Daily Telegraph affair and its aftermath: the Kaiser, Bülow and the Reichstag, 1908–1909«, in: Röhl und Sombart (Hg.), *Wilhelm II,* S. 249–268; insb. S. 250 f.

42 Lerman, *Chancellor,* S. 7., 183 f. und passim; Lerman, »The decisive relationship: Kaiser Wilhelm II and Chancellor Bernhard von Bülow, 1900–1905«, in: Röhl und Sombart (Hg.), *Wilhelm II,* S. 221–248; siehe auch Witt, *Finanzpolitik,* S. 304; Hull, »*Persönliches Regiment*«.

43 Siehe Berckheim an Marschall, Berlin, 26. Juni 1907, in: Fuchs (Hg.), *Großherzog Friedrich I.*, Bd. 4,S. 719 f.

44 Tagebucheintrag vom 21. April 1907, in: R. Vierhaus (Hg.), *Das Tagebuch der Baronin Spitzemberg. Aufzeichnungen aus der Hofgesellschaft des Hohenzollernreiches,* Göttingen 1961, S. 472.

45 Zu Tschirschkys Unabhängigkeit im Amt, siehe Bodman an Marschall, München, 15. November 1906, in: Fuchs (Hg.), *Großherzog Friedrich I.*, Bd. 4, S. 662.

46 Lerman, *Chancellor,* S. 188f.
47 Tagebucheintrag vom 9 Okt. 1907, in: Vierhaus (Hg.), *Spitzemberg,* S. 475; Lerman, *Chancellor,* S. 193f.
48 Karsten Hecht, *Die Harden-Prozesse. Strafverfahren, Öffentlichkeit und Politik im Kaiserreich,* Dissertation, München 1997, S. 260ff.
49 Maximilian Harden, »Die Feinde des Kaisers«, in: *Die Zukunft* 39 (1902) S. 243, zitiert in: Martin Kohlrausch, *Der Monarch im Skandal. Die Logik der Massenmedien und die Transformation der wilhelminischen Monarchie,* Berlin 2005, S. 212.
50 Siehe Berckheim an Marschall, Berlin, 8. November 1906, in: Fuchs (Hg.), *Großherzog Friedrich I. von Baden,* Bd. 4, S. 661.
51 Cole, »Kaiser versus Chancellor«, S. 41.
52 Cole, »*Daily Telegraph* Affair«, S. 251; Lerman, *Chancellor,* S. 160ff., 195–202; Mommsen, *Bürgerstolz und Weltmachtstreben,* S. 257.
53 H. A. Winkler, *Der lange Weg nach Westen,* Bd. 1: *Deutsche Geschichte vom Ende des Alten Reiches bis zum Untergang der Weimarer Republik,* München 2000, S. 296–301.
54 Lerman, *Chancellor,* S. 208f.
55 Bülow, *Denkwürdigkeiten*, Bd. 2, S. 476..
56 Nowak und Thimme (Hg.), *Erinnerungen,* S. 146f.; K. Jarausch, *The Enigmatic Chancellor. Bethmann-Hollweg and the Hubris of Imperial Germany,* New Haven, London 1973, S. 66; Witt, *Finanzpolitik,* S. 300f.
57 Cecil, *Wilhelm II,* Bd. 2, S. 146; H.-G. Zmarzlik, *Bethmann Hollweg als Reichskanzler 1908–1914. Studien zu Möglichkeiten und Grenzen seiner innerpolitischen Machtstellung,* Düsseldorf 1957, S. 27f.
58 Jarausch, *Enigmatic Chancellor,* S. 35; Wilhelm II., *Ereignisse und Gestalten,* S. 105.
59 A. Wermuth, *Ein Beamtenleben. Erinnerungen,* Berlin 1922, S. 287; zitiert nach Zmarzlik, *Bethmann,* S. 41.
60 Zmarzlik, *Bethmann,* S. 42.
61 Siehe z. B. Bethmann an Valentini, 25. Dezember 1911, zitiert in: Zmarzlik, *Bethmann,* S. 25f.
62 Jarausch, *Enigmatic Chancellor,* S. 71.
63 Bethmann an Wilhelm II., 15. April 1910, zitiert in: Zmarzlik, *Bethmann,* S. 26f.
64 Abschiedsgesuch Bethmann Hollwegs, 6. März 1912, zitiert in: E. Jäckh, *Kiderlen-Wächter der Staatsmann und Mensch. Briefwechsel und Nachlaß,* 2 Bde., Berlin, Leipzig 1925, Bd. 2, S. 159ff.; Zmarzlik, *Bethmann,* S. 27.

65 Wilhelm II. an Bethmann, 7. März 1912, zitiert in: Zmarzlik, *Bethmann*, S. 32.
66 Cecil, *Wilhelm II*, Bd. 2, S. 191.
67 Berghahn, *Imperial Germany*, S. 274ff.
68 Zur Mühlhausen-Affäre siehe Zmarzlik, *Bethmann*, S. 103–113, Zitat S. 108; sowie D. Schoenbaum, *Zabern 1913. Consensus Politics in Imperial Germany*, London 1982, S. 87, 105.
69 Schoenbaum, *Zabern 1913*, S. 118f.
70 Diese Beobachtung ist in einer später gestrichenen Passage des Telegrammentwurfs eines Unterstaatssekretärs der Reichskanzlei [unterzeichnet mit Wahnschaffe?] an Bethmann enthalten, Berlin, 5. Dezember 1913, Bundesarchiv Berlin, R43/170, Bl. 248ff.; zitiert in Zmarzlik, *Bethmann*, S. 119.
71 Zmarzlik, *Bethmann*, S. 114–129; Cecil, *Wilhelm II*, S. 189–192; Schoenbaum, *Zabern 1913*, S. 148f.
72 Bethmann an Wilhelm II., 3./4. Dezember 1913, zitiert in Jarausch, *Enigmatic Chancellor*, S. 101.
73 Kronprinz Wilhelm an Wilhelm II., 5. November 1911, zitiert in Zmarzlik, *Bethmann*, S. 36.
74 Wilhelm II. an Kronprinz Wilhelm, 22. November 1913, zitiert ebenda, S. 40.
75 Röhl, »Der ›Königsmechanismus‹«, passim. Röhl, *Kaiser, Hof und Staat*, S. 116-140, passim.
76 Winkler, *Der lange Weg*, Bd. 1, S. 301.

Kapitel 5: Wilhelm II. und die Außenpolitik 1888–1911

1 L. Cecil, »Der diplomatische Dienst im kaiserlichen Deutschland«, in: K. Schwabe (Hg.), *Das diplomatische Korps 1871–1945*, Boppard am Rhein 1985, S. 15–39, hier S. 39; dazu auch J. C. G. Röhl, »Glanz und Ohnmacht des deutschen diplomatischen Dienstes«, in: ders., *Kaiser, Hof und Staat*, S. 162–175, hier S. 171.
2 Das Originalzitat auf Englisch lautet: *»I am the sole master of German policy and my country must follow me wherever I go.«* Zitiert in J. C. G. Röhl, »Kaiser Wilhelm II. Eine Charakterskizze«, in: ders., *Kaiser, Hof und Staat*, S. 17–34, hier S. 20.
3 Die Ernennung von Karl Max Fürst von Lichnowsky, dem letzten, deutschen Reichsbotschafter in London, wurde auf diese Weise vom Kaiser durchgesetzt; Röhl, »Glanz und Ohnmacht des deutschen diplomatischen Dienstes«, S. 171f.

4 F.-C. Stahl, »Preußische Armee und Reichsheer 1871–1914«, in: O. Hauser, *Zur Problematik Preußen und das Reich,* Köln, Wien 1984 S. 181–245; hier S. 202.
5 Zu diesem Aspekt der internationalen Diplomatie im Europa des 19. Jahrhunderts siehe J. Paulmann, »›Dearest Nicky…‹: Monarchical Relations between Prussia, the German Empire and Russia during the Nineteenth Century«, in: R. Bartlett und K. Schönwalder, *The German Lands and Eastern Europe. Essays on the History of Their Social, Cultural and Political Relations,* London 1999, S. 157–181.
6 G. Schöllgen, *Imperialismus und Gleichgewicht. Deutschland, England und die orientalische Frage 1871–1914,* München 1984, S. 48.
7 Pflanze, *Bismarck*, Bd. 3, S. 306.
8 K. Hildebrand, *Das Vergangene Reich. Deutsche Aussenpolitik von Bismarck bis Hitler 1871–1945,* Stuttgart 1995, S. 155f.; R. Lahme, *Deutsche Aussenpolitik 1890–1894. Von der Gleichgewichtspolitik Bismarcks zur Allianzstrategie Caprivis,* Göttingen 1990, S. 104
9 Lahme, *Deutsche Aussenpolitik*, S. 18.
10 Rich, Fisher und Frauendienst (Hg.) *Die geheimen Papiere*, Bd. 1, S. 130.
11 Zitiert in P. Kennedy, *The Rise of the Anglo-German Antagonism 1860–1914,* London 1980, S. 206; dazu auch Lahme, *Deutsche Aussenpolitik*, S. 138; Hildebrand, *Vergangene Reich*, S. 158.
12 Zitiert in Lahme, *Deutsche Aussenpolitik*, S. 374.
13 van den Hoeven (niederländischer Botschafter in Berlin) an Hartsen, Berlin, 14. Februar 1891, Algemeen Rijksarchief, 2.05.19, Bestanddeel 14.
14 Siehe z. B., Waldersee Tagebucheintrag vom 6. März 1891, in: Meisner (Hg.) *Denkwürdigkeiten*, Bd. 2, S. 196; sowie W. Canis, *Von Bismarck zur Weltpolitik, Deutsche Außenpolitik 1890 bis 1902,* Berlin 1997, S. 90.
15 Holstein an Eulenburg, Berlin, 20. Oktober 1891, in: Röhl (Hg.), *Politische Korrespondenz*, Bd. 1, S. 716.
16 H. Rosenbach, *Das deutsche Reich, Großbritannien und der Transvaal (1896–1902). Anfänge deutsch-britischer Entfremdung,* Göttingen 1993, S. 58–61; zu ähnlichen Verwirrungen in der Fernostpolitik des Kaisers siehe Craig, *Germany*, S. 244.
17 Holstein an Eulenburg, Berlin, 3. Februar 1897; sowie Eulenburg an Holstein, Wien, 7. Februar 1897, in: Rich, Fisher und Frauendienst (Hg.), *Die geheimen Papiere*, Dok. Nr. 599 und 601, Bd. 4, S. 8, 12; Hohenlohe an Eulenburg, Berlin, 4. Februar 1897, in: C. z. Hohen-

lohe-Schillingsfürst, *Denkwürdigkeiten der Reichskanzlerzeit*, hg. K. A. v. Müller, Stuttgart, Berlin 1931, S. 297.

18 Lahme, *Deutsche Aussenpolitik*, S. 94–100.

19 Lahme, *Deutsche Aussenpolitik*, S. 373f.

20 Canis, *Von Bismarck zur Weltpolitik*, S. 174f.

21 Zitiert in Rosenbach, *Transvaal*, S. 70.

22 P. Winzen, *Bülows Weltmachtkonzept. Untersuchungen zur Frühphase seiner Außenpolitik 1897–1901*, Boppard am Rhein 1977, S. 167f.

23 Lerman, *Chancellor*, S. 87–91.

24 Rosenbach, *Transvaal*, S. 258.

25 Zu Wilhelm und der deutschen Kriegsmarine siehe insb. J. Steinberg, *Yesterday's Deterrent*, London 1965; V. Berghahn, *Der Tirpitzplan. Genesis und Verfall einer innenpolitischen Krisenstrategie*, Düsseldorf 1971; I. Lambi, *The Navy and German Power Politics, 1862–1914*, Boston, London, 1984, insb. S. 31–39; Kennedy, *Antagonism*, S. 407.

26 Cecil, *Wilhelm II*, Bd. 1, S. 291ff.

27 P. Winzen, »Zur Genesis von Weltmachtkonzept und Weltpolitik«, in: Röhl (Hg.), *Der Ort Kaiser Wilhelms in der deutschen Geschichte*, München 1991 S. 189–222; hier S. 192f.

28 P. Kennedy, »The Kaiser and German Weltpolitik: reflexions on Wilhelm II's place in the making of German foreign policy«, in: Röhl und Sombart (Hg.), *Kaiser Wilhelm II*, S. 143–168; hier S. 161.

29 Craig, *Germany*, 242f.

30 Canis, *Von Bismarck zur Weltpolitik*, S. 142f.

31 Zitiert in GP, Bd. 11, S. 10.

32 Der volle Wortlaut der Krüger-Depesche ist abgedruckt in ebenda, Bd. 11, Dok. 2610, S. 31f.

33 Siehe insb. Cecil, *Wilhelm II*, Bd. 1, S. 287ff., Cecil, »History as family chronicle«, in: Röhl und Sombart (Hg.), *Wilhelm II*, S. 91–119; hier S. 110.

34 Canis, *Von Bismarck zur Weltpolitik*, S. 181; W. Gutsche, *Wilhelm II. Der letzte Kaiser des deutschen Reiches*, Berlin 1991, S. 86-8; vgl. Röhl, *Deutschland ohne Bismarck*, S. 152ff., Mommsen, *War der Kaiser an allem Schuld?*, S. 87.

35 Vgl. W. L. Langer, *The Diplomacy of Imperialism*, New York 1951, S. 242; Craig, *Germany*, S. 246f.

36 Rosenbach, *Transvaal*, S. 36f.; Canis, *Von Bismarck zur Weltpolitik*, S. 181; vgl. Winzen, »Zur Genesis«, S. 194, der andeutet, mit der Depesche habe man womöglich beabsichtigt, die öffentliche Unterstützung für einen Ausbau der Flotte zu erlangen.

37 Das Originalzitat von Wilhelm lautete auf Englisch: »What a man he is. Why is he not *my* minister? With him, I could do anything.« Zitiert in Rosenbach, *Transvaal,* S. 163.

38 Klaußmann (Hg.), *Kaiserreden,* S. 133.

39 Zitiert in Schöllgen, *Imperialismus und Gleichgewicht,* S. 76 (Hervorhebungen im Text).

40 N. Rich, *Friedrich von Holstein. Politics and Diplomacy in the Era of Bismarck and William II,* Cambridge 1965, Bd. 2, S. 560; Cecil, *Wilhelm II,* Bd. 1, S. 296; Lambi, *Navy,* S. 35 f.

41 Steinberg, *Yesterday's Deterrent,* S. 71, 101f., 109; Lambi, *Navy,* S. 68–86.

42 Steinberg, *Yesterday's Deterrent,* S. 201; sowie S. 125–148.

43 Telegramm Wilhelm II. an Hohenlohe, transkribiert in V. Berghahn und W. Deist (Hg.), *Rüstung im Zeichen der wilhelminischen Weltpolitik. Grundlegende Dokumente, 1890–1914,* Düsseldorf 1988, Dok. III/8, S. 164 f.

44 V. Berghahn, »Des Kaisers Flotte und die Revoluitionierung des Mächtesystems vor 1914«, in: Röhl (Hg.), *Der Ort Kaiser Wilhelms in der deutschen Geschichte,* München 1991, S. 173–188; hier S. 187.

45 Der Text der Denkschrift ist abgedruckt in Steinberg, *Yesterday's Deterrent,* S. 209–221, Zitat auf S. 208. Siehe dazu auch Berghahn und Deist (Hg.), *Rüstung im Zeichen der wilhelminischen Weltpolitik,* insb. die Dokumente II/11, II/12 und VII/1.

46 P. Winzen, »Zur Genesis von Weltmachtkonzept und Weltpolitik«, in: Röhl (Hg.), *Der Ort Kaiser Wilhelms,* S. 189–222; hier S. 199 f.

47 Winzen, »Zur Genesis«, S. 203, 216; vgl. Steinberg, *Yesterday's Deterrent,* S. 125–148.

48 Die relevante Passage der Rede auf Englisch wird zitiert in P. Winzen, *Bülows Weltmachtkonzept. Untersuchungen zur Frühphase seiner Außenpolitik 1897–1901,* Boppard am Rhein 1977, S. 302.

49 Zitiert in ebenda, S. 218.

50 Varnbüler an Weizsäcker, 4. März 1913, HSA Stuttgart, E50/03 207.

51 V. Berghahn, »Des Kaisers Flotte und die Revolutionierung des Mächtesystems vor 1914«, in: Röhl (Hg.), *Der Ort Kaiser Wilhelms,* S. 173–188; hier S. 186.

52 Zitiert in ebenda, S. 187.

53 Zitiert in Hildebrand, *Das vergangene Reich,* S. 222. Zu den Spannungen innerhalb des Dreibundes, siehe Holger Afflerbach, *Der Dreibund: Europäische Großmacht- und Allianzpolitik vor dem Ersten Weltkrieg,* Wien 2002.

54 Wilhelm II. an Bülow, Syrakus, 19. April 1904, in: GP, Bd. 20/1, Dok. Nr. 6378, S. 22 f.

55 Wilhelm II. an Nikolaus II., 11. Februar 1904, in: W. Goetz (Hg.), *Briefe Kaiser Wilhelms II. an den Zaren, 1894–1914,* Berlin 1920, S. 337f.
56 Wilhelm II. an Nikolaus II., 6. Juni, 19. August 1904, in: Goetz (Hg.), *Briefe,* S. 340f.
57 R. McLean, »Monarchy and Diplomacy in Europe 1900–1910«, Dissertation, University of Sussex, 1995, S. 224.
58 Französisches Original des Vertragstextes in GP, Bd. 19/2, S. 465; Cecil, *Wilhelm II,* S. 100.
59 Notizen von Eulenburg, 25. September 1905, in: Röhl (Hg.), *Eulenburgs Politische Korrespondenz,* Bd. 3, S. 2118.
60 McLean, »Monarchy and Diplomacy«, S. 228.
61 Cecil, *Wilhelm II,* S. 101; Lerman, *Chancellor,* S. 128f.
62 McLean, »Monarchy and Diplomacy«, S. 217f., 227.
63 A. Savinsky, »Guillaume II et la Russie. Ses Dépêches à Nicolas II (1903–1905)«, in: *Revue des deux Mondes,* 92 (Dezember 1922), S. 765–802; hier S. 801.
64 McLean, »Monarchy and Diplomacy«, S. 234–237.
65 Metternich an Auswärtiges Amt, London, 4. Juni 1904, in: GP, Bd. 20/1, Dok. 6384, S. 29f.
66 Hildebrand, *Das vergangene Reich,* S. 232f.
67 Cecil, *Wilhelm II,* Bd. 2, S. 92.
68 Die relevante Passage der Rede ist abgedruckt in M. Balfour, *Der Kaiser. Wilhelm II. und seine Zeit,* Berlin 1964, S. 272.
69 Cecil, *Wilhelm II,* Bd. 2, S. 94; Kennedy, *Antagonism,* S. 276.
70 Zitiert in Cecil, *Wilhelm II,* Bd. 2, S. 97.
71 Lerman, *Chancellor,* S. 147f.
72 Kennedy, *Antagonism,* S. 280.
73 Cecil, *Wilhelm II,* Bd. 2, S. 162f.; Gutsche, *Wilhelm II.,* S. 139; Hildebrand, *Das vergangene Reich,* S. 263.
74 Gutsche, *Wilhelm II.,* S. 137f.
75 Cecil, *Wilhelm II,* Bd. 2, S. 162.
76 W. Görlitz (Hg.), *Der Kaiser… Aufzeichnungen des Chefs des Marinekabinetts Admiral Georg Alexander v. Müller über die Ära Wilhelms II.,* Göttingen u. a. 1965, S. 89.
77 Jarausch, *Enigmatic Chancellor,* S. 111.
78 Zitiert in Afflerbach, *Falkenhayn,* S. 76.
79 Cecil, *Wilhelm II,* Bd. 2, S. 165.
80 Falkenhayn an Hanneken, 24. August 1911, zitiert in Afflerbach, *Falkenhayn,* S. 76.
81 Falkenhayn an Hanneken, 22. März 1912, zitiert in Afflerbach, *Falkenhayn,* S. 99.

82 Afflerbach, *Falkenhayn,* S. 58.
83 Eulenburg an Hohenlohe, Wien, 8. Februar 1897, in: Hohenlohe, *Denkwürdigkeiten,* S. 298.
84 Siehe insb. Röhl, »Kaiser Wilhelm II. Eine Charakterskizze«, S. 23.
85 McLean, »Monarchy and Diplomacy«, S. 91.
86 Cecil, *Wilhelm II,* Bd. 2, S. 98.
87 Paulmann, »Monarchical Relations«, S. 172–176.
88 Siehe z. B. van der Hoeven (niederländischer Gesandter in Berlin) an Hartsen, Berlin, 19. Juni 1888, wo der Gesandte erklärt, dass Befürchtungen bezüglich der Kampflust Wilhelms »ohne jede Begründung« seien; Gevers (niederländischer Gesandter) an niederländisches Auswärtiges Amt, Berlin, 20. März 1914, Algemeen Rijksarchief, 2.05.19, Bestanddeelen 13, 21; M. S. Seligmann, »Germany and the Origins of the First World War in the Eyes of the American Diplomatic Establishment«, in: *German History* 15 (1997), S. 307–332; hier S. 316 f., 330 f.
89 Cockfield, »Fashoda Crisis«, S. 273; Kennedy, *Antagonism,* S. 237.
90 C. M. Andrew, »German World Policy and the Reshaping of the Dual Alliance«, in: *Journal of Contemporary History,* 1 (1966), S. 137–151; hier S. 143, 150 f.
91 G. P. Gooch, »Holstein«, in: ders., *Studies in German History,* London 1948, S. 391–511; hier S. 511.
92 Vgl. P. Kennedy, »The Kaiser and German Weltpolitik: reflexions on Wilhelm II's place in the making of German foreign policy«, in: J. C. G. Röhl und N. Sombart (Hg.), *Kaiser Wilhelm II: New Interpretations, Cambrige 1982, S. 143–168; hier S. 161.*
93 *N. Ferguson, The Pity of War,* London 1998, S. 70.
94 Vgl. Berghahn, *Germany and the Coming of War,* S. 120 ff. sowie I. Geiss, »›Weltpolitik‹: Die deutsche Version des Imperialismus«, in: G. Schöllgen (Hg.), *Flucht in den Krieg?. Die Außenpolitik des kaiserlichen Deutschland,* Darmstadt 1991, S. 148–170, hier *S. 164 ff.*
95 So lautete Bethmanns »Skizze für eine denkbare Formulierung« für die englisch-deutschen Verhandlungen, zitiert in R. Langhorne, »Great Britain and Germany, 1911–1914«, in: F. Hinsley (Hg.), *British Foreign Policy under Sir Edward Grey,* Cambridge 1977, S. 288–314 hier S. 293 f.
96 Ferguson, *Pity of War,* S. 72; Langhorne, »Great Britain and Germany«, S. 294 f.
97 Siehe R. Langhorne, »The Naval Question in Anglo-German Relations, 1912–1914«, in: *Historical Journal* 14 (1971), S. 359–370; hier S. 369.

98 Siehe L. Sondhaus, *Preparing for Weltpolitik. German Sea Power before the Tirpitz Era,* Annapolis, Md. 1997; H. Wilderotter, »›Unsere Zukunft liegt auf dem Wasser‹. Das Schiff als Metapher und die Flotte als Symbol des wilhelminischen Kaiserreichs«, in: Wilderotter und Pohl (Hg.), *Der Letzte Kaiser,* S. 55–78, insb. S. 70 f.

99 Craig, *Germany,* S. 249; Geiss, »The German Version of Imperialism«, S. 111.

100 Vgl. Kennedy, »The Kaiser and German Weltpolitik«, S. 158 f.

101 Zitiert in J. Steinberg, »The Copenhagen Complex«, in: *Journal of Contemporary History* 1 (1966), S. 23–46; hier S. 27.

102 Canis, *Von Bismarck zur Weltpolitik,* S. 266.

Kapitel 6: Macht und öffentliche Meinung

1 Kaiser Wilhelm II., *Aus meinem Leben,* S. 351.

2 Siehe z. B. Eulenburg an Wilhelm II., Oldenburg, 1. Januar 1890, in: Röhl (Hg.), *Politische Korrespondenz,* Bd. 1, S. 402.

3 Kohut, *Wilhelm II,* S.137.

4 Zedlitz-Trützschler, *Zwölf Jahre am deutschen Kaiserhof,* Berlin, Leipzig 1924, S. 97. Zur Haltung des Kaisers zu Presseberichten über seine Person siehe auch J. Röhl, *Aufbau der persönlichen Monarchie,* S. 141, 436; G. Stöber, *Pressepolitik als Notwendigkeit. Zum Verhältnis von Staat und Öffentlichkeit im wilhelminischen Deutschland, 1890–1914,* Stuttgart 2000, S. 189.

5 J. Peers, »White Roses and Eating Disorders: A Feminist Re-Reading of Auguste Viktoria of Germany, 1858–1921«, unveröffentlichtes Manuskript eines Vortrags, der auf der 12. zweijährlichen Konferenz der Australasian Association of European Historians, 1999, gehalten wurde. Ich danke Dr. Peers herzlich für die Überlassung einer Kopie des Manuskript.

6 Bülow an Eulenburg, Bukarest, 9. Januar 1893, in Röhl (Hg.), *Politische Korrespondenz,* Bd. 2, S. 1007.

7 R. Engelsing, *Massenpublikum und Journalistentum im 19. Jahrhundert in Nordwestdeutschland,* Berlin 1966, S. 26.

8 Kohlrausch, *Der Monarch im Skandal,* S. 48–66.

9 Hans-Ulrich Wehler, *Deutsche Gesellschaftsgeschichte,* Bd. 3: *Von der deutschen Doppelrevolution bis zum Beginn des Ersten Weltkrieges 1849–1914,* München 1995, S. 1249.

10 Andreas Schulz, »Der Aufstieg der ›vierten Gewalt‹. Medien, Poli-

tik und Öffentlichkeit im Zeitalter der Massenkommunikation«, in: *Historische Zeitschrift* 270 (2000),S. 65–97.

11 Kohut, *Wilhelm II*, S. 235–238.

12 Siehe Eisenhardt an Valentini, 11. August 1910, mit Bleistift gekritzelter Kommentar, GStA Berlin (Dahlem) HA I, Rep. 89, Nr. 678.

13 Kaiserin Friedrich an Königin Victoria, (?) September 1891, in: Ponsonby (Hg.), *Letters of the Empress Frederick*, S. 427ff.

14 Anon., »Kaiser Wilhelm als Redner«, in: *Trierische Landeszeitung*, 30. Mai 1913 (Ausschnitt) in: GStA Berlin, Dahlem, HA I, Rep. 89, Nr. 679.

15 K. Lamprecht, *Der Kaiser*, Berlin 1913, S. 75.

16 Die Rede wird von einem Augenzeugen in einem Tagebucheintrag vom 20. November 1890 überliefert, in: E. v. Wedel (Hg.), *Zwischen Kaiser und Kanzler. Aufzeichnungen des Generaladjutanten Grafen Carl von Wedel aus den Jahren 1890–1894*, Leipzig 1943, S. 131. Eine abgeschwächte Version derselben Ansprache ist abgedruckt in J. Penzler (Hg.), *Die Reden Kaiser Wilhelms II. in den Jahren 1888–1895*, Leipzig o. J., S. 197.

17 Siehe insbesondere B. Sösemann, »›Pardon wird nicht gegeben; Gefangene nicht gemacht‹. Zeugnisse und Wirkungen einer rhetorischen Mobilmachung«, in: Wilderotter und Pohl (Hg.), *Der letzte Kaiser*, S. 79–94.

18 Van Tets van Goudriaan an Beaufort, Berlin, 25. März 1901, Algemeen Rijksarchief Den Haag, 2.05.19, Bestanddeel 18.

19 V. Berghahn, *Germany and the Approach of War in 1914*, Basingstoke 1993, S. 28ff.; N. Stargardt, *The German Idea of Militarism*, Cambridge 1994, S. 96.

20 Waldersee, Tagebucheintrag vom 21. November 1890, in: Meissner (Hg.), *Denkwürdigkeiten*, Bd. 2, S. 162.

21 Wedel, Tagebucheintrag vom 20. November 1890, in: Wedel (Hg.), *Zwischen Kaiser und Kanzler*, S. 131.

22 O. Pflanze, *Bismarck. Der Reichskanzler*, München 1998, S. 635f.; vgl. Waldersee, Tagebucheintrag vom 21. April 1891, in: Meisner (Hg.), *Denkwürdigkeiten*, Bd. 2, S. 206; zu den partikularistischen Reaktionen siehe Röhl (Hg.), *Politische Korrespondenz*, Bd. 1, S. 679, Anm. 2.

23 Siehe z. B. Wilhelms Reden vor dem Reichstag am 24. Februar 1892 und 24. Februar 1894, in: Klaußmann (Hg.), *Kaiserreden*, S. 400ff., 403ff.

24 Eulenburg an Wilhelm, München, 10. März 1892, in: Röhl (Hg.), *Politische Korrespondenz*, Bd. 2, S. 798; Hervorhebungen im Original.

25 Brauer an Turban, Berlin, 25. Februar 1891, in: Fuchs (Hg.), *Großherzog Friedrich von Baden*, Bd. 3, S. 48 f.; vgl. Eulenburg an Bülow, Vöslau, 8. Juni 1896, in: Röhl (Hg.), *Politische Korrespondenz*, Bd. 3, S. 1693.

26 O. v. Helldorf-Bedra an Philipp Eulenburg, Berlin, 7. März 1892, in: Röhl (Hg.), *Politische Korrespondenz*, Bd. 2, S. 788; Auszüge aus der Rede in ebenda, Bd. 2, S. 780, Anm. 3.

27 Caprivi an Eulenburg, Berlin, 28. Februar 1892, in: Röhl (Hg.), *Politische Korrespondenz*, Bd. 2, S. 782.

28 Wilhelm II., Rede vor dem Provinziallandtag von Brandenburg 26. Februar 1897, in: Elkind (Hg.), *The German Emperor's Speeches*, S. 300; siehe auch Kohut, *Wilhelm* II, S. 138; zur »Charismatisierung«, siehe Hull, »Hof als Herrschaftsinstrument«, S. 26 f.

29 Siehe z. B. die Rede, die Wilhelm bei einem Galaabend in Münster hielt, 31. August 1907, anhand von persönlichen Notizen Wilhelms, GStA Berlin (Dahlem) HA I, Rep. 89, Nr. 673, Akte 28.

30 Stenogramm einer Rede im Rathaus von Memel, 23. September 1907, GStA Berlin (Dahlem) HA I, Rep. 89, Nr. 673, Akte 30.

31 Holstein an Eulenburg, 27. Februar 1892, in Röhl (Hg.), *Politische Korrespondenz*, Bd. 2, S. 780.

32 Zu den satirischen Darstellungen Wilhelms siehe A.T. Allen, *Satire and Society in Wilhelmine Germany. Kladderadatsch & Simplicissimus 1890–1914*, Lexington 1984, S. 53–63; E.A. Coupe, »Kaiser Wilhelm II and the Cartoonists«, in: *History Today* 30 (Nov. 1980), S. 16–23.

33 F. Wedekind, »Im Heiligen Land«, zitiert aus F. Wedekind, *Gedichte und Lieder*, hg. von Gerhard Hay, Stuttgart 1989, S. 50 ff.; dazu auch Kohut, *Wilhelm II*, S. 291.

34 Das Bild ist nachgedruckt in Allen, *Satire and Society*, S. 50.

35 Jost Rebentisch, *Die vielen Gesichter des Kaisers. Wilhelm II. in der deutschen und britischen Karikatur*, Berlin 2000, S. 60 ff.

36 H. Abret und A. Keel, *Die Majestätsbeleidigungsaffäre des »Simplicissimus«-Verlegers Albert Langen. Briefe und Dokumente zu Exil und Begnadigung 1898–1903*, Frankfurt/Main 1985, insb. S. 40 f.

37 Kaiserin Friedrich an Königin Victoria, 27. Februar 1892, in: Ponsonby (Hg.), *Briefe der Kaiserin Friedrich*, S. 458.

38 Siehe Eulenburg an Wilhelm II., München 29. Dezember 1892; Holstein an Eulenburg, Berlin 27. Februar 1893 und Holstein an Eulenburg, Berlin, 7. April 1895, in: Röhl (Hg.), *Politische Korrespondenz*, Bd. 2, S. 1000 f., 1031, 1488.

39 Marschall an Eulenburg, Berlin, 6. Mai 1891, in: Röhl (Hg.), *Politische Korrespondenz*, Bd. 1, S. 679.

40 Eulenburg an Wilhelm II., Berlin, 28. November 1891, in: Röhl (Hg.), *Politische Korrespondenz*, Bd. 1, S. 730.
41 O. v. Helldorf-Bedra an Eulenburg, Berlin, 24. März 1892, in: Röhl (Hg.), *Politische Korrespondenz*, Bd. 2, S. 825.
42 Fürstin Marie Radziwill, Tagebucheintrag vom 27. November 1890, in: M. Radziwill, *Briefe vom deutschen Kaiserhof 1889–1915*, ausgew. und übers. von P. Wiegler, Berlin 1936, S. 34.
43 Consistorialrat Blau an Lucanus (Chef des Zivilkabinetts), Wernigerode, 4. April 1906, GStA Berlin (Dahlem), HA I, Rep. 89, Nr. 672, Akte 17.
44 Wedel, Tagebucheinträge vom 20., 22. April 1891, in: Wedel (Hg.), *Zwischen Kaiser und Kanzler*, S. 176, 177.
45 Siehe Dr. Lier an Lucanus, Dresden, 24. Oktober 1905, und Lucanus an Dr. Lier (Telegramm), Berlin, 25. Oktober 1905, GStA Berlin (Dahlem), HA I, Rep. 89, Nr. 671, Akte 11.
46 B. Reuter (Herausgeber der *Kölnischen Volkszeitung)* an Lucanus, Köln, 6. September 1907, GStA Berlin (Dahlem), HA I, Rep. 89, Nr. 673, Akte 29.
47 Siehe z. B. Wedel, Tagebucheintrag vom 22. April 1891, in: Wedel (Hg.), *Zwischen Kaiser und Kanzler*, S. 177.
48 Der Originaltext der Rede wurde akribisch rekonstruiert und analysiert von Bernd Sösemann in B. Sösemann, »Die sogenannte Hunnenrede Wihelms II. Textkritische und interpretatorische Bemerkungen zur Ansprache des Kaisers vom 27, Juli 1900 in Bremerhaven«, in: *Historische Zeitschrift* 222 (1976), S. 342–358, hier S. 344. Zur »offiziellen« Fassung siehe Klaußmann (Hg.), *Kaiserreden*, S. 357f.
49 Sösemann, »Hunnenrede«, S. 345f.
50 P. A. Cohen, *History in Three Keys. The Boxers as Event, Experience and Myth*, New York 1997, S. 161f.
51 Bülow, *Denkwürdigkeiten*, Bd. 1, S. 359; dazu auch D. Junker, »Das Deutsche Reich im Urteil der USA 1871–1945«, in: K. Hildebrand (Hg.), *Das Deutsche Reich im Urteil der Großen Mächte und europäischen Nachbarn (1871–1945)*, München 1995, S. 141–158; hier S. 147.
52 Sösemann, »Hunnenrede«, S. 353ff.
53 Zitiert in Kohlrausch, *Monarch im Skandal*, S. 74.
54 Rede von August Bebel, in: *Stenographische Berichte über die Verhandlungen des Reichstages* (im folgenden: *StB Reichstag*) 19. November 1900, insb. S. 29ff.
55 Rede von Eugen Richter, in: *StB Reichstag*, 20. November 1900, S. 53f.

56 Rede von Bülow, in: *StB Reichstag*, 20. November 1900, S. 62f.
57 Eulenburg an Wilhelm II., Wien, 22. November 1900, in: Röhl (Hg.), *Politische Korrespondenz*, Bd. 3, S. 2010.
58 Bebel vertrat in einer Rede am 11. Dezember 1900 diese Ansicht mit Blick auf die Krüger-Depesche, in: *StB Reichstag*, 20. November 1900, S. 62f.
59 Varnbüler an Weizsäcker, Berlin, 2. November 1908, HSA Stuttgart, E50/03 202.
60 Reden von Bassermann, Singer, v. Heydebrand u. d. Lasa, in: *StB Reichstag*, 10. November 1908, S. 5374, 5385, 5394.
61 Reden von Bassermann, Singer, Hertling, Zimmermann, Heine, in: *StB Reichstag*, 10. November 1908, S. 5375, 5398, 5417, 5427f.
62 Gevers (niederländischer Gesandter) an niederländisches Außenministerium, Berlin, 12. November 1908, Algemeen Rijksarchief Den Haag, 2.05.19, Bestanddeel 20.
63 Rede von Bülow in: *StB Reichstag*, 10. November 1908, S. 5395f.
64 Gevers an niederländisches Außenministerium, Berlin, 12. November 1908, Algemeen Rijksarchief Den Haag, 2.05.19, Bestanddeel 20.
65 Lerman, *Chancellor*, S. 223.
66 Varnbüler an Weizsäcker, Berlin, 19. November 1908, HSA Stuttgart, E50/03 202
67 Notizen von Valentini (Chef des Zivilkabinetts) aus einem Gespräch mit Wilhelm, Donaueschingen, 13. November, 1908, GStA Berlin (Dahlem) HA I, Rep. 89, Nr. 685, Bl. 46f.
68 Ebenda.
69 Diese Darstellung stützt sich auf die Erinnerungen Felix von Müllers, des Gesandten an der deutschen Botschaft in Den Haag, dem Bülow den Brief an Jenisch diktierte, siehe Müller an Valentini, Den Haag, 28. Februar 1909, GStA Berlin (Dahlem) HA I, Rep. 89, Nr. 685, Bl. 67.
70 Lerman, *Chancellor*, S. 221; Cecil, *Wilhelm II*, S. 68f.
71 Müller an Valentini, Hague, 28. Februar 1909, GStA Berlin (Dahlem) HA I, Rep. 89, Nr. 685, Bl. 67.
72 Bülow an Valentini, Norderney, 16. August 1908, GStA Berlin (Dahlem) HA I, Rep. 92, Nr. 3, Bl. 2.
73 Zu den unzähligen falschen Darstellungen in Bülows Memoiren siehe F. Thimme, *Front wider Bülow. Staatsmänner, Diplomaten und Forscher zu seinen Denkwürdigkeiten*, München 1931; F. Hiller von Gaertringen, *Fürst Bülows Denkwürdigkeiten. Untersuchungen zu ihrer Entstehungsgeschichte und Kritik*, Tübingen 1956.

74 W. Schüssler, *Die Daily-Telegraph-Affäre. Fürst Bülow, Kaiser Wilhelm und die Krise des zweiten Reiches 1908*, Göttingen 1952, S. 10f.; Helmut Teschner, *Die Daily-Telegraph-Affäre vom November 1908 in der Beurteilung der öffentlichen Meinung*, Breslau 1931, S. 11; Kohlrausch, *Monarch im Skandal*, S. 245f.

75 Kohut, *Wilhelm II*, S. 164.

76 Gevers an niederländisches Außenministerium, Berlin, 12. November 1908, Algemeen Rijksarchief Den Haag, 2.05.19, Bestanddeel 20.

77 Wilhelm an Zar Nikolaus II., 9. Mai 1909, zitiert in: Kohut, *Wilhelm II*, S. 135.

78 Varnbüler an Weizsäcker, Berlin, 12. Dezember 1908, HSA Stuttgart, E50/03 202; Valentini wird zitiert in E. Fehrenbach, *Wandlungen des deutschen Kaisergedankens 1871–1918*, München, Wien 1969, S. 141.

79 Der volle Wortlaut wurde veröffentlicht in *Königsberger Allgemeine Zeitung*, 25. August 1910, sowie in Penzler, Krieger (Hg.), *Reden*, Bd. 4, S. 203–206, hier S. 204; vgl. Wilhelms eigene Notizen im Vorfeld vom 25. August 1910, GStA Berlin (Dahlem) HA I, Rep. 89, Nr. 678, Akte 43.

80 Siehe z. B. *Vossische Zeitung*, 26. August 1910; *Freisinnige Zeitung*, 27. August 1910; *Berliner Tageblatt*, 26. August 1910 (Ausschnitte in GStA Berlin (Dahlem) HA I, Rep. 89, Nr. 678, Akte 43).

81 Zu dem Maulkorb für den Kaiser, der alle Grenzen überschreite, siehe Varnbüler an Weizsäcker, Berlin, 22. Januar 1909, HSA Stuttgart, E50/03 203.

82 Wilhelm an Bethmann-Hollweg, Telegramm, 28. August 1910, GStA Berlin (Dahlem) HA I, Rep. 89, Nr. 678, Akte 43.

83 Zitiert in Fehrenbach, *Wandlungen*, S. 99.

84 Sösemann, »›Pardon wird nicht gegeben‹«, S. 88.

85 W. Rathenau, *Der Kaiser. Eine Betrachtung*, Berlin 1919, S. 28f.

86 Hull, »Persönliches Regiment«, S. 4.

87 Siehe, beispielsweise, *Norddeutsche Allgemeine Zeitung*, 30. August 1910 (Ausschnitt in GStA Berlin (Dahlem) HA I, Rep. 89, Nr. 678, Akte 43).

88 H. Delbrück, »Die Krisis des persönlichen Regiments«, in: *Preußische Jahrbücher* 134 (1908), S. 566–580, hier S. 567.

89 »Der schweigende Kaiser«, in: *Frankfurter Zeitung*, 14. September 1910.

90 Gevers an niederländisches Außenministerium, Berlin, 12. November 1908, Algemeen Rijksarchief Den Haag, 2.05.19, Bestanddeel 20.

91 Zitiert in König, *Wilhelm II. und die Moderne*, S. 76; zu Bildern von Kaiser Wilhelm II. und Graf Zeppelin, siehe May, *Ansichtskarten*.

92 Brenner, *Strahlen der Krone*, S. 363.
93 Margrit Bröhan, *Walter Leistikow. Maler der Berliner Landschaft*, Berlin 1988.
94 W. Guttsmann, *Art for the Workers. Ideology and the Visual Arts in Weimar Germany*, Manchester 1997.
95 Winkler, *Der lange Weg*, Bd. 1, S. 280.
96 W. K. Blessing, »The Cult of Monarchy, Political Loyaly and the Workers' Movement in Imperial Germany«, in: *Journal of Contemporary History* 13 (1978), S. 357–373; hier S. 366–369.
97 Siehe M. Cattaruzza, »Das Kaiserbild in der Arbeiterschaft am Beispiel der Werftarbeiter in Hamburg und Stettin«, in: Röhl (Hg.), *Der Ort*, S. 131–144, Zitat S. 144.
98 R. J. Evans (Hg.), *Kneipengespräche im Kaiserreich. Stimmungsberichte der Hamburger Politischen Polizei 1892–1914*, Reinbek 1989, S. 328, 329, 330.
99 Siehe J. Peers, »White Roses and Eating Disorders«, unveröffentlichtes Manuskript, 1999. Zum Bild der Kaiserin in der Öffentlichkeit siehe auch Hull, *Entourage*, S. 18.
100 Dominik Petzold, »›Monarchische Reklamefilme‹? Wilhelm II. im neuen Medium der Kinematographie«, in: Thomas Biskup und Martin Kohlrausch (Hg.), *Das Erbe der Monarchie*, (erscheint in Kürze, 2008).
101 Daniel Schönpflug, »Liebe und Außenpolitik: Hohenzollernsche Hochzeiten 1858-1933«, in: Biskup und Kohlrausch (Hg.), *Das Erbe der Monarchie* (in Kürze, 2008).

Kapitel 7: Von der Krise zum Krieg, 1909–1914

1 W. Canis, *Von Bismarck zur Weltpolitik. Deutsche Außenpolitik, 1890 bis 1902*, Berlin 1997, S. 174; siehe auch L. Cecil, *Wilhelm II*, Bd. 2: *Emperor and Exile, 1900–1941*, Chapel Hill, London 1996, S. 176.
2 Canis, *Von Bismarck zur Weltpolitik*, S. 174
3 S. Beller, *Francis Joseph*, London 1996, S. 196 (deutsch: *Franz Joseph. Eine Biographie*, Wien 1997).
4 Zitiert in H. Rumpler, *Eine Chance für Mitteleuropa. Bürgerliche Emancipation und Staatsverfall in der Habsburgermonarchie*, Wien 1997, S. 563.; siehe auch Freiherr von Jenisch (Rechtsberater in Wilhelms Gefolge) an Auswärtiges Amt, Telegramm Rominten, 7. Oktober 1908, in: GP, Bd. 26/1, S. 113 (Dok. 8994).

5 Wilhelm II., Randbemerkungen auf Bülow an Jenisch, Norderney, 7. Oktober 1908, in: GP, Bd. 26/1, S. 112 (Dok. 8992).
6 Bericht von Radolin vom 23. Juni 1909, zitiert in: GP, Bd. 26/1, S. 53 (Dok. 8939, Anm.).
7 Varnbüler an Weizsäcker, Berlin, 18. Oktober 1908, HSA Stuttgart E50/03 202.
8 W. Gutsche, *Wilhelm II. Der letzte Kaiser des deutschen Reiches,* Berlin 1991, S. 145 f.
9 Jenisch an Bethmann, Rominten, 2. Oktober 1912, in: GP, Bd. 33, S. 147 f. (Dok. 12202).
10 Wilhelm II., Notizen, Rominten, 4. Oktober 1912, in: GP, Bd. 33, S. 164 ff. (Dok. 12225).
11 Wilhelm II., Randbemerkung auf Telegramm von Wolffschem Telegraphenbureau an Wilhelm II., Berlin, 4. November 1912, in: GP, Bd. 33, S. 276 f. (Dok. 12321); Varnbüler an Weizsäcker, Berlin, 18. November 1912, HSA Stuttgart E50/03 206.
12 Wilhelm II., Randbemerkung auf Kiderlen-Wächter an Wilhelm II., Berlin, 3. November 1912, in: GP, Bd. 33, S. 274 ff. (Dok. 12320).
13 Wilhelm II. an Kiderlen-Wächter, Potsdam, 7. November 1912, in: GP, Bd. 33, S. 295 (Dok. 12339); vgl. Jarausch, *Enigmatic Chancellor,* S. 133.
14 Wilhelm II. an Auswärtiges Amt, Letzlingen, 9. November 1912, in: GP, Bd. 33, S. 302 (Dok. 12348).
15 Wilhelm II., Denkschrift, 11. November 1912, in: GP, Bd. 33, S. 302 ff. (Dok. 12349).
16 Gutsche, *Wilhelm II,* S. 145 f.; vgl. K. Hildebrand, *Das vergangene Reich. Deutsche Aussenpolitik von Bismarck bis Hitler, 1871–1945,* Stuttgart 1995, S. 287.
17 Tschirschky an Auswärtiges Amt, Budapest, 21. November 1912, in: GP, Bd. 33, S. 372 f. (Dok. 12404).
18 Wilhelm II. an Kiderlen-Wächter, 21. November 1912, in: GP, Bd. 33, S. 373 f. (Dok. 12405).
19 E. C. Helmreich, »An Unpublished Report on Austro-German Military Conversations of November 1912«, in: *Journal of Modern History* 5 (1933), S. 197–207; hier S. 206 f. Szögyenys Darstellung eines Treffens zwischen Wilhelm und Erzherzog Franz Ferdinand am 22. November, auf dem ersterer diesem angeblich versicherte, dass Wilhelm, falls es sich um eine Frage des Prestiges für Österreich-Ungarn handle, nicht einmal einen Weltkrieg fürchten werde, und dass er bereit sei, gegen alle drei Mächte der Entente Krieg zu führen, lässt eine aggressivere Haltung vermuten, weicht aber von den zurückhaltenderen Beistandsbekundungen ab, die

der Erzherzog selbst in seinem Bericht von dem Treffen schilderte. Womöglich hatte der österreichische Botschafter die Absicht, die Wiener Regierung zu einer härteren Linie in der serbischen Hafenfrage zu bewegen. Siehe ebd., S. 199f.

20 Helmreich, »Unpublished Report«, S. 205.

21 J. Remak, »1914 – The Third Balkan War: Origins Reconsidered«, in: *Journal of Modern History* 43/3 (1971), S. 353–366; hier S. 364.

22 D. Stevenson, *Armaments and the Coming of War. Europe 1904–1914*, Oxford 1996, S. 250, 259; Helmreich, »Unpublished Report«, S. 202f.

23 Müllers Darstellung von dem Treffen am 8. Dezember 1912, transkribiert in: J. C. G. Röhl, »Der militärpolitische Entscheidungsprozess in Deutschland am Vorabend des Ersten Weltkrieges«, in: ders., *Kaiser, Hof und Staat*, S. 175–202; hier S. 176.

24 Cecil, *Wilhelm II*, Bd. 2, S. 186.

25 Ebenda auf deutsch zitiert.

26 Zitiert in Röhl, »Der militärpolitische Entscheidungsprozess«, S. 188; die »Perfidie« der Briten war auch in der Korrespondenz Wilhelms mit Erzherzog Franz Ferdinand in den Jahren 1913/14 ein dominierendes Thema; Cecil, *Wilhelm II*, S. 197.

27 Röhl, »Der militärpolitische Entscheidungsprozess«, passim; auch ders., »Admiral von Müller and the Approach of War, 1911–1914«, in: *Historical Journal* 12 (1969), S. 651–673.

28 W. J. Mommsen, »Innenpolitische Bestimmungsfaktoren der deutschen Außenpolitik vor 1914«, in: ders., *Der autoritäre Nationalstaat*, S. 316–357; hier S. 325ff.; ders., »Kaiser Wilhelm II and German Politics«, in: *Journal of Contemporary History* 25 (1990), S. 308f.; Hildebrand, *Das vergangene Reich*, S. 289.

29 E. Hölzle, *Die Selbstentmachtung Europas. Das Experiment des Friedens vor und im Ersten Weltkrieg*, Göttingen 1975, S. 18f.; ähnlich argumentiert auch Hildebrand, *Das vergangene Reich*, S. 289.

30 Röhl, »Der militärpolitische Entscheidungsprozess«; Hildebrand, *Das vergangene Reich*, S. 289f.

31 Stevenson, *Armaments*, S. 288f.; F. Fischer, »Die Außenpolitik des kaiserlichen Deutschland und der Ausbruch des Ersten Weltkriegs «, in: Schöllgen (Hg.), *Flucht in den Krieg?*, S. 25–67, hier S. 31ff.; M.S. Coetzee, *The German Army League*, New York 1990, S. 36f.

32 Mommsen, »Innenpolitische Bestimmungsfaktoren«, S. 325ff.

33 Cecil, *Wilhelm II*, Bd. 2, S. 187.

34 Jagow an Lichnowsky, Berlin, 26. April 1913; Jagow an Flotow, Berlin, 28. April 1913, in: GP, 34/2, S. 737f., 752; dazu auch Gutsche, *Wilhelm II.*, S. 147.

35 Falkenhayn an Hanneken, 29. Januar 1913, zitiert in H. Afflerbach, *Falkenhayn: Politisches Denken und Handeln im Kaiserreich,* München 1994, S. 102.
36 Cecil, *Wilhelm II,* Bd. 2, S. 195.
37 Wilhelm II., Randbemerkungen auf Stolberg (Chargé d'affaires in Wien) an Auswärtiges Amt Berlin, Wien, 18. Oktober 1913, in: GP, Bd. 36/1, S. 399, Dok. 14176.
38 L. Bittner, A.F. Pribram, H. Srbik und H. Uebersberger (Hg.), *Österreich-Ungarns Aussenpolitik von der bosnischen Krise 1908 bis zum Kriegsausbruch 1914. Diplomatische Aktenstücke des österreichisch-ungarischen Ministeriums des Äußeren,* Wien, Leipzig 1930, Bd. 7, S. 515.
39 Hildebrand, *Das vergangene Reich,* S. 292.
40 Bericht zu Sasonows Bemerkungen in O'Beirne an Grey, St. Petersburg, 28. Oktober 1913, in: G. P. Gooch und H. W. V. Temperley (Hg.) *British Documents on the Origins of the War, 1898–1914,* 11 Bde., London 1925–1938, Bd. 10/1, Dok. 56, S. 49.
41 Gutsche, *Wilhelm II.,* S. 151.
42 Zitiert in ebenda, S. 150.
43 Wilhelm II., Randbemerkung auf Pourtalès an Bethmann Hollweg, St. Petersburg, 11. März 1914, in: GP, Bd. 39, Dok. 15844, S. 554; dazu auch Gutsche, *Wilhelm II.,* S. 152.
44 Zitiert in Gutsche, *Wilhelm II.,* S. 153.
45 Zitiert in ebenda, S. 153.
46 Wilhelm II., Kommentare zu Pourtalès an Bethmann, 13. Dezember 1913, in: GP, Bd. 38, S. 256 (Dok. 15483)
47 Wilhelm II., Randbemerkungen auf Wangenheim an Auswärtiges Amt Berlin, Konstantinopel, 18. Dezember 1913, in: GP Bd. 38, S. 261f. (Dok. 15489).
48 Zu dem russischen »großen Programm«, das im Frühjahr 1913 gestartet wurde, und den deutschen Reaktionen darauf siehe Stevenson, *Armaments,* insb. 315–323.
49 M. M. Warburg, *Aus meinen Aufzeichnungen,* New York 1952, S. 29.
50 Die Quelle hierfür ist F. Conrad von Hötzendorf, *Aus meiner Dienstzeit. 1906–1918,* 4 Bde., Wien 1921–1925, Bd. 4, S. 39.
51 Ebenda, S. 36; zu dem Widerspruch in Conrads Darstellung vgl. F. Fischer, *Krieg der Illusionen. Die deutsche Politik von 1911 bis 1914,* Düsseldorf 1969.
52 Szögyény an Auswärtiges Amt Wien, Berlin, 28. Oktober 1913, in: Bittner u. a. (Hg.), *Österreich-Ungarns Außsenpolitik,* Bd. 7, S. 512 (Dok. 8934).

53 Velics an Berchtold, München, 16. Dezember 1913, in: Bittner u. a. (Hg.), *Österreich-Ungarns Außenpolitik,* Bd. 7, S. 658 (Dok. 9096).
54 Franz Josephs Order an Berlin (Szögyény), Budapest, 16. Mai 1914, in: Bittner u. a. (Hg.), *Österreich-Ungarns Außenpolitik,* Bd. 8, S. 42 (Dok. 9674).
55 Tisza an Franz Joseph, Budapest, 1. Juli 1914, in: Bittner u. a. (Hg.), *Österreich-Ungarns Außenpolitik,* Bd. 8, S. 248 (Dok. 9978).
56 Cecil, *Wilhelm II,* Bd. 2, S. 193.
57 Berckheim an Minister des großherzoglichen Hauses von Baden, Berlin, 11. März 1914, GLA Karlsruhe, 233/34815.
58 Gevers an niederländisches Außenministerium, Berlin, 20. März 1914, Algemeen Rijksarchief Den Haag, 2.05.19, Bestanddeel 21.
59 P. Conrad, *Aus meiner Dienstzeit,* Bd. 3, S. 597.
60 Cecil, *Wilhelm II.,* Bd. 2, S. 198.
61 Wilhelm II., Randbemerkungen auf Tschirschky an Bethmann Hollweg, Wien, 30. Juli 1914, in: Imanuel Geiss, *Julikrise und Kriegsausbruch 1914,* Hannover 1963/64, 2 Bde., hier Bd. 1, S. 59.
62 Einleitende Worte von Imanuel Geiss zum ersten Kapitel in der leicht gekürzten späteren Ausgabe seiner Dokumentensammlung: I. Geiss, *Juli 1914. Die europäische Krise und der Ausbruch des Ersten Weltkriegs,* München 1965, S. 37f.; entsprechend argumentiert auch L. Albertini, *The Origins of the War of 1914,* übers. I. M. Massey, Oxford 1953, Bd. 2, S. 140; vgl. dazu Fischer, *Krieg der Illusionen.*
63 Berchtold Bericht über ein Gespräch vom 2. Juli mit Tschirschky, 3. Juli 1914, in: Bittner u. a. (Hg.), *Österreich-Ungarns Außenpolitik,* Bd. 8, S. 277 (Dok. 10006).
64 Geiss, *Julikrise,* Bd. 1, S. 69.
65 Szögyeny, Telegramm, Berlin, 5. Juli 1914, Bittner u. a. (Hg.), *Österreich-Ungarns Außenpolitik,* Bd. 8, S. 306f. (Dok. 10058).
66 Vgl. Geiss, *Julikrise,* Bd. 1, S. 79ff.; dazu auch Afflerbach, *Falkenhayn,* S. 149.
67 Franz Joseph an Wilhelm II., [2. Juli 1914], Bittner u. a. (Hg.), *Österreich-Ungarns Außenpolitik,* Bd. 8, S. 250ff. (Dok. 9984).
68 F. Fellner, »Die ›Mission Hoyos‹«, in: W. Alff (Hg.), *Deutschlands Sonderung von Europa 1862–1945,* Frankfurt/Main 1984, S. 283–316; S. Williamson, *Austria-Hungary and the Origins of the First World War,* Basingstoke 1991, S. 190–195.
69 Stevenson, *Armaments,* S. 372.
70 Zu den Rüstungszyklen und zur Kampfbereitschaft siehe Stevenson, *Armaments,* insb. S. 418, 420; zur Bedeutung der Budget bed-

ingten Einschränkungen siehe N. Ferguson, »Public Finance and National Security: the Domestic Origins of the First World War Revisited«, in: *Past and Present* 142 (1994), S. 141–168.

71 Mommsen, »Innenpolitische Bestimmungsfaktoren«, S. 350ff.

72 Albertini, *Origins*, Bd. 2, S. 159.

73 Geiss, *Julikrise*, Bd. 1, S. 71f., 75. Albertini, *Origins*, Bd. 2, S. 137f.

74 Albertini, *Origins*, Bd. 2, S. 142; Afflerbach, *Falkenhayn*, S. 151.

75 Stevenson, *Armaments*, S. 375.

76 Geiss, *Julikrise*, Bd. 1, S. 96; Stevenson, *Armaments*, S. 372.

77 Szögyenyi an Berchtold, Berlin, 28. Oktober 1913, in: Bittner u. a. (Hg.), *Österreich-Ungarns Außenpolitik*, Bd. 7, S. 513ff. (Dok. 8934).

78 Zu den erwähnten Berichten an Wilhelm, siehe ebd.; zur allgemeinen Anschauung des Militärs siehe Stevenson, *Armaments*, S. 360, 374.

79 Zu den Haltungen in Berlin siehe Szögyenyi an Berchtold, Berlin, 12. Juli 1914; Berchtold, Bericht über ein Gespräch am 2. Juli mit Tschirschky, 3. Juli 1914, in: Bittner u. a. (Hg.), *Österreich-Ungarns Außenpolitik*, Bd. 8, S. 407ff. (Dok. 10215), S. 277f. (Dok. 10006).

80 O. Hammann, *Um den Kaiser. Erinnerungen aus den Jahren 1906–1909*, Berlin 1919, S. 89.

81 Wilhelm II. an Franz Joseph, Balholm, 14. Juli 1914, in: Bittner u. a. (Hg.), *Österreich-Ungarns Außenpolitik*, Bd. 8, S. 442f. (Dok. 10262).

82 Siehe insbesondere Wilhelms Kommentare auf Tschirschky an Jagow, Wien, 10. Juli 1914, in: Geiss, *Julikrise*, Bd. 1, S. 144f.

83 Biedermann an Vitzthum, Berlin, 17. Juli 1914, in: Geiss, *Julikrise*, Bd. 1, S. 199f.

84 Wilhelm II., Kommentare auf Tschirschky an Bethmann, Wien, 14. Juli 1914, in: Geiss, *Julikrise*, Bd. 1, S. 164f.

85 Cecil, *Wilhelm II*, Bd. 2, S. 202; Jagow an Wedel (kaiserliches Gefolge), Berlin, 18. Juli 1914, in: Geiss, *Julikrise*, Bd. 1, S. 205.

86 Stevenson, *Armaments*, S. 376.

87 Siehe dazu G. A. von Müller, *Regierte der Kaiser? Aus den Kriegstagebüchern des Chefs des Marinekabinetts im ersten Weltkrieg Admiral Georg Alexander von Müller*, Göttingen, Berlin, Frankfurt 1959, S. 33ff.; sowie Afflerbach, *Kaiser Wilhelm II als Oberster Kriegsherr*, S. 11.

88 Der Wortlaut des österreichischen Ultimatums und der serbischen Antwortnote sind abgedruckt in D. Fromkin, *Europas letzter Sommer. Die scheinbar friedlichen Wochen vor dem Ersten Weltkrieg*, München 2005, S. 373–377, 378–381; Albertini, *Origins*, Bd. 2, 266f., 369.

89 Afflerbach, *Falkenhayn,* S. 153
90 Wilhelm II. an Jagow, Neues Palais, 28. Juli 1914, Geiss, *Julikrise,* Bd. 2, S. 184f.; Afflerbach, *Falkenhayn,* S. 153.
91 Zitiert in Afflerbach, *Falkenhayn,* S. 154.
92 Albertini, *Origins,* Bd. 2, S. 467; dazu auch Geiss, *Juli 1914,* S. 215–218.
93 Siehe Lichnowsky an Jagow, London, 27. Juli 1914, in: Geiss, *Julikrise,* Bd. 2, S. 104f.
94 Bethmann an Tschirschky, Berlin, 22.15 Uhr, 28. Juli 1914, in: Geiss, *Julikrise,* Bd. 2, S. 196ff.; Stevenson, *Armaments,* S. 401f.
95 Bethmann an Wilhelm, Berlin, 22.15 Uhr, 28. Juli 1914, in: Geiss, *Julikrise,* Bd. 2, S. 192, Anm. 2, S. 202.
96 Stevenson, *Armaments,* S. 384f.
97 Falkenhayn Tagebuch, 29. Juli 1914, zitiert in Afflerbach, *Falkenhayn,* S. 155.
98 Falkenhayn Tagebuch, 31. Juli 1914, zitiert in Afflerbach, *Falkenhayn,* S. 160.
99 Heinrich an Wilhelm II., 28. Juli 1914, in: M. K. D. Montgelas und W. Schücking (Hg.), *Die deutschen Dokumente zum Kriegsausbruch,* 2 Bde., Berlin-Charlottenburg 1919, Bd. 1, S. 328f.
100 Lichnowsky an Jagow, London, 29. Juli 1914, in: Geiss, *Julikrise,* Bd. 2, S. 277–280.
101 Wilhelm II., Bemerkungen zu Pourtalès an Jagow, St. Petersburg, 30. Juli 1914, in: Geiss, *Julikrise,* Bd. 2, S. 291ff. (Schlusskommentar Wilhelms).
102 Lichnowsky an Auswärtiges Amt, London, 31. Juli 1914 (12.13 und 12.15 Uhr) in: Montgelas und Schücking (Hg.), *Deutsche Dokumente zum Kriegsausbruch,* Bd. 2, S. 4, 8; Cecil, *Wilhelm II,* Bd. 2, S. 206.
103 Afflerbach, *Falkenhayn,* S. 164.
104 Falkenhayn Tagebuch, 1. August 1914, zitiert in Afflerbach, *Falkenhayn,* S. 165f. Falkenhayns Version des Wortwechsels wurde im Wesentlichen von Moltke bestätigt, ist aber möglicherweise nicht ganz glaubwürdig. Laut den Memoiren des Augenzeugen Flügeladjutant Max von Mutius fragte der Kaiser Moltke, ob ein Grenzübertritt im Westen – insbesondere das Eindringen der 16. Division nach Luxemburg – noch aufgehalten werden könne. Moltke erwiderte, das könne er nicht sagen, und ein Untergebener aus der Operationsabteilung des Generalstabs, Oberstleutnant Tappen, bestätigte, dass dies immer noch möglich sei. Kurzum,

nach dieser Version überstimmte der Kaiser nicht direkt Moltke, sondern blieb innerhalb der konventionellen Grenzen seiner Stellung. Auf jeden Fall sind sich die überlieferten Darstellungen einig darüber, dass diese Episode einen traumatischen Effekt auf den Generalstabschef hatte, der in den folgenden beiden Jahren seines Lebens immer wieder darauf zu sprechen kam. Siehe Holger Afflerbach, *Kaiser Wilhelm II. als Oberster Kriegsherr im Ersten Weltkrieg. Quellen aus der militärischen Umgebung des Kaisers,* München 2005, S. 13.

105 Siehe Moltkes Erinnerung an die Szene in Moltke an Plessen, Berlin, 2. Mai 1915, in: Afflerbach, *Kaiser Wilhelm II. als Oberster Kriegsherr,* S. 769.

106 Annika Mombauer, *Helmuth von Moltke and the Origins of the First World War,* Cambridge 2001, S. 222.

107 Zitiert in Afflerbach, *Falkenhayn,* S. 167.

108 Beller, *Francis Joseph,* S. 214.

109 Lieven, *Nicholas II,* S. 202.

110 R. A. Kann, *Dynasty, Politics and Culture: Selected Essays,* hg. von S. Winter, Boulder 1991, S. 294.

111 Lieven, *Nicholas II,* S. 202.

112 Zum Verhältnis zwischen ziviler und militärischer Gewalt in der Führung aller Mächte siehe M. Trachtenberg, »The Coming of the First World War: A Reassessment«, in: ders., *History and Strategy,* Princeton, N.J. 1991, S. 47–99.

113 Stevenson, *Armaments,* S. 407.

114 Siehe Count Kokovtsov [Kokowzow], *Out of My Past. The Memoirs of Count Kokovtsov,* Stanford 1935, S. 313, 348, 445.

115 Vgl. Mommsen, »Der Topos vom unvermeidlichen Krieg: Außenpolitik und öffentliche Meinung im Deutschen Reich im letzten Jahrzehnt von 1914«, in: ders., *Der autoritäre Nationalstaat,* S. 380–406.

116 Siehe K. Jarausch, »The Illusion of Limited War: Chancellor Bethmann Hollweg's Calculated Risk, July 1914«, in: *Central European History* 2 (1969), S. 48–76.

Kapitel 8: Krieg, Exil, Tod: 1914–1941

1 W. Deist, »Kaiser Wilhelm II in the context of his military and naval entourage«, in: Röhl und Sombart (Hg.), *Wilhelm II,* S. 169–192; hier S. 182f.

2 W. Deist, »Kaiser Wilhelm II als Oberster Kriegsherr«, in: Röhl (Hg.) *Der Ort*, S. 25–42; hier S. 26; allgemeiner zur militärischen Dimension der Souveränität Wilhelms siehe Fehrenbach, *Wandlungen*, S. 122ff., 170ff.

3 Deist, »Oberster Kriegsherr«, S. 30; ders., »Entourage«, S. 176ff.

4 E. R. Huber, *Heer und Staat in der deutschen Geschichte*, 2. Aufl., Hamburg 1943, S. 357.

5 Tagebucheintrag vom 23. Juli 1904, in: H. v. Moltke, *Erinnerungen, Briefe, Dokumente 1877–1916*, hg. von E. v. Moltke, Stuttgart 1922, S. 296.

6 Siehe A. Mombauer, »Helmuth von Moltke and the Origins of the First World War«, Dissertation, University of Sussex, 1998.

7 H. Afflerbach, *Kaiser Wilhelm II. als Oberster Kriegsherr im Ersten Weltkrieg. Quellen aus der miliärischen Umgebung des Kaisers 1914–1918*, München 2005, S. 20.

8 W. Groener, *Das Testament des Grafen Schlieffen. Operative Studien über den Weltkrieg*, Berlin 1930, S. 79.

9 E. v. Falkenhayn, *Die Oberste Heeresleitung 1914–1916 in ihren wichtigsten Entschließungen*, Berlin 1920, S. 3.

10 Afflerbach, *Kaiser Wilhelm II. als Oberster Kriegsherr*, S. 39.

11 R. Chickering, *Imperial Germany and the Great War 1914–1918*, Cambridge 1998, S. 33; Cecil, *Wilhelm II*, Bd. 2, S. 209.

12 Afflerbach, *Falkenhayn*, S. 236.

13 G. A. Müller, *Regierte der Kaiser? Kriegstagebücher, Aufzeichnungen und Briefe des Chefs des Marine-Kabinetts Admiral Georg Alexander von Müller 1914–1918*, hg. von W. Görlitz, Göttingen, Berlin, Frankfurt 1959, S. 53f., 57, 63.

14 Müller, Tagebucheintrag vom 6. November 1914, ders., *Regierte der Kaiser*, S. 68; zitiert in: Fehrenbach, *Wandlungen*, S. 216; Afflerbach, *Falkenhayn*, S. 236.

15 Adolf Wild von Hohenborn, Brief an seine Frau vom 7. Juni 1915, in: ders., *Briefe und Tagebuchaufzeichnugen des preußischen Generals als Kriegsminister und Truppenführer im Ersten Weltkrieg*, hg. von H. Reinhold und G. Granier, Boppard am Rhein 1986, S. 64.

16 Afflerbach, *Kaiser Wilhelm II. als Oberster Kriegsherr*, S. 44f., 53, 83.

17 Cecil, *Wilhelm II*, Bd. 2, S. 219.

18 Görlitz, *The Kaiser and His Court*, S. 29, 71, sowie siehe unten.

19 Mombauer, »Helmuth von Moltke«.

20 Afflerbach, *Falkenhayn*, S. 187.

21 K.-H. Janssen, *Der Kanzler und der General. Die Führungskrise*

um Bethmann-Hollweg und Falkenhayn (1914–1916), Göttingen 1967, S. 58, 62; Afflerbach, *Falkenhayn*, S. 237, 238 ff.

22 Cecil, *Wilhelm II*, Bd. 2, S. 227 f.; Afflerbach, *Falkenhayn*, S. 307 f.

23 H. Herwig, *The First World War. Germany and Austria-Hungary 1914–1918*, London 1997, S. 134; Görlitz, *The Kaiser and His Court*, S. 57.

24 Wolfram Pyta, *Hindenburg. Herrschaft zwischen Hohenzollern und Hitler*, Berlin 2007, S. 156, 163, 164 (Zitat).

25 Wilhelm II. an Auguste Viktoria, 21. Januar 1915, zitiert in Pyta, *Hindenburg*, S. 164.

26 Cecil, *Wilhelm II*, Bd. 2, 236; Herwig, *First World War*, S. 195 f.; Afflerbach, *Falkenhayn*, S. 431–439; Falkenhayn, *Headquarters*, S. 272 f.; Afflerbach, *Kaiser Wilhelm II. als Oberster Kriegsherr*, S. 49.

27 Nähere Einzelheiten siehe Karl-Heinz Janßen, »Der Wechsel in der Obersten Heeresleitung 1916«, in: *Vierteljahrshefte für Zeitgeschichte* 7 (1959), S. 337–371.

28 Afflerbach, *Falkenhayn*, S. 429; allgemeiner siehe R. Pommerin, *Der Kaiser und Amerika. Die USA in der Politik der Reichsleitung 1890–1917*, Boppard 1986, S. 334–376.

29 Admiral Müller, Tagebucheintrag vom 3. Juli 1916 in: Müller, *Regierte der Kaiser?* S. 200.

30 Pommerin, *Der Kaiser und Amerika*, S. 334–376.

31 Gespräch mit Holtzendorff berichtet in Müller Tagebucheintrag vom 15. Januar 1916, in: Müller, *Regierte der Kaiser?*, S. 147; zu Wilhelms Motiven siehe auch Cecil, *Wilhelm II*, Bd. 2, S. 221.

32 Zitiert in E. R. May, *The World War and American Isolation 1914–1917*, Cambridge, Mass. 1959, S. 208. Alfred von Tirpitz, Politische Dokumente. Deutsche Ohnmachtspolitik im Weltkriege, Hamburg/Berlin 1926, S. 348.

33 Zitiert in May, *World War*, S. 209. Tirpitz, Politische Dokumente, S. 350 f.

34 Ebenda, S. 222.

35 Zitiert in ebenda, S. 223; die hier zusammengefassten wirtschaftlichen Argumente führte Finanzminister Karl Helfferich ins Feld. Tirpitz, Politische Dokumente, S. 428.

36 Hans Georg von Plessen, Tagebucheintrag vom 10. Januar 1916, in: Afflerbach, *Wilhelm II. als Oberster Kriegsherr*, S. 847.

37 Siehe M. Stibbe, *German Anglophobia and the Great War, 1914–1918*, Cambridge 2001.

38 Chickering, *Imperial Germany*, S. 92.

39 Cecil, *Wilhelm II*, Bd. 2, S. 241.
40 May, *World War*, S. 398.
41 Wilhelm II. an Bethmann Hollweg, 31. Oktober 1916, zitiert in May, *The World War*, S. 398f.; Cecil, *Wilhelm II*, Bd. 2, S. 242. Theobald von Bethmann Hollweg, Betrachtungen zum Weltkriege. 2. Theil: Während des Krieges, Berlin 1922, S. 152.
42 Müller Tagebucheintrag vom 17. Dezember 1916, in: Müller, *Regierte der Kaiser?*, S. 242.
43 N. Ferguson, *The Pity of War*, London 1998, S. 283 (deutsch: *Der falsche Krieg. Der Erste Weltkrieg und das 20. Jahrhundert*, leicht gek., übers. von K. Kochmann, Stuttgart 1999); Chickering, *Imperial Germany*, S. 93; Pommerin, *Der Kaiser und Amerika*, S. 364.
44 Zur finanziellen Erschöpfung der Alliierten siehe J. M. Cooper Jr., »The Command of Gold Reversed: American Loans to Britain, 1915–1917«, in: *Pacific Historical Review* (1975), S. 209–230; hier S. 228; ganz ähnlich argumentiert G. Ritter, *Staatskunst und Kriegshandwerk. Das Problem des »Militarismus« in Deutschland*, Bd. 3: *Die Tragödie der Staatskunst. Bethmann Hollweg als Kriegskanzler*, München 1964.
45 Bericht von Wedel, dem deutschen Botschafter in Wien, zitiert in: Gutsche, *Wilhelm II*, S. 181.
46 Cecil, *Wilhelm II*, Bd. 2, S. 246.
47 Ullrich, *Die nervöse Großmacht*, S. 522–529.
48 Tagebucheinträge vom 16. und 13. Juli, 1917, in: Müller, *Regierte der Kaiser?*, S. 304, 303.
49 Fehrenbach, *Wandlungen des deutschen Kaisergedankens*, S. 218.
50 Balfour, *Der Kaiser*, S. 419f.
51 T. Wolff, *The Eve of 1914*, übers. von E. W. Dickes, London 1935, S. 496.
52 Cecil, *Wilhelm II*, Bd. 2, S. 209; dazu auch Mommsen, *Bürgerstolz und Weltmachtstreben*, S. 564ff.; Gutsche, *Wilhelm II.*, S. 169, 172.
53 Siehe J. Verhey, »The ›Spirit of 1914‹ and the Rhetoric of Unity in World War I Germany«, Dissertation, University of California, Berkeley 1992.
54 B. Sösemann, »Der Verfall des Kaisergedankens im ersten Weltkrieg«, in: Röhl (Hg.), *Der Ort*, S. 145–170; hier S. 150.
55 Fehrenbach, *Wandlungen des deutschen Kaisergedankens*, S. 217.
56 Wahnschaffe an Valentini, 29. Juni 1915, GStA Berlin-Dahlem, HA I, Rep. 92 Valentini, Nr. 21 (Hervorhebungen im Original).
57 *Stuttgarter Tageblatt*, Nr. 462, 12. September 1918.

58 *Kölnische Zeitung*, Nr. 719, 12. September 1918; *Hamburgischer Correspondent*, Nr. 467, 12. September 1918; *Schwäbischer Merkur*, Nr. 428, 12. September 1918.
59 Eine große Auswahl relevanter Zeitungsausschnitte kann eingesehen werden in GStA Berlin-Dahlem, HA I, Rep. 89, Nr. 683. Vgl. Balfour, *Der Kaiser*, S. 427.
60 Chickering, *Imperial Germany*, S. 74; Stibbe, »Vampire of the Continent«, S. 100.
61 Pyta, *Hindenburg*, S. 89.
62 Pyta, *Hindenburg*, S. 106f.
63 Zitiert aus einer Rede des Industriellen Duisberg in Treutler an Bethmann-Hollweg, 6. Februar 1917, GStA Berlin-Dahlem, HA I, Rep. 92 Valentini, Nr 2.
64 Kohlrausch, *Der Monarch im Skandal*.
65 Pyta, *Hindenburg*, S. 119.
66 Siehe Bethmann an Valentini, Berlin, 11. Februar 1917, GStA Berlin-Dahlem, HA I, Rep. 92 Valentini, Nr 2.
67 *Neue Preußische Zeitung*, Nr. 466, 12. September 1918.
68 Bayerischer Kronprinz Rupprecht an Kanzler Hertling, 19. August 1917, zitiert in: Sösemann, »Verfall des Kaisergedankens«, S. 159, 163.
69 Lyncker an seine Frau, Kreuznach, 18. Juni 1917, in: Afflerbach, *Kaiser Wilhelm II. als Oberster Kriegsherr*, S. 513.
70 Balfour, *Der Kaiser*, S. 435f.
71 Lansing an Oederlin, Washington, 14. Oktober 1918, in: US Department of State (Hg.), *Papers Relating to the Foreign Relations of the United States*, Suppl. I, Bd. 1, 1918, S. 359; deutscher Text online zugänglich unter: http://www.stahlgewitter.com/18_10_14.htm.
72 A. Luckau, *The German Delegation at the Paris Peace Conference*, New York 1941, S. 21f.; H. Rudin, *Armistice, 1918*, New Haven 1944, S. 173.
73 Cecil, *Wilhelm II*, Bd. 2, S. 286.
74 L. Herz, *Die Abdankung*, Leipzig 1924; Kohlrausch, *Monarch im Skandal*, S. 325–334; Hull, *Entourage*, S. 289f.; Jan Bank, »Der Weg des Kaisers ins Exil«, in: Wilderotter und Pohl (Hg.), *Exil*, S. 105–112; Balfour, *Der Kaiser*, S. 437–449, Cecil, *Wilhelm II*, Bd. 2, 274–295, W. Gutsche, *Ein Kaiser im Exil. Der letzte deutsche Kaiser Wilhelm II. in Holland. Eine kritische Biographie*, Marburg 1991, S. 12–27; ders., *Wilhelm II*, S. 187–199.
75 D. Cannadine, »Kaiser Wilhelm II and the British Monarchy«, in:

T. C. W. Blanning und D. Cannadine (Hg.), *History and Biography. Essays in Honour of Derek Beales,* Cambridge 1996, S. 188–202, hier S. 200; Cecil, *Wilhelm II,* Bd. 2, S. 300f.

76 Zu einer ausgezeichneten Studie der Auslieferungsprozedur siehe S. Marks, »›My Name is Ozymandias‹. The Kaiser in Exile«, in: *Central European History* 16/2 (1983), S. 122–170.

77 Siehe Peers, »White Roses and Eating Disorders«, S. 1.

78 Beide Zitate aus Cecil, *Wilhelm II,* Bd. 2, S. 311f.

79 Zitiert in J. C. G. Röhl, »Kaiser Wilhelm II. und der deutsche Antisemitismus«, in: ders., *Kaiser, Hof und Staat*, S. 203–222, hier S. 203 und 220. Zu Wilhelms Antisemitismus siehe auch Gutsche, *Kaiser im Exil*, S. 76–79, L. Cecil, »Wilhelm II und die Juden«, in: W. E. Mosse, (Hg.), *Juden im Wilhelminischen Deutschland, 1890–1914,* Tübingen 1976, S. 313–348.

80 Das englische Originalzitat lautet: »*Press, Jews & Mosquitoes [...] are a nuisance that humanity must get rid of in some way or another. I believe the best would be gas?*«, in: Röhl, »Wilhelm II. und der deutsche Antisemitismus«, S. 204; vgl. Hull, *Entourage*, S. 74f., welche die These aufstellt, dass Wilhelms Bekehrung zu einem prinzipielleren Antisemitismus auf seine Begegnung mit den Schriften Houston Stewart Chamberlains in den Jahren 1901–1903 zurückgeht.

81 W. E. Mosse, »Wilhelm II and the Kaiserjuden. A Problematical Encounter«, in: J. Reinharz und W. Schatzberg (Hg.), *The Jewish Response to German Culture. From the Enlightenment to the Second World War,* Hanover 1985, S. 164–194; dazu auch Görlitz (Hg.), *Der Kaiser ...*, S. 151

82 König, *Wilhelm II. und die Moderne*, S. 167.

83 Daniel Frymann (pseud.), *Wenn ich der Kaiser wär'. Politische Wahrheiten und Notwendigkeiten*, 5. Aufl., Leipzig 1914, S. 35.

84 S. Malinowski, *Vom König zum Führer. Sozialer Niedergang und politische Radikalisierung im deutschen Adel zwischen Kaiserreich und NS-Staat,* Berlin 2003, S. 136; König, *Wilhelm II. und die Moderne,* S. 167.

85 Röhl, *Deutschland ohne Bismarck,* S. 138.

86 Gutsche, *Kaiser im Exil,* S. 76; dazu auch Mommsen, *Bürgerstolz und Weltmachtstreben,* S. 140.

87 Siehe Cecil, *Wilhelm II*, Bd. 2, S. 312, 314.

88 Gutsche, *Kaiser im Exil*, S. 79.

89 Zitiert in Balfour, *Der Kaiser*, S. 456; Gutsche, *Kaiser im Exil*, S. 208.

90 S. v. Ilsemann, *Der Kaiser in Holland. Aufzeichnungen des letzten Flügeladjutanten Kaiser Wilhelms II.*, hg. von H. v. Königswald, München 1968, Bd. 2, S. 154.
91 Ilsemann, *Der Kaiser in Holland,* Bd. 2, S. 179, 192–195.
92 Siehe z. B. Ilsemann, *Der Kaiser in Holland,* Bd. 2, S. 226, 229, 230, 231, 234 f., 244.
93 Zitiert in Cecil, *Wilhelm II,* Bd. 2, S. 343; siehe auch Ilsemann, *Der Kaiser in Holland,* Bd. 2, S. 248, 250 f.
94 Ilsemann, *Der Kaiser in Holland,* Bd. 2, S. 344 f.
95 Zitiert in Cecil, *Wilhelm II,* Bd. 2, S. 330, 352.

Schluss

1 E. Goldstein, »Great Britain: The Home Front«, in: M. F. Boemeke, G. D. Feldman und E. Glaser (Hg.), *The Treaty of Versailles. A Reassessment after 75 Years,* Cambridge 1998, S. 147–166, hier S. 155 f.
2 M. Muret, *L'Evolution belliqueuse de Guillaume II,* Paris 1918, S. 10; H. Mazel, *La Psychologie du Kaiser (Essai Historique),* Paris 1919, S. 186, 189.
3 Der Satz kommt in einem Dokument des britischen Foreign Office vor, das verlangt, dass der Kaiser vor Gericht gestellt wurde, siehe S. Marks, »›My Name is Ozymandias‹: The Kaiser in Exile«, in: *Central European History* 16/2 (1983), S. 122–170.
4 Harry Graf Kessler, Tagebucheintrag vom 11. November 1928, in: ders., *Tagebücher, 1918–1937,* hg. von W. Pfeiffer-Belli, Frankfurt/Main 1961, S. 578.
5 Diese Charakterisierungen sind entnommen aus mehreren Arbeiten der letzten beiden Jahrzehnte: J. C. G. Röhl, »Kaiser Wilhelm II. Eine Charakterskizze«, und »Kaiser Wilhelm II. und der deutsche Antisemitismus«, beide in: ders. (Hg.), Kaiser, Hof und Staat. Wilhelm II. und die deutsche Politik, München 1995, S. 17–34, sowie S. 203–222, insbes. S. 23, 30, 34 f., 204, 222; T. Kohut, *Wilhelm II and the Germans. A Study in Leadership,* New York 1991, insbes. S. 8 f., 39 f., 43; W. Gutsche, *Wilhelm II. Der letzte Kaiser des deutschen Reiches,* Berlin 1991, insbes. 144 ff.; L. Cecil, *Wilhelm II. Prince and Emperor, 1859-1900,* 2 Bde., Chapel Hill, NC, London 1988, Bd. 2, S. 1; siehe auch N. Annan, »The Abominable Emperor«, in: *New York Review of Books,* 6. Juni 1996, S. 20–27. »In Eitelkeit […] strotzender Narr« und »Nemesis der

Weltgeschichte« sind Zitate aus zeitgenössischen Quellen, die von John Röhl in seinen jüngsten Studien übernommen werden.

6 Zitiert in Röhl, *Der Aufbau der persönlichen Monarchie,* S. 28f.

7 Kohut, *Wilhelm II,* S. 230.

8 Zitiert in E. Conze, *Von deutschem Adel. Die Grafen von Bernstorff im zwanzigsten Jahrhundert,* München 2000, S. 164, 166; zu zwei bemerkenswerten, abweichenden Darstellungen des Bindeglieds zwischen Monarchie und Führerkonzept, siehe Malinowski, *Vom König zum Führer,* und Kohlrausch, *Der Monarch im Skandal.*

Personenregister